KB036212

노동 현실과 희망 찾기

서울사회경제연구소 엮음

이시균 · 김정우 · 강신욱 · 김혜원 · 조성재 · 박태주
이정희 · 김유선 · 권혜자 · 지민웅 · 황덕순 지음

한울
아카데미

이 도서의 국립중앙도서관 출판시도서목록(CIP)은 e-CIP홈페이지(http://www.nl.go.kr/ecip)와 국가자료공동
목록시스템(http://www.nl.go.kr/kolisnet)에서 이용하실 수 있습니다.
CIP제어번호: CIP2017016311

머리말

외환위기 이후 한국의 노동시장에서는 고용 불안이 전 사회적으로 만연하고 정규직과 비정규직의 격차가 확대되었으며 일을 하면서도 빈곤에 빠지는 근로빈곤이 중요한 사회적 문제로 대두했다. 동시에 일자리 창출이 둔화되고 특히 청년 실업문제가 심화되어 과거에는 비교조차 어려웠던 유럽에 준하는 수준으로 악화되었다.

노동시장 성과의 악화는 사회 주체의 대응을 촉발시킴과 동시에 제도적·정책적 해결 노력을 요구했다. 사회 주체 측면으로는 대기업의 고용 창출의 사회적 책임이 논의되었고 동시에 노동조합에 의한 대응 전략이 요구되었다. 제도적·정책적 측면에서는 비정규직의 사용 제한, 최저임금제도의 강화, 일자리 나누기를 통한 일자리 창출을 목표로 하는 근로시간 단축제도의 실시, 근로빈곤 문제에 대응하는 사회보험과 공공부조 등의 지원제도 강화, 새로운 고용 대안으로서의 사회적경제 활성화 등이 이루어졌다.

이 책은 노동시장 성과의 악화와 이에 대응한 사회 주체 및 제도적·정책적 대응을 다각적으로 분석한 논문들을 담고 있다. 논문들의 주요 연구 대상을 분류해 제1부 고용 불안과 근로빈곤의 실상, 제2부 노사관계의 변화, 제3부 노동시장의 현실과 대응으로 나누어 수록했으나 내용상으로 상호 연관되어 있어 대분류의 구분에 얽매이지 않고 읽을 필요가 있다.

이시균은 비정규직 활용이 전체 고용 성과에 부정적 영향을 주는지, 아니면 긍정적 영향을 주는지 실증적으로 검토했다. 노동시장 유연화론자들은 비정규직 활용을 중심으로 한 유연한 고용전략이 기업의 경영 성과를 높일 수 있으므로 장기적으로 고용 규모를 키울 것으로 예측하고 있으나 이에 대해 비판적인 논자들은 비정규직 활용이 기업 경영성과에 부정적 영향을 미치고 이에 따라 전체 고용에도 부정적일 것이라고 비판한다. 비정규직 보호법이 시행된 2008년 이후를 대상으로 벡터오차수정모형을 이용한 시계열 분석을 시행한 바 전체 취업자 수 또는 전체 임금근로자 수와 비정규직 근로자 수가 공적분관계를 가지며 특히 장기적으로 비정규직 고용 비중의 증가는 전체 취업자 수 증가에 통계적으로 유의미하게 부의 효과를 갖는다는 것을 보여주었다.

김정우는 정규직과 비정규직의 산업안전보건 격차를 검토하고 있다. 이 논문에서는 사내 하청 노동에 집중하고 있는데 사내 하청 계약의 특성으로 산업안전보건과 관련된 여러 사안에 대한 관리 및 책임 소재가 모호해지는 문제가 발생한다. 기존의 연구에서 사내 하청 노동의 특성에 주목해 산업안전보건 상의 차이를 다룬 논문이 희소하고 최근에 발생한 사망 사고를 포함한 중대 재해가 사내 하청 노동자들에게 더 많이 발생하고 있다는 점에서 이에 대한 연구가 긴요하다. 사내 하청 노동자 여부를 확인할 수 있으면서 산업안전보건 관련 정보를 포함한 유일한 대표성 있는 자료인 근로환경조사 제2차년도 자료를 활용해 주관적으로 느끼는 위험 요소에 대한 노출 강도와 객관적으로 측정한 업무상 사고 및 질병으로 인한 결근의 발생 확률을 통계적으로 분석했다. 결과에 따르면 사내 하청 노동자의 주·객관적 위험이 적게는 50%, 많게는 2배 이상 많게 나타났으며 엄밀한 회귀분석에서도 유사한 결과가 확인되었다.

저임금과 고용 불안의 문제가 확산되면서 근로능력이 있으면서도 빈곤한 계층인 근로빈곤층에 대한 관심이 증가해왔다. 강신욱은 본인의 소득만으로 보면 빈곤하다고 보기 어렵지만 가구 단위의 생활 실태나 특성으로 인해 빈곤층으로 분류되는 집단의 특성을 분석했다. 이들 집단의 경우 아동 및 노인 가구원의 수가 많고 본인을 제외한 가구원의 시장 소득이 낮았다. 그런데 전체 공적 이전소득의 규모는 개인 소득이 낮은 집단에 비해 작은 것으로 나타나서 만약 비근로 연령층이나 장애인 대상 급여를 확대할 경우 이들 집단에서 더 크게 나타날 것으로 예측된다. 근로 무능력자 대상의 소득지원을 확대하는 것이 근로 능력층에게도 도움이 된다는 점을 보여주었다.

김혜원은 공적이전소득 제도를 사회보험과 공공부조 그리고 기타 정부지원으로 구분할 때 각 지원제도가 빈곤 완화에 기여함에 있어서 효과성, 효율성 그리고 공평성의 측면에서 어떻게 평가할 수 있는지를 분석했다. 빈곤율 감소 효과 측면에서는 중위소득 50% 기준의 빈곤율을 사용할 경우 저소득층을 지원하는 기타 정부 지원이 가장 효과적이고 실직자를 주로 지원하는 사회보험이 그 다음 순위이다. 재정 투입액 대비 감소폭을 비교해보면 사회보험이 기타 정부지원에 비해 높다. 그렇지만 사회보험은 가장 빈곤한 계층의 보험 가입률이 저조해 공평성 측면에서 낮은 평가를 받는다.

조성재는 대기업의 해외 진출 및 고용관계의 국제화를 검토한다. 중국에 진출한 기아자동차와 부품 협력 업체 중 하나인 경신전자의 사업, 생산관리 및 고용관계 현황을 고찰함으로써 중국 노동시장 및 노사관계의 변화 양상에 대한 구체적 모습을 확인하고 한국계 기업의 고용관계 관리상 과제를 점검했다. 한국에서 적용되던 연공임금체계, 온정적 인사고과 및 조직문화가 중국 현장에서도 적용되고 있으면서 기계적 연공성에서 벗어나고 있는 점이 확인된다. 상대적으로 소규모 도시에 위치함으로써 낮은 인력의 유동성의 조건을 확보할 수 있었고 이에 따라 숙련 향상과 조직력 구축이 가능했다. 상대적 불황기에 교육훈련을 통해 역량을 확충할 필요성이 있으며 고충처리를 강화해 노사관계의 갈등 요인을 사전에 차단할 필요가 있다.

박태주는 한국의 대표적인 산별노조인 보건의료노조를 연구 대상으로 하여 과연 노동조합이 연대임금과 공공성을 실현하는 데 역할을 할 수 있는가라는 질문에 대해 대답을 찾고 있다. 이정희는 한국의 최저임금제도를 노사관계의 맥락에서 검토하고 있다. 고티에와 슈미트의 연구에 따르면 노동시장을 둘러싼 제도의 포괄성이 높을수록 저임금층의 임금 수준이 높고 소득 불평등이 낮다. 노동시장 제도의 하나인 한국의 최저임금제도가 과연 얼마나 포괄적인지를 평가했다. 법정 최저임금이 존재하고 적용 대상이 보편적으로서 매우 넓고 사회적 합의기구를 통해서 최저임금의 결정이 이루어진다는 점에서 포괄적인 측면이 있지만 산별 최저임금제도가 낮은 조직률과 낮은 적용률, 단체교섭의 조율되지 못한 집중화와 결합되어 법정 최저임금제도를 보완하지 못하고 있으며, 사회적 대화가 최저임금 결정에 내재화되어 있지 않고 실제로는 공익위원이 주도하는 방식으로 전문가 중심의 정부의 대리정치체제이며 최저임금 준수율이 낮고 처벌 비중이 낮아서 실질적인 포괄성이 매우 낮다.

김유선은 저출산 문제와 청년 고용의 문제의 상관성을 검토하고 있다. 남성은 고학력일수록, 고용이 안정적이고 임금이 높을수록 결혼 확률이 높지만 여성은 학력 수준이 낮을수록 높고 고용형태와 임금 수준에서의 차이가 뚜렷하지 않다. 한국의 결혼시장은 남성 생계 부양자 모델과 여성 가계 보조자 모델이 강하게 작동하고 있으며 지금까지의 저출산 대책이 기혼 여성의 자녀 출산과 양육 지원에 초점을 맞추었다면 결혼 자체를 저해하거나 지체하는 요인에 대한 대책이 부족했음을 지적하고 있고 이를 위해서는 청년에게 안정된 적정 임금 일자리를 제공하는 것의 중요성을 강조하고 있다.

권혜자는 대기업 집단의 독과점 구조가 고용에 미치는 효과를 분석하기 위해 공정거래위원회에서 지정하는 대기업 집단 계열사 명부를 고용보험 DB와 연결하여 다각도로 고용 변동을 분석했다. 대기업 집단의 총 고용량은 증가했고 그 중에서 1만 명 이상 대기업 집중이 강화되고 있다. 대기업 집단에서 청년 고용이 차지하는 비율은 점차 감소해 왔으며 절대 수치에서도 2012년을 정점으로 이후 감소했다.

지민웅은 근로시간 단축을 통한 일자리 나누기의 가능성을 진단했다. 주 44시간에서 40시간으로의 법정 근로시간 단축 정책의 1년 단기 고용 효과를 실증적으로 분석했고 경기효과를 강력히 통제할 수 있는 2단계 이중차감법을 활용했다. 분석 결과 주당 실근로시간 감소 효과가 나타나면서 상용근로자의 신규 채용은 거의 변화하지 않았다. 이러한 단기 효과는 장기적으로 고용 창출로 이어질 가능성이 높다.

황덕순은 일자리 문제의 새로운 대안으로 논의되는 사회적경제를 검토했다. 사회적기업이 일반 기업에 비해 임금수준이 낮지만 근로자의 임금분포 측면에서 훨씬 더 평등한 분포를 보여주고 있다. 특히 저임금 근로자에게는 일반 기업에 비해 사회적기업이 더 높은 임금을 지급하고 있다. 하지만 고임금 근로자에서는 반대의 현상이 나타난다. 사회적기업이 취약계층을 대상으로 한 일자리 창출 측면에서 긍정적 성과를 내고 있음이 확인되지만 다른 한편으로 고숙련의 우수한 인력을 확보하고 유지하기 어려운 점을 해결하는 과제를 안고 있다.

이 책은 노동시장과 노사관계의 구체적인 실태 분석에서부터 산적한 난제를 해결하기 위한 정책과 제도의 성과 분석까지 어느 하나도 가볍지 않은 문제들을 다룬 논문들로 구성되었다. 각 논문들이 분석한 주제나 연구 방법 등의 면에서 상이하지만 논문의 저자들은 일관되게 엄중한 현실의 무게에도 불구하고 힘겹지만 더 나은 미래를 열어가는 길을 찾아 가고 있다. 독자들도 이 책을 통해 있는 그대로의 노동 현실을 직시하면서도 희망을 함께 찾아 갈 수 있길 기대한다.

2017년 6월

집필자를 대표하여

김혜원

차례

제2부 노사관계의 변화

제3부 노동시장의 현실과 대응

제1부

고용 불안과 근로빈곤의 실상

제1장

비정규직 고용 변동 분석

이시균 ㅣ 한국고용정보원 연구위원

1. 서론

한국 사회에서 고용 문제는 어떤 사회경제적 문제보다 우선시되는 주제
이다. 고용 문제 중 가장 핵심적인 주제는 비정규직에 관한 것이다. 공식적
으로 비정규직 근로자 수는 600만 명을 넘어서고 있으며, 전체 임금근로자
의 1/3 수준을 유지하고 있다. 종사상 지위를 기준으로 한 임시일용직까지
비정규직으로 분류하게 되면 전체 임금근로자의 절반 가까이가 비정규직에
해당한다.

한국 사회는 비정규직 문제의 심각성을 외환위기 이후 인식하고 이에 대
해서 노사정 모두 다각적인 노력을 경주한 바 있다. '기간제 보호에 관한 법
률'의 시행도 이러한 노력의 결과로 평가된다. 이러한 각 주체들이 노력한
결과와 시장의 영향에 의해 지난 10년간 비정규직 고용 증가가 크게 둔화된
것으로 나타나고 있다. 반면 전체 취업자 수는 지속적으로 증가하는 추세를
보이고 있다. 특히 상용직 및 정규직 중심으로 임금근로자가 비교적 큰 폭

으로 증가하는 모습을 보여주고 있다.

이러한 고용 변동 추이는 비정규직의 고용 증대가 필요하다는 노동시장 유연성 확대 주장과 배치되는 것이다. 노동시장 유연화론자들의 주장에 따르면 기업이 인적자원에 대해서 유연화 전략을 추구하면 전 세계적인 경쟁 격화, 생산물 수요 변동의 불확실성에 대응해 생산과 비용의 최적화를 통해 최대한의 이익을 실현할 수 있다(Atkinson, 1987; Davis-Blake and Uzzi, 1993; Tsui et al., 1995; Smith, 1997; Cappelli and Neumark, 2001; Kalleberg, 2001; Levin, 2002). 특히 양적 유연성의 확대는 노동비용을 줄일 수 있고, 고용 규모를 경기변동에 직접 조응할 수 있게 해 시장 상황의 변화에 탄력적으로 대응할 수 있어 기업 경쟁력을 향상시키며 경영 성과를 높일 것이라 본다 (Lepak et al., 2003). 낙관적인 유연화론자의 주장이 옳다고 하더라도 비정규직을 통한 유연화의 확대는 고용 성과를 불확실하게 만들 수 있다. 경기변동에 따라 기업이 비정규직 고용을 확대 혹은 축소시킨다면 장기적으로 고용 증가 효과는 불확실해진다. 물론 노동시장 유연화를 통해 기업의 경영 성과를 높일 수 있다면 장기적으로 전체 고용 규모를 확대시키는 방향으로 작용할 것이다.

노동시장 유연화의 확대에 부정적인 시각을 가진 연구자들은 비정규직의 확대가 기업의 경영 성과에도 부정적이라고 주장한다. 수량적 유연성의 확대는 잠재 노동비용을 증가시켜 기업의 경영 성과를 잠식할 수 있다는 것이다. 노동비용은 임금과 부가 급여만을 의미하는 것은 아니고 채용이나 훈련 비용 등의 고용 비용과 단위 노동생산성 등을 포함하고 있어 비정규직 노동자의 반복된 이직이나 낮은 노동생산성은 잠재적 노동비용을 증가시켜 기업의 경영 성과에 부정적인 영향을 미친다는 것이다(Nollen, 1996; Michie and Sheehan-Quinn, 2001; 성효용·윤명수·이시균, 2009). 이들의 주장에 따르면 비정규직 확대를 통한 노동시장 유연화의 추구는 장기적으로 고용 성과를 기대하기 어렵다.

비정규직 고용과 경기변동과의 관계에서 중요하게 영향을 미치는 제도적 요인은 비정규직 보호 규제와 관련된 것이다. 비정규직 보호 규제를 완화해야 한다는 주장에 따르면, 지나친 고용 보호 규제 및 비정규직 활용 규제는 해고 비용을 높여 비정규직을 더욱 활용하려고 하거나, 고용을 축소하려는 경향을 가진다는 것이다(Lee, 1996; Autor, 2000). 반면 고용 보호 규제나 비정규직 보호 규제가 높으면 정규직을 늘린다는 주장도 존재한다. 눈지아타와 스태플로어니(Nunziata and Staffloani, 2001)는 정규직의 고용 규제 수준이 높으면 기업은 불황 시에 정규직 노동력을 축장(labor hoarding)하고 대신 비정규 노동을 줄이는 선택을 하게 되어 정규직의 비중은 증가하고 비정규 노동의 비중은 줄어든다고 보았다. 이러한 주장이 옳다면 제도적으로 고용 보호 규제가 기업이 정규직을 늘리는 방향으로 작용한다면 장기적으로 고용 성과를 높이는 방향으로 작용할 것이다.

이 장은 2008년 이후 비정규직 고용 변동의 고용 성과를 분석하고자 한다. 비정규직 고용 증대가 전체 취업자 혹은 임금근로자의 증가에 영향을 미치는지를 실증적으로 확인해보고자 한다. 특히 장기적인 효과를 실증적으로 파악해 비정규직에 대한 제도적 시사점을 도출할 것이다. 동일한 제도적 환경하에서 비정규직 고용 변동의 고용 성과를 분석하기 위해서 '기간제보호법'이 시행된 이후 시기를 대상으로 했다. '기간제보호법' 시행 이전에는 비정규직 활용이 반드시 고용 유연성을 위한 것만이 아니라 비공식적 고용 차원도 다수 포함되어 있기 때문에, 제도 시행 이후 시기를 대상으로 하는 것이 이 장에서 밝히고자 하는 비정규직 고용 변동과 고용 성과와의 관계를 명확하게 분석할 수 있을 것으로 판단했다.

2. 비정규직 추이 변화

2015년 8월 기준으로 비정규직 근로자 수는 627만 1000명으로 전체 임금근로자의 32.5%를 차지하고 있다. 종사상 지위 기준으로 임시일용직은 663만 7000명으로 34.4%으로 나타났으며 비정규직에 속하거나 임시일용직인 경우에 881만 6000명으로 45.6%를 차지하는 것으로 나타났다. 여기서 비정규직은 고용노동부 기준으로 2002년 노사정위원회의 합의에 의해 정의된 것으로 한시적 근로, 시간제 근로, 비전형 근로(파견, 용역, 일일, 특수형태)를 지칭한다. 또한 종사상 지위 기준은 통계청의 경제활동인구조사에서 지속적으로 조사된 통계로 임금근로자는 상용직, 임시직, 일용직으로 분류되고, 비임금 근로는 자영업자와 비임금 근로로 구분한다.

비정규직이나 임시일용직은 2005년에 임금근로자의 57.2%였으나 이후 지속적으로 감소해 2010년에 51.1%였다가 2015년에 45.6%까지 낮아졌다. 이러한 감소 추세는 사회보험 및 노동법 사각지대에서 벗어난 노동자가 늘어난 결과로 추론된다. 반면 비정규직 규모는 2005년 548만 2000명에서 꾸준히 증가하는 양상을 보이고 있는데, 이것은 전체 임금근로자의 증가에 따른 영향으로 이해된다. 이 기간 동안 임금근로자 중 비정규직 비중은 36.6%에서 32.5%로 감소 추세를 보이고 있는데, 전체 임금근로자의 증감률 보다 비정규직 증감률이 낮아서 생기는 현상으로 이 기간 동안 고용의 질이 개선된 것을 확인할 수 있다.

〈그림 1-1〉에서 비정규직 혹은 임시일용직의 고용 변동과 임금근로자의 고용 변동 추이를 보면 임금근로자의 꾸준한 상승세에 비해 비정규직 및 임시일용직 규모는 안정적인 모습을 보여준다. 고용 증감률을 살펴보면 2008년의 금융위기 기간에 고용 변동이 있었으나 임금근로자는 비교적 안정적인

〈그림 1-1〉 비정규직/임시일용직 고용 변동 추이(단위: 천 명, %)

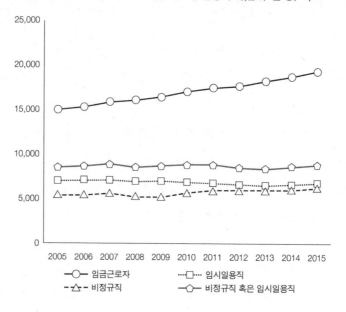

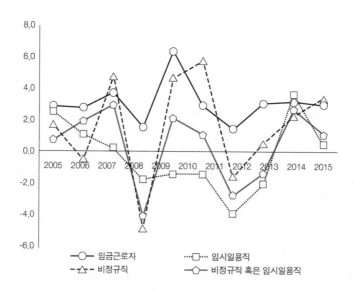

자료: 경제활동인구조사 부가 자료.

<표 1-1> 비정규직 혹은 임시일용직 고용 변동 추이(단위: 천 명, %)

	임금근로자	임시일용직	비정규직	비정규직 혹은 임시일용직
2005	14,968	7,043	5,482	8,555
2010	17,048	6,897	5,685	8,775
2015	19,312	6,637	6,271	8,816
2005	100.0	47.0	36.6	57.2
2010	100.0	40.5	33.3	51.5
2015	100.0	34.4	32.5	45.6
2005~2010 증감률	13.9	-2.1	3.7	2.6
2010~2015 증감률	13.3	-3.8	10.3	0.5

주: 임시일용직은 종사상 지위상의 의미이며, 비정규직은 기간제, 비기간제, 시간제, 파견근로, 용
    역근로, 일일근로, 특수형태근로, 가내근로로 분류되는 고용 형태에 속한 노동자를 의미한다.
자료: 경제활동인구조사 부가 자료.

증가세를 확인할 수 있는 반면 비정규직은 경기변동에 상당히 민감하게 반
응하는 것으로 나타나고 있다. 금융위기 등의 충격에 고용 감소를 경험했고,
2012년에도 고용 감소를 경험했다. 한편 임시일용직은 2005년 이후 지속적
으로 감소세를 보이다가 최근 다시 상승하는 양상을 보여준다. 전반적으로
임금근로자의 고용 변동에 임시일용직의 영향이 감소하는 것으로 나타나고
있으며, 비정규직 역시 기여도가 낮은 것으로 판단된다.

〈표 1-2〉에서 정규직 고용 변동을 보면 2005~2014년 기간 동안 정규직
은 948만 6000명에서 1304만 1000명으로 증가했다. 상용직 역시 이 기간
동안 792만 6000명에서 1267만 5000명으로 증가한 것으로 나타났다. 이러
한 정규직 및 상용직 고용 증가는 임금근로자의 고용 증가분을 넘어서는 것
이다. 정규직이면서 상용직인 경우를 보면 이러한 현상을 더욱 뚜렷하게 확
인할 수 있는데, 2005년에 641만 3000명에서 2015년 1049만 6000명으로

<표 1-2> 정규직 고용 변동 추이(단위: 천 명, %)

	임금근로자	상용직	정규직	정규직이면서 상용직
2005	14,968	7,926	9,486	6,413
2010	17,048	10,151	11,362	8,272
2015	19,312	12,675	13,041	10,496
2005	100.0	53.0	63.4	42.8
2010	100.0	59.5	66.7	48.5
2015	100.0	65.6	67.5	54.4
2005~2010 증감률	13.9	28.1	19.8	29.0
2010~2015 증감률	13.3	24.9	14.8	26.9

주: 임시일용직은 종사상 지위상의 의미이며, 비정규직은 기간제, 비기간제, 시간제, 파견근로, 용
   역근로, 일일근로, 특수형태근로, 가내근로로 분류되는 고용 형태에 속한 노동자를 의미한다.
자료: 경제활동인구조사. 부가 자료.

크게 증가했다. 결과적으로 임금근로자의 증가 추세와 정규직 및 상용직의 증가 추세가 유사한 양상을 보이고 있다.

〈그림 1-3〉은 임금근로자 비중과 정규직과 비정규직의 비중 변화와의 관계를 보여준다. 전체 취업자 중 임금근로자의 비중은 2005년에 65.5%에서 2010년 71.0%로 상승했고 2015년에 73.9% 수준까지 높아진 것으로 나타났다. 전체 취업자 중 정규직의 비중은 2005년에 41.5%에서 2010년에 47.3%, 2015년에 49.9%로 높아진 반면 총 비정규직(비정규직이거나 임시일용직) 비중은 2005년에 37.4%에서 2010년에 36.6%, 2015년에 33.7%로 낮아지고 있다. 이러한 결과로 임금근로자의 비중 변화는 정규직의 비중 증가에 영향을 받은 것으로 추론된다.

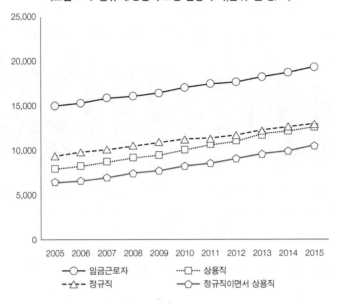

〈그림 1-2〉 정규직/상용직 고용 변동 추이(단위: 천 명/%)

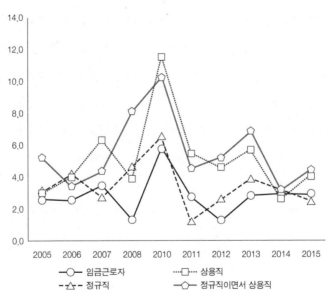

자료: 경제활동인구조사 부가 자료.

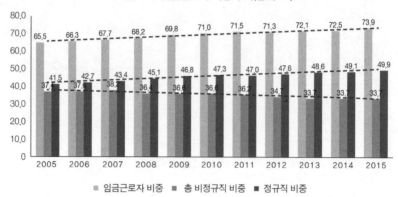

<그림 1-3> 임금근로자 비중 추이(단위: %)

■ 임금근로자 비중 ■ 총 비정규직 비중 ■ 정규직 비중

자료: 경제활동인구조사 부가 자료.

3. 경기변동에 따른 비정규직 고용 변동

〈그림 1-4〉와 〈그림 1-5〉는 전체 취업자와 임금근로자의 추세적 변화와 순환 변동 추세를 보여주고 있으며, 비정규직 비중 변화 추이와 비교하고 있다. 여기서 취업자와 임금근로자의 장기 추세적 요소와 경기순환적 요소를 구하기 위해서 잘 알려진 호드릭-프레스콧 필터(Hodrick-Prescott)를 이용했다. 전체 취업자 중 장기 추세적 요인을 보면 지속적으로 안정적인 증가 추세를 확인할 수 있는 반면 순환적 요인은 경기변동에 따라 일정한 폭으로 등락을 거듭하는 것을 확인할 수 있다.

특히 순환적 요인은 기간이 경과하면서 추세적으로 거의 변화가 없었으며, 변동 폭은 다소 작아지는 것을 확인할 수 있다. 이러한 결과는 비정규직에 의한 경기변동에 따른 변화로 해석되며, 기간이 경과하면서 변화 폭도 비정규직 비중의 감소에 따라 작아지는 것으로 이해된다. 또한 임금근로자를 기준으로 한 경우에도 추세적 요인과 순환적 요인 변동치는 전체 취업자와 유사

〈그림 1-4〉 전체 취업자의 추세적 요인, 순환적 요인, 비정규직 비중 추이 변화(단위: %)

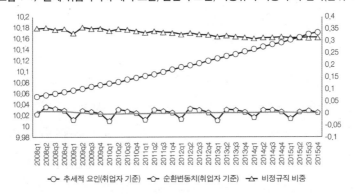

─○─ 추세적 요인(취업자 기준)   ─○─ 순환변동치(취업자 기준)   ─△─ 비정규직 비중

〈그림 1-5〉 임금근로자의 추세적 요인, 순환적 요인, 비정규직 비중 추이 변화(단위: %)

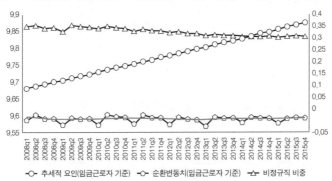

─○─ 추세적 요인(임금근로자 기준)   ─○─ 순환변동치(임금근로자 기준)   ─△─ 비정규직 비중

〈그림 1-6〉 비정규직의 추세적 요인 및 순환적 요인 변동 추이(단위: %)

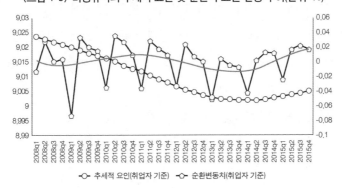

─○─ 추세적 요인(취업자 기준)   ─○─ 순환변동치(취업자 기준)

자료: 경제활동인구조사.

한 흐름을 보이고 있다. 비정규직 비중 변화와 비교하면 전체 취업자든 임금근로자든 간에 순환적 요인 변동치와 유사한 흐름을 보이지만 추세적인 요인과는 완전히 상반된 추세를 보이고 있다.

〈그림 1-6〉은 비정규직 노동자의 추세적 요인과 순환적 요인 변동치 추이를 보여주고 있는데, 앞선 그림과 상이한 양상을 보여주고 있다. 순환적 요인 변동치는 일정하게 변동하는 것으로 나타난 반면 추세적인 요인은 지속적으로 감소하는 추세를 보이다가 최근 다소 상승하고 있다. 이것은 결과적으로 취업자 수 혹은 임금근로자의 추세적 변화와는 상이한 흐름을 보이고 있는 것으로 확인된다. 이러한 결과는 비정규직 변동이 장기 취업자 증가 혹은 임금근로자의 증가에 큰 영향을 주고 있지 못한 것으로 추론된다.

4. 비정규직 고용 변동이 고용에 미치는 효과 분석

비정규직 고용 변화가 전체 취업자 혹은 임금근로자의 고용 성과에 미치는 효과를 VECM(Vector Error Correction Model)을 사용해 분석한다. 불안정한 시계열에 대해서 공적분의 관계를 갖게 될 경우, 시계열 변수들 사이의 장기적 균형 관계와 단기적 동적구조 관계를 동시에 고려하면서 분석할 수 있다. 또한 모든 내생변수를 내생변수의 시차변수함수로 처리해 구조방정식의 강점을 살린 분석 모형이다.

VECM 모형을 다음과 같은 식으로 정리할 수 있다.

$$\Delta y_t = \alpha(\beta y_{t-1} + \mu + \rho t) + \sum_{i=1}^{p-1} \Gamma_i \Delta y_{t-i} + \gamma + \pi t + \epsilon_t$$

y_t가 t시점의 고용수준, 생산통계 등으로 구성된 다차원 열벡터이며, y_t가 단위근 시계열인 VAR 모형에서 r개의 공적분관계(cointegration relationship)가 존재하는 경우에 사용 가능하다. 여기서 α는 조정계수이며, β는 공적분 방정식의 추정계수이고 Γ는 단기 추정계수이다. 공적분 방정식은 변수 간의 장기 균형 관계를 보여주고 있다. 고용 변동과 거시경제 변수가 공적분 관계를 갖는다고 검증되면 VECM 모형을 활용해 분석한다. 특히 이 분석 모형을 활용하는 것은 비정규직 고용과 고용 성과와의 장기적 관계를 파악하는 데 적합하다.

보다 다수의 시계열을 확보하기 위해서 경제활동인구조사를 활용했으며, 비정규직 범위는 기간제 혹은 임시일용직으로 조작적으로 정의한다. 분석 기간은 '기간제보호법' 시행 이후 기간을 분석하기 위해서 2008년 이후 기간으로 한정한다. 경제활동 부가 자료를 사용하면 보다 정확한 비정규직 규모를 측정할 수 있으나, 이 경우 시계열이 매우 짧아서 시계열 분석을 수행하기 어렵다는 문제가 발생한다.

아래 식은 본 분석에서 활용하는 VEC 모형식으로, 전체 취업자 변동에 영향을 미치는 비정규직 비중의 변화 효과를 분석한다.

$$\triangle tE_t = \zeta(\alpha_1 tE_{t-1} + \alpha_2 tY_{t-1} + \alpha_3 tW_{t-1} + \alpha_4 NS_{t-1} + \upsilon)$$
$$+ \beta_1 \triangle tE_{t-i} + \beta_2 \triangle tY_{t-i} + \beta_3 \triangle tW_{t-i} + \beta_4 \triangle NS_{t-i} + \nu + \epsilon_t$$
$$\triangle cE_t = \zeta(\alpha_1 cE_{t-1} + \alpha_2 cY_{t-1} + \alpha_3 cW_{t-1} + \alpha_4 NS_{t-1} + \upsilon)$$
$$+ \beta_1 \triangle E_{t-i} + \beta_2 \triangle cY_{t-i} + \beta_3 \triangle cW_{t-i} + \beta_4 \triangle NS_{t-i} + \nu + \epsilon_t$$

tE_t는 t기의 추세적 로그 취업자 수, cE_t t기의 순환적 로그 취업자 수, tY는 추세적 로그 실질 GDP, cY는 순환적 로그 실질 GDP, tW는 추세적

〈표 1-3〉 벡터오차수정모형: 비정규직 비중이 추세적 취업자 수 변동에 미치는 효과

	추정계수	p-값
조정계수(ζ)	0.035	0.638
단기		
$\triangle t E_{t-1}$	1.343	0.000
$\triangle t E_{t-2}$	-0.964	0.004
$\triangle t E_{t-3}$	0.196	0.613
$\triangle t Y_{t-1}$	-0.468	0.002
$\triangle t Y_{t-2}$	0.735	0.000
$\triangle t Y_{t-3}$	-0.357	0.001
$\triangle t W_{t-1}$	-0.175	0.191
$\triangle t W_{t-2}$	0.156	0.344
$\triangle t W_{t-3}$	-0.009	0.899
$\triangle NS_{t-1}$	0.000	0.622
$\triangle NS_{t-2}$	0.000	0.468
$\triangle NS_{t-3}$	0.000	0.667
ν	0.002	
장기		
$t E_{t-1}$	1.000	
$t Y_{t-1}$	0.000	
$t W_{t-1}$	0.000	
NS_{t-1}	4.824	0.000
υ	-12.266	
AIC	-78.797	
Log likelihood	1,170.161	

자료: 경제활동인구조사.

실질 월평균임금, cW는 추세적 실질 월평균임금, NS는 비정규직(계약직 혹은 임시일용직) 비중이며, ζ는 장기 조정계수, α는 장기 공적분 방정식의 추정계수, β는 단기 방정식의 추정계수를 의미한다. 이 모형은 비정규직 변화가 장기 추세적으로 취업자 수 변화에 어떠한 영향을 미치는지를 추정하기 위한 것이다.

비정규직 비중 변화는 전체 취업자의 추세적 변동에 단기적으로는 통계적으로 유의미한 영향을 확인할 수 없었으나 장기적으로는 부정적인 영향을 미치는 것으로 나타났다. 이러한 결과는 비정규직이 전체 취업자 고용 성과에 부정적인 영향을 미치는 것으로 해석할 수 있다. 장기 공적분 방정식은 다음과 같이 표현할 수 있으며, 장기적으로 비정규직 고용 비중의 증가는 전체 취업자 수 증가에 통계적으로 유의미하게 부(-)의 효과를 보여준다.

$$tE_{t-1} = 12.266 - 4.824NS_{t-1}$$

한편 장기적인 조정속도는 통계적으로 유의미하게 나타나지 않았으며, 비정규직 비중 변화는 실질 GDP나 실질임금에도 장기적으로 부정적인 영향을 미치는 것으로 나타났다.

〈표 1-4〉는 비정규직 비중 변화가 전체 취업자의 순환적 요인 변동에 미치는 요인을 분석한 것이다. 1사분기와 3사분기에 단기적으로 비정규직 비중 증가는 취업자의 순환적 요인 변동에 정(+)의 효과를 보이고 있다. 즉, 비정규직의 변동에 따라 취업자의 순환적 요인이 일정한 영향을 받아 변화하는 것을 의미한다. 그러나 장기적으로 비정규직 비중은 순환적 요인 변동치에도 통계적으로 유의미하게 부(-)의 효과를 보이고 있지만 그 크기는 크지 않았다. 이것은 지난 8년간 비정규직 비중이 낮아지면서 전체 취업자 순환

〈표 1-4〉 벡터오차수정모형: 비정규직 비중이 순환적 취업자 수 변동에 미치는 효과

	추정계수	p-값
조정계수(ζ)	-2.009	0.000
단기		
$\triangle cE_{t-1}$	0.973	0.008
$\triangle cE_{t-2}$	0.767	0.019
$\triangle cE_{t-3}$	-0.042	0.868
$\triangle cY_{t-1}$	-0.307	0.002
$\triangle c\dot{Y}_{t-2}$	-0.097	0.295
$\triangle cY_{t-3}$	0.073	0.378
$\triangle cW_{t-1}$	0.023	0.729
$\triangle cW_{t-2}$	0.126	0.029
$\triangle cW_{t-3}$	0.096	0.089
$\triangle NS_{t-1}$	0.669	0.012
$\triangle NS_{t-2}$	0.110	0.680
$\triangle NS_{t-3}$	-0.373	0.050
ν	0.000	
장기		
cE_{t-1}	1.000	
cY_{t-1}	0.000	
cW_{t-1}	0.000	
NS_{t-1}	0.081	0.000
υ	-0.026	
AIC	-29.920	
Log likelihood	485.877	

자료: 경제활동인구조사.

적 요인 변동 추이에도 부정적인 영향을 미쳤기 때문으로 추론된다.

결과적으로 비정규직 비중은 경기변동에 따른 변화에 반응하지만 전체적인 취업자의 장기적 추세적 변화에는 부정적인 영향을 미치는 것을 확인할 수 있다.

아래 식은 임금근로자 변동에 영향을 미치는 비정규직 비중의 변화 효과를 분석한 모형식이다.

$$\triangle tEMP_t = \zeta(\alpha_1 tEMP_{t-1} + \alpha_2 tY_{t-1} + \alpha_3 NS_{t-1} + \upsilon)$$
$$+ \beta_1 \triangle EMP_{t-i} + \beta_2 \triangle tY_{t-i} + \beta_3 \triangle NS_{t-i} + \nu + \epsilon_t$$
$$\triangle cEMP_t = \zeta(\alpha_1 cEMP_{t-1} + \alpha_2 cY_{t-1} + \alpha_3 NS_{t-1} + \upsilon)$$
$$+ \beta_1 \triangle EMP_{t-i} + \beta_2 \triangle cY_{t-i} + \beta_3 \triangle NS_{t-i} + \nu + \epsilon_t$$

$tEMP_t$는 t기의 추세적 로그 임금근로자 수, $cEMP_t$ t기의 순환적 로그 임금근로자 수이며 다른 변수는 동일하다. tY는 추세적 로그 실질 GDP, cY는 순환적 로그 실질 GDP, tW는 추세적 실질 월평균임금, cW는 추세적 실질 월평균임금, NS는 비정규직(계약직 혹은 임시일용직) 비중이다.

비정규직 비중 변화는 임금근로자의 추세적 변동에 단기적으로 유의미한 영향이 없는 것으로 나타났으며, 장기적으로 통계적으로 유의미하게 부정적인 영향을 미치는 것으로 나타났다. 앞선 전체 취업자 수를 대상으로 분석한 결과보다 비정규직 고용 비중의 부정적인 효과가 훨씬 큰 것으로 확인된다. 이러한 결과는 비정규직이 임금근로자의 장기적인 고용 성과에 부정적인 영향을 미치는 것으로 해석할 수 있다.

〈표 1-6〉은 비정규직 비중 변화가 임금근로자의 순환적 요인 변동에 미치는 요인을 분석했다. 2사분기와 3사분기에 단기적으로 비정규직 비중 중

〈표 1-5〉 벡터오차수정모형: 비정규직 비중이 추세적 임금근로자 수 변동에 미치는 효과

	추정계수	p-값
조정계수(ζ)	-0.001	0.394
단기		
$\triangle tEMP_{t-1}$	1.888	0.000
$\triangle tEMP_{t-2}$	-1.470	0.000
$\triangle tEMP_{t-3}$	0.476	0.002
$\triangle tY_{t-1}$	-0.100	0.256
$\triangle tY_{t-2}$	0.269	0.061
$\triangle tY_{t-3}$	-0.214	0.005
$\triangle NS_{t-1}$	0.000	0.372
$\triangle NS_{t-2}$	0.000	0.878
$\triangle NS_{t-3}$	0.000	0.546
ν	0.001	0.000
장기		
$tEMP_{t-1}$	1.000	
tY_{t-1}	0.000	
NS_{t-1}	46.098	0.000
υ	-30.823	
AIC	-54.376	
Log likelihood	799.258	

자료: 경제활동인구조사.

가는 임금근로자의 고용 변동에 부정적인 영향을 미치는 것으로 나타났다.
장기적으로 비정규직 비중은 임금근로자의 순환적 요인 변동치에 정(+)의
방향으로 영향을 미치는 것으로 나타났지만 통계적으로 유의도는 낮은 편이

〈표 1-6〉 벡터오차수정모형: 비정규직 비중이 순환적 임금근로자 수 변동에 미치는 효과

	추정계수	p-값
조정계수(ζ)	1.400	0.006
단기		
$\triangle cEMP_{t-1}$	-1.552	0.003
$\triangle cEMP_{t-2}$	-1.224	0.006
$\triangle cEMP_{t-3}$	-1.172	0.002
$\triangle cY_{t-1}$	0.778	0.028
$\triangle cY_{t-2}$	0.657	0.011
$\triangle cY_{t-3}$	0.392	0.014
$\triangle NS_{t-1}$	-0.657	0.172
$\triangle NS_{t-2}$	-1.382	0.026
$\triangle NS_{t-3}$	-1.114	0.015
ν	0.000	0.002
장기		
$cEMP_{t-1}$	1.000	
cY_{t-1}	-0.731	0.000
NS_{t-1}	-0.025	0.488
υ	0.006	
AIC		-22.235
Log likelihood		450.045

자료: 경제활동인구조사.

었다. 이러한 결과는 실질 GDP 변수의 변화에 의해서 임금근로자의 순환적 요인의 변동이 설명되면서 비정규직 고용 비중의 효과가 나타나지 않은 것으로 추론된다. 실질 GDP 변수를 포함하지 않은 경우 비정규직 고용 비중

은 임금근로자의 순환적 요인 변동에 통계적으로 유의하게 정(+)의 효과를 보이는 것으로 확인된다. 결과적으로 비정규직 비중 변화는 경기변동에 따른 영향이 중요한 요인이며, 임금근로자의 증가에 기여하지 못하는 것을 확인할 수 있다.

5. 요약 및 시사점

이 장은 비정규직의 고용 변동 추이를 살펴보고 비정규직 고용이 전체 고용 성과에 미치는 효과를 분석했다. 2008년 금융위기 이후 '기간제보호법'이 시행된 이후 시기를 대상으로 비정규직의 고용 변화 추이를 검토하고 취업자 및 임금근로자의 고용 변화의 관계를 살펴보았으며, 비정규직 비중 변화와 취업자 수 혹은 임금근로자 고용에 미치는 효과를 시계열 모형을 통해 분석했다. 이를 요약하면 다음과 같다.

첫째, 전반적으로 비정규직은 정규직에 비해 증가세가 크게 둔화된 것을 확인할 수 있으며, 임금근로자에서 차지하는 비중은 낮아지는 추세를 보이고 있다.

둘째, 비정규직은 경기변동에 따라 고용 변동이 민감하게 반응한 반면 정규직은 안정적인 증가세를 보이면서 전체 고용 증가는 정규직 혹은 상용직이 주도하는 양상을 보이고 있다. VECM 모형을 통한 시계열 분석 결과에서도 비정규직 고용은 장기적으로 취업자 수 혹은 임금근로자의 고용 성과에 부정적인 영향을 미치는 것으로 나타나고 있다.

위와 같은 비정규직 고용 변화와 효과를 보면 시사점을 도출할 수 있다. 비정규직의 감소 경향은 오히려 전체 고용 증가에 기여한 것으로 판단되는

데, 비정규직은 경기변동에 따라 크게 변동하면서 고용 증가에 기여하는 바가 미약한 반면 고용이 안정된 정규직은 지속적으로 증가하면서 고용 증가에 긍정적인 영향을 미치기 때문이다. 결과적으로 정규직 중심의 고용 기회의 확대가 전체 고용 성과를 높이는 데 기여할 뿐만 아니라 고용의 질 제고에도 기여할 것으로 판단된다.

참고문헌

Atkinson, J. 1987. "Flexibility or Fragmentation? The United Kingdon Labor Market in the Eighties." *Labor and Society*, 12(1), pp.87~105.

Autor, D. 2000. "Outsourcing at Will: Unjust Dismissal Doctrine and the Growth of Temporary Help Firm." *NBER Working Paper*, No.7557.

Cappelli, P. and D. Neumark. 2001. "External job churning and internal job flexibility." *NBER Working Papers*, No.8111.

Davis-Blake, A. and B. Uzzi. 1993. "Determinants of employment externalization: a study of temporary workers and independent contractors." *Administrative Science Quarterly*, 38, pp.195~223.

Kalleberg, A. L. 2001. "Organizing Flexibity: The Flexible Firm in a New Century." *British Journal of Industrial Relations*, 39(4), pp.479~504.

Lee, D. R. 1996. "Why is Flexible Employment Increasing?" *Journal of Labor Research*, 17(4), pp.544~554.

Lepak, D., R. Takeuchi and S. A. Snell. 2003. "Employment Flexibility and Firm Performance: Examining the Interaction Effects of Employment Mode, Environmental Dynamism and Technological Intensity." *Journal of Management*, 29(5), pp.681~703.

Levin, J. 2002. "Multilateral Contraction and the Employment Relationship." *The Quarterly Journal of Economics*, 117(3), pp.1075~1104.

Michie, J. and M. Sheehan-Quinn. 2001. "Labor Market Flexibility, Human Resource Management and Corporate Performance." *British Journal of Management*, 12, pp.287~306.

Nollen, S. D. 1996. "Negative Aspects of Temporary Employment." *Journal of Labor Research*, 17(4), pp.567~582.

Nunziata, G. and S. Staffolani. 2001. "The Employment Effects of Short Term Contracts Regulations in Europe." mimeo, Nuffield College at Oxford.

Smith, V. 1997. "New forms of work organization." *Annual Review of Sociology*, 23, pp.315~339.

Tsui, A. S., J. L. Pearce, L. W. Porter and J. P. Hite. 1995. "Choice of Employee-Organization Relationship: Influence of External and Internal Organizational Factors." *Research in Personnel and Human Resources Management*, 13, pp.117~151.

제2장

사내 하청 노동자들의 산업안전보건 격차[*]

김정우 | 한국노동연구원 전문위원

1. 문제 제기

IMF 외환위기 이후 우리나라 노동시장에서 가장 중요한 이슈는 비정규직과 관련한 문제라 할 수 있다. 비정규직 노동자들이 급격하게 늘어나면서 이들을 대상으로 하는 여러 가지 주장과 논의들이 활발히 진행된 바 있다.

비정규직을 둘러싼 논의는 대체로 비정규직의 정의 및 규모를 둘러싼 주장과 논쟁에서 시작되어(김유선, 2001; 정이환, 2003; 유경준 외, 2009; 장신철, 2012) 정규직화 가능성을 포함한 비정규직 일자리의 특성에 대한 분석들(장지연·한준, 2000; 류기철, 2001; 이효수, 2002; 이시균·윤진호, 2007), 그리고 정규직 대비 비정규직의 임금격차를 둘러싼 논의들까지 진행되어왔다(안주엽, 2001; 정이환, 2007; 김선애·김진영, 2011; 이인재, 2011; 김정우·김기민, 2015).

---

[*] 이 장은 ≪산업노동연구≫ 22권 2호에 게재된 「사내 하청 노동자들의 위험 노출과 업무 관련 사고·질병으로 인한 결근 및 불건강 증상」을 수정 및 보완한 것이다.

최근에는 정규직 대비 임금격차뿐 아니라 정규직과 동일한 업무를 수행하는 비정규직이 겪는 여러 가지 상대적 차별 혹은 격차와 관련된 이슈들에 대한 검토가 이루어지고 있는데(김정우, 2013; 2014), 그중에 가장 중요한 것이 소위 산업안전보건 격차와 관련된 것이다. 특히 근래에 사망 사고를 포함한 중대 재해가 사내 하청 노동자들에게 집중적으로 발생해, 사회적 관심과 함께 '산업안전에 있어서도 고용 형태별 격차가 존재하는 것이 아닐까'라는 우려가 제기되고 있다. 어떻게 보면 가장 중요한 기본적 사항이라 할 수 있는 안전하고 건강하게 일할 수 있는 가능성이 고용 형태에 따라 다르다면 큰 문제가 아닐 수 없으며, 이러한 차원에서 작업장에서의 위험이 고용 형태가 열악한 하청 노동자들에게 전이되는 소위 '위험의 외주화'가 발생하고 있다는 주장이 힘을 얻고 있다.[1]

사내 하청 노동자는 원청 업체에서 업무를 도급받은 하청 업체가 고용한 노동자를 칭한다. 그들은 하청 업체와 근로계약을 체결한 상태에서 원청 업체의 업무를 수행하게 된다. 따라서 실질적인 업무 수행은 원청 업체에 의해 이루어지지만 고용계약은 하청 업체와 맺음으로 인해 산업안전보건과 관련된 여러 사안에 대한 관리 및 책임 소재가 모호해지는 문제가 발생된다. 최근에 발생된 사망 사고를 포함한 중대 재해의 경우에도 사내 하청 노동자들에게 그 피해가 집중되고 있음이 드러난 바 있다. 여타의 간접 고용 형태 중에서도 특히 사내 하청 노동자와 그렇지 않은 노동자들 사이의 산업안전보건

---

[1] 하청 노동자가 산업안전보건의 측면에서 특히 취약하다는 것은 이미 널리 알려져 있다. 고용노동부의 자료를 취합해 문진국 의원실에서 발표한 분석 결과에 따르면, 2015년에 주요 업종별 30대 기업에서 산업재해로 사망한 전체 노동자의 95.0%는 하청 노동자라고 한다. 이를 2015년만의 특수한 사례로 볼 수 없는 것이, 이미 2011년(88.4%), 2012년(73.5%), 2013년(87.7%), 2014년(91.0%)에도 그 수치는 정상이 아니었다(≪매일노동뉴스≫, 2016.8.29).

관련 격차를 통계적으로 검토하는 것은 이런 측면에서 의미가 작지 않다.

이 장은 다음과 같이 구성된다. 우선 2절에서 일반적인 산업재해 발생 요인을 비롯한 고용 형태별 산업안전보건 격차에 관한 선행 연구들을 살펴본다. 다음 3절에서는 이 장의 분석에 활용된 자료에 관한 설명과 함께, 기술통계량을 통해 사내 하청 노동자와 그렇지 않은 노동자들 간에 물리적 위험 및 근골격계 위험에 대한 노출 정도, 업무상 사고 및 질병으로 인한 결근의 발생 여부를 비교해본다. 4절에서는 회귀모형을 활용해 작업장의 물리적 위험 및 근골격계 위험에 대한 노출 강도가 사내 하청 노동자인지 아닌지에 따라 차이가 있는지 검토해보고, 추가로 사내 하청 노동자들과 그렇지 않은 노동자들 간에 업무상 사고 및 질병으로 인한 결근의 발생 확률에 차이가 있는지, 그리고 노출 강도를 통제한 후에도 발생 확률에 큰 변화는 없는지 살펴보겠다. 마지막 5절에서는 논의의 내용을 요약하고 간략한 정책적 함의를 제안하겠다.

2. 산업재해 발생 및 그 격차에 관한 선행 연구

고용 형태에 따른 산업안전보건 격차에 관한 연구는 1990년대 이후 많이 제기되었는데 이미 노동시장에서 다양한 고용 형태가 고착화된 선진자본주의 국가들에서 주로 이루어졌다. 다양한 비정규직 고용 형태, 특히 간접 고용이 산업안전보건과 관련된 측면에서 정규직과는 다른 양상을 보일 것이라는 이론적 예측은 주로 인적자원관리의 측면에서 관리 책임의 문제, 교육의 문제, 숙련 수준의 문제 등에서 제기된다고 볼 수 있다(Kochan et al., 1994).

코칸 등(Kochan et al., 1994)은 1989년 10월, 캘리포니아 LA 근방의 패서

디나(pasadena) 지역의 플라스틱 공장의 폭발 사고로 23명이 죽고 232명이 부상한 사고에 이은 후속 조치로 OSHA(Occupational Safety & Health Administration)의 위임을 받아 용역(contract)노동의 활용이 인적자원 이슈에 미치는 영향을 조사했고, 그 일환으로 안전 보건의 문제를 다룬 바 있다. 그들에 따르면 용역노동자들은 평균적으로 정규직보다 높은 수준의 산재 발생 확률을 경험하는데, 이러한 고용 형태별 산재 발생 확률의 격차는 일차적으로 용역노동자들이 보다 더 위험한 직무에 종사하며, 안전교육을 덜 받고, 경험이 부족하기 때문이라 보았다. 한편 용역노동자들에게 훈련과 경험을 통해 산재 발생 위험을 줄이는 것은 직접 고용 노동자들에 비해서는 덜 효과적인 것으로 나타났는데 공장주로부터 직접 감독을 받는 용역노동자들은 단지 용역 회사로부터만 감독을 받는 용역노동자에 비해 낮은 산재 발생 확률을 보이는 것으로 나타났다.

이러한 결과들을 바탕으로 ① 용역노동자들의 안전과 관련한 경영 책임 소재의 모호함을 제거하고, ② 실태를 인과적으로 분석할 수 있는 노사 그리고 OSHA의 데이터를 제공하고, ③ 산업 수준의 모범 관행을 널리 확산하며, ④ 이해관계자(관리자, 노동자, 노조 대표, 하청 업체)들이 모두 참여해 안전 문제를 개선시킬 수 있는 절차를 진행할 것을 권고했으며, 특히 OSHA에 대해서는 ① 공장 관리자에게 해당 공장의 하청 노동자들을 포함한 모든 노동자에 대한 안전 문제에 대한 책임 부과, ② 다양한 고용 형태의 노동자들에게 모두 적용되는 최소한의 훈련 기준 마련, ③ 직접 고용 노동자와 용역 노동자 모두를 대표하는 노사협의회 기능 강화, ④ 모범 사례의 전산업적 확산을 권고했다.

그러나 실제 실증 연구에 있어 다른 조건들을 통제했을 때, 간접 고용이나 외주화된 고용이 정규직 고용 등에 비해 더 큰 위험에 노출되어 있다거나 산재 발생 확률이 더 높게 나타나는지에 대한 결과는 일관되게 나타나지 않는다. 고용 형태의 차이가 직무 위험이나 노출 정도에 이은 산재 발생의 두 번째 영향 요인으로 나타난 연구도 존재하는 반면(Mayhew et al., 1997), 임시고용이나 비정규 고용, 외주화된 작업 등이 산재 발생이나 산업안전보건상의 차이와 직접적으로 관련된다는 통계적 증거는 발견되지 않는다는 연구들도 있고(Amuedo-Doranes, 2002; Williamson et al., 2009; Nenonen, 2011 등), 외주화와 관련해 하청 업체보다는 공장주가 직접 안전교육 등 관리 책임을 명확하게 하도록 유인을 제공하는 것이 산업재해 감소에 효율적이라는 연구도 존재한다(Rebitzer, 1995).

메이휴 등(Mayhew et al, 1997)은 산업재해 발생의 가장 중요한 요인은 구체적 직무의 위험, 혹은 위험에 대한 노출 정도이고 고용 형태(하청 노동자 여부)는 두 번째 영향 요인이라 보았다. 하청 노동자의 안전 보건과 관련한 중요한 요소로는 경제적 요인, 부적절한 규제나 통제, 노동자 스스로 위험으로부터 보호할 수 있는 능력 등을 꼽았다.

아무에도 도란테스(C. Amuedo-Dorantes, 2002)는 1997년에 스페인 노동부에서 수행한 사업체-노동자 결합 데이터를 분석한 결과, 임시고용이 높은 산재율과 관련된다는 실증적 증거는 발견되지 않는다고 했다. 스페인에서는 1990년대 중반 이래 비정규 고용, 특히 기간제의 산업재해 비율이 높게 증가해왔고, 노조는 이들에 대한 열악한 근로조건이 산재 발생 비율 증가의 중요한 원인이라고 주장해왔다. 실증 모형을 통해 근로조건을 통제한 경우, 산재 발생 비율이 임시직 노동자, 단기근속 노동자, 저학력 노동자 등에게 더 높게 나타난 것은 아니었고, 오히려 사업체 특성, 노동자의 직종, 특히 구체적 근로조건(위험 노출 정도)과 더 큰 관련을 보였다. 저자는 구체적 근로조건의 개선, 즉 소음을 줄이거나 독성 물질이나 가스를 통제하거나 강제된

자세를 감소하는 것과 같은 작업환경의 개선이 산재 발생 비율을 감소하는
데 더 효율적이라 제안하고 있다.

윌리엄슨 등(Williamson et al., 2009)은 호주 단거리 수송 트럭 운전수들의
2003년도 자료를 통해 정규직, 비정규직, 자영업 운전수들의 노동조건 및
산업안전보건 수준을 비교했다. 분석 결과, 비정규직 운전수들은 근로조건
을 비롯한 조직적 특성에 있어 다른 운전수들과 차이를 보였지만 산업안전
보건 측면에서는 큰 차이를 보이지 않았다.

네노넨(Nenonen, 2011)은 핀란드에서 1999~2008년 사이에 제조업 공장
내에서 과업이 수행된 경우와 외주화해 과업이 진행된 경우 치명적 사고의
발생 사례를 비교 검토했다. 분석 결과 중대 재해 발생에 가장 큰 영향을 미
치는 요인은 위험 요소에 대한 불완전한 식별(insufficient hazard identifica-
tion)이고, 사람의 실수(human error), 설명이나 지침의 부족(deficiency in
instruction) 등도 영향을 미쳤다. 즉, 중대 재해 발생에 영향을 미치는 요인
들 중, 외주화된 작업과 공장 내 작업 간에 통계적으로 유의한 분명한 차이
는 발견되지 않았다.

특히 파견 노동자의 경우 그들이 처한 삼각 고용관계와 이에 기인한 느슨
한 규제가 보다 높은 산업안전보건상의 위험을 가져올 수 있다는 이론적 주
장도 제기된 바 있다(Underhill and Quinlan, 2011). 그들은 1995~2001년까
지 호주에서 파견 노동자들의 상병급여 신청 사례를 활용해 PDR(pressure,
disorganization, regulatory) 모델을 통해 파견 노동자들의 위험 요인을 설명
했는데, 파견 노동자들이 직면한 위험 중 일부는 다른 불안정 고용 형태에서
는 발견되지 않는 독특한 것이며, 이는 파견 노동자들이 처한 삼각 고용관계
와 느슨한 규제에 의해 특징적으로 발현되는 것이라 보았다.

요컨대 서구에서 근래의 논의는 이른바 '불안정 고용'이 겪는 산업안전보

건 관련 문제에 대한 이론적 맥락을 정교화하고 실증적으로 이를 검토하는 단계로 나가고 있다.

반면에 한국에서 산업안전보건의 문제를 다룸에 있어, 고용 형태별 격차나 특히 하청 노동의 문제에 집중한 연구는 그리 많지 않다. 산업안전보건 관련 격차를 다룬 논문들을 살펴보기에 앞서, 일반적인 산업재해 발생에 관한 선행 연구들을 간략히 살펴보겠다.

산업안전보건 특히 산업재해의 발생에 영향을 미치는 요인들에 대한 고찰은 산업의학 분야에서도 적지 않게 수행되었는데(이원철 등, 2009; 방예원 등, 2009; 방예원 등, 2011), 이들 연구 중 일부는 일용근로자 수 증가 등 노동의 불안정성이 산재 발생과 연관 있음을 지적한다. 그 밖의 연구들 중에는 인구 고령화를 산재 발생의 주요 요인으로 지적하는 연구(최숙희, 2014; 박경돈, 2014), 노동력 구성 중 직종 구성의 변화에 주목한 연구(문성현, 2004), 노동조합 혹은 노사관계 분위기에 주목한 연구(박용승·나인강, 2010; 조흠학·이재희·이경용, 2014) 등이 있다. 산재 발생에 영향을 미치는 또 다른 중요한 요소로 산업안전에 관한 교육 등을 포함한 안전 보건 환경을 지적한 연구들이 있고(정원일·이명선·전용일, 2013; 정원일·전용일, 2014), 사업체의 규모에 집중한 실증 연구(이건세 등, 2006; 정원일·이광석·전용일, 2011), 장시간 근로에 주목한 연구 등이 존재한다(이주영 외, 2014).

박종식(2007)은 고용 형태와 산업재해의 문제를 다룬 국내에서 가장 선도적 연구라 할 수 있는데, 현대자동차 울산 공장의 사내 하청 사례를 통해 '위험의 전이'가 '제도의 지체'에 의해 은폐되었음을 설득력 있게 설명하고 있다. 그는 실제 작업장에서 하청 노동자에게 위험이 전이되고 있음에도 불구하고 현실과는 다른 산업재해율이 측정되는 원인은 '산재 삼진아웃'으로의 퇴출을 막기 위해 공상 처리를 선호하는 하청 업체 사업주들의 이해와 산재 발생 시 산재처리보다 공상처리가 더 합리적일 수 있는 사내 하청 노동자들의 이해가 결합되어 나타난 현상이라 보았다.

비교적 근래에 산업안전보건의 문제를 고용 형태와 결부시켜 분석한 실증 분석 연구들이 수행된 바 있다(Min et al., 2013; 권순식, 2016; 이재성·안준기, 2016). 민(Min et al., 2013)은 근로환경조사 2010년도 자료를 활용해, 원청 기업에 종사하는 3282명의 노동자와 하청 기업에 종사하는 728명의 노동자들에게 작업과 관련된 건강상의 문제가 발생했는지, 이로 인해 결근을 했는지 로짓모형으로 추정해보았다. 개인 및 직종 특성과 직무 형태 등을 통제하고 분석한 결과, 하청 노동자들은 원청 노동자에 비해 부상당할 위험이 2.1배가량 높았고 질병으로 인해 결근할 확률은 3배 이상 높은 것으로 나타났다.[2] 권순식(2016)은 2005년부터 2011년까지 사업체패널조사의 4개년도 자료를 활용해 비정규직 고용과 산재 발생 여부 및 산재인정자 비율 간의 관계를 추정했다. 분석 결과 직접 고용 비정규직은 산재 발생 및 산재 인정자 비율과 정(+)의 관계를 보이지만 간접 고용 비정규직은 통계적 유의성이 없다고 했다. 이 연구는 패널 자료를 통한 분석을 시도했다는 점에 의의가 있지만, 고정효과 모형을 통한 추정이 아니므로 산재 발생과 다른 변수들과의 내생적 관계를 통제할 수 있는 패널 자료의 장점을 살리지 못했고, 무엇보다도 변수의 측정 방식에 대한 잘못된 이해에 기반하고 있어 분석 결과를 신뢰하기 어렵다.[3] 이재성·안준기(2016)는 근로환경조사 4차년도 자료(2014

---

2) 이 연구는 이 장과 활용한 자료가 동일하고 분석 방법론도 유사하지만, 이 장은 모형에 작업장에서의 구체적 위험 정도를 포함했다는 차이가 있다.

3) 사업체패널조사에서 노동력 구성은 사업체 내부 노동력(정규직＋직접 고용 비정규직)과 사업체 외부 노동력(간접 고용 비정규직)으로 구성된다. 또한 사업체패널조사에서 식별되는 산업재해 및 산재 인정자는 오직 정규직 근로자만을 대상으로 한다. 따라서 직접 고용 비정규직 및 간접 고용 비정규직과 산재 발생 및 산재 인정자 수는 직접적인 관련을 갖지 않는다. 따라서 분석 모형 및 방법론상의 문제점은 차치하더라도 해당 논문의 추정 결과

년)를 활용해 세부 고용 형태별로 위험 노출 확률을 순서화 로짓모형(ordered logit)으로 추정했다. 분석 결과, 다른 조건들을 통제했을 때 비정규직 근로자가 정규직 근로자에 비해 위험에 노출될 확률이 높은 것으로 나타났는데 특히 비전형 근로(용역, 일일, 특수 형태 근로) 종사자의 위험 노출 확률이 상대적으로 더 높았다. 위험에 더 많이 노출되어 있다는 것은 그만큼 재해를 당할 잠재적 가능성이 높아진다고 해석할 수 있을 것이다.

최근 들어 산업안전보건의 문제를 다룸에 있어 고용 형태별 격차에 주목한 연구들이 수행되는 것은 바람직한 현상이다. 그러나 사내 하청 노동의 특성에 주목해 산업안전보건상의 차이를 다룬 논문은 여전히 희소하다. 사망 사고를 포함한 중대 재해가 사내 하청 노동자들에게 더 많이 발생하고 있는 작금의 상황에서 사내 하청 노동의 특성을 산업안전보건 격차와 연결해 설명하려는 노력이 향후 좀 더 활성화될 필요가 있다고 하겠다.

3. 산업안전보건 관련 실태

1) 자료 소개 및 구축

이 장의 분석에 활용한 자료는 안전보건공단 산업안전보건연구원에서 관장하는 근로환경조사의 제2차년도 자료(2010년)이다. 이 자료를 활용한 가장 중요한 이유는 별도의 독립적 질문을 통해 사내 하청 노동자 여부를 식별할 수 있는 몇 안 되는 조사 중 하나이기 때문이다.[4] 또한 근로환경조사는

는 직접 고용 비정규직 및 간접 고용 비정규직이 증감할 때 정규직의 산재 발생 여부 및 규모는 어떻게 변화하느냐에 대한 내용으로 이해되어야 할 것이다.

국제 비교를 염두에 두고 시행된 조사 통계로서 그 신뢰성과 타당성 등 통계 품질이 높다고 알려져 있다(Young Sun et al., 2013).

우리나라에서 정규직과 비정규직 그리고 비정규직 내의 세부 고용 형태별 규모를 살펴보는 데 있어 대표적인 통계로 활용되는 통계청의 경제활동인구부가 조사에는 사내 하청 노동자를 특정하지 않는다. 사내 하청 노동자는 원청 업체에 의해 업무를 도급받은 하도급 업체에 소속된 노동자로서 그 업체의 정규직일수도 비정규직일수도 있다. 따라서 경제활동인구부가 조사에서 사내 하청 노동자는 정규직·기간제·한시·파견·용역·시간제·일일·가내·특수 근로의 8가지 고용 형태 중 하나로 간주될 뿐이지 별도로 사내 하청 노동자의 규모를 파악할 수는 없다.

이러한 문제 때문에 고용노동부에서 300인 이상 대규모 사업장에 대해 사내 하청 노동자에 대한 조사를 몇 차례 실시했고, 한국노동연구원의 사업체패널조사 등에서 사내 하청 노동자의 규모를 묻고 있는데, 고용노동부의 2008년 조사에서 사내 하청 노동자의 규모는 300인 이상 규모 사업장의 전체 노동력 중 28.0%, 2010년 조사에서는 32.2%에 달했다(이병희, 2012).[5]

결국 사내 하청 노동자의 모수는 추정할 수 있을 뿐이며, 정확한 규모에 대한 논쟁은 여전히 진행 중이라 보아야 할 것이다. 다만 이 분석에서 가장 중요한 변수인 사내 하청 노동자의 식별과 관련해서는 개인 조사에서 이를 파악하는 경우 자체가 매우 희귀하다. 이러한 배경에서 근로환경조사 2차년

---

4) 근로환경조사는 2006년의 1차 조사를 시작으로 2010년(2차), 2011년(3차), 2014년(4차)에 실시되었지만 사내 하청 노동자 여부를 식별하는 질문은 오직 2010년 자료에만 포함되어 있다.

5) 그러나 이 조사는 300인 이상 규모의 사업장을 대상으로 한 것이며, 비교적 대규모 사업체에서 사내 하도급의 활용이 빈번하다는 것을 감안하면 전체 노동시장에서 사내 하도급의 비중은 이보다는 많이 적을 것으로 예상된다.

도 자료(2010년)는 일정 규모 이상의 표본을 대표성 있게 표집하면서 업무상 사고 혹은 질병으로 인한 결근 여부, 그리고 위험에 대한 노출 정도와 사내 하청 노동자 여부를 동시에 식별할 수 있는 유일한 조사라는 점에서 이 장의 분석에 적합한 단 하나의 자료임을 밝힌다.

근로환경조사 2차년도 자료(2010년)에서 사내 하청 노동자는 다음과 같이 식별할 수 있다. 질문 q10a를 보면 "귀하가 일하는 직장은 다음 중 어디에 해당됩니까?"라고 묻고 있는데 그중에서 "③ 사내 협력 업체"라고 응답한 경우를 사내 하청 노동자로 구분해 더미변수로 만들었다. 동 조사에서 임금노동자의 표본은 6220개(명)인데, 이 장의 분석에 활용된 회귀모형에 쓰인 변수들 중 임금 등 일부가 결측된 값을 제외하면 총 5816개(명)의 자료가 분석에 활용되었다. 이 중 사내 하청 노동자의 개체는 120개(명)로 전체 임금노동자 중 2.1%에 해당한다.

2) 고용 형태별 산업안전보건 현황

이제 본격적으로 사내 하청 노동자들의 산업안전 관련 실태를 살펴보겠다. 우선 사내 하청 노동자들이 사내 하청이 아닌 노동자들과 비교했을 때 산업안전과 관련한 위험에 어느 정도 노출되어 있는지 기술통계량의 크기를 통해 알아보겠다.[6] 〈표 2-1〉과 〈표 2-2〉는 작업 공간에서 개별 노동자들이

---

6) 사내 하청과 사내 하청 이외의 노동자들을 비교하는 것이 '고용 형태'의 차이를 의미하는 것인지에 대한 문제 제기가 있을 수 있다. 물론 정확한 의미에서 사내 하청은 사업체의 형태를 의미하는 것이 맞고, 고용 형태는 공식적으로 정규직, 한시적(기간제, 비기간제), 비전형(파견, 용역, 특수 형태, 가정 내, 일일), 시간제 식으로 구분하고 있다. 그러나 사내 하청 노동자들이 산업안전보건상의 위치에서 느끼는 차이는 간접 고용 노동자들이 느끼는 고용 안정, 임금, 복리후생의 차이와 본질적으로 다르지 않다고 판단된다. 따라서 이 장에서는 사내 하청 노동자들이 느끼는 이러한 특성을 강조하기 위해 사내 하청 노동자들의

〈표 2-1〉 사내 하청 여부별 물리적 위험 노출 강도

구분	평균	표준편차	개체 수
사내 하청 이외	0.858	1.216	5,696
사내 하청	1.121	1.356	120
전체	0.865	1.220	5,816

주관적으로 느끼는 위험에 대한 노출 정도를 각각 물리적 위험과 근골격계 위험으로 나누어 나타낸 것이다.

우선 물리적 위험은 다음과 같이 정의된다. 근로환경조사에서는 노동자들이 작업 도중 물리적 위험에 어느 정도 노출되어 있는지 묻고 있다. 여기서 물리적 위험이란 구체적으로 "① 수동구나 기계 등에 의해 발생되는 진동, ② 다른 사람에게 말할 때 목청을 높여야 할 정도의 심한 소음, ③ 일하지 않을 때조차 땀을 흘릴 정도로 높은 온도, ④ 실내/실외에 관계없이 낮은 온도, ⑤ 연기, 흄(용접흄 또는 배기가스), 가루나 먼지(목분진, 광물 분진 등) 등의 흡입, ⑥ 시너와 같은 유기용제에서 발생한 증기 흡입, ⑦ 화학제품/물질을 취급하거나 피부와 접촉함, ⑧ 다른 사람이 피우는 담배 연기, ⑨ 폐기물, 체액, 실험 물질같이 감염을 일으키는 물질을 취급하거나 직접적으로 접촉"이다.

〈표 2-1〉의 물리적 위험 노출 강도는 각각의 물리적 위험(진동, 소음, 고온, 저온, 분진, 증기, 화학물질, 담배 연기, 감염 물질)을 '절대 노출 안 됨'을 0, '거의 노출 안 됨'을 1, '근무시간의 1/4'을 2, '근무시간 절반'을 3, '근무시간 3/4'을 4, '거의 모든 근무시간'을 5, '근무시간 내내'를 6으로 각각 코딩해 합산한 값이다. 사내 하청 노동자들과 이외 노동자들의 물리적 위험 노출 강

문제를 고용 형태상의 간접 고용 비정규직의 특성 중 하나로 간주하고 설명하고자 한다.

<표 2-2> 사내 하청 여부별 근골격계 위험 노출 강도

구분	평균	표준편차	개체 수
사내 하청 이외	1.471	1.128	5,696
사내 하청	1.782	1.199	120
전체	1.477	1.128	5,816

도를 비교해보면 사내 하청 노동자들의 평균적인 물리적 위험 노출 강도는 1.121로 사내 하청이 아닌 노동자들의 평균값인 0.858보다 30.7% 높은 것으로 나타났다. 즉, 사내 하청 노동자들은 그렇지 않은 노동자들에 비해 물리적 위험에 더 많이 노출되어 있는 것으로 보인다.

<표 2-2>는 근골격계 위험의 노출 강도를 비교한 것인데, 근골격계 위험이란 구체적으로 "① 피로하거나 통증을 주는 자세, ② 사람을 들어올리거나 이동시킴, ③ 무거운 물건을 끌거나 밀거나 이동시킴, ④ 계속 서 있는 자세, ⑤ 반복적인 손동작이나 팔 동작"을 의미한다.

물리적 위험의 경우와 마찬가지로 각각의 근골격계 위험의 노출 강도를 '절대 노출 안 됨'에서 '근무시간 내내 노출됨'까지 각각 0에서 6사이의 값으로 다시 코딩해 합산한 값의 평균값을 보면 사내 하청 노동자들의 평균적인 근골격계 위험 노출 강도는 1.782로 사내 하청이 아닌 노동자들의 평균값인 1.471보다 21.1% 더 높게 나타나 사내 하청 노동자들은 근골격계 위험에 있어서도 더 많이 노출되어 있는 것으로 나타났다.

<그림 2-1>은 지금까지 표로 나타낸 바 있는, 노동자들이 작업 과정 중에 물리적 위험과 근골격계 위험에 어느 정도 노출되어 있는지를 사내 하청 노동자와 사내 하청 이외의 노동자로 나누어 표현한 것이다. 그림에서 나타나듯이 사내 하청 노동자들은 다른 집단에 비해 물리적 위험이나 근골격계 위험에 더 많이 노출되어 있음을 알 수 있다.

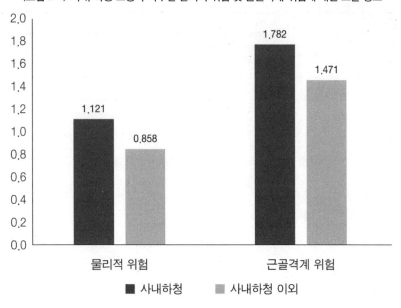

〈그림 2-1〉 사내 하청 노동자 여부별 물리적 위험 및 근골격계 위험에 대한 노출 강도

이제 이러한 작업 중의 각종 위험에 대한 노출 정도의 차이가 실제 산업 재해의 발생에 있어서의 차이로까지 드러나는지 추가로 살펴보겠다. 〈표 2-3〉은 사내 하청 노동자들과 사내 하청이 아닌 노동자들이 경험하는 업무상 사고 혹은 질병으로 인한 결근 발생 확률을 비교한 것이다.

업무상 사고 혹은 질병으로 인한 결근 발생 확률은 다음과 같이 계산했다. 근로환경조사에서는 "지난해(2009년) 1월 1일 이후 업무상 사고로 인해 결근했는가?"라는 질문(k73a)과 "지난해(2009년) 1월 1일 이후 업무상 질병으로 인해 결근했는가?"라는 질문(k73f)이 있는데, 이 두 대답에서 그렇다고 응답한 경우를 합산해 업무상 사고 혹은 질병으로 인한 결근 발생 여부를 식별했다. 이때 이 사고 혹은 질병으로 인해 원직에 복귀하지 않은 경우는 표본에서 제외했다. 왜냐하면 사고 혹은 질병으로 인해 노동시장에 복귀하지

<표 2-3> 사내 하청 여부별 업무상 사고 및 질병으로 인한 결근 발생 확률

구분	업무상 사고 및 질병으로 결근이 발생함		전체
	발생 안 함	발생함	
사내 하청 이외	5,557 (97.56%)	139 (2.44%)	5,696 (100.0%)
사내 하청	112 (93.33%)	8 (6.67%)	120 (100.0%)
전체	5,669 (97.47%)	147 (2.53%)	5,816 (100.0%)

못하거나 원직에 복귀하지 않은 경우, 뒤의 회귀모형에서 직무와 관련한 여러 가지 변수들과 업무상 사고 혹은 질병의 발생 여부를 관련시킬 수 없기 때문이다. 실제 원직복귀하지 않은 사례는 매우 드물어 그 사례를 포함하더라도 아래 통계량의 크기는 거의 변화하지 않았다. 계산 결과 사내 하청 노동자의 업무상 사고 혹은 질병으로 인한 결근 발생 확률은 6.67%에 달했는데, 이는 사내 하청 이외 노동자의 업무상 사고 혹은 질병으로 인한 결근 확률인 2.44%에 비해 상대적으로 매우 높은 것이다.

이상의 기본적인 기술통계량 분석 결과, 사내 하청 노동자들은 그렇지 않은 노동자들에 비해 업무상 위험에 더 많이 노출되어 있을 뿐 아니라, 실제 업무상 사고 혹은 질병의 발생으로 인한 결근 확률 역시 더 높은 것으로 나타났다.

4. 실증 분석

1) 주관적 위험 노출 강도의 차이

이제 기술통계량 분석에서 발견된 내용들이 다른 여러 요인들을 통제한 상황에서도 동일하게 확인되는지 살펴보겠다. 우선 주관적 위험에 영향을 미치는 여러 가지 요인들을 통제한 회귀모형을 통해 주관적 위험 노출 강도의 결정 요인을 분석해보겠다.

산업안전보건의 문제를 분석함에 있어, 직접적인 산업재해의 발생이나 산업재해 인정을 종속변수로 취하는 경우에는 그 사건(event)의 발생이 매우 희소해 추정 결과의 강건성을 확보하는 데 곤란함을 겪을 수 있어, 그 이전 단계인 위험 요소를 식별하는 것이 더 타당한 분석 대상이 될 수 있다. 상식적으로 판단할 때, 업무상 위험에 많이 노출될수록 업무상 사고 및 질병으로 인해 결근할 확률은 높아지며, 이러한 의미에서 업무상 위험에 대한 노출 정도는 바로 산업재해 발생의 사전 위험 지표로 인식되기에 무리가 없을 것이다.

먼저 종속변수를 업무상 겪는 물리적 위험 및 근골격계 위험에 대한 노출 강도로 해 그 발생 요인을 회귀모형으로 추정해보겠다. 물리적 위험과 근골격계 위험에 대한 노출 강도는 각각의 위험 노출 분포를 0에서 100 사이의 지수로 정형화해 활용했다. 물리적 위험 및 근골격계 위험에 대한 노출 정도를 의미하는 연속변수를 종속변수로 하는 회귀모형의 추정식은 다음과 같다.

$$y_i = \alpha + \beta s_i + \gamma x_i + \epsilon_i \quad \text{--------------(1)}$$

식(1)은 물리적 위험 및 근골격계 위험의 노출 정도를 선형회귀모형으로 추정하는 방법이다. 이때 y_i는 i노동자가 업무상 물리적 위험 및 근골격계 위험에 노출되는 강도를 나타내는 일종의 지수이고 s_i는 사내 하청 노동자

<表 2-4> 투입변수(모형)

구분	내용
인적 속성	성별, 연령, 학력
노동력 특성	고용 형태, 근속, 직종, 숙련, 노동시간, 심야 근로 여부, 교대 근무 여부, 임금
사업체 특성	규모, 산업, 노조 조직 여부
산업안전보건 특성	총체적 위험 노출 수준(물리적 위험 + 근골격계 위험 강도), 안전 장구 미착용 여부, 안전 및 건강 관련 정보 제공 여부, OJT 이수 여부

인지의 여부를 식별하는 독립변수이다. x_i는 업무상 물리적 위험 및 근골격계 위험에 노출되는 정도에 영향을 미칠 수 있는 노동자의 인적 속성, 노동력 특성, 사업체 특성, 산업안전보건 특성 등을 의미하는 통제변수들로 구체적 내용은 <표 2-4>와 같다(ϵ_i는 오차항임).

노동자의 인적 속성은 성별, 연령, 학력과 같은 요소들이다. 노동력 특성은 개별 노동자의 구체적 직무와 관련된 고용 형태, 근속, 직종, 숙련 수준, 노동시간, 심야 근무 혹은 교대 근무 여부, 그리고 임금으로 구성된다. 사업체 특성은 규모, 산업, 노조 조직 여부이고, 산업안전보건 특성은 개별 노동자들의 위험에 대한 노출 수준과 안전 장구 (미)착용 여부, 안전 및 건강에 관련된 정보 제공 여부, OJT 이수 여부 등이다.

<표 2-5>에는 투입변수들이 어떻게 구성되었는지 구체적으로 설명되어 있다. 이 중 종속변수인 업무상 사고 및 질병으로 인한 결근 여부, 그리고 독립변수인 사내 하청 노동자 여부는 앞서 설명한 바와 같고, 인적 속성에 해당하는 노동자의 성별, 연령, 학력의 구성 역시 표의 설명과 동일하다.

노동력 특성 변수 중 근속은 현 직장에 근무하고 있는 근무 연수를 의미하며, 직종은 한국표준직업분류(KSCO분류)가 아니라 한국고용직업분류(KECO분류)를 따랐다. 한국고용직업분류는 직무 수행에 필요한 지식이나

〈표 2-5〉 투입변수 설명

변수명		내용
종속변수	업무상 사고 혹은 질병으로 인한 결근 여부	업무상 사고 혹은 질병으로 인해 한 차례 이상 결근을 한 경우는 1
독립변수	사내 하청 노동자 여부	사내 하청 노동자면 1
인적 속성	남성	남성이면 1
	연령	연속변수
	학력(더미)	초졸 미만/초졸/중졸/고졸/대졸/대졸 이상
노동력 특성	근속	현 직장 근무 기간(년)
	직종(더미)	KECO 직종 분류(22개)
	숙련 부족	현재 직무 대비 숙련이 부족하면 1
	노동시간	주당 근무시간(연속변수)
	심야 근무	심야 근무 하면 1
	교대 근무	교대 근무자는 1
	임금	로그 월평균임금
사업체 특성	사업체 규모(더미)	5인 미만/5~9인/10~49인/50~99인/100~299인/300~999인/1,000인 이상
	산업(더미)	농림어업/광업/제조업/건설업/개인서비스업/운수업/사업서비스업/사회 서비스업/기타 산업
	유노조	유노조 사업체는 1
산업 안전 보건 특성	총체적 위험 노출 정도	물리직 위험 + 근골격계 위험
	안전 장구 미착용 여부	개인 안전 장구를 착용해야 할 때가 있으나 항상 착용하는 것은 아닌 경우 1
	건강 및 안전 관련 정보 제공 여부	건강 및 안전에 관한 정보 제공받으면 1
	OJT 경험	OJT 받으면 1

능력, 기질과 같은 직능 유형을 중심으로 분류한 것인데 표준직업분류의 대분류 방식보다 좀 더 세밀하고 구체적으로 직종을 구분할 수 있을 것으로 예상된다. KECO분류는 원래 24개 직종으로 나뉘는데, 이 분석에서 식별된 직

종의 구분은 기계 관련직과 재료 관련직, 화학 관련직을 생산직으로 묶어서 총 22개이다. 숙련(부족)은 노동자의 기술 수준을 측정해 숙련이 부족한 경우를 특정한 것인데, 구체적으로 '나의 임무를 잘하기 위해 훈련(지식)이 더 필요하다'고 응답한 경우를 숙련 부족으로 식별했다. 노동시간은 주당 근무시간을 연속변수로 측정했다. 심야 근무 여부는 지난 한 달간 밤 10시부터 새벽 5시까지 최소 2시간 이상 일한 경험이 있는 경우를 더미변수로 만들었고 교대 근무 여부는 교대 근무를 서는 경우를 1로 식별했다. 임금은 월평균소득에 로그를 취한 값이다.

사업체 특성 변수는 규모, 산업, 노조 여부로 구성했다. 사업체 규모는 현 직장의 규모를 5인 미만, 5~9인, 10~49인, 50~99인, 100~299인, 300~999인, 1000인 이상이라는 7개 범주로 나누었고, 산업은 농림어업, 광업, 제조업, 건설업, 개인서비스업(도매 및 소매업, 숙박 및 음식점업), 운수업, 사업서비스업(금융·보험업, 부동산·임대업, 전문·과학·기술업, 사업시설관리·사업지원업, 폐기물·환경복원업, 출판·영상·정보업), 사회 서비스업(교육서비스업, 보건·사회복지업, 예술·스포츠·여가관련업, 협회·수리·개인서비스업, 행정·국방·사회보장행정업, 전기·가스·수도업, 자가소비생산활동업), 기타 산업으로 구분했다. 노조가 있는 사업체는 유노조 사업체로 식별했다.

산업안전보건 특성 중 총체적 위험 노출 정도는 앞서 언급한 물리적 위험 및 근골격계 위험에 대한 노출 강도를 합산한 후 다시 0에서 100 사이로 정형화한 값이며, 안전 장구 미착용 여부는 "업무상 개인 보호구(안전모, 안전장갑, 마스크, 보안경 등)를 착용해야 할 경우, 이를 항상 착용하느냐?"라는 질문에 대해 "항상 착용하는 것은 아니다"라고 응답한 경우를 1로 해 더미변수를 만들었다. 건강과 안전에 관한 정보 제공 여부는 일과 관련해 건강과 안전에 관한 위험요인 정보를 얼마나 잘 제공받는지 물어서 "매우 잘 제공받는다'와 "잘 제공받는 편이다"를 합해 "제공받음"을 1로 식별했다. OJT 이수 여부는 "지난 1년간 기술(지식)을 향상시키기 위해 동료나 현장감독자들이 담당하는 현장 훈련을 받아본 적이 있느냐'라는 질문에 있다고 응답한 경우를 1로 하는 더미변수를 구축했다.

이상의 투입 변수들의 기술통계량을 살펴보면 〈표 2-6〉과 같다. 우선 주된 종속변수인 업무상 사고 및 질병으로 인한 결근 발생 확률은 평균 2.5%인 것으로 나타났다. 독립변수가 되는 사내 하청 노동자의 비율은 전체 표본의 2.1%였다.

노동자의 인적 속성과 관련된 변수들을 살펴보면, 남성 노동자의 비율이 54.9%에 달해 여성 노동자보다 다소 많았으며 평균 연령은 42.4세였다. 학력은 고졸이 전체의 43.4%, 대졸이 전체의 38.2%로 이 두 가지 학력 집단이 전체 표본의 81.6%에 달했다.

노동력 특성 변수들 중 평균 근속 연수는 5.9년이었고, 직종 분포는 경영·회계·사무직의 비중이 16.7%로 가장 많았고, 그 밖에 비교적 직종 분포가 많은 직종은 영업·판매직(12.1%), 경비·청소직(9.0%), 음식 서비스직(8.8%), 생산직(6.9%), 건설 관련직(6.9%), 연구직(6.5%) 등이었다. 현 직무에 비해 숙련 수준이 낮다고 응답한 비율은 21.2%에 달했다. 주당 평균 근로시간은 45.2시간이었고 심야 근무를 경험한 노동자의 비중은 12.8%, 교대 근무자의 비중은 전체의 10.3%였다.

사업체 특성을 보면, 사업체 규모는 10~49인 규모가 30.7%로 가장 많은 비중을 차지했고 그다음으로 5인 미만(24.6%), 5~9인(15.5%), 50~99인(9.8%) 순으로 그 비중이 높았다. 산업 중 가장 많은 비중을 차지하는 경우는 사회 서비스업으로 27.5%의 비중을 보였고, 개인서비스업(22.0%), 제조업(17.7%), 사업서비스업(17.5%)의 순으로 비중이 높았다. 한편 유노조 사업

〈표 2-6〉 기술통계량

	내용	평균	표준편차	최소	최대
종속 변수	업무상 사고나 질병으로 결근함	0.025	0.157	0	1
인적 속성	남성	0.549	0.498	0	1
	연령	42.40	12.368	15	83
	초졸 미만	0.017	0.129	0	1
	초졸	0.061	0.239	0	1
	중졸	0.079	0.269	0	1
	고졸	0.434	0.496	0	1
	대졸	0.382	0.486	0	1
	대학원 재학 이상	0.027	0.163	0	1
노동력 특성	사내 하청 노동자 여부	0.021	0.142	0	1
	근속 연수	5.931	7.220	0	50
	관리직	0.029	0.167	0	1
	경영·회계·사무직	0.167	0.373	0	1
	금융·보험 관련직	0.044	0.205	0	1
	교육 및 자연과학·사회과학 연구직	0.065	0.246	0	1
	법률·경찰·소방·교도직	0.010	0.100	0	1
	보건·의료직	0.035	0.183	0	1
	사회복지 및 종교직	0.021	0.142	0	1
	문화·예술·디자인·방송직	0.012	0.110	0	1
	운전·운송직	0.045	0.206	0	1
	영업·판매직	0.121	0.326	0	1
	경비·청소직	0.090	0.287	0	1
	미용·숙박·여행·오락·스포츠직	0.020	0.141	0	1
	음식 서비스직	0.088	0.283	0	1
	건설 관련직	0.069	0.253	0	1
	생산직(기계·재료·화학 관련직)	0.069	0.253	0	1
	섬유·의복 관련직	0.011	0.103	0	1
	전기·전자 관련직	0.035	0.184	0	1
	정보·통신 관련직	0.012	0.110	0	1
	식품 가공 관련직	0.009	0.094	0	1
	환경·인쇄·목재·가구·공예 및 생산 단순직	0.032	0.176	0	1

내용	평균	표준편차	최소	최대
농림어업 관련직	0.014	0.117	0	1
군인	0.004	0.064	0	1
직무 대비 숙련 부족 여부	0.212	0.409	0	1
주당 노동시간	45.16	14.033	3	112
심야 근로 여부	0.128	0.334	0	1
근무 교대 여부	0.103	0.304	0	1
로그 월평균 임금	4.999	0.692	2.303	7.601

	내용	평균	표준편차	최소	최대
사업체 특성	5인 미만			0	1
	5~9인	0.155	0.362	0	1
	10~49인	0.307	0.461	0	1
	50~99인	0.098	0.297	0	1
	100~299인	0.077	0.266	0	1
	300~999인	0.040	0.196	0	1
	1,000인 이상	0.042	0.201	0	1
	농림어업	0.010	0.101	0	1
	광업	0.002	0.039	0	1
	제조업	0.177	0.381	0	1
	건설업	0.089	0.284	0	1
	개인서비스업	0.220	0.414	0	1
	운수업	0.041	0.198	0	1
	사업서비스업	0.175	0.380	0	1
	사회 서비스업	0.275	0.446	0	1
	자가소비생산활동업	0.013	0.112	0	1
	노조	0.123	0.328	0	1
안전 관련 특성	총체적 위험 노출 정도	19.86	16.86	0	95
	안전 장구 미착용 여부	0.025	0.156	0	1
	건강 및 안전관련 정보 제공 여부	0.410	0.492	0	1
	OJT 이수 여부	0.181	0.385	0	1

주 1) 개체 수는 5816개이다.
주 2) 개인서비스업은 도매 및 소매업과 숙박 및 음식업으로 구성되며, 사업서비스업은 폐기물·
환경복원업, 출판·영상·정보업, 금융·보험업, 부동산·임대업, 전문·과학·기술업, 사업시설
관리·사업지원업으로 이루어진다. 사회 서비스업은 전기·가스·수도업, 행정·국방·사회보
장업, 교육서비스업, 보건·사회복지업, 예술·스포츠·여가업, 협회·수리·개인서비스업으
로 구성했고 이러한 구성은 아래 모든 표에서도 동일하다.

체의 비중은 12.3%였다.

산업안전보건 특성과 관련해, 앞에서 측정한 물리적 위험과 근골격계 위험의 노출 강도를 각각 0에서 100 사이로 조정한 후, 이를 합산해 다시 정형화한 값인 총체적 위험 노출 정도는 최소값이 0, 최대값이 95까지 분포하는 가운데 평균 19.9점으로 나타났다.[7] 안전 장구를 착용해야 하는 경우, 항상 착용하는 것은 아닌 노동자의 비중은 2.5%였고, 일과 관련해 건강 및 안전과 관련한 정보를 제공받는 노동자의 비중은 41.0%였다. 한편 OJT를 제공받는 노동자의 비율은 18.1%로 나타났다.

〈표 2-7〉은 회귀모형을 활용해 물리적 위험 및 근골격계 위험에 대한 노출 강도 결정 요인을 추정한 결과이다.[8] 우선 사내 하청 노동자는 사내 하청 이외의 노동자에 비해 물리적 위험 및 근골격계 위험에 더 많이 노출되어 있는 것으로 나타났다. 물리적 위험의 경우 10% 수준에서 통계적으로 유의한 가운데 계수값의 크기는 1.953으로 나타나 사내 하청 노동자는 그렇지 않은 노동자에 비해 물리적 위험에 노출되는 강도가 높은 것으로 나타났다. 근골격계 위험의 경우에도 1% 수준에서 통계적으로 유의한 가운데 5.720이라는 양수 값을 나타내 사내 하청 노동자는 그렇지 않은 노동자에 비해 근골격계 위험 요인에도 더 많이 노출되고 있는 것으로 보인다.

그 밖의 통계적으로 유의한 결과들을 살펴보면, 물리적 위험 노출 강도 결정 요인의 경우 남성은 여성에 비해 노출 강도가 높았고 연령이 높아질수

---

7) 물리적 위험을 구성하는 세부 요소는 9개이고 근골격계 위험을 구성하는 세부 요소는 5개이다. 이들 세부 요소들의 특성이나 분포가 동질적이지 않으므로 이러한 변수구성은 한계점이 있다. 이러한 한계를 조금이나마 극복하기 위해 각각의 위험 분포를 0에서 100 사이로 정형화한 것이다.

8) 이때 종속변수가 되는 물리적 위험 및 근골격계 위험 노출 정도는 앞에서도 언급했듯이 0에서 100 사이로 정형화한 값이다.

〈표 2-7〉 업무 관련 물리적 위험 및 근골격계 위험 노출 강도 결정 요인

		물리적 위험 노출 강도			근골격계 위험 노출 강도		
		계수값		표준오차	계수값		표준오차
사내 하청 노동자		1.953	*	1.087	5.720	***	1.681
인적 속성	남성	2.379	***	0.380	-1.287	**	0.588
	연령	-0.052	***	0.017	-0.041		0.026
노동력 특성	근속	0.095	***	0.027	0.181	***	0.041
	숙련 부족	4.645	***	0.386	6.206	***	0.597
	노동시간	0.067	***	0.014	0.166	***	0.021
	심야 근무자	1.034	*	0.558	-1.988	**	0.862
	교대 근무자	-0.511		0.612	1.043		0.946
	로그 월평균 임금	-0.220		0.376	-3.358	***	0.582
사업체 특성	유노조	0.329		0.551	0.021		0.852
산업안전 보건특성	안전 장구 미착용자	3.616	***	0.991	1.807		1.533
	안전 관련 정보 제공 여부	-0.520		0.328	-0.261		0.508
	OJT 이수 여부	2.326	***	0.423	4.944	***	0.655
Number of obs		5,816			5,816		
F(52, 6146)		57.37			67.72		
Prob > chi		0.000			0.000		
R2		0.345			0.366		

주: 1) 학력과 직종, 산업, 규모를 통제했으나 지면 관계상 보고하지 않음.
2) ***는 유의 수준 0.01, **는 유의 수준 0.05, *는 유의 수준 0.10에서 유의함.

록 노출 확률은 다소 낮아졌다. 반면에 근속이 오래될수록 그 위험은 다소 커졌다. 숙련이 부족한 노동자는 물리적 위험에 노출될 확률이 비교적 크게 높았다(이는 물론 낮은 숙련 때문에 주관적으로 측정하는 위험 정도가 다소 과장되었을 가능성도 있다). 주당 노동시간이 길수록 물리적 위험에 노출되는 강도는 다소 높아졌다. 심야 근무자 역시 물리적 위험 노출 강도가 높았다. 안전

장구를 한 번이라도 착용하지 않는 경우 물리적 위험 노출 강도는 더 커졌는데, 이때 안전 장구 미착용이라는 사례가 노동자 개인의 위험에 대한 태도를 의미하는 것인지, 아니면 안전 장구가 제대로 지급되지 않아서 발생하는 문제인지는 설문 결과만으로 확인되지 않는다. OJT를 받은 경우가 오히려 노출 강도가 더 높게 나타난 것은 어느 정도 위험이 존재하는 직무에 대해서만 주로 OJT가 행해져서 나타나는 통계적 문제일 수 있을 것이다.

다음으로 근골격계 위험 노출 강도 결정 요인 모형에서 통계적으로 유의한 통제변수들의 결과이다. 우선 물리적 위험 모형에서와는 달리 근골격계 위험 노출 강도는 남성이 여성에 비해 다소 낮게 나타났다. 다른 변수들의 경우 물리적 위험 모형과 마찬가지로 근속이 길수록, 숙련이 부족할수록, 노동시간이 길수록, OJT를 경험할수록 근골격계 위험 노출 강도는 높았다. 심야 근무자들은 그렇지 않은 근무자에 비해 오히려 근골격계 위험 노출 강도가 낮게 나타났다. 월평균 로그 임금 변수는 1% 수준에서 통계적으로 유의한 가운데 음수값(-3.358)을 나타내 근골격계 위험 노출 강도가 높은 직무에 부여되는 임금수준이 오히려 더 낮은 것으로 나타났다.

종속변수와 관련된 결과를 간단히 요약하자면 인적 속성, 노동력 특성, 사업체 특성, 산업안전보건 특성을 모두 통제했을 때에도 사내 하청 노동자들은 그렇지 않은 집단에 비해 업무와 관련한 물리적 위험 및 근골격계 위험에 더 많이 노출되는 것으로 나타났다.

2) 업무 관련 사고 및 질병으로 인한 결근 발생의 결정 요인

다음으로 사내 하청 노동자들이 그렇지 않은 노동자들에 비해 (앞의 기술통계량에서와 같이, 다른 조건들을 통제한 후에도) 실제 업무와 관련된 사고 혹은 질병으로 결근하게 되는 확률이 더 높은지 살펴보겠다.

이 분석 모형에서 종속변수는 업무상 사고 및 질병으로 인한 결근 발생 여부를 식별하는 이항변수(binary variable)이다. 이때 종속변수는 일반적으로 측정되는 산업재해를 의미하는 것은 아니며, 업무와 관련한 사고나 질병의 발생 자체를 뜻하는 것도 아니다. 정확히 업무 관련 사고나 질병으로 인해 결근이 발생했는지의 여부라는 측면에서 그렇다. 즉, 업무상 사고 및 질병으로 인한 결근의 발생은 1, 미발생은 0으로 식별되며, 통상적으로 종속변수가 이항변수일 때 활용하는 로짓 모형을 분석 방법으로 활용했다.

$$y_i^* = \alpha + \beta s_i + \gamma x_i + \epsilon_i \ , \ y_i = 1 \left[y_i^* > 0 \right] \ \text{--------------(2)}$$

식(2)는 횡단면 자료를 활용해서 로짓(logit) 모형으로 업무상 사고 및 질병으로 인한 결근 발생의 결정 요인을 추정하는 방법이다. y_i는 i노동자가 업무상 사고 및 질병으로 인한 결근 여부를 나타내는 1과 0으로 구성된 이진변수이다. s_i는 사내 하청 노동자인지의 여부를 식별하는 독립변수이고 x_i는 통상 산업재해의 발생에 영향을 미친다고 알려져 있는 변수들인데 크게 노동자의 인적 속성, 노동력 특성, 사업체 특성, 그리고 산업안전보건 환경과 관련된 요인들로 나눌 수 있다(ϵ_i는 오차항임). 종속변수와 독립변수 그리고 통제변수를 포함한 모형과 변수들에 대한 구체적 설명 및 기술통계량은 앞의 〈표 2-4〉, 〈표 2-5〉 및 〈표 2-6〉과 동일하다.

〈표 2-8〉은 업무상 사고 및 질병으로 인한 결근 발생의 결정 요인을 로짓 모형으로 추정한 결과이다. 이때 모형을 둘로 나누어서 추정했는데, 모형 I에서는 총체적 위험 노출 정도를 통제하지 않았고, 모형 II에서는 총체적 위험 노출 정도를 통제했다.

〈표 2-8〉 업무상 사고 및 질병으로 인한 결근 발생 결정 요인

변수명		모형 I			모형 II		
		계수값	표준오차	한계효과	계수값	표준오차	한계효과
사내 하청 노동자		0.898 **	0.396	0.021	0.821 **	0.400	0.019
인적 속성	남성	-0.449 *	0.231	-0.011	-0.487 **	0.233	-0.011
	연령	0.014	0.010	0.000	0.015	0.010	0.000
노동력 특성	근속	-0.009	0.014	-0.000	-0.013	0.014	-0.000
	숙련 부족	0.208	0.210	0.005	-0.019	0.217	-0.000
	노동시간	0.022 ***	0.007	0.001	0.018 ***	0.007	0.000
	심야 근무자	0.985 ***	0.253	0.023	0.957 ***	0.252	0.023
	교대 근무자	-0.877 ***	0.339	-0.021	-0.822 **	0.337	-0.019
	로그 월평균 임금	-0.168	0.219	-0.004	-0.128	0.221	-0.003
사업체 특성	유노조	0.149	0.297	0.004	0.148	0.298	0.003
산업 안전 보건 특성	총체적 위험 노출 정도	-	-	-	0.029 ***	0.006	0.001
	안전 장구 미착용자	0.943 ***	0.330	0.022	0.880 ***	0.334	0.021
	안전 관련 정보 제공 여부	-0.063	0.188	-0.001	-0.049	0.189	-0.001
	OJT 이수 여부	-0.008	0.235	0.000	-0.148	0.238	-0.003
Number of obs		5,816			5,816		
LR chi2(54)		126.04			151.31		
Prob > chi		0.0000			0.0000		
Pseudo R2		0.0919			0.1103		
Log likelihood		-622.7652			-610.12615		

주: 1) 인적 속성에는 학력, 노동력 특성에는 직종, 사업체 특성에는 규모와 산업을 포함해 추정
했으나 지면 관계상 보고하지 않음.
2) ***는 유의 수준 0.01, **는 유의 수준 0.05, *는 유의 수준 0.10에서 유의함.

작업장에서 각종 위험에 더 많이 노출되면 당연히 산업재해를 당할 확률도 더 높아질 것이라고 예상해볼 수 있다. 위험에 노출되는 정도를 통제하지 않은 모형Ⅰ의 추정 결과와 위험 노출 정도를 통제한 모형Ⅱ의 추정 결과를 비교해보면, 사내 하청 노동자에게로 '위험의 전이', '위험의 외주화'가 발생되었는지 간접적으로 살펴볼 수 있을 것이다.

추정 결과를 보면, 위험 노출 정도를 통제한 경우(모형Ⅰ)와 통제하지 않은 경우(모형Ⅱ) 모두 각 변수들의 추정 계수의 통계적 유의미성, 부호, 크기 등이 대동소이하게 나타났다. 우선 우리의 최대 관심사인 사내 하청 노동자가 업무상 사고 및 질병으로 인한 결근 발생 확률이 더 높은지 살펴보면, 위험 노출 정도를 통제한 모형Ⅱ의 추정 결과는 5% 수준에서 통계적으로 유의하게 발생 확률이 더 높은 것으로 나타났다. 계수값의 크기는 0.821으로 나타났는데 한계 효과의 크기를 계산하면 사내 하청 노동자는 그렇지 않은 집단에 비해 업무상 사고 및 질병을 당해서 결근할 확률이 1.9% 더 높다는 의미이다.[9] 위험 노출 정도를 통제하지 않은 모형Ⅰ의 경우, 모형Ⅱ의 경우와 마찬가지로 5% 수준에서 통계적으로 유의한 가운데 추정계수는 0.898, 한계 효과는 2.1% 더 높은 것으로 나타나 노출 정도를 통제하건 통제하지 않건 거의 동일한 결과가 발견되었다.

그 밖의 통계적으로 유의한 결과들을 보고하면 다음과 같다. 인적 속성 변수를 보면, 우선 남성일수록 업무상 사고 및 질병의 발생으로 결근할 확률이

---

9) 한계 효과의 크기 1.9%가 높지 않다고 판단될 수 있으나, 기술통계량에서 평균적으로 업무상 사고나 질병으로 결근할 확률이 2.5%에 불과하다는 사실을 감안하면 사내 하청 노동자가 그렇지 않은 노동자들에 비해 업무상 사고나 질병으로 결근할 확률은 매우 높다고 볼 수 있다. 또한 실제 '사내 하청 노동자들이 업무상 사고나 질병이 발생했을 때 자유롭게 결근할 수 있겠는가'라는 점을 감안하면 이 차이는 더 커질 수 있음을 감안해야 될 것이다. 즉, 사내 하청 노동자들에게 이 수치는 현실에서 도저히 출근할 수 없을 정도의 비교적 큰 사고나 질병이 발생한 경우로 판단하는 것이 합당할 수 있다.

다소 낮았는데, 그 확률은 두 모형 모두의 경우, 여성일 때보다 1.1% 정도 낮았다. 노동력 특성변수들을 살펴보면, 노동시간과 관련된 변수들이 통계적으로 유의한 결과를 보였다. 우선 노동시간이 길어질수록 분명하게 사고나 질병으로 결근할 확률이 높아졌지만 그 크기는 비교적 작았다. 심야 근무를 서는 노동자는 두 모형 모두에서 그렇지 않은 노동자에 비해 업무상 사고 및 질병으로 결근할 확률이 2.3% 더 높았다. 그러나 교대 근무자의 경우 교대 근무를 서지 않는 경우에 비해 그 확률이 다소 낮아졌다.[10] 산업안전보건 특성 중 총체적 위험 노출 정도(물리적 위험 및 근골격계 위험 노출 강도)와 안전 장구 미착용은 업무상 사고 및 질병으로 인한 결근 발생과 강한 정(+)의 관계를 보였다. 모형 II에서 100분위로 정형화한 위험 노출 강도가 10% 높아질 때 업무상 사고 및 질병으로 인한 결근 발생 확률은 0.7%가량 높아졌다. 한편 안전 장구를 착용해야 하는 경우, 항상 착용하는 것은 아닌 노동자들은 업무상 사고 및 질병으로 인해 결근할 확률이 2.1~2.2% 높아졌다.

결과를 요약하자면 사내 하청 노동자들은 그렇지 않은 집단에 비해 업무상 사고나 질병으로 결근할 확률이 비교적 크게 높았으며, 노동시간, 심야 근무는 통계적으로 유의한 정(+)의 관계를, 남성, 교대 근무자는 부(-)의 관계를 보이고 있다. 위험에 많이 노출되어 있을수록, 안전 장구를 가끔이라도 착용하지 않을수록 업무상 사고나 질병으로 결근할 확률이 비교적 크게 높아졌다. 이는 안전 관리나 예방이 산업재해 방지에 중요한 요소임을 보여준다.

---

10) 교대 근무가 산재 발생과 어떤 관련이 있는지는 논쟁거리인데, 교대 근무조가 빈번하게 교체되거나, 교대 근무가 심야 근무 혹은 장시간 근무를 동반할 경우, 산재 발생과 유의한 정(+)의 관계를 맺을 수 있다. 이 분석에서의 결과는 교대 근무와 노동시간, 교대 근무와 심야 근무 등의 관계가 중첩되어 나타난 결과로 판단되며, 추가적인 분석이 요구되는 부분이나 분석은 여기에서 마친다.

5. 결론

이 장은 사내 하청 노동자 여부, 그리고 물리적 위험과 근골격계 위험에 대한 노출 강도, 업무 관련 사고나 질병으로 인한 결근 발생 여부를 식별할 수 있는 유일한 대표성 있는 자료라 판단되는 근로환경조사 제2차년도 자료(2010년)를 활용해, 사내 하청 노동자들이 산업안전보건과 관련한 측면에서 어떤 위치에 있는지 통계적으로 검증해보았다.

우선 기술통계량의 결과를 보면, 사내 하청 노동자들은 각자 주관적으로 판단하는 물리적 위험 및 근골격계 위험에 더 크게 노출되어 있는 것으로 나타났다. 사내 하청 노동자들의 물리적 위험과 근골격계 위험에 대한 노출 강도는 각각 1.12, 1.78로 나타났는데, 이는 사내 하청이 아닌 노동자들의 각각의 위험에 대한 노출 강도인 0.86, 1.47에 비해 다소 높다. 사내 하청 노동자들이 업무상 사고 또는 질병으로 인해 결근할 확률 역시 6.7%로 나타나 그 밖의 노동자들의 확률인 2.4%보다 2배 이상 높았다.

계량모형을 통해 실증 분석한 결과 역시 다르지 않았는데 우선 종속변수를 주관적으로 측정된 물리적 위험 및 근골격계 위험에 대한 노출 강도로 하고 회귀모형으로 추정했을 때, 사내 하청 노동자들은 사내 하청 이외 노동자에 비해 각각의 위험에 더 많이 노출되는 것으로 나타났다.

로짓모형으로 업무상 사고 및 질병으로 인한 결근 발생의 결정 요인을 추정한 결과 사내 하청 노동자는 5% 수준에서 통계적으로 유의한 양(+)의 영향을 주는 것으로 나타났다(한계 효과는 1.9%). 사내 하청 노동자들이 업무 관련 사고나 질병으로 자유롭게 결근하기 어렵다는 점을 고려하고, 표본의 전체 노동자들이 평균적으로 업무 관련 사고나 질병으로 결근할 확률이 2.5%에 불과하다는 점을 고려하면, 1.9%라는 한계 효과의 차이는 매우 크다고 할 것이다. 한편 위험 노출 정도를 통제하지 않고 추정한 결과에서도 사내 하청 노동자는 그렇지 않은 노동자 집단에 비해 사고나 질병으로 결근할 확률이 2.1% 높았다. 또한 위험 정도를 통제하건 그렇지 않건 업무 관련 사고나 질병으로 인해 결근할 확률에 영향을 미치는 변수들의 영향력이나 부호, 통계적 유의성은 대동소이했다.

이상의 분석 결과로 볼 때, 사내 하청 노동자들은 그렇지 않은 노동자들에 비해 주관적으로 느끼는 위험 요소에 대한 노출 강도, 객관적으로 측정한 업무상 사고 및 질병으로 인한 결근의 발생 확률 등 모두에서 통계적으로 유의하게 더 큰 위험에 직면하고 있다는 결론을 내릴 수 있다.

따라서 사내 하청 노동자들이 겪는 다른 차원에서의 격차나 차별뿐 아니라 산업안전보건 측면에서 나타나는 이러한 격차나 차별에 대해서도 좀 더 면밀한 정책적 판단과 고려가 수행되어야 할 것이다. 특히 사내 하청 노동자들에 대한 산업안전보건 측면에서의 관리 감독 및 책임 소재의 명확화라는 큰 틀에서의 개선책에 대한 논의가 시작될 필요가 있을 것이다. 이와 더불어 이미 산업재해를 줄이는 데 효과적이라고 알려진 여러 가지 조치들, 예컨대 심야 근무 및 장시간 노동의 규제, 안전 장비 및 설비의 필수적 착용 및 설치 등이 위험에 대한 노출, 업무상 사고 및 질병의 발생으로 인한 결근을 줄이는 데 유의한 영향을 미치고 있음이 확인되는 바, 이러한 제도적 장치들을 마련하고 이러한 조치들이 고용 형태 및 원·하청 관계와 무관하게 잘 실행되도록 감독하는 데에도 행정력을 쏟아야 할 것이다.

이 장의 분석은 다음 몇 가지 측면에서 제한적으로 해석되어야 한다. 우선 이 실증 모형의 결과가 사내 하청 노동자가 되면 산재 발생 확률이 높아진다는 식의 인과성을 증명한 것은 아니다. 다만 다른 조건을 통제했을 때 사내 하청 노동자는 그렇지 않은 노동자에 비해 높은 위험 노출 정도, 높은 업무 관련 사고 및 질병으로 인한 결근 확률을 보인다는 것이다. 내생성 등의 문제를 통제함으로써 인과관계적 해석이 가능하려면 패널 고정효과 모형이나 도구변수 방법론을 활용해야 하나, 근로환경조사는 횡단면 자료이고 적절한 도구변수도 찾을 수 없었다.

또한 이 장은 어떠한 구조를 통해 사내 하청 노동자에게 높은 위험, 결근, 불건강 등의 요인이 발생되고 지속되는지 그 메커니즘을 밝히지는 못했다. 이 장은 주로 작업장 안에서의 구체적인 직무 특성을 중심으로 사내 하청 노동자 여부에 따른 산업안전보건상의 격차를 설명하고자 했다. 그러나 실제 산업안전보건 수준의 결정은 고용 형태, 근로조건과 같은 작업장 내에서의 미시적 결정 요인 외에도 여러 가지 차원의 다양한 내·외부 환경과 구조의 제약을 받는다. 예컨대 시장, 정부, 시민사회를 포함하는 권력관계와 이들의 각축에 따른 구체적인 정책들을 포함하는 거시적·구조적 분석틀이 그것이다(Benach et al., 2013). 인과관계를 밝힐 수 있는 분석과 함께 미시적·거시적 모형을 포괄하는 종합적인 분석틀의 마련과 이에 입각한 실증 분석은 향후의 연구 과제로 삼고자 한다.

참고문헌

권순식. 2016. 「비정규직 고용과 산업재해의 연관성: 사업체 패널 자료의 분석」. 한국산업경제학회. ≪산업경제연구≫, 29(1), 169~194쪽.

김선애·김진영. 2011. 「데이터 매칭을 이용한 비정규직의 임금격차 분석」. 한국노동경제학회. ≪노동경제논집≫, 34(2), 53~77쪽.

김유선. 2001. 「비정규직 규모와 실태」. 한국노동사회연구소. ≪노동사회≫, 55, 72~87쪽.

김정우. 2013. 「정규직근로자와 기간제근로자의 노동조합 임금격차 분해」. 한국응용경제학회. ≪응용경제≫, 15(3), 73~98쪽.

_____. 2014. 「노동조합이 직접 및 간접 고용비정규직의 고용에 미친 영향에 관한 패널분석」. 한국응용경제학회. ≪산업노동연구≫, 20(1), 65~101쪽.

김정우·김기민. 2015. 「인천지역의 고용 형태별 임금격차 분해」. 인천발전연구원. ≪IDI도시연구≫, 9, 53~77쪽.

류기철. 2001. 「취업형태의 지속성에 관한 연구」. 한국노동경제학회. ≪노동경제논집≫, 24(1), 207~230쪽.

문성현. 2004. 「산업재해발생의 요인분석」. 한국사회복지정책학회. ≪사회복지정책≫, 20, 155~169쪽.

박경돈. 2014. 「산업재해발생의 인구학적 이해」. 한국지방정부학회. ≪지방정부연구≫, 18(3), 183~204쪽.

박용승·나인강. 2010. 「노동조합과 노사관계 풍토가 작업장 산업재해에 미치는 영향에 관한 연구」. 한국노사관계학회. ≪산업관계연구≫, 20(4), 115~132쪽.

박종식. 2007. 「위험의 전이와 제도의 지체: 현대자동차 울산공장 정규직과 사내하청 업체 노동자 2005년 산재통계 비교」. 한국산업노동학회. ≪산업노동연구≫, 13(2), 213~247쪽.

박찬임·박제성·김기선·김정우·전형배·노상헌·박종식·황경진. 2015. 『사내 하도급과 산업안전 : 제조업을 중심으로』. 한국노동연구원.

방예원·주영수·권영준·임형준·조성식·이태경·김철주. 2009. 「한국의 산업재해에 영향을 주는 사회경제적 요인분석」. 대한직업환경의학회. ≪2009년 제43차 추계학술대회 자료집≫, 493~494쪽.

방예원·임형준·권영준·조성식·이태경·윤인기·주영수. 2011. 「시계열 자료를 이용한 산업재해와 관련된 사회·경제적 요인」. 대한직업환경의학회. ≪대학직업환경의학회지≫, 23(4), 397~406쪽.

안주엽. 2001.「정규근로와 비정규근로의 임금격차」. 한국노동경제학회. ≪노동경
　　제논집≫, 24(1), 67~96쪽.

유경준 외. 2009.『비정규직 문제 종합연구』. 한국개발연구원.

이건세·김형수·장성훈·정최경희·오원기·최재욱·이관형·오지영. 2006.「소규모 제
　　조업에서 재해발생과 사업장 특성간의 관련성 분석」. 대한산업의학회. ≪대
　　한산업의학회지≫, 18(2), 73~86쪽.

이병희. 2012.「사내 하도급 활용 원인과 고용 성과」. 한국산업노동학회. ≪산업노동
　　연구≫, 18(1), 1~33쪽.

이시균·윤진호. 2007.「비정규직은 정규직으로 전환할 수 있는가?」. 한국경제발전학
　　회. ≪경제발전연구≫, 13(2), 81~107쪽.

이용관. 2016.「근로자들은 나쁜 근로환경에 대해 보상받는가?」. 한국노동경제학회.
　　≪노동경제논집≫, 39(1), 33~55쪽.

이원철·김수근·안홍엽·이은희. 2009.「한국의 산업재해에 영향을 주는 사회경제적 요인
　　분석」. 대한직업환경의학회. ≪2009년 제43차 추계학술대회 자료집≫,
　　479~480쪽.

이인재. 2011.「정규직과 비정규직의 임금격차 : 사업체-근로자 연결패널을 이용한
　　추정」. 한국노동경제학회. ≪노동경제논집≫, 34(3), 119~139쪽.

이재성·안준기. 2016.「근로환경에서의 위험 노출 정도에 관한 연구: 고용 형태별
　　분석」. 한국고용노사관계학회. ≪산업관계연구≫, 26(1), 147~173쪽.

이주영·최은희·임성호·김형아·정혜선. 2014.「장시간 근로와 산업재해와의 관계」.
　　한국직업건강간호학회. ≪한국직업건강간호학회지≫, 23(1), 39~46쪽.

이효수. 2002.「노동시장 환경변화와 노동시장 구조변동」. 한국경제학회. ≪경제학
　　연구≫, 50(1), 243~274쪽.

장신철. 2012.「비정규직 범위와 규모에 대한 새로운 고찰」. 한국고용노사관계학회.
　　≪산업관계연구≫, 22(1), 55~77쪽.

장지연·한준. 2000.「정규/비정규 전환을 중심으로 본 취업력과 생애과정」. 한국노동
　　경제학회. ≪노동경제논집≫, 23, 33~53쪽.

정원일·이광석·전용일. 2011.「산재 발생 요인과 근로손실 분석: 소규모 제조업체에
　　고용된 국내 근로자와 외국인 노동자 비교분석」. 한국경제연구학회. ≪한국
　　경제연구≫, 29(2), 139~174쪽.

정원일·이명선·전용일. 2013.「안전 보건교육 의무화와 산업재해」. 위기관리 이론과
　　실천. ≪한국위기관리논집≫, 9(10), 149~164쪽.

정원일·전용일. 2014.「사업장 안전 보건 환경에 따른 근로조건과 산업재해 발생」.

위기관리 이론과 실천. ≪한국위기관리논집≫, 10(11), 323~344쪽.

정이환. 2003. 「비정규노동의 개념 정의 및 규모 추정에 대한 하나의 접근」. 한국산
업노동학회. ≪산업노동연구≫, 9(1), 71~105쪽.

_____. 2007. 「기업규모인가 고용 형태인가: 노동시장 불평등의 요인 분석」. 비판사
회학회. ≪경제와 사회≫, 73, 332~355쪽.

조흠학·이재희·이경용. 2014. 「노동조합 유무와 노사관계가 산업 재해율에 미치는
영향: 제조업과 건설업 중심으로」. 대한안전경영과학회. ≪대한안전경영과
학회지≫, 16(3), 249~255쪽.

최숙희. 2014. 「고령화세대의 산업안전보건에 대한 경제학적 고찰」. 한국고령친화
건강정책학회. ≪한국고령친화건강정책학회지≫, 6(1), 1~12쪽.

Amuedo-Dorantes, C. 2002. "Work Safety in the Context of Temporary Employment: The
Spanish Experience." *Industrial and Labor Relations review*, 55(2), pp.262~285.

Benach, J., C. Muntaner, O. Solar, V. Santana and M. Quinlan. 2013. *Employment, work
and health inequality: A global perspective*. Icaria Editorial S.A.

Kochan, T. A., M. Smith, J. C. Wells and Rebitzer. 1994. "Human resource strategies and
contingent workers: the case of safety and health in the petrochemical industry."
Human Resource Management, 33(1), pp.55~77.

Mayhew, C., M. Quinlan and R. Ferris. 1997. "The effects of subcontracting/outsourcing
on occupational health and safety: survey evidence from four Australian Industries."
Safety Science, 25(1), pp.163~178.

Min KB, Park SG, Song JS, Yi KH, Jang TW, Min JY. 2013. "Subcontractors and increased
risk for work-related diseases and absenteeism." *American Journal of Industrial
Medicine*, 56(11), pp.1296~1306.

Nenonen, S. 2011. "Fatal workplace accidents in outsourced operations in the manufacturing
industry." *Safety Science*, 49, pp.1394~1403.

Rebitzer, J. B. 1995. "Job safety and contract workers in the petrochemical industry." *Industrial
Relations*, 34(1), pp.40~57.

Underhill, E. and M. Quinlan. 2011. "How precarious employment affects health and safety
at work: the case of temporary agency workers." *Industrial Relations*, 66(3),
pp.397~421.

Williamson, A., P. Bohle, M. Quinlan and D. Kennedy. 2009. "Short Trips and Long Days:
Safety and Health in Short-Haul Trucking." *Industrial and Labor Relations review*,

62(3), pp.415~429.

Young Sun, Kim, Rhee Kyung Yong, Oh Min Jung and Park Jungsun. 2013. "The Validity and Reliability of the Second Korean Working Conditions Survey." *Safety and Health at Work*, 4(2), pp.111~116.

제3장

근로빈곤층 유형에 따른 소득지원제도 개편 효과

강신욱 | 한국보건사회연구원 연구위원

1. 서론

근로빈곤층은 다양한 방식으로 정의되지만 근로 능력이 있으면서도 빈곤한 계층을 의미한다. 근로빈곤층이 존재한다는 점은 근로 활동을 통해 소득을 얻고 그로 인해 빈곤에 빠지지 않게 된다는 전통적 인식이 더 이상 적용되지 않는다는 점에서 심각한 문제로 간주되어왔다. 국민들을 빈곤의 위험에서 보호하기 위한 전통적인 복지 제도들이 주로 근로 능력이 없거나 근로 활동을 하지 않는 집단을 보호하는 데 역점을 두어왔다는 점에서 근로빈곤층의 존재는 전통적인 복지 제도들의 한계를 보여주는 것으로 인식되기도 한다.

고용 불안과 저임금 문제가 확산되면서 근로빈곤은 학술적 분석에서나 정책적 대응의 영역에서 모두 중요한 문제로 간주되어왔다. 그리고 이때 근로빈곤층의 고용 불안을 해소하기 위한 각종 대책들이 주된 논의의 대상이었다. 그런데 근로빈곤층을 정의하는 요인 가운데 '근로'는 개인의 상태를 표현하지만 '빈곤'은 통상적으로 가구 단위로 규정된다. 따라서 근로빈곤이란 개인적 규정성과 가구 단위의 규정성을 동시에 지닌 개념이다. 근로빈곤층 대책이 주로 고용 불안의 해소에 초점을 맞추고 있었다는 사실은 주로 기존의 대책들이 개인적 규정성의 측면, 즉, '근로'와 관련된 취약성에 주목해왔음을 의미한다. 그렇다면 '가구'의 규정성이란 관점에서 근로빈곤층 문제에 접근할 여지는 없을까? 이 장은 이 문제를 다루고자 한다. 즉, 근로와 관련된 개인적 특성 이외에 가구의 특성 때문에 초래되는 빈곤의 문제는 어떠한 것인지, 이에 대응하기 위해서는 어떠한 정책적 개입이 필요한지를 진단해본다. 만일 근로빈곤층이 속한 가구의 복지 욕구에 대해 필요한 지원이 이뤄짐으로써 근로'빈곤' 상태에서 벗어날 수 있다면 근로빈곤 대책은 다양한 정책 수단을 지닐 수 있게 된다. 고용 없는 성장이 구조화되면서 노동시장의 분절성이 쉽게 해소되지 않고 있는 현실에서 근로빈곤을 완화하거나 해소하기 위한 더 많은 수단을 지닐 수 있다면 이는 틀림없이 바람직한 일일 것이다. 이 장에서는 가구의 규정성에 의해 근로빈곤의 상태에 놓여 있는 집단은 누구인지 살펴보고, 이들의 복지 욕구를 지원해줌으로써 근로빈곤 상태에서 벗어나도록 할 수 있는 방법은 어떤 것이 있는지 검토할 것이다.

이 장의 순서는 다음과 같다. 먼저 2절에서는 한국복지패널 자료를 이용해 근로빈곤층을 세부 집단으로 구분하고, 집단별 특성을 비교한다. 이때 본인의 근로 및 소득 실태가 빈곤으로 연결되는 근로빈곤층과 본인의 소득만으로 보면 빈곤한 상태는 아니지만 가구 단위의 생활 실태나 특성으로 인해 빈곤층으로 분류되는 집단을 조작적으로 구분할 것이다. 다음 3절에서는 이 가운데 특히 후자의 집단이 지닌 복지 욕구가 어떠한 것인지를 집중적으로 분석할 것이다. 4절에서는 이 복지 욕구에 대응하기 위한 몇 가지 정책적 개입을 상정하고, 이를 통해 근로빈곤의 문제가 얼마나 완화될 수 있는지 진단해보고자 한다. 마지막 5절은 이 장의 간단한 요약과 결론이다.

2. 근로빈곤의 정의 및 분석 방법

1) 근로빈곤층의 정의

근로빈곤층을 어떻게 정의할 것인가에 대해서는 다양한 이해 방식이 존재한다.[1] 우선 빈곤의 정의와 관련해서 어떤 소득 범주를 이용할 것이며 빈곤선을 어떻게 설정할 것인가에 따라 빈곤 여부에 대한 판정이 달라질 수 있다. '근로'의 의미를 어떻게 이해할 것인가에 대해서는 더 많은 선택지가 존재하는데, 예를 들어 경제활동인구로 분류되는 연령대 전체를 '근로' 가능한 집단으로 볼 것인지, 실제로 근로 능력이 있는(즉, 중증장애인이나 만성질환자가 아닌) 사람을 근로 가능한 집단으로 볼 것인지가 '근로'를 판별하는 기준이 될 수 있다. 나아가 비경제활동인구를 제외할 것인지, 혹은 미취업자 전체를 제외할 것인지 등도 '근로'빈곤을 정의할 때 쟁점이 될 수 있다.

여기서는 근로빈곤의 의미를 가장 포괄적으로 이해하고자 한다. 근로 가능한 연령대는 통상 15~64세의 연령층으로 이해되지만, 이 장에서는 실질적으로 취학 인구가 거의 대부분인 연령대를 제외하고 19~64세로 근로 가능연령을 한정하고자 할 것이다. 빈곤의 기준은 균등화지수를 적용한[2] 가구 시장 소득이 중위값의 60%선으로 삼을 것이다. 즉, 어떤 가구의 소득이 이 선 미만이면 빈곤 가구로 간주하고자 한다. 요컨대 여기서의 근로빈곤층이란 (가구주가 아닌) 본인의 나이가 19세 이상 64세 이하이면서 가구의 균등화된 시장 소득이 중위값의 60% 미만인 집단을 지칭한다.

---

1) 근로빈곤의 정의와 관련된 다양한 쟁점들에 대해서는 이병희(2012)를 참조할 것.
2) 가구 소득을 가구원 수의 제곱근으로 나누어주는 방법을 사용했다.

2) 데이터

이 장의 분석에 사용된 자료는 한국복지패널 10차 자료이다. 한국복지패널 자료는 가구 구성과 관련된 특성 및 가구 소득, 자산, 지출과 관련된 정보를 제공하고 있다. 동시에 개인의 인구사회학적 특성과 경제활동 상태, 그리고 개인별 근로소득과 사업소득의 크기에 관한 정보를 제공해준다. 이 개인 관련 정보에 가구 관련 정보를 연결시킬 경우 근로빈곤층에 속하는지 여부와 그 세부적 특성에 대해 파악할 수 있다. 한국복지패널 10차 자료는 가구 및 개인의 인구학적 특성과 경제활동 상태에 대해서는 2015년 말의 시점 상태를 보고하고 있고, 소득 및 소비지출에 대해서는 2014년 한 해 동안의 실태에 대해서 보고하고 있다. 이하의 분석에서는 가구 정보를 개인정보에 연결해 사용할 것이다. 분석에 사용되는 대표적인 가구 정보는 가구 구성과 관련된 정보(가구원 수, 연령대별 가구원 수, 취업 가구원 수, 가구 소득 및 소비, 적자 여부, 빈곤 가구 여부 등)이다. 가중치는 횡단면 개인가중치를 사용한다.

3. 근로빈곤층과 개인소득 빈곤

1) 개인소득 빈곤의 의미

근로빈곤층 가운데에는 개인이 근로 활동을 하고 일정한 수준 이상의 소득을 얻고 있지만 가구의 특성 때문에 빈곤층을 분류되는 집단도 있을 수 있다. 만일 본인을 제외한 가구원 가운데 노인이나 아동과 같이 비근로 연령층 가구원이 있다거나, 혹은 근로연령층이면서도 미취업 상태인 가구원이 있을 경우 가구 소득이 빈곤선에 미치지 못할 수 있다. 근로빈곤층 가운데에서도 이러한 집단을 본인의 근로소득 자체가 없거나 부족한 집단과 구분해 살펴볼 필요가 있다. 이 두 집단을 구분하기 위해 다음과 같은 조작적 정의를 도입하기로 한다.

한국복지패널에는 개인별 근로소득과 사업소득 정보가 별도로 제공된다. 물론 공적 이전소득도 개인에게 귀속되는 경우가 있으나(예컨대 실업급여나 국민연금, 또는 근로장려세제에 따른 세액 환급금 등), 자료에는 이 금액이 별도로 보고되지 않고 있다. 개인의 근로소득과 사업소득[3]을 합한 값을 개인 노동소득이라고 지칭하기로 하고, 이 노동소득이 빈곤선에 미치지 못하는 경우, 이를 개인소득 빈곤이라고 조작적으로 정의하도록 한다. 반대로 가구 소득이 빈곤선 미만인지와 무관하게 개인의 노동소득이 빈곤선 이상인 경우를 개인소득 비빈곤으로 정의하기로 한다. 이와 같이 가구 소득 단위의 빈곤 여부와 개인소득 단위의 빈곤 여부를 구분하는 것은 같은 근로빈곤층이라고 할지라도 개인소득 빈곤층인지 여부에 따라서 전혀 다른 복지 욕구를 갖게 될 것이라고 판단하기 때문이다.

개인소득과 빈곤선을 대비해 개인소득 빈곤 여부를 판정하는 방법에 대해 의문이 제기될 수 있다. 가구 단위의 소득을 이용해 빈곤 여부를 판정하는 기준을 개인소득에 대해서도 적용하는 것이 타당한가 하는 의문이 제기될 수 있기 때문이다. 그런데 앞서 설명했듯이 빈곤을 판정할 때 사용되는 소득 범주는 단순한 가구 소득이 아니라 균등화된 가구 소득이다. 그리고 균등화지수를 적용하는 방법으로 가구 소득을 가구원 수의 제곱근으로 나누어주는 방법을 사용했기 때문에 1인 가구의 빈곤선은 균등화된 소득의 빈곤

---

3) 자영업자의 경우 순소득이 아닌 전입소득을 사업소득으로 간주했다.

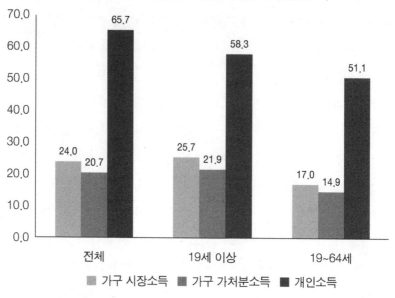

〈그림 3-1〉 가구 소득 빈곤과 개인소득 빈곤의 비율(단위: %)

자료 : 한국복지패널 10차 자료.

선과 차이가 없게 된다. 개인의 노동소득을 기준으로 보았을 때 빈곤하다는
것은 만일 그 개인이 현재의 노동소득을 갖고 가구에서 분리되더라도 여전
히 빈곤층에 속한다는 것을 의미한다. 개인소득 비빈곤층은 정반대인 상태
로 해석될 수 있다. 따라서 가구 소득 빈곤층이면서 개인소득 비빈곤층인
개인의 경우, 정책적 지원의 대상은 해당 개인보다는 가구 혹은 여타 가구원
이 될 가능성이 많다.

〈그림 3-1〉은 2014년 소득을 기준으로 가구 소득 빈곤층과 개인소득 빈
곤층의 비율을 보여준다.[4] 각각의 비율을 전체 연령층, 19세 이상 연령층,
그리고 19~64세 연령층을 분모로 나타냈다. 전체 인구 가운데 시장 소득이

---

4) 여기서 가처분소득 빈곤층은 가구의 가처분소득이 빈곤선(=시장 소득 중위값의 60%선)
미만인 가구에 속하는 계층으로 정의했다.

<표 3-1> 가구 소득 빈곤과 개인소득 빈곤의 교차 분포(단위: %)

가구 시장소득	개인소득 기준		합계	가구 가처분소득	개인소득 기준		합계
	비빈곤	빈곤			비빈곤	빈곤	
비빈곤	46.1	36.9	83.0	비빈곤	46.3	38.7	85.1
	55.6	44.4			54.5	45.5	
	94.4	72.1			94.8	75.7	
빈곤	2.7	14.3	17.0	빈곤	2.5	12.4	14.9
	16.0	84.0			16.9	83.1	
	5.6	27.9			5.2	24.3	
합계	48.9	51.1	100.0		48.9	51.1	100.0

주: 가구 소득 빈곤층의 첫째 행은 전체 인구 가운데 비중을, 둘째 행은 가구 소득 (비)빈곤층 내
    비중을, 셋째 행은 개인소득 (비)빈곤층 중 비중을 의미함.
자료: 한국복지패널 10차 자료.

빈곤선 이하인 가구에 속하는 인구의 비율은 약 24%이고, 가처분 소득이 빈
곤선 이하인 가구에 속하는 인구의 비율은 약 20.7%로 추정된다. 개인의 노
동소득이 빈곤선 이하인 인구의 비율은 약 65.7%로 추정되는데, 이렇게 비
율이 높은 것은 당연히 소득을 개인 단위로 고려함에 따라 비근로 연령층과
비취업자의 대부분이 빈곤층으로 간주되기 때문이다. 따라서 18세 이하의
인구나 65세 이상의 노인층을 제외하게 되면 빈곤율은 낮아지게 되며, 특히
개인소득을 기준으로 추정한 빈곤율이 가장 큰 폭으로 낮아지게 된다.

〈표 3-1〉는 19~64세 연령층에 대해 가구 소득 기준 빈곤과 개인소득 기
준 빈곤의 교차 분포를 보여준다. 이 연령층 가운데 약 17.0%가 시장 소득
기준 빈곤 가구에 속하는데, 이 가운데 16.0%는 개인의 노동소득이 1인
가구의 빈곤선을 초과한다. 즉, 개인소득 비빈곤층으로 분류된다. 반대로
가구 시장 소득 기준 비빈곤층 가운데 44.4%는 개인소득이 빈곤선 미만인
인구이다. 가처분소득을 기준으로 빈곤 가구를 판별한 후, 개인소득 빈곤

과의 교차 분포를 살펴볼 수도 있다. 가처분소득이 빈곤선 이하인 가구에 속하는 사람들 가운데 약 16.9%는 개인소득이 빈곤선을 초과하는 것으로 추정된다.

2) 개인소득 빈곤 여부에 따른 집단 구분과 비교

이제 비교의 대상을 한정해 빈곤 인구, 즉 가구 시장 소득이 빈곤선 이하인 인구만을 대상으로 분석하기로 한다. 빈곤 가구에 속하는 개인을 다시 개인 소득 빈곤 여부에 따라 두 집단으로 구분한 후, 이 두 집단을 비교할 것이다.

〈표 3-2〉는 가구시장 소득 기준 빈곤층 가운데 개인소득 빈곤층과 비빈 곤층의 실태를 비교해 보여준다. 개인소득 비빈곤층은 개인소득 빈곤층에 비해 가구원 수는 많고 노인 및 아동 가구원 수도 많다. 아동 가구원의 비중 이 높은 것도 알 수 있다. 개인소득 비빈곤층의 취업 가구원 수의 비중이 상 대적으로 높지만 본인을 제외할 경우 나머지 가구원 가운데 취업자의 비율

〈표 3-2〉 가구 소득 빈곤층 중 개인소득 빈곤층과 비빈곤층의 가구 구성 비교(단위: 명, %)

	개인소득 비빈곤		개인소득 빈곤	
	평균 인원	가구원 수 대비 비중	평균 인원	가구원 수 대비 비중
가구원 수	3.587	100.0	2.754	100.0
노인 수	0.436	12.2	0.370	13.4
아동 수	1.084	30.2	0.443	16.1
성인 수	2.068	57.6	1.941	70.5
중증장애인 수	0.093	2.6	0.243	8.8
취업 가구원 수	1.189	33.1	0.849	30.8
본인 제외 취업 가구원 수	0.250	7.0	0.498	18.1

〈표 3-3〉 가구 소득 빈곤층 중 개인소득 빈곤층과 비빈곤층의 소득수준 비교(단위: 만 원/연, %)

	개인 비빈곤		개인 빈곤	
빈곤선	1,568	100.0	1,568	100.0
본인 소득	2,152	137.2	349	22.3
시장	1,340	85.4	861	54.9
경상	1,586	101.1	1,273	81.2
가처분	1,498	95.5	1,212	77.3
본인 제외 시장 소득	211	13.4	712	45.4
본인 제외 경상 소득	505	32.2	1,395	88.9
본인 제외 가처분소득	398	25.4	1,312	83.6
소비지출	3,071	195.8	2,392	152.5
적자 가구 비율	54.8		64.0	
가처분소득 빈곤층	74.5		83.7	

은 개인소득 빈곤층에 비해 낮은 것으로 나타난다. 전체 가구원 대비 아동 가구원 수의 비중은 개인소득 비빈곤층에서는 30.2%이나 개인소득 빈곤층에서는 16.1%로 약 절반에 불과하다. 이와 달리 노인 가구원 수의 비중은 두 집단에서 큰 차이가 없다. 이는 같은 빈곤층 가운데에서 개인소득 빈곤층과 비빈곤층의 차이가 가구 구성의 차이에서 비롯될 경우 아동 수의 차이가 그 핵심적 원인이 될 수 있음을 시사하는 것이다.

〈표 3-3〉은 두 집단 사이의 소득수준을 비교해 보여준다. 빈곤선이 연간 소득 기준약 1568만 원인 데 비해 개인 비빈곤층이 속한 가구의 균등화된 시장 소득은 그 85%배에 해당하는 1340만 원선이다. 반면 개인 빈곤층이 속한 가구의 시장 소득은 빈곤선의 55%선에 불과하다. 그런데 본인의 소득을 비교해보면 개인소득 비빈곤층의 경우 빈곤선을 약 37% 초과하는 반면 개인소득 빈곤층은 본인 소득이 빈곤선의 약 22.3%에 불과하다. 반대로 본

〈표 3-4〉 가구 소득 빈곤층 중 개인소득 빈곤층과 비빈곤층의 특성 비교 ①(단위: %)

	성별		학력			
	남성	여성	중졸 이하	고졸 이하	전문대	대졸 이상
비빈곤	75.0	25.0	17.6	43.8	14.7	24.0
빈곤	44.1	55.9	28.3	36.6	13.1	22.0
전체	48.2	51.8	26.8	37.6	13.3	22.3

인 이외의 가구원 시장 소득은 개인소득 비빈곤층의 경우 빈곤선의 13.4% 이지만 개인소득 빈곤층에서는 그 비율이 45.4%로 훨씬 높게 나타난다. 개인소득 비빈곤층의 경우 본인의 소득이 가구 전체의 시장 소득에서 절대적인 비중을 차지하는 반면(약 86%), 개인소득 비빈곤층은 본인의 소득이 가구 시장 소득의 1/4에도 미치지 못한다.

이와 같이 같은 근로빈곤층 안에서도 개인소득 지위에 따른 격차는 상당히 큰 것을 알 수 있다. 이는 개인소득 빈곤자와 비빈곤자의 인구사회학적 특성 분포를 비교해보면 더욱 분명히 나타난다. 〈표 3-4〉를 통해 볼 수 있듯이 개인소득 비빈곤층에서는 남성의 비율이 압도적이다. 하지만 학력 분포에서는 중졸 이하의 집단과 고졸 이하의 집단이 차지하는 비중이 의미 있는 차이를 보일 뿐 전문대 및 대졸자 학력군에서는 두 집단의 차이가 크게 나타나지 않는다. 또한 개인의 근로 능력 측면에서 보면 개인소득 비빈곤층은 모두가 근로 능력자인 반면 개인 빈곤층에서는 근로 능력이 미약하거나 근로 자체가 불가능한 집단이 10%를 상회한다. 특히 중증장애인에 해당하는 1~3급 장애인의 비율 측면에서 개인소득 비빈곤층과 빈곤층의 차이는 확연히 나타난다(〈표 3-5〉).

근로소득 비빈곤층이 근로 능력이 있다면 대부분 취업해 근로소득을 얻고 있을 것으로 추론할 수 있다. 〈그림 3-2〉는 두 집단의 경제활동 상태 분

〈표 3-5〉 가구 소득 빈곤층 중 개인소득 빈곤층과 비빈곤층의 특성 비교 ②(단위: %)

	근로 능력				장애 여부 및 등급		
	근로 가능	단순 근로	단순근 로미약	근로 불가능	일반	1~3급	4급 이하
개인소득 비빈곤	100	0	0	0	93.5	2.7	3.8
개인소득 빈곤	83.4	6.06	6.75	3.79	78.9	14.8	6.3
전체	85.6	5.2	5.8	3.3	80.8	13.2	6.0

포를 비교해 보여준다. 우선 취업 여부를 비교하면 개인소득 비빈곤층은 약 94%가 취업자이지만 개인소득 빈곤층은 그 비율이 약 35.1%에 불과하다. 결국 개인의 취업 여부가 같은 근로빈곤층 안에서 개인소득 빈곤 여부를 구분하는 데 결정적인 요인으로 작용하고 있는 것이다. 경제활동 상태의 세부적인 분포를 보면 개인소득 비빈곤층의 약 75%개 근로자에 해당된다. 개인소득 비빈곤층에서는 근로자의 비율이 24.2%에 불과하고, 반면 실업자와

〈그림 3-2〉 가구 소득 빈곤층 중 개인소득 빈곤층과 비빈곤층의 경제활동 상태 비교(단위: %)

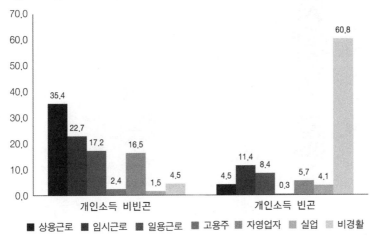

비경제활동인구의 비중이 약 65%에 이른다.

　개인소득 비빈곤층의 대부분은 가구주이다. 반면에 개인소득 빈곤층에서는 가구주의 비중이 38.3%에 불과하고 배우자와 가구주 자녀의 비중이 각각 26.4%와 32.5%로 나타난다. 배우자나 가구주의 자녀일 경우 미취업이거나 취업 중이더라도 소득이 낮을 가능성이 높아 근로빈곤층으로 분류될 가능성이 높다. 반대로 개인소득 비빈곤층의 경우 가구주 개인의 노동소득보다는 배우자나 기타 가구원의 미취업 혹은 저소득으로 인해 가구가 빈곤가구로 분류될 가능성이 높음을 유추할 수 있다.

　〈표 3-6〉에서 볼 수 있듯이 개인 비빈곤층의 가구주 가운데 배우자가 있는 비율은 개인소득 빈곤층에 비해 높지만, 배우자가 있는 사람 가운데 배우자가 취업해 있는 비율은 개인소득 비빈곤층에서 더 높다. 한편 배우자를 비교해보면 개인소득 비빈곤층 배우자의 경우 가구주가 취업한 비율은 37%

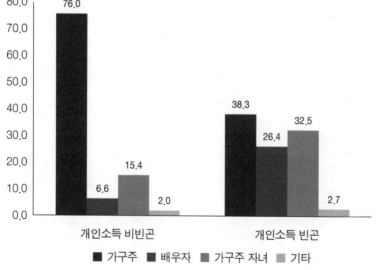

〈그림 3-3〉 가구 소득 빈곤층 중 개인소득 빈곤층과 비빈곤층의 가구주와 관계 비교(단위: %)

〈표 3-6〉 가구 소득 빈곤층 중 개인소득 빈곤층과 비빈곤층의 배우자 취업 상태 비교 (단위: %)

	가구주		배우자
	유배우자	배우자 취업	가구주 취업
개인소득 비빈곤	72.0	18.5(25.7)	37.0
개인소득 빈곤	35.0	16.1(46.0)	60.0

주: 괄호는 유배우자 중 비중.

에 불과하지만 배우자이면서 개인 빈곤층인 경우 가구주 취업의 비율은 60%로 크게 차이가 났다. 이는 개인소득 비빈곤층의 경우 배우자의 취업이 가구 소득 기준 빈곤층에서 벗어나게 할 확률이 높아질 것임을 시사한다.

4. 근로빈곤층 대상 소득지원정책의 효과

1) 근로빈곤 가구의 공적 이전소득

근로빈곤층 가운데 개인소득 비빈곤자의 배우자는 대부분 개인소득 빈곤층일 가능성이 높다. 즉, 개인소득 비빈곤층의 배우자 취업은 개인소득 빈곤층의 취업 효과와 동시에 나타나게 된다. 이런 점에서 근로빈곤층 지원 대책 가운데 미취업자의 취업을 지원하거나 취업자의 근로소득을 증가시키는 것은 가장 근본적이고 강력한 효과를 낳는 대책일 것이다. 급여 수준이 높고 안정적인 일자리를 많이 창출하려는 정책의 중요성은 아무리 강조해도 지나치지 않을 것이다.

그러나 근로빈곤층의 문제는 빈곤한 가구의 문제와 중첩되는 것이고, 빈곤의 해소 또는 완화를 위한 정책 가운데에는 가구의 노동소득을 증가시키는 정책 이외에도 다양한 선택이 있을 수 있다. 즉, 근로 무능력자를 지원하는 방법을 통해 근로빈곤의 문제를 완화시킬 수 있다.

공적이전 프로그램의 신설 및 확대가 빈곤의 위험을 줄일 것이라는 사실은 자명하다. 문제는 어떤 프로그램을 어떻게 확대하는가에 따라 그 효과가 집단마다 다르게 나타날 수 있다는 점이다. 근로빈곤층 가운데 개인소득 비빈곤층과 빈곤층의 가구 구성을 비교한 〈표 3-2〉를 보면 어느 정도 그 효과의 차이를 예측할 수 있다. 예를 들어 개인소득 비빈곤 가구에서 가구당 평균 아동 수는 개인소득 비빈곤층에 비해 많다. 만일 아동에 대한 정액의 소득지원제도가 도입된다면 그 효과는 개인소득 비빈곤층에서 더 크게 나타날 것으로 예상된다. 그런데 노인층에 대한 지원이 확대될 경우 그 효과는 다소 복잡하게 나타날 수 있다. 가구 평균 노인 수가 많은 개인소득 비빈곤층이 제도 변화에 따른 효과를 더 많이 볼 것으로 생각할 수 있으나, 실제로 그러할지 여부는 제도의 구체적 설계, 특히 기존 제도와의 관계에 따라서 달라질 수 있다. 이하에서는 근로빈곤 가구를 구성하는 비근로 능력 가구원에 대한 지원이 어떤 영향을 미치는지를 살펴볼 것이다.

〈표 3-7〉은 근로빈곤층의 가구 공적 이전소득 구성을 개인소득 비빈곤층과 빈곤층으로 나누어 보여주고 있다. 공적 이전소득의 총액은 개인소득 빈곤층에서 높게 나타나지만, 그 구성별로 보면 개인소득 비빈곤층에서 높은 소득이 관측되는 경우도 있다.

예를 들어 기초연금, 보육료 지원, 양육수당 등이 그러하다. 반면 개인소득 빈곤층에서는 공적연금, 장애(아동)수당과 학비 지원이 상대적으로 높게 나타난다. 이는 개인소득 빈곤층에는 대학 재학 연령의 비경제활동인구가 포함된 데 따른 것으로 추정할 수 있다.

〈표 3-7〉 근로빈곤층의 공적 이전소득 구성(단위: 만 원/연, %)

	개인소득 비빈곤		개인소득 빈곤	
	금액	비중	금액	비중
공적연금	158.7	33.4	201.8	30.4
기초연금	50.8	10.7	43.1	6.5
실업급여	17.1	3.6	23.4	3.5
기초보장생계급여	35.2	7.4	175.4	26.4
근로장려금	7.3	1.5	4.9	0.7
양육수당	21.6	4.6	6.9	1.0
보육료 지원	60.3	12.7	17.1	2.6
학비 지원	36.8	7.7	51.0	7.7
급식비 지원	12.5	2.6	12.7	1.9
장애(아동)수당(장애인연금)	11.7	2.5	37.7	5.7
기타	62.9	13.2	89.8	13.5
공적이전 합계	475.0	100.0	663.9	100.0

2) 비근로 집단 대상 소득지원정책 변화가 근로빈곤층에 미치는 영향

앞의 〈표 3-7〉에서 한 가지 특징적인 것은 기초보장제도의 생계급여액이 개인소득 빈곤층에서 매우 높게 나타난다는 점이다. 근로빈곤층에게 제공되는 공적 이전소득 가운데 공공부조제도의 비중이 높게 나타난다는 것은 많은 문제점을 시사한다. 주지하다시피 기초생활보장제도는 가구 단위의 지원을 원칙으로 하고 수급자 선정 시 근로 능력 여부를 따지지 않는다. 그 결과 수급자에 대한 소득 지원 기능은 강화되었으나 빈곤층에 대한 포괄성(coverage)의 정도가 높지 않고 수급자 집단 내에 존재하는 이질성을 고려하지 못하고 있다는 문제점이 있다.

근로빈곤층 개인의 특성을 고려한다면 개인의 근로 능력이나 구직 활동 의지 등에 따라 적합한 소득 지원 및 고용 서비스 프로그램을 결합하는 정책적 지원이 필요할 것이다. 그러나 이 장에서는 근로빈곤층의 가구 지원에 주목한다. 즉, 근로빈곤층이 속한 가구의 비근로 연령 가구원에 대한 지원의 변화가 근로빈곤층의 빈곤 탈출 여부에 어떤 영향을 미치는지를 예측해보고자 한다. 빈곤 가구의 근로 무능력층에 대한 소득 지원이 강화된다면 근로빈곤의 규모가 달라질 것이고, 나아가 근로빈곤층 지원 정책 중 소득 지원 프로그램에 대한 선택의 폭이 넓어질 수 있을 것이기 때문이다.

이하에서는 근로 능력이 없는 집단을 대상으로 한 정책 가운데 크게 세 가지 공적이전제도의 변화를 상정하고, 그것이 근로빈곤층에 미치는 영향에 대해 살펴볼 것이다. 이때 개인소득 비빈곤층과 개인소득 빈곤층에 미치는 영향을 구분해 고찰할 것이다. 근로 무능력 집단에 대한 공적소득이전 프로그램으로는 주로 노인, 아동, 장애인 대상 급여를 상정할 수 있다.

노인 대상 급여의 개편안은 현행 기초연금을 확대하거나 그 수준을 인상하는 방안을 고려하기로 한다. 그 가운데 첫 번째 방안으로는 수급 대상을 변화시키지 않은 채 급여액을 현재의 1.5배로 높이는 방안이다(①). 만일 현재 매월 20만 원을 받는 고령자가 있다면 30만 원을 받게 되는 방안인 것이다. 두 번째 방안은 급여 수준은 그대로 유지하되 70%의 노인이 아닌 전체 노인에게 지급하는 방안이다(②).

아동 대상 급여의 개편안은 18세 이하 연령층에 대한 수당(아동수당)을 신설할 경우를 상정했다. 그 급여의 수준은 현행 아동가정양육수당의 수준인 월 20만 원 선으로 상정했다. 다만 개편의 정도를 차별화해 첫 번째 안에서는 아동수당의 신설과 동시에 보육료 지원이나 아동양육수당 지원을 폐지하는 안으로 상정했다(③). 두 번째 안은 영유아 대상 지원 프로그램을 그대로

<표 3-8> 근로 무능력층 대상 소득지원제도 개편 시나리오별 효과(단위: %)

소득 범주	개인소득 비빈곤		개인소득 빈곤	
	빈곤율	빈곤율 완화 효과	빈곤율	빈곤율 완화 효과
가처분소득(현재)	69.7		83.1	
+①	64.9	6.8	81.5	1.9
+①+③	64.1	8.1	80.0	3.7
+①+③+⑤	44.6	36.0	74.7	10.1
+②	66.7	4.3	81.9	1.4
+②+④	66.2	5.0	81.2	2.3
+②+④+⑥	41.1	41.0	74.7	10.1

주: 빈곤율은 해당 집단에서 가구 가처분소득이 빈곤선 미만인 인구의 비율을 의미함.
　　빈곤율 완화 효과는 (개편안별 빈곤율-현행 가처분소득 빈곤율)/현행가처분소득 빈곤율을
　　백분율로 나타낸 것임.

둔 채 아동수당을 도입하는 안이다(④).

마지막은 장애수당을 인상하는 것이다. 이 역시 두 가지 세부적인 방안으로 구분할 것인데, 첫째는 현행 수급 대상자에 대해 장애수당을 2배로 인상하는 것이고(⑤), 다른 안으로는 모든 1~3급 장애인에 대해 월 10만 원의 급여를 지급하는 방안을 상정하기로 한다(⑥).

위의 세 가지 급여 모두에 대해 첫 번째 방안(①, ③, ⑤)은 소극적인, 두 번째 방안(②, ④, ⑥)은 좀 더 적극적인 개편 시나리오라고 할 수 있다. 이 각 방안을 결합할 때 기초연금만 조정하는 방안, 기초연금과 장애수당을 조정하는 방안, 그리고 기초연금, 장애수당을 조정하면서 아동수당을 도입하는 방안을 순차적으로 고려할 수 있다.

<표 3-8>은 이와 같은 정책 개편안의 조합들로 구성된 시나리오별로 어떤 효과가 나타날지를 예측해 보여준다. 현재 근로빈곤층 중 가구 가처분소득이 빈곤선 미만인 계층의 비율은 개인소득 비빈곤층에서는 약 69.7%, 개

인소득 빈곤층 가운데에서는 약 83.1%이다. 이 상태에서 기초연금 개편 ①안이 도입된다면 개인소득 비빈곤층 가운데 가처분소득 빈곤율은 64.9%로 줄어들고 개인소득 빈곤층에서는 그 비율이 81.5%로 줄어든다. 이와 같은 방식으로 비교해보면 ①+③+⑤의 정책 변화 효과는 개인소득 비빈곤층에서는 가처분소득 빈곤율을 44.6%로, 개인소득 빈곤층에서는 74.7%로 떨어뜨릴 것이다. 가장 적극적인 개편 시나리오인 ②+④+⑥의 조합에서는 개인소득 비빈곤층의 가처분소득 빈곤율이 41.1%로, 개인소득 빈곤층의 가처분소득 빈곤율은 74.7%로 줄어든다.

물론 이러한 정책 효과는 각 제도의 개편안을 구체적으로 어떻게 설계할 것인가에 따라 달라질 수 있다. 그러나 〈표 3-8〉에서 확인할 수 있는 분명한 특징은 근로 무능력 집단에 대한 소득보장제도의 개편 효과가 개인소득 비빈곤층에서 상대적으로 크다는 점이다. 빈곤율의 감소 비율로 측정된 빈곤율 완화 효과 면에서는 거의 모든 시나리오에서 2~3배의 차이를 보인다. 개별 정책 도입 효과의 차이는 아동수당의 도입 여부에서 가장 크게 나타난다.

이와 같이 근로 무능력층에 대한 공적이전제도의 확대 개편은 근로빈곤층에 대해서도 분명한 효과를 나타내며, 특히 개인소득 비빈곤층에서 그 효과가 크게 나타난다. 이는 개인의 근로 활동으로는 일정한 소득을 얻지만 가구 구성에 따른 부양 부담으로 빈곤층에 빠지게 된 집단들에게는 공적 지원을 통해 그 부담을 덜어주는 것이 중요한 대안일 수 있음을 의미한다.

5. 요약 및 결론

일반적으로 근로빈곤층은 근로 능력이 있는 빈곤층으로 이해된다. 근로 능력을 어떻게 조작적으로 정의하는가에 따라 그 규모와 특성이 변할 수는 있으나, 근로빈곤 문제에 대한 정책 대안으로 주로 주목되어왔던 것은 '고용'에 초점을 맞춘 방안들이었다. 이 장은 근로빈곤층 가운데에서도 개인의 경제활동으로 어느 정도의 소득을 얻고 있으나 가구 요인에 의해 빈곤 상태에 놓인 개인을 특별히 구분해 살펴보았다. 이 집단에 대해서는 가구 내의 근로 무능력 가구원에 대한 지원을 확대하는 것만으로도 빈곤 탈출에 유의미한 효과가 있을 것으로 생각했기 때문이다.

근로빈곤층을 개인소득 비빈곤층과 개인소득 빈곤층으로 구분했고, 각 집단의 가구원 특성과 가구 소득 구성을 비교했다. 개인소득 비빈곤층은 아동 및 노인 가구원의 수가 많고 본인을 제외한 가구원의 시장 소득이 낮았으나, 전체 공적 이전소득의 규모는 개인소득 빈곤층에 비해 작은 것으로 나타났다. 만일 비근로연령층이나 장애인 대상 급여를 확대할 경우 그 효과는 개인소득 비빈곤층에서 더 크게 나타나는 것으로 예측된다.

물론 근로빈곤층 지원 제도의 핵심은 근로 활동을 통해 빈곤 상태에서 벗어나도록 하는 것이다. 이를 위해 좋은 일자리를 많이 만들기 위한 정책이 중요함은 아무리 강조해도 지나치지 않을 것이다. 더불어 빈곤층에 속한 근로 능력자를 대상으로 하는 소득지원제도가 확대될 필요성도 높다. 이 장은 이러한 제도적 필요성을 부정하는 것이 아니다. 이와 별개로 근로 무능력자 대상 소득지원제도가 확대될 경우 그것이 근로 능력층에게도 적지 않은 효과를 보일 것이라는 점에 주목하고자 했다. 근로 무능력자 대상 급여의 확대는 근로 능력자 대상 소득지원에 비해 규범적 정당성을 인정받기 쉽고 설계가 단순해질 수 있다. 만일 이러한 제도 개선이 가능하다면 근로빈곤층 중 실제 근로 가능 연령층에 대한 지원 정책을 선택하는 데에도 훨씬 다양한 선택이 가능해질 수 있을 것이다.

참고문헌

강신욱. 2017. 「한국 소득보장제도군의 효과성 평가」. ≪한국 사회정책≫, 24권 1호.
노대명 외. 2009. 『근로빈곤층을 위한 자립촉진제원제도 도입방안 연구』. 보건복지
　　　가족부·한국보건사회연구원.
이병희. 2010. 「근로빈곤과 고용안전망 확충방안」. ≪동향과 전망≫, 79호, 249~280쪽.
＿＿＿. 2012. 「근로빈곤 정의를 둘러싼 쟁점과 추정」. ≪보건복지포럼≫, 184호,
　　　18~26쪽.

제4장

근로빈곤과 지원 제도

김혜원 | 한국교원대학교 교육정책전문대학원 교수

1. 서론

외환위기 이후 우리 사회에서는 일자리 문제가 중요한 정책 의제로 부각
되었으며 그 배후에는 일자리의 부족 문제, 근로시간의 부족 문제 그리고 저
소득의 문제가 확산된 노동시장의 변화가 존재한다. 일을 하면서도 빈곤을
경험하는 이들의 비중이 외환위기 이전에 비해 크게 높아진 상황에서 이에
대한 정책 처방이 요구되었다.

2000년대 이후 한국의 사회보장제도는 크게 확충되었으며 국민기초생활
보장제도의 실시와 더불어 고용보험제도의 적용 범위가 외환위기를 기점으
로 대폭 확대되어 실업자 안전망이 확대되었으며 저소득 취업자를 위한 근
로장려세제도가 도입되었다. 이와 함께 사회복지서비스에 대한 공급도 확
대되고 이와 관련해 바우처 제도도 늘어났다. 추가적으로 보육지원제도와
급식비 지원이 확대되어 해당 지원은 보편주의적인 급여로 확대되고 있다.

근로빈곤 문제에 대한 정책적 대응은 크게 실업자에 대한 정책과 취업자

에 대한 정책으로 구분할 수 있으며 실업자에 대한 정책은 사회보험 특히 고용보험을 통한 실업급여 지원과 실직자에 대한 취업지원서비스 강화로 나뉜다. 취업자에 대한 지원은 근로장려세제와 사회보험료 지원과 같은 사업이 존재한다. 10여 년간의 정책적 노력에도 불구하고 획기적인 근로빈곤율 감소가 나타나고 있지 않으며 고용보험의 사각지대와 공공부조의 사각지대를 메꾸는 실업부조제도의 도입에 대한 요구가 확대되고 있다.

과연 실업부조제도가 필요한지에 대해 검토하려면 다음의 몇 가지 질문에 대한 대답이 필요하다. 첫째, 근로빈곤의 문제에서 취업자의 저소득, 저임금의 문제가 심각한가, 아니면 취업자 및 실업자의 근로 부족의 문제가 더 심각한가? 둘째, 근로의 부족은 미취업자의 문제가 심각한가, 아니면 근로 개월 수의 부족이 문제인가? 그것도 아니면 근로시간의 부족이 문제인가? 셋째, 기존의 사회보장제도는 근로빈곤의 문제를 얼마나 완화하고 있으며 사회보험과 공공부조 그리고 기타 정부의 지원은 얼마나 빈곤의 완화에 기여했는가? 넷째, 사회보험과 공공부조 그리고 기타 정부의 지원은 효과성과 효율성 그리고 공평성 측면에서 어떠한 장점을 갖는가?

이 장은 이러한 질문 중 일부에 대한 대답을 찾는 데 기여하고자 하는 목적으로 쓰였다. 첫 번째 질문은 매우 중요하지만 이 장에서 본격적으로 다루지 않으며 두 번째 이후의 질문에 몇 가지 지표를 이용해 답변의 실마리를 제공하고자 한다.

사회보장제도 특히 공적 이전소득이 빈곤을 완화하는 데 기여한 효과에 대한 기존 연구는 많이 존재한다. 반정호(2009)에서는 공적 이전소득이 빈곤율을 감소시키는 효과에 대해 검토했다. 반정호의 연구에서 빈곤율 감소는 빈곤율의 감소율로 측정한다. 고용 형태, 가족 구성, 세대 효과 등에 따른 차별적 효과를 분석하고 있다. 공적 이전소득의 유형은 구분하고 있지 않다.

이병희 외(2007)에서는 공적 이전소득이 소득 불평등에 미치는 효과를 분석한다. 빈곤에 미치는 영향은 분석하지 않고 있으며 공적 이전소득의 유형에 대한 분석도 없다. 강병구 외(2016)에서는 근로빈곤지원제도 전반을 검토하고 있으며 지원 제도를 확대했을 경우 빈곤의 완화 효과에 대해 분석했다.

가구 유형을 구분해 빈곤을 분석한 연구는 임완섭(2016), 손병돈(2010) 등에서 확인할 수 있다. 임완섭(2016)에서는 기초연금의 노인 가구 빈곤 감소 효과를 빈곤율과 빈곤갭 양 측면에서 살펴보고 있으며 노인 가구 유형별로 분석하고 있다. 손병돈(2010)에서는 빈곤층을 중위소득 25% 미만의 극빈곤층과 25~30%의 일반 빈곤층으로 구분하고 가구 특성들이 어떻게 빈곤 여부 및 빈곤 내 극빈곤과 일반 빈곤의 여부에 영향을 미치는지 회귀분석을 통해 분석하고 있다. 장애 또는 만성질환 가구원 수가 미치는 영향이 확실히 나타나고 있다는 것이 특기할 점이다.

이 장과 가장 관련이 깊은 논문은 강신욱(2016)이다. 강신욱의 연구는 주요 소득보장제도가 얼마나 포괄적이고 얼마나 충분한지를 빈곤 인구 대비 수급자 비율, 빈곤율 감소 효과 등을 측정해 분석했다. 강신욱(2016)이 사용한 자료는 한국복지패널조사 자료로서 이 장에서 사용한 자료와 동일하다.

강신욱(2016)과의 차이점은 첫째, 강신욱의 연구는 소득보장제도를 중심으로 살펴보고 있는 데 비해서 이 장은 바우처나 학비 지원 등과 같은 서비스 조건부 비용 지원도 포괄하고 있다. 둘째, 강신욱의 연구는 기초연금과 국민연금을 분석 대상에 포함하고 있는바 지원 제도의 영향에 노인과 함께 거주하는 근로 능력자 가구가 노인 관련 제도의 지원을 받는 것이 포함되어 근로빈곤지원제도에 초점을 맞춘 분석을 하기 어렵다. 셋째, 강신욱의 연구는 시장 소득에 개별 급여를 더한 것의 효과만을 살펴보고 있어 제도의 복합 수혜의 분포 및 복합 수혜의 효과를 분석하지 않고 있다.

이 장은 다음과 같이 구성된다. 제2절에서는 이 장에서 사용된 자료와 분석 방법을 설명한다. 제3절에서는 근로빈곤의 실태를 근로 부족의 문제를 중심으로 주로 한국복지패널 10차년도 자료를 통해 살펴본다. 제4절에서는 공적 이전소득의 지급 수준과 지급 패턴을 검토하고 빈곤율 감소에 어떻게 기여하는지 분석한다. 제5절은 요약과 정책적 제언을 담고 있다.

2. 사용한 자료와 분석 방법

이 장은 근로빈곤의 실태와 지원 제도의 효과에 대한 분석을 목적으로 하므로 근로빈곤층을 상대적으로 많이 포함하고 있는 자료가 필요하다. 이에 따라 한국복지패널조사 10차년도 자료를 이용했다. 복지패널조사는 저소득층에 대한 과대표집을 해 저소득층 연구를 하기에 적절한 자료이기 때문이다. 10차년도 자료를 사용한 이유는 가장 최근의 근로빈곤의 실태를 볼 수 있는 자료이기 때문이며 가장 최근의 근로빈곤지원제도를 포함한 소득보장제도의 효과를 판단할 수 있기 때문이다. 10차년도 자료는 2015년에 조사되었으며 2014년 말의 개인의 특성 및 2014년의 소득 상황에 대한 상세한 자료를 담고 있다.

이 장은 근로빈곤지원제도의 효과성 분석에 집중하므로 근로 능력이 없는 이들에 대한 제도의 효과를 배제할 필요가 있다. 근로 능력이 없는 이들 중 대다수가 노인 인구이며 노인에 대한 사회보장제도인 국민연금과 기초연금이 빈곤에 중요한 영향을 미친다. 이를 포함시키면 근로빈곤층에 대한 근로빈곤지원제도의 효과만을 식별해 보는 것이 어렵다. 그래서 국민연금과 기초연금을 받는 노인이 존재하는 가구를 제외하는 방식을 택했다. 가구원 중에서 1명이라도 65세 이상자가 있는 경우 연구 대상에서 제외했다.

빈곤에 대한 영향을 본다는 점에서 주요 지표로서 빈곤율을 사용했다. 빈곤율은 일정한 빈곤선을 정하고 빈곤선 이하에 속한 이들을 전체에 대한 비율로 계산한 값이다. 빈곤율 측정에 있어서 몇 가지 이슈들에 대해 검토할 필요가 있다.

첫째, 빈곤율을 계산함에 있어서 가구 소득에 다양한 정의가 있는데 어떤 가구 소득을 기준으로 할 것인가이다. 이 장에서는 기본적으로 시장 소득을 기준으로 빈곤율을 구한다. 시장 소득은 근로소득, 사업소득 등 다양한 소득에 사적 이전소득을 더한 소득이다. 시장 소득에 정부가 지원하는 다양한 급여 즉, 공적 이전소득을 더한 것이 경상 소득이며 경상 소득에서 세금, 보험료 등을 차감한 것이 가처분소득이다.

둘째, 가구 규모에 따라 가구 소득의 의미가 다르므로 가구 규모를 고려한 균등화된 가구 소득을 사용할 필요가 있다. 이 장에서는 가구원 수의 제곱근으로 나눈 값을 균등화된 가구 소득을 사용한다.

셋째, 빈곤선은 계측된 최저생계비와 같은 절대적 금액을 사용할 수도 있으나 이 장에서는 가구 기준의 중위소득을 구한 뒤 중위소득의 50% 또는 60% 기준을 사용한다. 그리고 해당 빈곤선 금액을 전체 연구를 통해서 일관되게 사용할 것이다. 예를 들어 제5절에서 시장 소득에 공적 이전소득을 더할 경우 빈곤율이 얼마나 줄어드는지 검토하는데 이때 경상 소득에 따른 빈곤선을 재계산해 빈곤율을 계산하는 것이 아니라 시장 소득에 의해 계산된 빈곤선을 절대적인 기준으로 활용한다.

넷째, 빈곤율은 빈곤선 이하의 소득을 가진 사람 또는 가구를 전체 수로 나눈 값이다. 사람 수를 기준으로 할 때 빈곤 인구율, 가구 수를 기준으로 할 때 빈곤 가구율이라고 부른다(여유진 외, 2009). 이 장에서는 주로 빈곤 인구율을 사용한다. 빈곤 인구율은 개인에 대해 균등화된 가구 소득을 배정해 해당 소득이 빈곤선 이하인지 여부를 판단해 계산한다. 근로빈곤과 관련된 이슈를 다루므로 일부 지원은 근로 능력이 있는 개인이 수급하지만 빈곤율을 계산함에 있어서는 가구원 전체 인구수를 포함하고 가중치를 사용한다. 일부 지원은 가구 단위로 제공되며 근로 능력자가 개별적으로 받는 지원이라고 해도 혜택은 가구원 전체가 받기 때문이다. 각 지원이 얼마나 많은 인구에 영향을 미치는지를 가늠할 수 있다는 점에서 전체 가구원에 대한 빈곤 인구율을 사용한다.

3. 빈곤과 근로의 부족

빈곤의 문제는 대부분 노동시장에서의 열악한 지위와 밀접한 관련을 맺고 있다. 노동시장에서의 열악한 지위란 낮은 임금, 낮은 고용 안정성의 일자리를 의미하며 이러한 일자리는 잦은 실직, 긴 실직 기간과 짧은 취업 기간 등의 결과를 낳는다. 그리고 그 결과는 가구 소득의 저하와 빈곤의 위험으로 이어진다.

노동시장 취약성을 줄이고 이를 통해 빈곤 문제를 해결하기 위해서 임금 수준을 높이거나 가구 단위에서 근로의 양을 늘려서 근로소득을 늘리는 것이 필요하다. 근로의 양은 미취업 가구원의 추가 취업에 의해 늘어날 수도 있고 취업 경험 가구원의 근로 개월 수 증가에 의해서 늘어날 수도 있으며 근로 기간 중의 주당 근로시간의 증가를 통해서 늘어날 수도 있다.

한 시점에서는 취업과 미취업은 분명히 구분되지만 연간으로 보면 취업과 미취업은 연속적인 상태로서 존재한다. 12개월 동안 풀타임으로 일하는 완전한 취업에서부터 수개월 동안 일하거나 파트타임을 일하는 불완전한 취업 그리고 전혀 일하지 않은 완전 미취업이 존재한다. 이런 점에서 이 장에서는 취업 상태를 연속적인 변수로 만들어서 사용한다.

여기에 빈곤 문제는 가구 단위에서의 취업과 연결되어 있으므로 개인 단위에서의 취업이 아닌 가구 단위에서의 취업의 정도를 계산할 필요가 있다. 불완전 취업 문제를 고려해 가구 단위의 근로의 풍부함의 정도를 분석한 것이 유로스타트(Eurostat, 2013)의 근로풍부도 지수(work intensity index)이다. 근로풍부도는 이론적으로 근로 가능한 가구원의 총 근로 개월 수(근로 가능 가구원 수×12)에 대비한 실제 가구 내의 근로 가능 가구원의 실제 근로 개월 수의 비율로 계산된다.

근로풍부도를 계산할 때 근로시간에서 파트타임의 문제를 어떻게 고려할 것인지의 문제가 남아 있다. 예를 들어 주당 20시간만 일하는 경우 주당 40시간 풀타임 근로를 하는 이와 동일하게 취급할 것인가의 문제이다. 풀타임 동등화를 위해 40시간 이하일 경우 40시간 대비 근로시간의 비율을 이용해 근로 개월 수를 조정해주는 것이 필요하며 이러한 방식을 고려한 결과를 조정 근로풍부도(adjusted work intensity)라 부르기로 하자.

유로스타트(Eurostat, 2013)에서는 근로풍부도를 0, 0〈wi〈0.5, 0.5〈=wi〈1, 1의 4개 그룹으로 구분하기도 하고 어떤 경우에는 wi〈0.2, wi〉=0.2의 2개 그룹으로 구분하기도 한다. 근로풍부도가 0.5 미만인 가구를 근로 부족 가구(work-poor household), 0.5 이상인 가구를 근로 풍부 가구(work-rich household)로 명명한다. 그리고 근로 부족률(work shortage rate)은 근로 부족 가구가 차지하는 비율이다.

〈표 4-1〉에서는 복지패널자료 10차년도 자료를 이용해 우리나라에서 소득분위별로 근로 부족률이 어떻게 분포하는지를 보여주고 있다. 가구 수준

〈표 4-1〉 소득분위별 근로 부족자 수 및 부족률 : 근로 능력자 한정, 근로시간 미조정

소득 분위	가구 수준	가구주	배우자 있는 가구주	배우자	기타 가구원
1	193965	15229.7	15229.7	495409	654346
	3.55	0.89	1.06	33.1	16.54
2	190724	72144.4	64725.3	450965	638488
	3.38	4.11	4.22	29.79	15.86
3	310545	37855.7	33194	551460	793778
	5.83	2.3	2.41	40.11	21.14
4	118971	34458.8	22311.3	480728	721417
	2.35	2.11	1.71	37.27	19.54
5	124988	95068.3	38269	533307	750657
	2.62	6.18	3.19	49.28	23.61
6	257661	105945	23703.9	479628	772883
	6.22	7.69	2.49	50.82	27.32
7	698318	181119	125428	353962	784212
	21.1	16.06	15.79	47.87	33.59
8	595116	219917	123917	231235	574027
	28.35	28.1	30.23	60.37	39.5
9	382180	195676	45246.9	80126.9	358680
	39.57	45.34	36.82	56.55	50.58
10	424906	253606	47084.9	61625.8	355623
	62.12	69.44	40.9	56.15	66.47
합계	3297374	1211020	539110	3718447	6404111

에서의 근로 부족률을 계산해보면 상위 6분위까지 부족률은 6% 이하의 수준으로 추세 없이 낮은 수준을 유지한다. 하지만 7분위부터 근로 부족률이 빠르게 상승하기 시작한다. 6분위가 6.22%에 불과한데 7분위는 21.1%로 급증한다. 8분위는 28%, 9분위는 39% 수준이며 10분위는 62%이다.

가구 수준의 근로 부족률 배후에는 가구주, 가구원 그리고 기타 가구원의 개인 수준에서의 근로 부족률이 존재한다. 개인 수준에서의 근로 부족률은 단순히 12개월 중 근로 개월 수의 비율로 계산된다. 가구주의 부족률이 유사한 양상을 띠며 배우자의 근로 부족률은 상이한 양상을 보인다. 가구주의 부족률은 7분위부터 높아지기 시작한다.

가구주에는 1인 가구와 한부모 가구 그리고 부부 가구의 가구주 등 이질적인 특성을 가진 가구주들이 존재한다. 부부가 함께 있는 가구의 가구주에 한정해 살펴본 결과에 따르면 전체 가구주에 비해 부족률이 낮은 편이다. 특히 5-6분위와 9~10분위에서 낮다. 배우자의 부족률은 1~2분위에서 30%, 3~4분위에서 40% 수준이며 5~7분위에서 50% 수준을 보인다. 8분위 이상에서 60% 이하의 값으로 높아진다. 8~9분위에서 근로 부족률이 정체된 것은 가구주의 근로 부족률이 높아지지만 반대로 배우자의 근로 부족률이 줄어들면서 보완 작용을 하기 때문으로 보인다. 기타 가구원의 부족률 역시 가구 소득이 낮아질수록 증가하는 추세를 보인다. 1~2분위는 15%, 3~4분위는 20%이며 5분위부터 단조적으로 증가하는 양상을 보여주며, 5분위 23%에서 시작해 7분위는 33%, 10분위는 66%까지 높아진다.

〈표 4-2〉의 결과는 근로시간을 조정한 결과인데 근로시간을 조정해주면 대체로 부족률이 높아지는 것이 일반적이다. 하지만 저소득 분위의 경우 근로시간 정보가 없는 경우가 많아서 근로시간이 측정가능한 일자리에 한정하다 보면 오히려 부족률이 낮아지는 결과도 나타난다. 가구 수준에서 측정한 10분위에서 이러한 결과가 나타나고 있음을 확인할 수 있다. 그 외에는 대부분 근로시간 조정에 의해 부족률이 높아졌다.

근로 부족 가구의 비율로 근로빈곤 가구에서의 근로의 부족 문제를 살펴볼 수도 있으나 근로풍부도의 분포를 통해서 살펴볼 수도 있다. 앞서 유럽

<표 4-2> 소득분위별 근로 부족자 수 및 부족률 : 근로 능력자 한정, 근로시간 조정

소득분위	가구 수준	가구주	배우자 있는 가구주	배우자	기타 가구원
1	334852	59983.7	54635.6	585179	824583
	6.14	3.5	3.81	39.09	20.85
2	334382	102657	93217.5	578952	863195
	5.97	5.85	6.08	38.25	21.45
3	553390	101621	69547	670925	1055936
	10.41	6.17	5.05	48.8	28.12
4	401975	114180	85889.5	622552	978948
	7.96	6.98	6.58	48.26	26.52
5	315723	197604	123112	629955	1027550
	6.72	12.85	10.26	58.21	32.32
6	447386	182535	89524.2	562314	996852
	11.02	13.24	9.39	59.59	35.24
7	816590	320872	202244	448999	1072088
	26.91	28.16	25.45	60.73	45.91
8	628390	360589	186792	273513	790665
	36.31	44.86	45.57	71.4	54.4
9	281821	285049	57665	99920.3	504221
	45.98	64.85	46.93	70.52	71.1
10	160226	292557	61780.1	82919.9	416154
	49.88	79.16	53.66	75.55	77.79
합계	4274736	2017648	1024407	4555230	8530192

의 경우 전혀 근로를 하지 않는지와 0.2 미만의 근로풍부도, 0.5 미만의 근로풍부도 등의 기준을 사용하고 있으므로 이 장에서는 이를 종합해 0.2 미만, 0.2에서 0.5까지 그리고 0.5 이상의 구간을 나누어 살펴본다.

빈곤 가구와 비빈곤 가구가 근로풍부도의 분포에서 어떤 차이가 있는지

〈표 4-3〉 빈곤 여부별 근로풍부도 분포 : 근로 가능자(단위 : 명, %)

	근로풍부도			조정 근로풍부도			
	0.2 이하	[0.2, 0.5]	[0.5,1]	0.2 이하	[0.2, 0.5]	[0.5,1]	합계
비빈곤	128387	1555816	3.22E+07	680082	2823428	3.04E+07	3.39E+07
	0.38	4.6	95.02	2.01	8.34	89.65	
빈곤	934360	673858	2030704	1483954	891317	1263651	3638922
	25.68	18.52	55.81	40.78	24.49	34.73	
합계	1062746	2229674	3.42E+07	2164036	3714745	3.16E+07	3.75E+07
	2.83	5.95	91.22	5.77	9.91	84.32	100

를 검토해 빈곤 가구가 비빈곤 가구와 비교할 때 어떤 근로풍부도의 차이가
나타나는지 검토한다. 이때 두 가지 측면을 분석하는데 하나는 근로시간 조
정을 하는 경우와 그렇지 않은 경우를 비교함으로써 근로 개월 수와 근로시
간의 상대적 중요도를 평가해본다. 나아가 근로 능력자 전체를 포함한 경우
와 근로 능력자 중 1개월이라도 일한 적이 있는 경우를 나누어 분석함으로
써 상대적으로 실현 가능성이 높은 단기 미취업자에 대한 재취업 정책에서
근로 개월 수와 근로시간의 상대적 중요도가 어떠한지 살펴본다.

근로 능력자를 모두 포함하면서 근로를 전혀 하지 않는 가구원을 포함해
근로풍부도를 계산한 결과는 다음과 같다. 〈표 4-3〉에서의 왼쪽 열은 근로
시간 조정을 하지 않은 가구의 근로풍부도이며 오른쪽 열은 근로시간 조정
을 했을 때의 가구의 근로풍부도를 기준으로 한 것이다. 우선 근로시간을
고려치 않고 봤을 경우 0.5 이상의 근로풍부도의 비율을 보이는 빈곤 가구
는 전체 빈곤 가구 중 55%로서 비빈곤 가구의 95%와 비교할 때 매우 큰 차
이를 보이고 있다. 이것은 빈곤 가구에서 근로 능력을 가지고 있지만 취업
하지 않는 이들이 많이 존재한다는 것을 의미한다.

근로시간을 감안해 풀타임 동등화를 적용한 오른쪽의 결과에서도 근로풍부가구의 비율 격차는 더 벌어져서 빈곤 가구에서 근로풍부가구의 비중은 34%에 불과하고 비빈곤 가구는 89%에 달한다. 주당 근로시간의 격차는 근로풍부도의 차이를 더욱 벌려놓고 있음을 알 수 있다.

이상의 결과는 근로 가능자 중 미취업 문제가 매우 심각하다는 것을 말해주며 근로 가능 미취업자의 노동시장 복귀가 매우 중요한 정책 과제임을 보여준다. 하지만 이것이 실현 가능한 정책 과제가 되려면 근로 가능 미취업자의 노동시장 복귀가 실질적으로 정책이나 제도의 변화를 통해 가능해야 한다. 그런데 1년에 1개월도 일하지 않던 이들이 정책을 통해 취업을 하는 것은 쉬운 일이 아니다.

현실적인 과제는 연간 근로를 1개월이라도 하는 이들의 취업 개월 수를 늘리거나 근로시간을 늘리는 것이다. 노동시장으로부터의 거리가 멀지 않은 이들에 대한 정책에서 취업개월 수를 늘리는 것과 근로시간을 늘리는 것의 상대적 중요도를 평가해보기 위해서는 이들에 한정해 분석을 하는 것이다. 근로를 전혀 하지 않은 가구원은 제외하고 1개월 이상 근로를 한 이들에 한정해 가구 수준에서의 근로풍부도를 계산했고 근로풍부도의 구간별 분포를 계산해 보았다. 그 결과는 〈표 4-4〉에 제시되어 있다.

근로를 전혀 하지 않는 가구원을 제외할 경우 완전히 다른 모습이 확인된다. 가구 수준에서의 근로풍부도 분포는 0.5 이상인 경우가 빈곤 가구와 비빈곤 가구에서 86% 대 99%로서 근로를 전혀 하지 않는 가구원을 포함한 경우와 비교할 때 근로풍부가구의 비율이 크게 증가한다. 0.2 미만인 경우는 1% 이하로 거의 비슷하며 이에 비해 0.2에서 0.5 사이에 분포한 경우가 12% 대 0.4%로 역시 차이를 보인다.

이러한 결과에서 확인할 수 있는 것은 노동시장에서 상대적으로 가까운

〈표 4-4〉 빈곤 여부별 근로풍부도 분포 : 연간 취업자 한정(단위 : 명, %)

dpovm1	근로풍부도			조정 근로풍부도			
	0.2 이하	[0.2, 0.5]	[0.5,1]	0.2 이하	[0.2, 0.5]	[0.5,1]	합계
비빈곤	19532	160230	3.36E+07	469983	1463598	3.18E+07	3.38E+07
	0.06	0.47	99.47	1.39	4.33	94.27	
빈곤	29197.8	368333	2464414	633244	531662	1697039	2861945
	1.02	12.87	86.11	22.13	18.58	59.3	
합계	48729.8	528564	3.61E+07	1103228	1995260	3.35E+07	3.66E+07
	0.13	1.44	98.42	3.01	5.45	91.54	100

이들에 한정할 경우 근로 개월 수를 늘리는 정책이 빈곤을 대폭 감소시킬 가능성이 높지 않다는 것이다. 빈곤 가구에서도 86%가 6개월 이상 근로에 참여하고 있기 때문이다. 물론 86% 내에서 실직기간을 조금이라도 더 줄이는 노력이 필요치 않다는 것은 아니다.

근로시간을 감안해 풀타임 동등화가 적용된 근로풍부도를 계산해보면 근로풍부 가구의 분포에 큰 변화가 나타난다. 비빈곤 가구의 근로풍부가구 비중은 94%로 근로시간을 감안하지 않았을 경우와 비교할 때 큰 차이가 없다. 이에 비해서 빈곤 가구는 근로시간을 감안해주면 86%에서 59%로 대폭 떨어진다. 또한 0.2 미만의 근로절대부족 가구의 비중 역시 22%로 대폭 늘어난다.

근로를 전혀 하지 않은 가구원의 추가 취업 가능성은 매우 낮은 편이라고 가정할 경우 근로시간의 영향을 감안하지 않고 비교하면 빈곤 가구와 비빈곤 가구의 근로풍부율의 차이는 별로 존재하지 않는다. 이것은 빈곤 가구에서 근로 개월 수를 늘리는 것의 효과는 제한적일 수 있음을 확인할 수 있다. 빈곤을 완화하기 위해서는 빈곤 가구에 대한 직접적인 소득 지원이 필요하다는 것을 확인할 수 있다.

근로시간을 감안하면 빈곤 가구의 조정 근로풍부도는 대폭 감소해 비빈곤 가구와의 조정 근로풍부도 격차가 크게 늘어난다. 간헐적이나마 취업을 하고 있는 가구에 한정할 경우 해당 가구에서 취업 개월 수를 늘리는 정책보다도 주당 근로시간을 늘리는 정책이 근로소득을 증대시켜 빈곤을 탈출하는 데 중요한 의미를 갖는다는 것을 알 수 있다.

4. 공적 이전소득과 빈곤율

1) 공적 이전소득 수혜와 빈곤

공적 이전소득은 사회보험, 공공부조 그리고 기타 정부 보조로 구분된다. 사회보험은 국민연금, 건강보험, 고용보험, 산재보험 등이 있으며 이 중에서 현금소득 이전과 관련된 국민연금과 고용보험을 사회보험 급여에 포함해 분석한다. 고용보험은 실업급여와 육아휴직급여로 구성되며 지급된 급여의 대부분은 실업급여이다. 공공부조는 국민기초생활보장제도에 의한 현금 급여를 지칭하며 기타 정부 보조는 현금 급여 및 지출을 전제로 한 바우처 등의 지원을 포함한다.

공적 이전소득 중에는 사회적 위험에 대응한 급여와 저소득 기준에 의한 급여 그리고 인구학적 특성에 따른 급여가 포괄되어 있다. 사회보험은 실업과 같은 사회적 위험에 대응한 것으로 소득 수준과 독립적으로 지급되는 특성을 갖는다. 이에 비해 공공부조는 빈곤 또는 저소득 기준에 지급된다. 인구학적 특성에 따른 급여는 한부모, 국가유공자, 장애인 등의 특별한 보호의

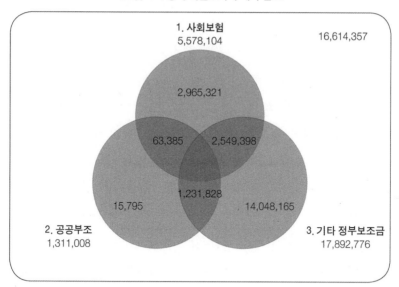

〈그림 4-1〉공적 이전소득 수혜자 분포

1. 사회보험
5,578,104

16,614,357

2,965,321

63,385   2,549,398

1,231,828

15,795   14,048,165

2. 공공부조
1,311,008

3. 기타 정부보조금
17,892,776

필요 또는 욕구의 정도가 일반 가구에 비해 높은 점을 고려해 지급되는바 저
소득 기준이 다소 연관되어 있다.

사회보험과 공공부조, 기타 정부 보조는 배타적인 관계에 있지 않다. 사
회보험을 수령하면서 기타 정부 보조금을 받을 수도 있고 공공부조를 받을
수도 있다. 공공부조를 받으면서 기타 정부 보조를 받는 것도 가능하다.
2014년을 기준으로 공적 이전소득의 성격에 따른 중복 수혜와 개별 수혜의
양상을 그림으로 표현한 것이 〈그림 4-1〉이다.

이 장의 분석 대상에서 노인이 있는 가구를 제외한바 총 3748만 명의 인
구가 존재한다. 이 중에서 공적 이전소득 수혜를 받지 않는 가구는 1661만
명이며 55%에 해당하는 2087만 명이 공적 이전소득 수혜를 받고 있다. 이
는 기타 정부 보조금의 수혜자가 매우 많기 때문인바 기타 정부 보조금을 받
는 이는 1789만 명으로 공적 이전소득 수혜자의 대부분을 차지하고 있다.

수혜자가 가장 적은 것은 공공부조로서 130여 만 명이며 사회보험은 550여 만 명으로 공공부조에 비해서는 4배 이상의 수혜 인구를 갖지만 기타 정부 보조에 비하면 1/3 이하이다.[1]

공공부조의 경우 가장 규모가 작으면서 대부분이 기타 정부 보조금을 함께 받고 있으며 공공부조만을 단독으로 받는 이는 1만 5000여 명에 불과하다. 또한 사회보험을 함께 받는 이도 6만여 명을 약간 넘는 수로서 전체 공공부조 수급자 중에서 비중은 4.8%에 불과하다. 공공부조 수급자 중에서 실업급여를 받는 이의 비중이 낮은 이유는 고용보험의 사각지대가 존재하기 때문인데 수급자의 일자리의 질이 낮아서 고용보험 가입에서 배제되거나 자발적 이직에 대해 실업급여가 지급되지 않기 때문이다. 또한 〈그림 4-1〉에서 특징적으로 드러나는 점은 공공부조와 사회보험을 받으면서 기타 정부 보조금을 받지 않는 이는 없다는 것이다. 사회보험의 경우 550여 만 명에 달하면서 이 중에 절반 정도는 사회보험만을 수령하며 나머지 절반 정도는 기타 정부 보조금을 함께 수령하고 있다.

기타 정부 보조 내에는 이질적인 보조금이 포함되어 있다. 이것을 5개로 유형화하면 다음과 같다. 첫째, 장애 지원으로 장애수당과 장애아동부양수당이 포함된다. 둘째, 노인 지원으로 재정으로 지원되는 기초연금을 의미한다. 셋째, 양육 지원으로 한부모 가족 지원, 가정위탁금, 양육수당, 보육료 지원, 학비 지원, 급식비 지원이 포함된다. 넷째, 저소득 지원으로 긴급복지 지원과 근로장려금이 포함된다. 다섯째, 기타 지원으로 에너지 감면, 통신비 감면, 국가유공자 보조금, 농어업 정부 보조금, 기타 바우처 지원, 기타 정부 보조금이 포함된다.[2]

---

1) 기타 정부 보조의 수혜자가 많은 이유에 대해서는 다음에서 서술한다.
2) 이 연구 대상에서 노인을 제외했으므로 <표 4-5>에서 노인 지원은 나타나지 않는다.

<표 4-5> 유형별 수혜 비중

대분류	중분류	소분류	수혜 인구수	수혜 인구/ 전체 인구	빈곤1 수혜 인구/ 수혜 인구	빈곤2 수혜 인구/ 수혜 인구
전체			37,488,249		9.71	14.22
사회보험			5,578,104	14.88	13.33	19.42
공공부조			1,311,008	3.50	86.47	90.58
기타 정부 보조			17,892,776	47.73	14.39	20.34
	장애 지원		1,055,176	2.81	74.36	84.64
	양육 지원		12,725,046	33.94	12.63	18.56
	저소득 지원		992,325	2.65	29.76	41.52
	기타 지원		9,949,062	26.54	21.34	26.50
		에너지·통신비	6,863,794	18.31	27.17	32.40
		바우처	2,821,141	7.53	34.12	39.64
		농어업	863,029	2.30	12.32	18.25

기타 정부 보조에서 가장 큰 비중을 차지하는 것은 양육 지원으로서 1270여 만 명이 수혜를 받고 있으며 다음으로 많은 비중을 차지하는 것이 기타 지원으로 1000여 만 명이 지원을 받고 있다. 이 중에서 가장 큰 비중을 차지하는 것은 에너지 감면과 통신비 감면으로 680여 만 명이 지원을 받고 있다.

급여 표적률(targeting rate)은 수혜 인구 중에서 빈곤한 수혜 인구가 차지하는 비중으로 빈곤선을 중위소득 50%로 잡는지 아니면 60%로 잡는지에 따라 약간씩 달라질 수 있다. 표적률을 평가함에 있어서 빈곤 인구율을 기준선으로 하는 것이 편리한데 표적률이 빈곤율보다 더 높을수록 빈곤 인구에 더 집중적으로 지원이 이루어지고 있다고 볼 수 있다. 빈곤 인구율은 중위소득 50% 기준으로 9.71%, 60% 기준으로 14.22%이다.

세 가지 급여 유형을 기준으로 비교해보면 〈표 4-5〉에서 사회보험과 기타 정부 보조의 표적률은 매우 낮음을 알 수 있다. 사회보험과 기타 정부 보조의 표적률은 14% 수준으로 9.71%의 빈곤 인구율과 비교할 때 큰 차이가 나지 않는다. 이에 비해 공공부조의 표적률은 86.47%로서 해당 급여가 빈곤을 표적하고 있는 정책임이 분명하다.

기타 정부 보조금은 앞서 설명한 것처럼 다양한 유형의 급여가 혼합되어 있으므로 다시 세분한다. 기타 정부 보조금 내에서 양육 지원이 큰 비중을 차지하지만 빈곤 인구 내에서 수혜율은 12%로서 사회보험보다 더 낮아서 해당 급여가 표적 집단에 집중하고 있지 않음을 알 수 있다. 이는 양육 지원 내에 포함된 보육료 지원과 급식비 지원 등이 (준)보편적으로 이루어짐에 따라 나타난 현상이다.

기타 정부 보조 중에서 표적률이 가장 높은 것은 장애 지원이다. 수혜 인구 중에서 빈곤 인구가 수혜하는 비율이 80% 내외의 높은 수준을 유지하고 있다. 장애수당과 장애아동수당은 차상위 이하의 저소득 가구원을 대상으로 하기 때문이다. 상대적으로 보편적으로 지급되는 장애연금은 사회보험에 포함되어 있다.

장애 지원 다음으로 표적율이 높은 것은 저소득 지원에 포함된 근로장려세제와 긴급 복지 지원으로 30~40% 수준으로 빈곤 인구율의 2배 수준이다. 긴급 복지 지원은 갑작스런 실직 등으로 가구가 어려움에 처할 때 지급되는 것으로서 연간으로 볼 때는 빈곤하지 않은 경우에도 지급될 수 있다.

근로장려세제는 빈곤 가구보다 더 높은 수준의 가구도 받을 수 있도록 설계되어 있으며 전년도의 소득을 기준으로 지급되므로 금년도에 소득이 높아진 경우에도 받을 수 있기 때문에 빈곤 가구만을 대상으로 하지 않는다. 또한 근로장려세제는 소득이 낮을 때는 적게 받기 때문에 빈곤 가구에서 적극적으로 활용하기보다는 빈곤선 이상의 가구에서의 활용률이 상대적으로 높은 것으로 판단된다.

기타 지원의 표적률은 높지 않은 편이다. 기타 지원 중에서 가장 큰 비중을 차지하는 것은 에너지·통신비 지원으로서 해당 사업의 표적률은 27%이며 근로장려세제가 주를 차지하는 저소득 지원과 유사한 수준임을 알 수 있다. 바우처 지원의 표적률은 34~39%로서 저소득 지원보다 더 높은 표적률을 보이고 있어서 좀 더 표적화된 지원수단이다. 바우처 사업은 중위소득보다 높은 가구까지 받을 수 있도록 설계되어 있어 표적률이 낮게 나올 것으로 예상되지만 실제로 바우처 사업의 이용은 저소득 계층을 중심으로 이루어지고 있음을 확인할 수 있다.

2) 공적 이전소득에 따른 빈곤 완화

공적 이전소득은 사회적 위험이나 빈곤의 위험으로부터 시민을 보호하기 위해 지급된다. 공적 이전소득을 통해서 빈곤이 완화되는바 그 정도를 실증적으로 측정하고자 한다. 기존의 연구와 마찬가지로 공적 이전소득이 없는 경우의 빈곤율을 구하고 여기에 공적 이전소득이 더해졌을 때 빈곤율이 어떻게 감소하는지 살펴본다.

공적 이전소득이 더해질 때 빈곤율을 정하는 빈곤선은 애초의 시장 소득 상태에서의 빈곤선을 그대로 유지한다. 이 장에서는 시장 소득의 중위값을 구하고 중위값의 50% 또는 60%를 빈곤선으로 설정했다. 공적 이전소득이 더해질 때마다 해당 소득의 중위소득을 구하고 빈곤선을 재설정하는 것도 가능하며 상대 빈곤의 관점에서 이러한 빈곤율도 의미가 있다.[3] 이 장에서

---

3) 공적 이전소득을 더하더라도 중위소득에는 큰 변화가 발생하지는 않지만 앞서 살펴본 것처럼 공적 이전소득 내에 보편적 급여가 존재하므로 중위소득의 변화는 존재한다.

는 시장 소득에서의 중위소득의 50%, 60%를 절대적 빈곤 기준으로 놓고 공적 이전소득이 절대적 빈곤을 얼마나 완화하는지를 살펴본다.

이 장의 주된 연구 대상이 근로빈곤의 문제이므로 근로빈곤지원제도가 아닌 국민연금과 기초연금의 영향을 분석에서 배제하고자 한다. 국민연금과 기초연금은 65세 이상자에게 지급되는바 이 장에서는 65세 이상자가 있는 가구를 제외했으므로 이하의 분석은 근로빈곤지원제도에 한정된다.

기존 연구와 차별되는 점은 첫째, 가장 최신의 자료를 이용해 빈곤율 완화 효과를 살펴보았다는 점, 둘째, 노인 관련 지원 제도를 제외한 근로빈곤 가구에 한정했다는 점, 셋째, 이 장에서는 공적 이전소득의 유형별 효과를 측정하고자 한다는 점이다. 이를 위해 공적 이전소득을 세 가지 유형으로 구분하고 유형별로 하나씩 추가하고 중복해 투입되는 경우까지 고려해 살펴봄으로써 각 유형들이 빈곤 완화에 얼마나 영향을 미치는지 평가한다.

분석에 앞서 유형별 특성을 고려해 예측해보면 공공부조는 엄격한 기준의 빈곤율을 완화하는 데는 기여하지만 완화된 빈곤율 감소에 기여하는 데는 큰 역할을 하지 못할 것이다. 왜냐하면 공공부조 급여는 중위소득 30% 수준의 가구 소득을 보장하는 데 그치고 있으므로 극빈층의 소득을 부분적으로 높이는 역할만 할 것이기 때문이다. 사회보험 특히 고용보험은 빈곤층의 고용보험 가입률이 낮기 때문에 빈곤층의 빈곤율 감소에 큰 기여를 하기 어려울 것으로 예상되지만 고용보험에 가입했을 경우는 비자발적 이직을 경험할 가능성이 높기 때문에 실직 기간의 소득 보충에 큰 기여를 할 것으로 보인다. 기타 정부 보조는 우선 수혜자의 수가 많다는 점에서 빈곤율 감소에 상대적으로 큰 영향을 미칠 것으로 보인다.

〈표 4-6〉에서는 공적 이전소득 유형별로 연간 얼마의 금액이 이전되는지를 확인할 수 있다. 인구 전체로는 274만 원의 급여가 이전되며 이 중에서

<표 4-6> 유형별 평균 수혜액(단위: 만 원)

대분류	중분류	소분류	전체	빈곤1	빈곤2
			274.00	683.69	568.03
사회보험			99.84	159.44	143.11
공공부조			25.99	247.25	171.79
기타 정부 보조			148.17	277.00	253.13
	장애 지원		5.15	43.40	31.91
	양육 지원		116.10	134.99	142.50
	저소득 지원		2.82	9.24	8.15
	기타 지원		24.10	89.37	70.56
		에너지·통신비	5.58	25.88	20.35
		바우처	8.98	41.55	32.28
		농어업	3.14	2.31	2.96

기타 정부 보조가 148만 원으로 가장 많고 공공부조 금액이 가장 작다. 전체 인구 중에서 공공부조를 받는 인구가 매우 적기 때문이다. 빈곤 계층에 한정할 경우 공적 이전소득액은 전체 평균에 비해 커서 50% 기준으로 볼 때 680여 만 원이며 60% 기준으로 볼 때는 560여 만 원 수준이다. 빈곤 계층에 한정할 경우 공공부조액수는 247만 원 수준으로 전체 인구에 비해 크게 증가한다.

기타 정부 보조 내에서 가장 큰 비중을 차지하는 것은 보육료 지원과 급식비 지원 그리고 학비 지원이 포함된 양육 지원이며 이 금액은 전체 평균과 빈곤층 평균 금액 사이에 큰 차이가 없어서 보편적 지원임을 알 수 있다. 표적률이 높은 장애 지원은 전체 평균 대비 8배 정도 많으며 바우처 지원의 경우에도 5배 수준으로 높다. 표적률에서 살펴봤던 차이가 평균 지원액에서도 반영되어 나타난다.

〈표 4-7〉 소득분위별 평균 수혜액(단위 : 만 원)

	전체	사회보험	공공부조	기타 정부 보조
1	169.12	97.67	0.00	71.45
2	158.31	67.90	0.00	90.42
3	212.12	80.96	1.67	129.48
4	258.86	110.14	0.00	148.72
5	221.45	69.08	0.04	152.33
6	355.43	139.68	11.60	204.15
7	342.78	101.37	8.05	233.37
8	466.31	196.93	83.31	186.07
9	837.71	211.47	337.28	288.96
10	1010.97	110.00	545.36	355.60

〈표 4-7〉에서는 소득분위별로 얼마의 금액을 받고 있는지를 보여주고 있다. 저소득분위일수록 더 많은 공적 이전소득을 받고 있음을 확인할 수 있다. 이를 유형별로 구분해보면 사회보험의 경우 상위 1분위부터 7분위까지의 금액은 100만 원 내외의 금액을 보여주고 있는데 8분위와 9분위에서 200만 원으로 상대적으로 높은 금액을 수령하고 있다. 10분위에서 다시 110만 원으로 낮은 수준을 수령하고 있다. 1분위와 가장 높은 금액을 받는 9분위의 차이가 2배 정도에 불과해 소득분위별 차이가 적은 편이다. 공공부조의 경우에는 1분위에서는 어떠한 금액도 없는 반면 10분위에서는 500만 원이 넘는 금액을 받고 있어서 소득분위별 격차가 매우 크며 집중적으로 9분위와 10분위에서 수령하고 있다.

기타 정부 보조는 분위 간 격차가 사회보험보다는 크고 공공부조보다는 적다. 1~2분위에서는 80만 원 내외의 금액에 불과한데 비해서 3~5분위는 140만 원 내외의 금액을, 6~8분위에서는 200만 원 내외의 금액을 수령하고 있으며 9, 10분위는 300만 원 내외의 금액을 수령한다.

시장 소득의 50%를 기준으로 할 경우 빈곤 인구율은 9.71%이다. 사회보험이 투입되면 8.79%, 공공부조는 9.39%, 기타 정부 보조금은 8.49%로 빈곤율이 하락한다. 기타 정부 보조금에 의한 빈곤율 하락이 가장 커서 빈곤율의 감소율 기준으로 12% 감소하고 그다음이 사회보험으로 9% 감소하며 공공부조는 3% 감소에 그치고 있다.

앞서 살펴본 것처럼 각 유형의 공적 이전소득을 중복해서 수령하는 경우가 있으므로 중복해 수령할 경우 어떠한 변화가 있는지를 살펴보면 사회보험+공공부조일 경우 8.39%, 사회보험+기타 정부 보조금일 때 7.43%, 공공부조+기타 정부 보조금일 때 7.64%로 빈곤율이 감소한다. 두 공적 이전소득이 결합할 경우 가장 큰 감소폭을 보여주는 것은 사회보험과 기타 정부 보조금이 합해질 경우로서 2.28%p 감소하며 빈곤율 감소율은 23.48%이다.

세 가지 모두가 투입되면 빈곤율은 6.49%로 감소해 가장 큰 폭의 감소를 보여준다. 사회보험+기타 정부 보조금인 상태에서 공공부조가 결합되면 1%p 정도의 감소하는 힘이 추가됨을 알 수 있다.

시장 소득 중위값의 60%를 기준으로 할 경우는 〈표 4-8〉의 두 번째 열에 제시되어 있다. 기준 빈곤율은 14.22%인데 사회보험이 투입되면 12.86%, 공공부조는 14.05%, 기타 정부 보조금은 12.32%로 빈곤율이 하락한다. 기타 정부 보조금에 의한 빈곤율 하락이 가장 크며 빈곤 감소율은 13%에 달한다.

공적 이전소득 유형 간 결합의 효과를 살펴보면 사회보험+공공부조일 경우 12.68%, 사회보험+기타 정부 보조금일 때 11.08%, 공공부조+기타 정부 보조금일 때 11.91%로 빈곤율이 하락한다. 앞서 살펴본 경우와 마찬가지로 사회보험과 기타 정부 보조금이 합해질 때 빈곤율 하락이 가장 크다. 이에 비해 공공부조가 결합할 경우에 빈곤율 하락은 미미하다.

<표 4-8> 공적 이전소득 유형별 빈곤 감소 효과

	50%			60%		
	빈곤율	빈곤율 감소분	빈곤율 감소율	빈곤율	빈곤율 감소분	빈곤율 감소율
전체 빈곤율 (시장 소득 기준)	9.71			14.22		
사회보험	8.79	0.92	9.47	12.86	1.36	9.56
공공부조	9.39	0.32	3.30	14.05	0.17	1.20
기타 정부 보조	8.49	1.22	12.56	12.32	1.9	13.36
사회보험+공공부조	8.35	1.36	14.01	12.68	1.54	10.83
사회보험+기타 정부 보조	7.43	2.28	23.48	11.08	3.14	22.08
공공부조+기타 정부 보조	7.64	2.07	21.32	11.91	2.31	16.24
사회보험+공공부조+ 기타 정부 보조	6.49	3.22	33.16	10.64	3.58	25.18

세 가지 모두가 투입되면 10.64%로 감소하고 사회보험+기타 정부 보조 금에서 공공부조가 결합되어서 얻어지는 감소폭은 0.44%p이다.

이론적으로 예측된 바와 같이 공공부조에 의한 빈곤율 감소폭은 다른 경우에 비해 낮다. 공공부조가 30% 기준의 빈곤선에 대한 현금 급여 제도를 유지하고 있으므로 50%, 60% 기준의 빈곤율로는 기대한 만큼의 빈곤율 감소 효과를 내기 어렵다.

공적부조 수급이 기타 정부 보조에 대한 수급 자격은 보장하는 측면이 있기 때문에 공적부조 수급이 전혀 효과가 없는 것은 아니지만 공공부조의 추가적인 효과 역시 낮은 편이다. 그리고 빈곤선 기준을 완화함에 따라 공공부조의 효과는 낮아진다. 50% 기준에 의한 빈곤율의 경우 사회보험+기타 정부 지원에 공공부조를 더할 경우 1%p 정도 빈곤율을 완화하지만 60% 기준의 경우 절반에 못 미치는 빈곤율 감소폭을 보여준다.

사회보험의 빈곤율 완화 효과는 이론적으로 클 수도 있고 작을 수도 있다고 예측했지만 결과적으로 작지 않은 효과를 보여주고 있다고 평가된다. 기타 정부 보조의 감소율의 3/4 정도의 감소율을 보여주고 있다. 사회보험의 수혜 인구는 기타 정부 보조에 비해 크게 낮지만 수혜 인구 중 빈곤 인구의 비율은 비슷하며 나아가 빈곤선 근방인 8~9분위에서 평균 지급액이 높아서 상대적으로 효율적으로 빈곤율을 낮추는 효과를 내고 있다고 평가된다.

　효율성을 평가하는 하나의 방법은 투입된 재정액에 비해서 빈곤율 감소폭이 얼마나 되는지를 보는 것이다. 50% 기준으로 사회보험의 경우 빈곤층에 평균 159만 원이 지급되는데 빈곤율의 감소폭은 0.92%p이다. 1인당 100만 원 투입 대비 0.58%p가 감소하는 결과가 나온다. 기타 정부 보조의 경우 빈곤층에 평균 277만 원이 지급되는데 빈곤율의 감소폭은 1.22%p이다. 1인당 100만 원 투입 대비 0.44%p 감소한다. 사회보험이 빈곤을 완화하는 절대적 크기는 약간 작지만 재정 투입액 대비 효율성은 기타 정부 보조에 비해 높다.

　사회보험이 효율적이지만 공평성 측면에서는 약점을 가지고 있다. 〈표 4-8〉에서 볼 수 있는 것처럼 10분위에서는 평균 지급액이 낮아서 가장 빈곤의 정도가 심한 계층에 대해서는 큰 도움을 주지 못하고 있다. 이것은 사회보험의 약점이라고 할 수 있다. 반대로 공공부조와 기타 정부 보조는 10분위 계층에 대해 가장 많은 지원을 집중하고 있다는 점에서 공평성 측면에서 더 나은 제도라고 할 수 있다.

　이상의 결과는 근로 가능 가구원이 1명 이상 있는 가구에 한정한 경우에도 거의 변화가 없다. 근로 가능 가구원이 1명 이상 있는 가구의 인구 총수는 3746만 명으로 이 장에서 기준으로 삼고 있는 전체 인구 3748만 명과 비교할 때 2만 명밖에 차이가 나지 않기 때문이다.

5. 결론

복지패널을 이용해 가구 수준에서의 근로의 풍부함의 정도를 빈곤 가구와 비빈곤 가구로 구분해 살펴본 결과 우선 빈곤 가구에서 근로의 부족 문제가 비빈곤 가구와 비교할 때 매우 심각함을 알 수 있었다. 그런데 근로 가능자가 아닌 좀 더 노동시장에 가까운 이들만을 고려한 가구 수준에서의 근로 부족 문제를 검토해보면 취업 개월 수의 증가보다는 근로시간의 증가가 심각한 문제임을 확인할 수 있었다. 적극적 구직자의 취업 개월 수 증가가 한계가 있다면 빈곤한 적극적 구직자에 대한 소득보장정책이 빈곤 완화를 위해 필요하다는 것을 확인할 수 있다.

현행 공적 이전소득 제도는 빈곤율을 30% 내외로 감소시키는 역할을 하고 있는 것으로 평가된다. 공적 이전소득을 세 가지 유형으로 구분할 경우 기타 정부 지원이 가장 큰 감소 효과를 보이고 있으며 다음으로 사회보험이 큰 역할을 하고 있으며 공공부조제도가 빈곤율을 감소시키는 데 가장 적은 역할을 하고 있다. 기타 정부 지원은 수혜 규모 면에서 압도적인 비중을 차지하고 있는 데 비해서 사회보험은 기타 정부 지원의 1/3에 못 미치는 규모이며 공공부조는 매우 적은 비중의 인구를 포괄하고 있다.

수혜 규모 면에서 적은 비중을 차지하지만 사회보험은 실직자에 집중하고 있다는 점에서 빈곤율 감소에 효과적으로 대응하고 있으며 빈곤층에 대한 재정 투입액 대비 빈곤율의 감소폭은 기타 정부 보조에 비해 더 나은 성과를 보여주고 있다. 하지만 사회보험은 약점을 가지고 있는바 공평성 측면에서 가장 취약한 집단에 대한 지원액이 적다.

이상의 분석에서 확인할 수 있는 바는 근로빈곤층의 실직 기간에 대한 지원이 빈곤 문제를 해결하는 데 긴요하다는 것이다. 현재 우리나라의 경우 공공부조와 고용보험이 근로빈곤층에 대한 제도로서 존재하고 두 제도의 사각지대에 다양한 일자리 사업이 포진하고 있다. 그런데 일자리 사업은 다양한 자격 요건과 다양한 지급액 그리고 다양한 전달 체계로 추진되고 있어서 근로빈곤층의 사각지대를 효과적으로 그리고 효율적으로 해소하지 못하고 있다.

공공부조와 고용보험의 사각지대를 메우는 제도로서 실업부조를 검토할 필요가 있다. 실업부조는 실직자에 한정해 지급한다는 점에서 실질적으로 빈곤 위험에 처한 가구에 한정해 지원하면서 동시에 저소득 가구에 한정해 지급한다는 점에서 실업급여 제도에 비해 재정 효율적이다.

실업부조제도의 도입은 일자리 사업의 체계를 혁신하는 계기로 작용할 수 있다. 일자리 사업의 자격 요건을 실업부조제도 대상자로 단일화해 접수 창구를 일원화하고 개별 사업의 참여자 모집에 드는 개별 사업 운영자 지불 비용을 획기적으로 줄일 수 있다. 또한 실업부조제도에서 제공되는 현금 급여 지급 수준과 기간을 일자리 사업의 적극적 참여 정도와 연계함으로써 형식적인 사업 참여로 인해 야기되는 도덕적 해이의 문제도 줄일 수 있다.

이 장는 단일 연도에서의 주요 변수들 간의 관계를 검토했다는 점에서 인과관계를 보여주는 데는 한계가 있다. 특히 어떤 정책 수단이나 어떤 변화가 빈곤을 줄이는 데 기여할 것인가는 인과관계 분석을 통해 찾아갈 필요가 있고 이 장에서 활용한 복지패널자료의 패널 구조를 이용해 보다 진전된 분석이 필요하다. 또한 이 장에서는 서론에서 제기한 질문인 저소득 또는 저임금의 문제의 영향에 대해서는 분석하지 않았다. 최저임금 문제는 이와 직결되어 있는바 이에 대한 분석이 추가적으로 필요하다. 나아가 실업부조를 적극적 노동시장정책과 결합하는 것이 필요하다고 할 때 어떤 방식의 지원 설계가 효과적인지에 대한 엄격한 연구가 추가될 필요가 있다.

참고문헌

강병구 외. 2016. 「저소득근로자 소득보전제도 개선방안 연구: 상호관계를 중심으로」. 노사정위원회.

강신욱. 2016. 「사회보장제도 평가모형과 소득보장제도군의 효과성 평가」. 복지패널 학술대회.

반정호. 2009. 「가구유형에 따른 소득재분배와 빈곤완화 효과: 고용·가족구성·세대 효과를 중심으로」. ≪노동 리뷰≫, 54호, 67~83쪽.

손병돈. 2010. 「빈곤심도별빈곤결정 요인 비교: 극빈층과 일반빈곤층을 중심으로」. ≪보건사회연구≫, 30(1), 3~28쪽.

여유진 외. 2005. 『빈곤과 불평등의 동향 및 요인분해』. 한국보건사회연구원.

이병희 외. 2007. 「최근 소득분배 및 공적이전·조세의 재분배 효과 추이 분석」. 한국노동연구원·한국보건사회연구원.

임완섭. 2016. 「기초연금의 빈곤 감소 효과 분석」. 보건복지포럼.

Eurostat. 2013. "Individual employment, household employment and risk of poverty in the EU: A decomposition analysis." European commission.

제2부

노사관계의 변화

제5장

한국 자동차 산업 고용관계의 국제화*
중국 진출 기아자동차와 협력사 사례를 중심으로

조성재 | 한국노동연구원 선임연구위원

1. 머리말

자동차 산업은 중국이 산업화를 위한 핵심 산업으로 삼고, 의욕적으로 육성해온 바 있다. 이에 힘입어, 그리고 빠른 경제성장의 결과 2009년에 중국은 세계 최대 자동차 생산국과 소비국으로 부상했다. 지난 100여 년 동안 자동차 산업을 선도해오던 미국과 일본이 주도권을 중국에 넘기게 된 것이다. 이에 따라 중국은 미래 자동차 산업의 패러다임을 좌우하게 될 것으로 보이는데, 최근 전기자동차 등 친환경 자동차에 대한 대대적 투자를 통해 향후 세계 자동차 산업을 선도하겠다는 야망을 감추지 않고 있다.

그럼에도 불구하고 아직까지 중국 자동차 산업을 리드하고 있는 것은 폴크스바겐, GM, 도요타 등의 초국적 기업들이다.[1] 이 세계 3강을 비롯해 닛

---

* 이 장은 조성재 외, 『13·5규획시기 중국 제조업 고용관계의 변화』(대외경제정책연구원·한국노동연구원, 2016, 경제·인문사회연구회 중국종합연구 협동연구총서 16-49-02)의 제3장을 일부 수정 및 보완한 것이다.

1) 초국적 기업 중심의 글로벌 가치사슬과 거버넌스 구조에 대해서는 Gereffi, Humphrey

산, 시트로엥, BMW 등 세계 유수의 업체들은 거의 모두 중국에서 자동차사업을 전개하고 있다. 다만, 중국 당국은 자국 산업을 육성하기 위해 외국인 지분을 50% 이하로 제한하기 때문에 초국적 기업들은 중국 업체들과 합작기업을 운영하고 있다. 이들 가운데 현재 중국 시장을 리드하고 있는 것은 상하이폴크스바겐, 상하이GM, 이치폴크스바겐, 광저우혼다와 둥펑닛산 등으로서 보통 초국적 기업 본사가 모델 개발을 책임지고, 생산은 중국 공장에서 하며, 합작선과 더불어 중국내 판매에 주력하는 비즈니스 양태를 보이고 있다. 한국의 대표적인 기업인 현대자동차와 기아자동차 역시 중국에서 합작 기업을 운영하고 있으며, 나름대로의 입지를 탄탄하게 구축하고 있다.

이 장에서는 중국에 진출한 기아자동차와 그 부품 협력 업체 중 하나인 경신전자의 사업, 생산관리 및 고용관계 현황을 고찰함으로써 중국 노동시장 및 노사관계의 변화 양상2)에 대한 구체적인 모습을 확인해보고, 아울러 한국계 기업의 고용관계 관리상 과제를 점검해보고자 한다. 이를 위해 기아자동차 옌청 공장을 과거에 조사하고 분석한 조성재 외(2005) 및 조성재 외(2012)와 더불어 베이징현대차 사례를 분석한 조성재(2010), 조성재·장영석(2013) 등의 선행 연구가 큰 도움이 되었다. 아울러 2016년 8월 기아자동차와 경신전자 중국 공장을 다시 현지 방문해 생산 라인을 견학하고, 경영진 및 인사 노무 책임자와 인터뷰를 진행했다. 이하에서 우선 중국 자동차 산업의 최근 양상을 몇 가지 통계와 자료를 통해 확인해본 후 기아자동차와 그 부품 협력사인 경신전자 사례에 대한 설명과 분석을 진행하고자 한다.

---

and Sturgeon(2005) 참조.

2) 최근 중국의 노동환경 변화에 대해서는 喬健(2016)을 참조. 아울러 중국에 진출한 자동차와 전자산업 대기업들의 고용관계 특성에 대한 선행 연구로는 Lüthje, Siqi and Zhang(2013)의 보고서가 비교적 충실한 편이다.

2. 중국 자동차 산업의 특성과 최근 동향

중국 자동차 산업은 2009년 세계 최대 생산국의 지위를 차지했는데, 이후에도 내수 확대를 기반으로 빠르게 생산을 늘려서 2015년에는 생산량이 2450만 대에 이르게 되었다. 그럼에도 불구하고 중국의 자동차 수출입은 아직은 많지 않아서 판매량과 생산량이 거의 비슷한 수준임을 〈표 5-1〉에서 확인할 수 있다. 이렇게 빠른 판매 확대에도 불구하고 여전히 자동차 대중화(motorization)가 완료되려면 상당한 시일이 소요될 것으로 보이는데, 2014년 기준 중국의 자동차 보유 대수는 1.7억 대 정도이다. 또한 1000명당 자동차 보유 대수는 106.7대로 한국의 410대에 비해 매우 낮은 수준이다. 그만큼 앞으로도 시장 확대의 여지가 크다는 것이다. 중국이 신창타이(New

〈표 5-1〉 중국 자동차 생산/판매 연도별 통계

	생산량/만 대	전년도 동기 대비 증가	판매량/만 대	보유량/억 대
2005	570.49	-	575.82	0.35
2006	727.89	27.55%	711.00	0.38
2007	888.89	22.01%	879.15	0.57
2008	934.55	5.21%	938.05	0.65
2009	1379.53	47.57%	1364.48	0.76
2010	1826.53	32.44%	1806.19	0.78
2011	1841.64	0.84%	1850.51	1.06
2012	1927.62	4.63%	1930.64	1.21
2013	2212.09	14.76%	2198.14	1.37
2014	2372.52	7.26%	2349.19	1.54
2015	2450.33	3.29	2459.76	1.72

자료: 中国统计年鉴, 工业, 工业产品产量, 汽车, 各年度; 中国汽车工业协会, 汽车销量, 各年度.

<표 5-2> 중국 도시별 자동차 보급 대수

	1급 도시	2급	3급	4급	5급
인구수(억 명)	1.4	1.4	1.9	2.2	3.7
천 명당 보유 대수	112	99	72	48	28

자료: 기아자동차 내부 자료.

Normal) 시대에 접어들었다고 해도 여전히 5% 이상의 성장세는 유지할 것
으로 예상되기 때문에 자동차 판매 대수의 증가 추세는 당분간 계속될 것으
로 보인다. 다만, 고도성장기에 자동차 판매 증가율은 경제성장률을 상회했
는데, 최근 수년간은 자동차 판매 증가율이 경제성장률을 밑돌고 있어서 자
동차 수요 증가세는 다소 완만해질 것으로 예상된다.

중장기적으로 보아 자동차 수요가 지속적으로 증가하리라는 전망은 도시
별 자동차 보급 대수에서도 확인할 수 있다. 〈표 5-2〉에서 볼 수 있듯이 여전
히 3급 이하 도시의 인구수는 8억 명에 달하고 있다. 이들의 소득수준이 높아
지게 되면, 현재보다 중국 자동차 시장의 규모는 훨씬 더 커지게 될 것이다.

한편 이러한 3급 이하 도시에서 선전하면서 중국 내 판매 대수 순위에서
로컬업체들의 약진이 두드러지고 있다. 〈표 5-3〉에서 볼 수 있듯이 여전히
초국적 기업들과의 합작 기업이 상위 랭크를 하고 있지만, 창안자동차나 창
청자동차 등의 부상이 주목할 만하다. 이들은 소형 SUV(Sports Utility
Vehicle) 시장에서 싼 가격으로 2급 이하 도시의 수요를 빠르게 흡수하고 있
다. 2015년 SUV 판매 순위를 보면, 창청기차의 Haval H6, 베이징기차의
Huansu S3, 창안기차의 CS75 등 로컬업체의 6개 모델이 10위권 내에 포진
하고 있다.

이러한 추세는 2016년에도 이어져, 중국 로컬업체들이 SUV 시장에서 차
지하는 비중은 2014년 1~7월 중 37.8%에 불과했지만, 2016년 1~7월 중에

<표 5-3> 2015년 10위권 내 기업별 자동차 판매량

순위	자동차(그룹)		승용차		상용차	
	기업	판매량	기업	판매량	기업	판매량
1	상하이기차그룹	586.35	상하이VW	180.56	북기푸텐	47.3
2	둥펑그룹	387.25	상하이GMW	179.76	둥펑자동차	39.87
3	이치그룹	284.38	상하이GM	172.5	진베이자동차	25.26
4	중국창안	277.65	이치VW	165.02	상하이GMW	24.24
5	베이징자동차그룹	248.9	창안자동차	111.33	쟝링주식회사	23.24
6	광저우자동차그룹	130.31	베이징현대	106.28	장화이주식회사	23.18
7	화천자동차	85.61	둥펑닛산승용차회사	102.61	이치그룹	17.52
8	창청자동차	85.27	창안포드	86.87	중국총싱	15.82
9	안후이장화이	58.79	창청자동차	75.32	청칭LIFAN	14.42
10	GEELY주식회사	56.19	신룽자동차	71.07	창안자동차	14.34
	합계	2200.7		1251.32		245.19

자료: 中国汽车工业协会, 汽车销量, 各年度.

는 55.7%에 이르게 되었다(최영, 2016). 이렇듯 중국 로컬업체들의 시장 점
유율이 확대된 요인으로는 2015년 8월 이후 총 32개에 이르는 신모델을 출
시하면서 공격적으로 가격을 인하했다는 점과 성능이 좋은 터보 엔진과 변
속기는 물론이고, 360도 카메라 등 안전 시스템을 대거 적용했다는 점을 들
수 있다(최영, 2016).

〈표 5-4〉에서 볼 수 있듯이 중국 시장에서 승용차 가격은 매년 2~4%씩
하락하고 있다. 이것은 로컬업체들의 저가 공세로 인해 기존 초국적 기업들
도 가격 인하가 불가피하기 때문이다. 이것은 기존 기업들의 수익성을 악화
시켜 재투자의 여력을 축소하는 효과가 있지만, 중국 당국은 로컬기업들의
더 빠른 성장을 원하고 있는 것으로 보인다. 최근 통계에 의하면 최근 SUV

〈표 5-4〉 중국 승용차 시장 가격 인하율

연도	2010	2011	2012	2013	2014
인하율(%)	2.7	4.6	3.2	2.8	2.6

자료: 기아자동차 내부 자료.

시장을 주도하고 있는 창안과 창청자동차의 경우 매출액 증가율은 높은 편
이지만, 수익성은 현저히 악화되고 있는 것으로 나타났다(최영, 2016).

글로벌 초국적 기업들은 사실 2015년까지만 해도 중국 자동차 시장의 확
대가 더 빠르게 지속될 것으로 예상했으며, 자신들이 그 수혜자가 될 것이라
고 믿었다. 이에 따라 2010년대 중반에도 여러 기업들의 투자 확대 계획이
속속 발표된 바 있었는데, 2014년 대비 2017년의 생산 능력 증가율을 보면
폴크스바겐이 70.1%, GM이 27.8%, 도요타 73.9%, 혼다 73.0% 등이었다.
지역적으로도 전국적인 생산·판매 조직을 구축하는 데 주력했는데, 두 거대
초국적 기업인 폴크스바겐과 GM은 중부와 서부 지역에도 최근 공장을 건설
해왔다.

이러한 전국적인 생산 거점의 확대는 중국 당국이 바로 초국적 기업들에
게 바라왔던 바이다. 아울러 밸류 체인의 현지화를 위해 초국적 기업들은
현지 조달률을 제고하고 있는 것으로 나타났다(이현지·양진수, 2014). 또한
부품의 현지화를 넘어서 제품의 현지화를 추진해왔는데, 두 선두 업체인
GM과 VW의 경우 제품 현지화율은 2012년에 이미 33~35%에 이르게 되었
다. 그럼에도 불구하고 닛산은 15%, 혼다는 7%에 불과한 데서 알 수 있듯이
여타 업체들의 중국 내 연구 개발 활동은 미흡했다. 그렇지만 〈표 5-5〉에서
볼 수 있듯이 최근 들어 중국 당국의 종용 이외에도 현지 소비자 대응을 강
화하기 위한 연구 개발 투자가 확대되고 있는 것으로 나타났다.

〈표 5-5〉 중국 진출 주요 업체의 R&D 활동

업체	R&D 센터	설립 연도	투자 방식	비고
GM	PATAC	1997	GM, 상하이기차 합자	중국 최초·최대 R&D 센터
GM	GM 중국선행 기술과학연구센터	2011	GM 독자 설립	중국 시장에서 종합성이 가장 강한 기술연구센터
폭스바겐	폭스바겐(중국) 연구센터	2007	폭스바겐, 상하이기차 합자	중국 및 북미시장 타깃 승용차 개발 목적
폭스바겐	아우디 아시아연구센터	2007	아우디 중국 법인 독자	중국 및 아시아 지역 기술 지원
도요타	도요타(중국) 연구개발센터	2011	도요타 독자 설립	신에너지차 기술 연구 개발
포드	포드 공정연구유한공사	2007	포드 독자 설립	중국 구매센터 완성차 현지 개조 기술 지원
닛산	닛산(중국) 설계센터	2011	닛산(중국) 독자 설립	-
BMW	BMW 중국기술센터	2013	BMW 독자 설립	-

자료: KOTRA. 이현지·양진수(2014)에서 재인용.

이러한 초국적 기업들의 행보는 역시 중국 당국의 산업 정책에 맞추기 위한 측면이 강하다. 중국은 주지하는 바와 같이 '제조업 2025' 정책을 통해 경제구조를 고도화하는 데 역점을 두고 있는데, 여기에는 자동차 부문에 대한 계획도 자세히 나와 있다. 이에 따르면 앞서 설명한 자국 브랜드의 시장 점유율 증대와 핵심 부품의 국산화율 등의 목표도 구체적으로 제시하고 있다.

무엇보다 중국 당국은 기존 가솔린 엔진 중심의 자동차 산업 육성 정책에 더해 최근에는 차세대 친환경 자동차를 보급하는 데 주력하고 있다. 특히 순수 전기차 부문에서는 배터리 업체였던 BYD를 비롯해 여러 업체들을 적

〈표 5-6〉 중국의 자동차 산업 정책 목표

중국 자동차 강국 건설의 주요 지표			
주요 평가 지표	현재	2020	2030
자동차 산업 연구 개발 투자 수준 (연구비/매출액, %)	<2	≧3	≧3.5
자동차 핵심 기업의 연구 개발 투자 수준 (상위 5개사)	-	≧3.5	≧4
신상품 공헌도 (신상품 판매액/판매 총수입액, %)	≒10	20	30
신생산기법의 비용 절감 공헌도 (대당 평균 비용 절감액/대당 총비용, %)	-	5	8
승용차 평균 연료 소모량 L/100km, 오염 배출량 g/km	7.5, 170	5.0, 117	4.0, 90
중국 브랜드 자동차 국내 시장 점유율(%)	53	>65	>75
중국 브랜드 승용차 국내 시장 점유율(%)	26	>40	>75
중국 브랜드 자동차 해외 판매량 (수출+해외 생산, 만 대)	101	400	1,000
중국 브랜드의 세계시장 점유율(%)	=12	>18	>25
세계 10대 자동차 그룹에 포함된 중국 자동차 그룹 수	0	≧1	≧2
친환경 차량 보유 대수(만 대)	1.3	500	5,000

자료: 국무원발전연구중심 산업경제연구부, 중국 자동차공정학회 VW그룹(중국), 중국자동차
산업발전보고, 2014.7. 조철(2015)에서 재인용.

극적으로 지원하고 있어서, 선전 등지의 택시 사업을 포함해 신에너지차 산
업 발전에 각종 보조금을 대거 투입하고 있다. 중국 당국의 신에너지차 육
성 5대 조치는 동력 전지의 발전 추진, 충전 기초 시설 건설, 도시 공공 교
통·택시·쓰레기차·물류 등 영역에서 신에너지차 비율 제고, 신에너지차 품
질 수준 향상 강조, 재정 보조 등 지원 정책 운영 강조가 그것이다. 이를 통
해 2030년에 1000만 대 시장 규모에 도달할 것으로 전망되는 전기차 및 플

<表 5-7> 전기자동차 생산 · 판매 현황

연도	총 생산량	순수 전기 (纯电动)	전기 하이브리드 (插电式混合动力)	총 판매량	순수 전기 (纯电动)	전기 하이브리드 (插电式混合动力)
2012	12,552	11,241	1,311	12,791	11,375	1,416
2013	17,535	14,243	3,292	17,642	14,604	3,038
2014	78,499	48,605	29,894	78,499	45,048	29,715
2015	340,471	254,633	85,838	331,092	247,482	83,610
2016 (1~6월)	17.7만	13.4만	4.3만	17만	12.6만	4.4만

자료: 中国汽车工业协会, 汽车销量, 各年度.

러그인 하이브리드차 부문에서 자국 브랜드 제품이 주력 제품이 되고, 생산의 30%는 수출하며, 전지의 부품 국산화율은 70%에 달할 것을 목표로 잡고 있다. 그에 앞서 2020년에는 중국의 신에너지차 시장 규모를 200만 대로 전망하면서 자국 브랜드가 그중 70%를 차지할 것으로 예상하고 있기도 하다 (조철, 2016).

한편, 중국 대도시들은 교통난과 주차난으로 인해 발급 번호판 수를 제한하면서 경매 또는 추첨을 실시하고 있는데, 상하이의 경우 친환경차는 무료로 번호판을 배정한다. 또한 베이징은 신규 번호판 발급 15만 대 중 친환경차를 3만 대 배정했으며, 광저우가 12만 대 중 1.2만 대, 톈진이 10만 대 중 1만 대, 선전도 10만 대 중 2만 대 등 여러 도시가 친환경차 우대 정책을 펴고 있다. 이러한 정책 등에 힘입어 중국의 전기차 시장은 <표 5-7>에서 보는 바와 같이 빠르게 확대되고 있는데, 향후 이러한 양상이 어떻게 전개되어갈지 귀추가 주목된다고 할 것이다.

3. 기아자동차 사례

1) 회사 개요

기아자동차는 한국의 대표적 자동차 업체 중 하나로서, 중국의 둥펑자동차 및 위에다와 합작 기업을 운영하고 있다. 기아자동차가 입지한 옌청은 장쑤 성의 북쪽에 위치하고 있는데, 상하이로부터는 280km, 난징에서는 300km, 그리고 베이징에서는 약 1100km 떨어져 있다. 옌청은 3급 도시로서 베이징이나 상하이 등지에 비해 낙후되어 있기 때문에 우수 인력을 유치하는 것이 어렵지만, 반대로 물가와 임금수준이 낮고, 인력의 지역에 대한 정착성이 높은 편이다.

기아자동차는 일찌감치 중국 진출을 결정하고 합작선을 물색하던 중 중국의 위에다를 찾게 된다. 장쑤 성 옌청을 근거지로 한 위에다는 의류 제조업체였으나, 자동차 산업으로 진출하고자 했으며, 정치적 수완을 발휘해 자동차 사업의 허가를 중앙정부로부터 받아내게 된다. 그렇지만 중앙정부는 1990년대에 3대 3소 정책, 즉, 중국 내 승용차 기업을 대형업체 3개, 중형업체 3개 등 6개로 제한하고자 했기 때문에 승용차 허가를 내주지 않아, 기아자동차와 위에다는 소형 밴과 택시 생산 등으로 자동차 사업을 시작했다. 그러나 두 기업은 승용차 생산에 대한 희망을 버릴 수 없어서, 당시 승용차 사업 면허를 갖고 있던 중국의 둥펑자동차와 합작을 결의하고, 결국 기아자동차 50%, 둥펑자동차 25%, 위에다 25%의 지분 구조를 갖는 3자 합작 기업을 설립하게 된 것이 2002년이다. 기아자동차가 50% 지분에 그치게 된 것은 중국 당국이 자동차 산업에서 외국인 지분이 50%를 초과하는 것을 허용하지 않기 때문이다. 이후 중국의 자동차 산업 정책이 바뀌어 누구나 승용

〈표 5-8〉 기아자동차와 둥펑자동차, 위에다의 경영진 분할 구성

기아자동차	위에다	둥펑자동차
총경리, 판매본부장 (부총경리 겸임), 기획본부장, 생산부본부장, 구매본부장	관리본부장 (부총경리 겸임) 판매부본부장 2명	생산본부장(부총경리 겸임), 구매부본부장, 판매부본부장

차 사업에 진출할 수 있게 되었기 때문에, 돌이켜보면 굳이 둥펑자동차와 합작을 했었어야 하는가 하는 아쉬움도 있지만, 둥펑자동차는 중국 내 유력한 자동차 기업으로서 기아자동차에 큰 힘이 되고 있는 것으로 보인다.

3자 합작의 지분 구도에 따라 동사장은 중방(중국) 측이, 총경리는 한방(한국) 측이 맡고 있는데, 부총경리 3명은 합작사 3사가 1명씩을 보냄으로써 총경리를 포함한 4자, 즉 한방 2명과 중방 2명으로 이루어지는 최고 경영진이 경영관리위원회를 구성하고 여기서 주요 의사 결정이 이루어진다. 그 밖의 기능별로 본부장과 부본부장을 나누어서 맡고 있는데, 그 구체적 양상은 〈표 5-8〉과 같다.

기아자동차는 2002년 설립 이후 초기 창립기를 거쳐 2004년에 생산 능력을 14만 대로 늘리면서 본격적인 발전기로 접어들게 된다. 이를 토대로 2005년 10월에 30만 대 규모의 2공장을 기공해 2007년 12월 완공함으로써, 생산 능력이 44만 대로 늘어나게 된다. 생산 능력 확충과 더불어 보다 공격적인 영업을 위해 판매 본부를 2008년에 난징으로 이전하기도 했다. 2015년 말 현재 기아자동차의 딜러 수는 전국에 걸쳐 607개에 달한다. 기아자동차는 2009년 이후 빠른 성장을 보임에 따라 2012년 6월 3공장 건설에 착수한 후 2014년 3월에 양산을 개시하게 되었다. 3공장 생산 능력은 45만 대로써 이로써 기아자동차의 연간 생산 능력은 최대 89만 대에 이르게 되었다. 이러한 흐름 속에서 기아자동차의 생산은 2016년 3월에 누계 400만 대를

돌파하기도 했다. 기아자동차의 3개 공장은 모두 옌청 시에 있는데, 1공장은 시내 중심에 가까우며, 2공장은 여기서 8km, 3공장은 2공장에서 다시 5km 정도 떨어져 있어서 매우 가까운 편이다.

기아자동차는 2008년 14.2만 대를 파는 데 그쳤으나, 2009년 24.1만 대를 파는 것을 기점으로 급속히 판매량을 늘려 2014년에는 64.6만 대까지 증가했다. 이는 시장 수요가 확대되던 소형 승용차와 RV(Recreational Vehicle) 차량이 적절하게 공급되었기 때문이다. 그렇지만 2015년 들어 중소형 도시를 중심으로 중국 로컬업체들의 SUV 차량이 크게 인기를 끌게 되면서 판매에 큰 타격을 입게 되었다. 이에 따라 수년 만에 처음으로 판매량이 줄어들어 61.6만 대를 파는 데 머물렀다. 이는 기아자동차로서는 위기적 상황으로서 최근 마케팅을 강화하는 등 로컬업체들과의 힘겨운 경쟁에 돌입해 있는 상황이다.

한편 기아자동차의 10여 년에 걸친 빠른 성장은 거의 매년 새로운 모델이 투입된 데 따른 것이기도 했다. 기아자동차는 승용차와 더불어 국내에서도 RV 혹은 SUV 강자의 이미지를 갖고 있는데, 중국 시장에서도 다양한 모델을 투입함으로써 시장을 확대해왔다. 이러한 모델들은 3개 공장에 분산되어 생산되고 있는데, 그 개황은 〈표 5-9〉와 같다. 현재 1공장은 수요 부족으로 생산 인원은 적고 생산 속도도 느린 편이다. 그렇지만 2공장의 경우 uph (unit per hour), 즉 시간당 생산 대수가 68대로서 세계 최고 수준을 나타내고 있다. 3공장은 2개 라인으로 구성되며, 각각 30만 대와 15만 대 생산 능력을 갖고 있다. 초기 건설된 1공장을 제외한 다른 두 공장은 차체 공정 자동화율이 100%에 달하며, 이를 위해 수백 대의 로봇이 투입되어 있음을 알 수 있다. uph 이외에 보다 객관적인 생산성 지표인 hpv(hour per vehicle)에서는 기아자동차 옌청 공장이 18.3으로서 그룹 내 다른 해외 공장에 비해 다

<표 5-9> 기아자동차의 공장 구성

	1공장	2공장	3공장	
			31라인(14.3월)	32라인(16년)
생산 속도/uph	32	68	42	21
차종	승용차와 SUV 3차종	승용차 4차종	승용차와 SUV, 하이브리드 등 6차종	
생산 능력	14만 대	30만 대	30만 대	15만 대
용접 자동화율/ 로봇 대수	54.4%/68대	100%/289대	100%/343대	100%/187대
생산 인원	1641명	2749명	1978명	

소 높은(높을수록 낮은 생산성) 편이지만, 국내 공장들에 비해서는 현저히 낮은 것으로 나타났다. 또한 라인 구성의 효율성을 의미하는 편성 효율은 93.6%로서 역시 국내 공장보다 매우 높은 편이며, 품질 지표인 IQS에서도 2015년 중국 내 5위로 올라섰다. 한편 기아자동차는 163개 1차 협력사와 거래하고 있는데, 그중 한국계 동반 진출 업체는 94개이며, 이들의 비중은 품목 수 기준으로 85.9%에 이른다.

2) 생산 현황

기아자동차는 앞서 설명한 바와 같이 3개 공장을 갖고 있는데, 건설 시기가 달라 생산 라인의 구성도 다소간의 차이를 보인다. 특히 3공장은 최근에 건설되었기 때문에 기아자동차의 그룹 내에서 새로운 표준 공장의 의미를 갖고 있는 것으로 보인다. 기아자동차 3공장이 새로운 표준 공장의 의미를 갖는다는 것은 두 가지 이유 때문이다. 첫째는 모비스라고 하는 그룹 내 모듈 부품 업체가 바로 옆에 입지해 부피와 무게가 많이 나가는 모듈 부품을

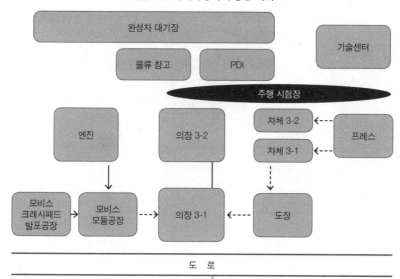

〈그림 5-1〉 기아자동차의 공장 배치도

컨베이어를 통해 바로 투입할 수 있게 되었다. 즉, 트럭킹을 제로화시켰다. 두 번째는 원키트(one-kit) 시스템이라고 하는 사내 물류의 혁신 방식을 도입했다. 이는 도요타 등에서 2000년대 중반에 시작된 것으로서 생산 라인 옆에 조립해야 할 부품들을 실은 작은 상자가 컨베이어벨트와 같이 흐르게 함으로써, 작업자들이 보다 손쉽게 작업에 임할 수 있도록 한 것이다. 해당 차체에 필요한 부품을 사전에 분류해 1대분씩 상자에 담아놓았기 때문에 오조립이나 미조립의 가능성을 사전에 배제한 것이 특징이다.

〈그림 5-1〉은 우선 기아자동차 3공장의 전체 레이아웃을 보여주고 있다. 완성차 공장의 일반적 구성인 프레스-차체-도장-의장(조립)의 생산 순서대로 공장이 구성되어 있음을 알 수 있다. 의장 공장에서 최종 조립된 차량은 주행 시험 등을 거쳐서 재고 관리 단계로 넘어간다. 고객 인도 전에는 PDI (Pre-Delivery Inspection) 절차를 다시 밟게 된다. 그림의 왼편에는 모비스가

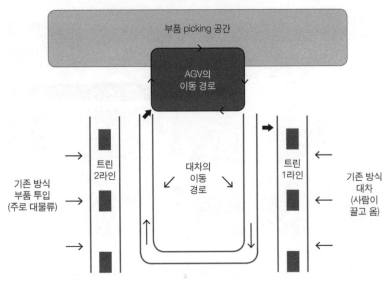

〈그림 5-2〉 기아자동차의 원키트 시스템

부품 picking 공간

AGV의
이동 경로

대차의
이동
경로

트린
2라인

트린
1라인

기존 방식
부품 투입
(주로 대물류)

기존 방식
대차
(사람이
끌고 옴)

나타나고 있다. 완성차 공장에서 엔진이 컨베이어를 통해 넘어가게 되면, 이를 다른 부품들과 결합해 섀시 모듈 형태로 만들어 다시 완성차 공장으로 컨베이어를 통해 납품하게 되는 시스템이다. 모비스는 섀시 모듈 이외에 범퍼모듈과 콕픽모듈 등도 생산하기 때문에 왼편에는 플라스틱 발포 공장도 운영하고 있는 것으로 확인된다.

〈그림 5-2〉는 기아자동차의 생산 특성 중 두 번째인 원키트 시스템을 보여준다. 전산화된 정보를 활용해 자동차 1대 생산에 소요되는 중소형 부품들을 박스 안에다 사전에 넣는 작업 공간이 그림의 위편에 나타나 있다. 이렇게 부품이 상자에 담기면 서열 순서에 따라 AGV(Auto Guided Vehicle)가 라인으로 실어가게 된다. 그림에는 트림 라인의 예가 나타나 있는데, 차체가 흐르는 순서대로 부품 박스가 도달하면 메인 컨베이어벨트와 동시에 부품박스가 옆으로 흐르게 된다. 작업자는 전산에서 제시되는 순서에 따라 차체

와 부품 박스를 맞춰서 해당 부품들을 조립하기만 하면 된다. 부품 박스를 흐르게 하는 대차는 트림 1라인과 2라인 사이를 U자형으로 흐른 후 빈 박스를 내놓으면 다시 AGV가 싣고 가게 된다. 그렇지만 박스 안에는 중소형 부품만 실릴 수 있기 때문에 대형 부품들의 경우 생산 라인의 반대편으로 투입되도록 되어 있으며, 전통적인 방식과 마찬가지로 대차를 사람이 끌어오는 방식으로 부품이 투입된다. 이러한 원키트 시스템은 베이징현대차 3공장에서 처음 부분적으로 시도된 후 중국 기아자동차에서 본격적으로 시행되었으며, 이후 최근 완공된 기아자동차의 멕시코 공장과 베이징현대차의 4공장에서도 전면 도입되었다고 한다. 향후 베이징현대차의 5공장 등 거의 모든 그룹사에 전파될 것으로 알려져 있다.

이러한 원키트 시스템은 오조립, 미조립을 방지하는 효과뿐 아니라, 부품을 선별하는 과정을 생략하게 함으로써 작업자들의 작업 편의성을 높이는 효과도 기대할 수 있다. 이에 따라 품질 수준 제고에도 도움이 된 것으로 평가된다. 그렇지만 부품을 미리 선별하는 공정을 추가하게 됨으로써 인원 절감 효과는 크지 않다고 한다. 기아자동차의 경우 4~5개 물류사가 들어와서 부품 선별 작업을 수행하는데, 이들은 대개 합작선인 위에다의 관계사들이다.

3) 인사·노무관리 현황

기아자동차의 총원은 2016년 8월 현재 6500여 명으로서 그중 생산직이 5100여 명으로 다수를 차지하고 있다. 이 밖에 용역직이 1200여 명 정도인데, 청소, 경비, 식당 등 주변 업무를 담당하는 500여 명 이외에 생산 업무에 종사하는 도급 사원이 700여 명이다. 이 밖에 기술전문학교 실습생이 80여

명 있는데, 이들은 대부분 졸업 후 정규직으로 전환된다. 기아자동차는 전자산업의 기업들과는 달리 파견직은 하나도 쓰고 있지 않다. 합작사들이 파견하는 주재원은 숫자가 동수로 합의되어 있는데, 최근 조직 개편을 통해 기아자동차 32명, 둥펑자동차와 위에다는 각각 16명씩으로 구성하는 것으로 되었다. 그렇지만 3개 공장을 차질 없이 돌리기 위해서는 경험 많은 엔지니어들의 도움이 필요하며, 따라서 기아자동차는 한국 본사에서 기술 지원으로 40여 명을 상시적으로 보내고 있다.

중국에서는 정규직이라고 할지라도 보통 세 번째 계약 만에 무고정기한 계약의 지위를 얻는데, 기아자동차의 경우 첫 번째 계약은 3년, 두 번째는 5년의 계약 기간을 나타냈다. 그럼에도 불구하고 재계약률은 거의 100%로서 본인이 희망하는 경우가 아니면 거의 다 계약이 갱신된다. 기아자동차의 이직률은 사무직 5%, 생산직의 경우 8.8%로서 중국 자동차 업종 평균인 28%보다 현저히 낮은 편이다. 이는 기아자동차 직원 가운데 옌청 출신이 90%에 이르며, 보다 넓게 잡아 장쑤 성 출신의 경우 99%에 이르기 때문에 이직 동인이 낮은 것으로 보인다. 따라서 생산직들의 충성도 확보나 숙련 향상에는 유리한 환경인 것으로 판단된다. 그러나 사무직의 경우는 도시에서 일하길 원하는 우수한 젊은 인력을 유치하는 데 애로를 겪고 있다고 한다. 2016년 기준 관리직의 평균 연령은 31세, 생산직은 27세이다.

베이징이나 상하이에 비해 덜 발달된 지역에 입지하고 있기 때문에 임금 수준은 낮은 편이다. 피면담자는 베이징 지역의 임금에 비해 생산직은 75%, 관리직은 60% 수준이라고 언급했다. 그럼에도 불구하고 물론 지역 내 임금에 비해서는 많이 높은 편이다. 옌청 시의 최저임금은 2016년 5월 월 1600위안으로 인상되었는데, 기아자동차의 생산직 초임은 이미 월 2000위안에서 시작하고 있다. 초임 조정은 수년에 한 번 이루어질 수도 있는데, 일단 입사하게 되면 이후 베이스업 방식에 의해 임금이 상승하게 된다. 베이스업은 2년 전에는 정률 100% 방식이었지만, 2016년에는 정액 비중이 60%로 책정되었다. 이러한 기본급은 평가에 따라 개인마다 인상폭이 달라지게 되며, 더욱이 이것이 누적되게 된다. 평가는 A, B, C, D, E의 5단계로 이루어지며 A등급을 받으면 기본급이 10% 상승할 수 있다. 평가 비중은 C급 이상을 80%로 가져간다. 2016년 기준 생산직의 평균 근속인 5.7년에 해당하는 기본급은 2800위안 정도이며, 그 밖에 5개 등급으로 관리되는 직무수당과 위험수당 및 한여름의 고열수당 등이 있다. 또한 성과급이 존재하는데, 전년의 경우 550%로 책정되어 춘절 전에 400%가 지급되고, 나머지는 춘절 등에 분할 지급되었다. 다른 많은 기업들과 마찬가지로 기아자동차의 경우도 주야 2교대 작업을 하며, 초과근로시간이 많은 편이다. 이에 따라 잔업수당이 전체 임금에서 차지하는 비중은 30%에 달한다. 다만, 최근 로컬업체들과의 힘겨운 경쟁 속에서 가동률이 다소 하락해 잔업수당의 비중은 2016년 중 상당한 정도로 떨어진 것으로 추정된다.

기아자동차는 국내에서는 노사관계가 매우 갈등적인 것으로 알려져 있지만, 중국에서는 비교적 원만한 노사관계를 구축하고 있는 것으로 보인다. 중국의 법에 규정된 대로 공회가 조직되어 있는데, 현재 공회 주석은 위에다 주재원인 전략기획부장이 맡고 있다. 그 밖에 비상근 공회위원이 16명 있으며, 공회 업무를 보조하는 인력 2명과 사무실을 회사가 제공하고 있다. 공회비는 급여의 2%로 책정되어 있는데, 상급 공회에 납부된 이 금액 중 상당 부분은 다시 기아자동차 공회로 내려져 기업 복지나 이벤트 활동을 위한 경비로 쓰인다. 공회와의 단체교섭은 한국과 같은 형식은 아니며, 주로 사전 협의에 따라 진행되는 편이다. 최근 임금 인상은 2016년 5월에 8.5%가 이루어졌는데, 역시 공회와의 사전 협의 이외에 한국식의 단체교섭과 같은 것은

없었다. 이러한 집단적 노사관계는 중국적 특색을 따라가고 있으며, 그럼에
도 불구하고 현장의 불만 요인을 사전에 파악하기 위해 다양한 노무관리 활
동과 의견 수렴, 소통을 전개하고 있는 것으로 파악되었다.

4. 경신전자 사례

1) 회사 개요 및 생산 현황

경신전자는 우리나라의 대표적인 자동차용 와이어링하네스 전문 생산 업
체로서 2015년 그룹 매출액이 2조 3000억 원에 이를 정도의 대형 자동차 부
품 업체이다. 와이어링하네스란 인체의 신경망에 비유되는데, 자동차 내 각
시스템으로 전기신호와 전력의 전달을 목적으로 전선, 커넥터, 전원분배장
치 등을 가공해 결속한 물품을 총칭하는 용어[3]이다. 경신전자는 1974년 현
대자동차 포니에 납품하면서 자동차 부품 사업에 뛰어들어 40여 년의 기업
역사를 갖고 있다. 2004년에 일본 스미토모사와 50 대 50 합작 관계를 맺었
으며, 이에 따라 보다 안정적으로 기술 개발을 할 수 있게 되었다. 와이어링
하네스를 단순한 전선의 집합으로 여겨선 안 되는데, 자동차의 전자화가 진
행되고 소비자들의 안락함과 편의성에 대한 요구가 높아짐에 따라 전선, 터
미널, 커넥터, 정션블록, 하우징 등을 종합한 토탈 하네스 솔루션 업체로의
변신이 요구되고 있다. 즉, 과거에는 노동 집약적인 전선 가공에 주력했다
면, 이제는 종합적인 전기·전자 연결망 솔루션 역량을 갖출 것을 요구받고

---

3) 원래 wiring harness는 말을 부리는 데 쓰는 마구(馬具)로부터 유래한 것이다.

있는 것이다. 단품의 경우에도 커넥터는 단순한 플라스틱 사출품이 아니라, 프린터 부품보다 더 정교한 품질을 요구받기 때문에 개발에 20개월이나 소요되며, 배터리와 발전기의 전력을 차량 전체의 전기·전자 시스템으로 분배하는 정선블록의 경우는 내부에 여러 개의 반도체를 포함할 정도로 기술 집약적이다. 더욱이 최근에는 전기자동차의 확산에 대비하기 위해 고전압 시스템을 개발하는 데도 주력하고 있다.

이러한 첨단 기술 부문은 역시 한국의 송도 본사 연구소와 공장에서 주로 담당하고 있으며, 해외 생산 공장에서는 기존 제품의 효율적 생산에 역점을 두고 있다. 경신전자의 공장은 본사가 소재한 송도 공장과 국내 주력인 경주 공장 이외에 화성과 군산 등지에 소재하며, 중국에 4개 공장을 운영 중이다. 그 밖에 캄보디아와 인도 공장, 그리고 멕시코 2개와 온두라스에 1개 공장을 가동하는 등 해외 공장만 9개에 달한다.

경신전자는 와이어링하네스가 본래 노동 집약적 공정이 주를 이루기 때문에 국내 임금수준이 높아지면서 이미 2002년부터 중국 칭다오에 공장을 건설하고 바이백(Buy Back) 생산을 개시한 바 있다. 이후 기아자동차가 옌청에서 본격적으로 사업을 개시하자, 초기에는 칭다오 공장에서 물량을 공급하다가 2005년 옌청에 공장을 설립해 기아자동차와 동반 진출하는 실질을 갖추게 되었다. 현재 중국 기아자동차는 경신전자로부터만 와이어링하네스를 공급받는다. 따라서 경신전자는 2005년 이후 기아자동차의 거의 전 차종에 와이어링하네스를 공급해왔다. 기아자동차의 사업이 지속적으로 확장되는 데 대응해 2015년 안휘성에 새로이 생산 공장을 건설했으나, 이후 기아자동차가 시장에서 고전하면서 현재는 생산 능력이 다소 과잉인 문제를 안고 있기도 하다. 기아자동차는 품질관리 기준이 매우 까다로운데, 경신전자는 2010년 기아자동차의 품질 5스타 인증과 품질 우수상을 수상할 정도로 생산관리 능력이 뛰어나다. 2015년 기준 기아자동차에 생산 물량의 59.6%를 공급하고 있으며, 나머지 물량은 기아자동차의 관련 모듈 업체로 납품되고 있다.

경신전자는 총경리 이외에 재무·관리 부문, 생산관리 부문, 영업·자재 부문, 품질·개발 부문을 맡고 있는 4명의 부총경리가 재직하고 있고, 각 부문 산하에 재무부, 관리부, 생산관리부, 생산기술부, 영업관리부, 자재부, 품질경영부, 제품기술부 등의 부서가 한국인 주재원들에 의해 관리되고 있다. 총경리를 포함한 주재원 총수는 12명이다. 따라서 중국인으로서 최고 직책에 오른 경우는 아직은 팀장급이다. 이는 옌청 법인이 칭다오 법인보다 역사가 짧아서 초기 입사자들이라고 하더라도 아직 30대 초반에 불과한 경우들도 많은 것이 영향을 미쳤다.

경신전자의 생산공장은 최초의 입지에서 2014년에 옌청 시내 한국기업 투자(유치)단지로 이전했다. 그것은 옌청 외곽에 있던 최초 입지 지역이 발달하면서 상업지역이 되고, 이에 따라 옌청 시 당국이 새로운 부지를 싸게 공급하면서 공장 이전을 유인했기 때문이다. 이에 따라 2만 평 대지에 약 1만 평 건평의 넓은 신공장을 갖게 됨으로써, 생산관리의 효율성을 더욱 제고할 수 있게 되었다.

경신전자의 신공장 레이아웃은 〈그림 5-3〉과 같다. 자재 창고로부터 다양한 종류(재질, 굵기, 길이 등)의 금속 전선과 피복이 자재 준비대로 전달되면, 이를 분류하는 작업부터 시작해 절단, 압착, 씰 삽입, 트위스트, 집결, 테이핑, 서브(375개 전선을 20~30개로 모듈화), 조립, 회로 검사, 마무리, 제품 검사, 포장, 출하 등의 공정이 순서대로 이루어지도록 라인의 배치가 이루어져 있다. 공장의 제일 왼편 위쪽으로는 에어백용 와이어링하네스를 생산하는 별도 공간이 유리벽에 의해 분리되어 있다. 이는 안전과 관련한 부품에

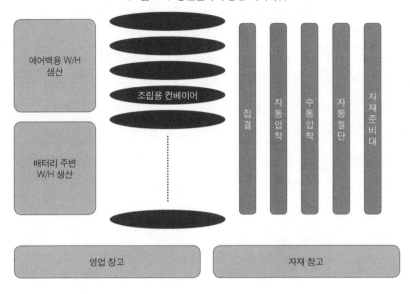

〈그림 5-3〉 경신전자의 공장 레이아웃

에어백용 W/H
생산

배터리 주변
W/H 생산

조립용 컨베이어

집결

자동압착

수동압착

자동절단

자재준비대

영업 창고

자재 창고

좀 더 신경을 쓰도록 하는 효과를 겨냥한 것이다.

이 공장 내의 주요 설비로는 자동 절단 압착기, 반자동 압착기, 트위스트기, 초음파 융착기, 반자동 절단기, 조립 컨베이어 등이 있다. 수십 대에 이르는 이러한 설비를 이용해 하루에 245만 개의 회로를 생산하게 되고, 차량 대수 기준으로는 1일 2950대의 생산 능력을 보유하고 있다.

와이어링하네스 공장에서 특이한 것은 조립 컨베이어와 그 위에 비치되어 있는 조립대이다. 조립대는 타원형 컨베이어 위를 천천히 돌게 되며, 작업자는 조립대에 비치된 치구들을 활용해 복잡한 전선들을 테이핑하고 연결, 검사해 하나의 거대한 전선 집합을 만들어내게 된다.

이러한 절단, 압착에서 조립과 검사에 이르는 전 과정은 자동화가 곤란하기 때문에 결국 노동 집약적 특성을 띨 수밖에 없다. 그런데 피면담자에 따르면 이러한 작업자들의 생산성은 한국이 100이라면 중국이 90, 캄보디아

80, 멕시코와 온두라스는 70 정도에 불과하다고 한다.

경신전자에 필자가 방문한 것이 8월이었음에도 불구하고 공장 안은 선선한 느낌을 주었는데, 그것은 전선의 수축과 이완을 방지하기 위해 수백 대의 에어컨과 선풍기를 세게 틀어놓아 실내 온도를 26도로 유지하기 때문이다. 또한 작업의 정확성을 지원하기 위해 조도 400룩스 이상을 유지하는 등 작업장은 매우 밝았다. 결국 경신전자의 높은 품질 수준은 노동 집약적 공정에서 작업 편의성과 양호한 환경이 조성된 것도 영향을 미쳤음을 짐작해볼 수 있었다.

2) 인사·노무관리 현황

경신전자의 종업원 총수는 2016년 8월 방문 당시 1449명이었다. 이 중 기능직이 1351명으로서 93%가량을 차지하고 있어서 철저히 노동 집약적 공정을 특징으로 하는 생산 법인으로서의 역할을 수행하고 있음을 확인할 수 있다. 최근 중국의 경기 부진으로 이직률은 다소 낮아져서 월 5% 수준이다. 이는 중국이 본래 노동 유동성이 높은 나라라는 점을 감안하더라도 여전히 높은 수치로서, 안정적 인력 운영이 수월치 않음을 보여주고 있다. 그럼에도 불구하고 경신전자는 2005년경부터 일한 초창기 멤버가 160명, 그중 생산직이 110명으로서, 이들이 주로 조 반장 역할을 하면서 생산관리를 이끌어가기 때문에 큰 문제는 없다고 대답했다. 참고로 근속 연수별 인원 현황은 〈표 5-10〉과 같다. 입직과 퇴직이 빈번한 18개월 미만을 지난 인력이 절반 이상을 차지해 그나마 안정적 작업장 운영이 가능한 것으로 판단된다.

인력을 사전에 확보하고, 또 일정한 유연성을 확보하기 위해 경신전자는

<표 5-10> 경신전자의 근속 연수별 인원 현황

구분	6개월 이하	6~12개월	12~18개월	18개월 이상
인원수(명)	355	98	180	816
점유율(%)	24.5	6.8	12.8	55.9
평균 근속 기간	3.02년			

자료: 경신전자 제공.

실습생을 100명 정도 운영하고 있다. 최대 200명까지 운영하는 실습생은 보통 3개월 계약을 맺고 들어오는데, 이를 위해 인근 학교들과 MOU를 맺고 학교 운영 기금을 협찬하는 한편, 교내에 '경신전자반'을 두어 사전에 인력을 확보하는 의미를 부각시키고 있다. 이 밖에 경신전자는 노무 파견을 쓰고는 있지만, 그 비율은 정부가 정한 10%를 넘지 않고 있다. 즉, 가급적이면 정규직 직접 고용 중심의 원칙을 지켜나가고자 한다.

한편 경신전자는 생산량 중 주로 신모델용 와이어링하네스는 직접 생산하고, 이미 구모델이 되어 단가가 높지 않고 품질이 안정된 물량은 4개 협력사로 물량을 재배분한다. 이들 협력사에 경신전자가 기술과 자재, 설비 등을 거의 다 제공하기 때문에, 사실상 이들 4개사는 임가공 업체와 다르지 않다. 4개 협력사는 1.5~2.0시간 정도 떨어진 외곽에 위치해 경신전자보다 더 낮은 임금으로 인력을 활용할 수 있다. 4개 협력사는 2016년 8월 현재 2600명 정도를 고용하고 있기 때문에 경신전자와 합칠 경우 전체 인원은 4000여 명에 달한다. 새로운 투자와 물량이 확보된다면, 그리고 계절적으로 가을 이후 수요가 많아지기 때문에 연말까지 이 수는 5000여 명으로 늘어날 것으로 예상하고 있었다. 그만큼 와이어링하네스는 인력 중심의 품목임을 짐작할 수 있다.

흥미로운 것은 최근 경신전자에서 사무직원들의 잔업 시간을 줄이고 그

대신 이전에 받던 잔업수당은 그대로 받게 제도를 변경한 것이다. 즉, 이전에는 출퇴근 시간이 오전 7시 50분부터 저녁 7시 40분까지였는데, 8월 1일부로 6시 30분으로 퇴근 시간을 앞당기면서도 급여는 이전과 동일하게 지급하기로 한 것이다. 이는 짧은 시간 내에 생산성을 높임으로써 일과 가정의 양립을 추구하고자 하는 목표가 설정되었기 때문이다. 이를 위해 집중근무시간제를 도입하는 한편, 업무 시간 중 게임, 동영상 시청 등을 철저히 금지하는 등의 조치를 수반했다. 다만, 현장의 긴급한 사안에 대응하기 위해 1명씩의 당번 근무를 지정해두었다.[4] 여하튼 화이트칼라의 생산성을 높이기 위한 전략으로서 종업원들의 환영을 받고 있다고 한다.

현장은 8시간의 정규 근무 이외에 매일 2시간씩 잔업을 실시하지만, 수요일은 가정의 날로 정해 주 4일만 잔업이 이루어지도록 했다. 현장은 기본적으로 주간 조만 운영하지만, 설비가 비싼 절단과 압착 공정은 일부 2교대 작업이 이루어지며, 여기서 생산된 물량의 일부는 4개 협력사로 배분되기도 한다.

생산직의 기본급은 월 1810위안 수준으로 최저임금보다 다소 높게 설정되어 있는데, 여기에 연장수당과 근속수당(10~70위안), 만근수당(80% 이상 출근 시 70위안) 등이 더해지면, 세후 급여가 월 3000위안 정도이다. 또한 설날, 국경절, 노동절, 중추절, 연말 등의 시기에 분산해 상여금 300%를 지급하고 한여름에는 청량수당(고온수당)을 지급하기도 한다. 이 밖에 직책수당이 해당자에게 지급되는데, 조리 300위안, 부경리 500위안, 경리(팀장급) 550위안이며, 현장의 조장은 300위안, 반장은 400위안을 받는다.

회사와 개인은 세금 이외에 5대 보험료를 내야하는데, 급여의 30% 정도

---

4) 또한 한국인 주재원들의 근무시간은 과거와 마찬가지인 것으로 나타났다.

를 회사가 부담하고, 근로자는 10% 정도를 부담해야 한다. 사무직의 기본급은 신입사원의 경우 1950위안, 각종 수당 등이 붙으면 세후 2500~3000위안 정도인데, 조금 더 승진해 경리가 되면 세후 최대 5000위안까지 받을 수 있다. 한편, 과거 기아자동차 협력사들에서 연쇄 파업이 발생한 경험이 있기 때문에 최근에는 협력사들끼리 임금수준의 조정이 이루어지고 있다. 주로 독자적으로 너무 높게 임금을 올리지 말자는 결의가 이루어진다.

경신전자에는 공회가 조직되어 있으며, 현재 주석은 부경리(생산 팀장)가 맡고 있다. 공회위원은 5명이며, 1개월에 한 번 정기회의가 개최된다. 공회 회원들은 급여의 2%를 공회비로 내야 한다. 다른 기업들과 마찬가지로 공회와 임금협상이 이루어지는 것은 아니지만, 2016년의 경우 7월에 5.5% 임금인상이 결정되었으며, 이를 2월부터 소급해 적용했다. 종업원들의 각종 의견을 수렴하고 고충을 처리하는 이외에 공회와 회사는 다양한 복리후생 활동을 전개한다. 시설 자체도 매우 다채로운데, 운동관, 런닝머신, 수유실, 현장 내 휴게실, 공회실, 도서관 등을 운영하고 있으며, 앞서 언급한 바와 같이 작업의 균질성 확보와 쾌적한 작업장 분위기를 조성하기 위해 에어컨 210대와 선풍기 150대(이동식 50대, 고정식 100대)를 가동하고 있다.

5. 토론과 해석

다른 어떤 산업보다 산업 연관 효과가 큰 자동차 산업은 자본 집약적이면서도 노동 집약적이고, 또한 기술 집약적인 종합 산업의 특성을 갖는다. 선진국은 자신의 앞선 경제적 위상을 유지하기 위해, 그리고 개도국은 선진국을 따라잡기 위해 어느 나라나 자동차 산업을 적극적으로 육성, 보존하고자 한다. 그렇지만 실제로 자동차 산업을 성공적으로 대량으로 운영하고 있는 나라는 의외로 많지 않다. 더욱이 개도국에서 자동차 산업을 세계적인 수준으로 도약시킨 나라는 한국이 거의 유일할 것이다. 2000년 이전까지 선진업체들이 주도하던 세계 자동차 산업의 과점 구조를 비집고 올라선 현대자동차그룹은 그러한 점에서 대단한 성공 사례임에 틀림없다.[5]

그런데 2000년대 중반 이후 세계 자동차 산업에 새로운 질서가 태동하고 확산되었다. 그것은 항상 잠재성으로 남아 있던 중국이 현실적 강자로 등장하는 변화였다. 그리고 마침내 2009년 중국은 세계에서 자동차를 가장 많이 생산할 뿐 아니라, 가장 많이 소비하는 나라로 등극했다. 이러한 변화에 부응하기 위해 선진국을 기반으로 하는 초국적 기업들은 너도나도 중국에 대한 진출과 투자 확대를 서둘렀으며, 이것이 다시 중국을 세계 자동차 산업의 중심으로 부상시키는 데 일조했다.

그럼에도 불구하고 중국 자동차 산업에서 로컬업체들의 판매 비중은 지난 10여 년 동안 50%를 넘지 못해왔다. 그러나 최근 수년간 불어닥친 SUV 시장의 확대 속에서, 저가 공세를 앞세운 로컬업체들의 성공은 눈부신 편이다. 폴크스바겐조차 중국 내 공장들 중 일부의 휴업을 결정해야 할 만큼 수요 감소 속의 점유율 하락이라는 아픔을 겪게 되었던 것이다. 더욱이 중국 당국은 전기차를 필두로 신에너지차의 보급에 역점을 두고 있다. 파격적인 지원 조치들 속에 이미 중국은 세계에서 전기차를 가장 많이 생산하는 나라로 부상했다.

향후 세계 최대의 중국 시장에서 어떤 변화가 발생하게 될 것인가? 로컬업체들이 약진하고 있으나, 2절에서 보았듯이 저가 공세는 그들의 수익성을

---

5) 현대차그룹 성공의 요인과 한계에 대해서는 조성재(2014)를 참조.

압박하고 있다. 재정적 부담 속에서 정부의 지원책이 어디까지 미칠 수 있을지 의문시되기 때문에, 결국 최근 약진하고 있는 창청, 창안 등의 로컬업체들이 변곡점을 넘어서 자리를 잡지 못한다면 과거 치루이나 지리 자동차가 그러했듯이 금방 성장의 한계를 드러낼지도 모른다. 또한 초국적 기업들은 중국 당국의 요구도 있고 해, 현지에서 R&D 센터를 설립하고 고유 모델을 개발하는 등 가치사슬 관리상 새로운 단계로 진입하고 있다. 초국적 기업들은 로컬업체들보다 확실히 기술력의 우위에 있기 때문에 국가 간 경쟁이 아니라 업체 간 경쟁이라면 경쟁의 양상을 주도할 수 있는 힘이 있다고 할 것이다.

전기차 등 차세대 자동차 측면에서 중국이 현재 대대적 투자를 통해 앞서 나가고 있지만, 수요가 자기 탄력으로 확대되는 국면에 들어서면 기존 초국적 업체들도 전면적으로 친환경 자동차에 대한 투자에 나설 수 있다. 그러나 아직 세계 유가가 낮게 형성되고 있기 때문에 투자 시기를 조절하고자 하는 목소리가 초국적 기업 내에서 좀 더 큰 힘을 갖고 있는 것으로 보인다.

결국 초국적 기업을 따라잡기 위해서 중국 로컬업체들은 장기에 걸쳐서 가솔린, 디젤, 전기차 등 모든 분야에서 우수한 연구 개발 인력을 확보하고, 조직의 생산성을 높여야 할 것이다. 또한 눈에 보이지 않지만, 생산직 사원들의 기능과 숙련, 조직 능력에 대해서도 여전히 주목할 필요가 있다. 이미 도요타 생산 방식, 혹은 린 생산 방식으로 알려진, 이제는 거의 표준화된 공장과 인력 운영 방식에서 중국 로컬업체들은 선진 업체들을 어느 정도나 따라잡았는가? 이에 대한 엄밀한 연구는 보다 많은 조사와 분석을 필요로 할 것이다.

그렇지만 적어도 기아자동차나 경신전자 사례를 통해 중국에 진출한 한국 기업들의 인적 자원 관리와 현장 운영 능력 등은 대략적으로 판단해볼 수

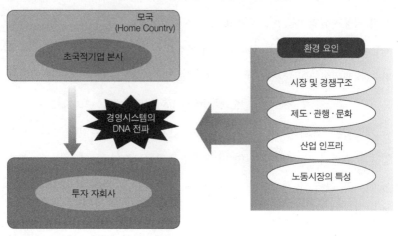

〈그림 5-4〉 자동차 산업의 적용과 적응 개념도

모국
(Home Country)

초국적기업 본사

환경 요인

시장 및 경쟁구조

제도·관행·문화

경영시스템의
DNA 전파

산업 인프라

노동시장의 특성

투자 자회사

있을 것이다. 다른 초국적 기업들과 마찬가지로 한국 기업들은 자신의 모국에서 개발한 경영 DNA를 중국에 '적용'하면서도 중국 시장과 제도 환경에 '적응'하는 행태를 보인다(〈그림 5-4〉). 따라서 기아자동차와 경신전자의 고용관계는 혼종화(hybridization)의 특성을 갖게 될 것이다. 더욱이 기아자동차와 같이 한중 합작의 형식을 취한 경우에 이러한 하이브리드화는 불가피한 특성이 될 것이다.

조사 결과 기아자동차는 모듈 부품의 직접 연결과 원키트 시스템 등을 적용하면서 최근 10여 년간 신규 공장 건설이 없었던 국내에 비해 오히려 생산관리와 품질관리 측면에서 앞서고 있는 것으로 나타났다. 더욱이 생산성과 효율성, 품질 지표 등에서 국내 공장의 수준을 넘어서고 있어서 모(母)공장으로서의 국내 공장들의 위상에 큰 위기가 닥쳐오고 있는 것으로 풀이된다. 그러나 경신전자의 경우 여전히 국내 공장의 생산기술과 공정 레이아웃 등이 그대로 중국에 적용되고 있는 것으로 나타났다.

그렇다면 고용관계의 측면은 어떠한가? 기아자동차와 경신전자는 모두 한국에서 발달한 사람 관리의 철학과 기법들을 중국 현장에 적용하고 있는 것으로 나타났다. 연공적인 임금체계와 온정적 인사고과, 그리고 조직 문화를 강조하는 등이 그것이다. 그렇지만 한국 사업장에서 보이는 것과 같은 기계적 연공성이 아니라 어느 정도 평가를 수반하는 등 최근에 일부 변화를 시도하고 있는 것으로 나타났다.

한편 중국은 한국이나 일본과 달리 외부 노동시장이 발달한 유동성을 특징으로 하기 때문에 우수한 인력을 키우고 보존하는 것이 수월치 않다. 그렇지만 기아자동차의 경우 장쑤 성 옌청이라는 3급 도시에 입지함으로써 오히려 이러한 인력의 유동성이 작고, 결국 숙련 향상과 탄탄한 조직력 구축이 더 양호할 것으로 짐작되었다. 실제로 이러한 조직적 특성들을 갖고 있기 때문에 기아자동차, 경신전자 모두 품질지표가 개선되고 높은 수준인 것으로 확인되었다.

그렇지만 기아자동차와 경신전자 모두 임금수준은 높은 편이 아니어서, 종업원들의 충성도를 확보하는 데서는 다소 미흡할 수 있을 것이다. 더욱이 최근 로컬업체들의 공세에 밀려 물량이 줄어들고, 그만큼 잔업수당이 줄어들게 됨으로써 임금 하락의 부담을 안게 되었다. 다만, 중국 경제가 전반적으로 저성장 기조로 접어들면서 노동시장 전체의 이직률이 낮아진 것은 그나마 우수 인력을 유지할 수 있는 환경이라고 할 것이다.

임금수준은 기아자동차가 의도적으로 조절하는 것은 아니지만, 암묵적으로 부품사들보다 높으며, 기아자동차의 임금 인상률이 결정된 후 부품사들이 임금 인상폭을 결정한다고 한다. 또한 경신전자의 경우 노동 집약적인 공정 중에서도 기존 모델 생산 등 상대적으로 부가가치가 낮은 공정을 다시 재하청주고 있어서, 이들과의 임금에 일정한 차이가 있는 것으로 확인되었다. 따라서 가치사슬 전반에 걸쳐 인력 활용의 유연성과 계층성을 갖는다고 평가할 수 있을 것이다.

이번 조사 사례인 기아자동차와 경신전자 모두 비정규직 비율이 낮은 가운데, 상대적 불황으로 노동시간도 짧게 나타나, 조성재 외(2012) 등 과거 자동차 산업 조사들에 비해 인력 활용과 관련한 법 위반의 가능성은 적은 것으로 나타났다. 오히려 상대적 불황기에 인력에 대한 대대적 교육 훈련을 통해 역량을 확충할 필요가 있다고 할 것이다. 그것은 사무관리직뿐 아니라 생산 기능직에 대해서도 해당되는 명제이다.

마지막으로 공회 운영과 관련해 기아차와 경신전자 모두 대형 외자업체로서 법과 관행에 따라 충분한 형식성을 갖춘 것으로 나타났다. 그렇지만 실제 다른 기업들의 파업 사례 등을 보았을 때 공회의 존재나 의례적 활동보다 더욱 중요한 것이 현장 노무관리와 기민한 고충 처리 등임을 감안해 갈등 요인들을 사전에 해소하거나 차단하려는 준비 태세가 중요하다는 것을 강조하고자 한다. 또한 수년 전 옌청 지역 자동차 부품 업체들 사이에서 빈발했던 파업을 예방하기 위해 현재와 같이 임금인상 등에 대한 조율 행동을 지속하되, 향후에는 부품 업체들의 전반적인 역량을 제고하기 위해 임금수준뿐 아니라, 임금체계 측면에서도 베스트 프랙티스를 개발하고 확산시키는 것이 필요하다고 판단된다.

참고문헌

이현지·양진수. 2014. 「중국: 밸류체인의 현지화」. 현대자동차 글로벌경영연구소. ≪자동차경제≫, 제474호.

조성재. 2010. 「한국 재벌의 중국 진출에 따른 글로벌 생산네트워크의 전개: 삼성, LG, 현대자동차 사례를 중심으로」. 한국 사회과학연구회. ≪동향과 전망≫, 통권 80호.

_____. 2014. 「추격의 완성과 탈추격 과제: 현대자동차그룹 사례 분석」. 한국 사회과학연구회. ≪동향과 전망≫, 91호, 136~168쪽.

조성재·장영석. 2013. 「베이징현대차의 성장과 인적자원관리 발전」. ≪산업관계연구≫, 제23권 3호.

조성재·장영석·오재훤·박준식·김혜원. 2005. 「동북아 제조업의 분업구조와 고용관계(I)」. 한국노동연구원.

조성재·장영석·최은지. 2012. 「중국 노동환경 변화와 한·중·일·대만계 기업들의 노동부문 경쟁력」. 조철 외. 『주요 산업의 중국 내 동북아국가들의 경쟁구조 분석(제2권)』. 경제인문사회연구회·산업연구원.

조철. 2015. 「주요국 R&D 지원 정책: 중국」. 현대자동차 글로벌경영연구소. ≪자동차경제≫, 제490호.

_____. 2016. 「중국 정부의 자동차 산업 육성정책」. 현대자동차 글로벌경영연구소. ≪자동차경제≫, 제500호.

최영. 2016. 「중국업체 SUV시장 점유율 확대」, 현대자동차 글로벌경영연구소. ≪주간 브리프≫. 제742호.

乔健. 2016. 『2015年: 十三五时间的中国职工状况. 2016年 中国社会形势分析与预测』. 社会科学文献出版社.

Gereffi, Gary, John Humphrey and Timothy Sturgeon. 2005. "The governance of global value chains." *Review of International Political Economy*, Vol.12 Iss.1, pp.78~104.

Lüthje, Boy, Siqi Luo and Hao Zhang. 2013. *Beyond the Iron Rice Bowl. Regimes of Production and Industrial Relations in China*. Frankfurt am Main and New York: Campus.

제6장

산별노조의 전진은 멈추었는가*
보건의료노조의 산별 체제 발전 전략을 중심으로

박태주 │ 고려대학교 노동문제연구소 연구교수

1. 문제의 제기

　세계 경제에 깊숙이 편입된 한국 경제는 최근 고착되는 저성장 체제와 심화되는 양극화에 시달리고 있다. 이런 상황에서 분배가 키워드로 등장하면서 임금과 복지에 대한 관심이 높아지고 있다. 소득(임금) 주도 성장론이나 포용 성장론이라고 불리는 것이 그것이다. 소득(임금)을 늘려 내수로 연결시키고 그것을 성장의 엔진으로 삼자는 주장이다. 이는 낙수효과도 없이 재벌 살찌우기로 기운 데다 경쟁력이라는 이름으로 노동 탄압을 일삼았던 수출 주도 성장 전략의 대안이라는 성격을 갖는다(이상헌, 2014; Lavoie et al., 2012).

　소득 주도 성장론은 대선 공간에서 여러 후보들이 지지하면서 사회적 공감대를 넓혀왔다. 그런데 이 지점에서 놓치고 있는 질문의 하나가 "새로운

＊　이 글은 2017년 2월 22일, 전국보건의료산업노동조합 정기대의원대회에서 발표한 글을 수정 및 보완한 것이다. 당시 토론해주신 은수미 전 국회의원, 이주희 교수(이화여대), 신승철 전 민주노총위원장, 그리고 강진구 경향신문 보도탐사팀장께 감사드린다.

성장담론의 주체가 누구인가?"라는 것이다. 개혁적인 정권이 들어서서 위로부터 개혁을 하면 된다? 난 이 말을 믿지 않는다. 굳이 참여정부를 떠올리지 않더라도 위로부터의 개혁은 아래로부터의 참여와 감시가 뒤따르지 않으면 실패하기 마련이다.

예를 들면 이렇다. 소득(유효 수요)을 늘리기 위해서는 노동 소득 분배율을 높이고 임금을 평준화시켜야 한다. 복지 지출을 늘리는 것도 중요하다. 이 때 핵심은 동일노동 동일임금의 원칙에 바탕을 둔 연대 임금이다. 재분배(복지)는 1차 분배(연대 임금)를 바탕으로 하며 연대 임금이 임금의 상향 평준화를 원칙으로 한다면 노동 소득 분배율의 제고는 불가피하다. 그런데 임금을 결정하는 단체교섭은 정부 출입 금지구역이다. 정부가 개별 기업의 임금 결정에 감 놔라 배 놔라, 끼어들 수는 없다. 그런 만큼 정부는 연대에 바탕을 둔 노조의 협력을 절대적으로 필요로 한다.

물론 정부의 역할은 중요하다. 최저임금의 인상이나 비정규직의 보호, 원·하청 불공정 거래의 개선 그리고 복지국가의 구축 등이 대표적이다. 이 경우에도 이를 실현할 권력 자원을 어디서 확보할 것인가라는 문제는 여전히 남는다. 이처럼 노동조합이 내부적으로 연대 임금을 실현하고 외부적으로 개혁을 위한 권력 자원이 되는 것은 새로운 성장 전략의 성패를 결정짓는 요인이다. 노동을 위한 정책도 중요하지만 노동을 주체로 인정하고 노동과 함께 하는 정책도 중요하다. 소득 주도 성장 이론이 결국 노동 중심의 성장 이론이라면 여기서 노동이 배제된다는 것은 잔칫집에 신랑 신부가 빠진 것이나 진배없다.

그렇다면 이어지는 질문은 "노동조합은 과연 새로운 성장 패러다임의 주체가 될 수 있는가?"라는 것이다. 노동조합이 연대 임금을 실현하고 복지사회를 구축하는 주력군이 된다면 그 노동조합의 조직 형태는 두말할 나위도 없이 산별노조일 것이다. 산별 체제란 바로 이 산별노조라는 가로대 위에 산별 교섭과 산업·업종 차원의 사회적 대화 그리고 기업 차원의 경영 참가를 배치한 것을 말한다. 노동조합은 산별 체제를 통해 임금 및 근로 조건을 개선하고 산업 정책은 물론 개별 기업의 경영에 개입한다. 그러면 앞의 질문은 "노동조합은 과연 산별 체제를 구축할 수 있는가?"라는 질문으로 바뀐다. 이 질문에는 노동을 대하는 권력의 태도 못지않게 노동도 변화할 수 있는가라는 질문이 담겨 있다.

노동운동이 새로운 성장 패러다임의 주체로 참여하고 이를 위해 산별 체제의 구축을 자기 의제로 삼는다면 보건의료노조는 적절한 연구 대상이다. 보건의료노조는 선도적인 산별노조로서 한국 산별 운동의 현재와 미래를 보여주는 거울이다. 1987년 '뜨거운 여름'에 노동조합의 첫발을 내딛은 이래 병원노동조합협의회(1987, 이하 병노협)와 병원노동조합연맹(1988, 이하 병원노련)거쳐 보건의료노동조합(1998)를 건설하고 산별중앙교섭을 이르기까지 보건의료노조는 노동운동의 발전 경로에서 쉼 없이 새로운 지평을 열어왔다. 결국 이 장은 보건의료노조를 대상으로 "노동조합은 과연 연대 임금을 실현하고 사회 개혁을 앞당기는 역할을 할 수 있는가? 그리하여 새로운 성장 전략의 주체가 될 수 있는가?"라는 질문에 해답을 찾아가는 과정이다.

이 장은 이론적 연구와 함께 보건의료노조의 공식적인 자료와 노조 간부를 대상으로 실시한 인터뷰를 바탕으로 한다. 이 장은 "산별체제란 무엇인가"라는 질문으로 시작한다. 제3장에서는 산별 교섭 전략을 살펴본다. 여기서는 산별 교섭 구조의 형성과 산별 연대 임금을 다룬다. 산별 교섭 구조는 노사 간 힘과 선호의 타협을 통해, 그리고 산별 연대 임금은 단기적인 임금 교섭 전략과 중장기적인 산별 임금 체제의 도입을 통해 실현된다는 것이 이 장의 주장이다. 제4장에서는 보건의료노조에서 '돈보다 생명을'이라는 기치로 수행된 의료 공공성 투쟁을 살펴본다. 의료 공공성 투쟁은 그것을 실현하는 수단으로서 단체교섭 이외에도 사회적 대화와 경영 참가를 요구한다. 산업 정책에 대한 노조의 개입과 병원의 사회적 책임이 뒷받침될 필요가 있는 탓이다. 마지막으로는 요약과 결론이 따른다.

2. 산별 체제란 무엇인가

1) 산별 체제

그간 산별 체제에 대한 논의 과정에서 "산별 체제 = 산별 교섭 체제"로 이해함으로써 노조의 역할을 경제적 이해의 실현에 가두어왔다. 산별노조를 토대로 하는 정책적 개입이나 경영에 대한 참가는 본격적인 논의의 대상이 되지 못했다. 게다가 "어떤 산별인가?"(조직 체계), "어떻게 건설할 것인가?"(이행 경로), 나아가 "산별 교섭을 어떻게 실현할 것인가"(교섭 구조)에 대한 논란은 많았지만 "무엇을 위한 산별인가"라는 산별의 정신이나 역할에 대한 질문은 드물었다.

산별 체제는 산별노조가 스스로의 이해를 추구해나가는 제도적인 장치가 상호 결합된 시스템을 말한다. 산별노조의 역할이 산별 교섭에 머무르는 것은 아니다. 산업·업종 차원의 사회적 대화와 기업 차원의 경영 참가 역시 산별노조를 물적 토대로 삼아 자신의 이해를 추구하는 제도적 장치라는 점에서 산별 체제의 일환이다. 산별노조는 산별 차원에서 조합원의 의사를 대표하고 합의된 사항의 이행(compliance)을 보증해 산별 교섭은 물론 사회적 대화의 기틀을 제공한다. 경영 참가 역시 산별노조의 뒷받침을 받아 교섭력을 획득하고 나아가 산별 교섭을 통해 교섭을 외부화함으로써 기업 차원에서 단체교섭과 경영 참가 사이의 대표성 갈등을 예방한다.

보건의료노조에서 '돈보다 생명을'이라는 구호는 산별 정신을 드러내는 대표적인 표현이다. 그런데 보건의료노조가 의료의 공공성을 추구할수록 단체교섭의 한계는 뚜렷해진다. 의료의 공공성을 단체교섭으로 해결하기에는 교섭 상대방(사용자)의 권한이 제한적이고 그 내용이 교섭의 범위를 뛰어넘기 일쑤다. 의료 이용의 형평성을 높여 건강 격차를 해소하고 국민 보건을 향상하려면 국가의 의료 정책을 통해 의료 이용에 장애가 되는 재정적·지리적 장애를 완화해야 한다(박용철 외, 2015). 결국 의료 공공성을 높이려면 단체교섭을 넘어 의료 정책에 대한 노조의 정책적 개입이 요구되고 그것을 실현하는 중추적인 장치가 산업·업종 차원의 사회적 대화다.

사회적 대화가 단체교섭이 다루지 못한 정책 의제를 다룬다면 경영 참가는 단체교섭이 비껴간 인사와 경영에 대한 노동자의 참가를 보장하는 장치다. 연대 임금은 물론이거니와 의료의 공공성만 하더라도 원칙적으로 병원 차원에서 노사가 담당할 수 있는 영역은 아니다. 그렇다고 의료 공공성을 위한 단위 병원의 역할이 무시되어도 좋은 것은 아니다. 이해 당사자로서 기업의 사회적 책임 활동을 감시하고 독려하는 장치가 경영 참가다. 이는 치열한 경쟁 속에서 영리 추구에 내몰리고 있는 보건의료계에 새로운 패러다임을 만드는 과정이라고 할 수 있다(임상훈 외, 2012). 기업 차원에서 이뤄지는 경영 참가도 산별노조를 전제로 한다면 이 역시 산별 체제의 일환이다.

2) '산별정신 = 연대'

산별 차원의 단체교섭과 사회적 대화 그리고 기업별 차원의 경영 참가가 산별 체제를 이루는 제도적인 장치라면 이러한 장치들을 꿰뚫는 정신은 연대라

고 할 수 있다. 연대는 공감(empathy)과 희생(sacrifice) 그리고 동맹(coalition)
이 구조화된 결정체로 다른 조직, 다른 세력과 만나 공동의 가치를 추구하며
자원을 공유하는 것을 말한다. 산별노조는 바로 이 연대의 가치 위에 스스
로를 구축한다.

 "산별노조운동의 가장 중요한 목표는 산별임금교섭을 통해 동일노동 동
일임금을 달성하는 것"이라는 이철승(2016)의 표현이나 "산별임금의 원칙은
임금의 극대화가 아니라 임금의 표준화다. …… 노동자들 사이에 비합리적
인 임금격차를 최소화하여 업종, 직종 혹은 지역 노동시장에서 가급적 평등
주의적 임금 구조를 만들려는 임금 표준화가 목적이다"라는 정동관(2015)의
지적은 맥락을 같이 한다. 물론 연대가 산별 교섭에 갇히는 것은 아니다. 보
건의료노조의 경우 그것은 내부적으로 연대 임금으로 나타난다면 외부적으
로는 산업 정책에 대한 개입과 의료 공공성으로 대표된다.

 연대 정신이 노동운동의 노선으로 자리를 잡은 것이 사회운동 노조주의,
혹은 그것의 공공적 표현인 공공 서비스 노조주의(public service unionism)
다. 사회운동 노조주의(social movement unionism)는 노동조합이 시민사회
단체나 지역 공동체와 연대해 작업장을 넘어서는 사회적·경제적 변화를 추
구하고 이 과정에서 조합원의 동원과 대중의 참여를 조직하는 운동이다(박
태주, 2010). 사회 세력과 연대해 기업을 바꾸고 사회를 바꾸겠다는 의지의
표현인 셈이다.

 공적인 가치를 추구하더라도 그것이 조합원의 경제적 가치와 충돌해서는
지속 가능하지 않다. 사회운동 노조주의(공공 서비스 노조주의)는 경제적 실
리주의에 대한 반발에서 비롯되었지만 경제적 실리주의를 배제하는 것은 아
니다(황현일, 2012). 노동조합이 노동자의 물질적 이익'만'을 추구하는 것을
비판하는 것이지 물질적 이익을 추구하는 것 자체를 비판하지는 않는다. 노

동 조건의 방어는 노동조합에게 핵심적인 사항이며, 노동운동의 인적·물적 기반은 조합원의 이해관계로부터 벗어날 수 없다(홍주환, 2014). 실제로 노동자들의 다수가 자신들의 물질적 이익이 아닌 다른 어떤 것을 위해 투쟁에 나서리라고 기대하는 것은 비현실적이다(달링턴, 2015: 257).

최근 산별노조의 역할과 관련한 문제의식들이 나타나고 있는 것은 고무적이다. 이철승(2016)이나 정이환(2016)의 연구가 대표적이다. 이들은 보건의료노조에 주목해 산별노조의 연대 효과를 살펴봄으로써 산별노조에 대한 논의를 한 단계 끌어올리고 있다. 그러나 보건의료노조의 활동에 대한 이들의 평가는 박하다. "보건의료노조가 노동시장 불평등 완화를 위해 노력한 것은 사실이지만 기대만큼의 큰 성과는 없다"는 건 정이환의 진술이다. 이철승은 한 걸음 더 나간다. 산업 내의 불평등을 감소시킨다는 산별노조의 목표는 "이제껏 실패했고 앞으로도 난망할 것"이라는 게 그의 주장이다. 산별노조가 노동시장의 불평등을 완화시킨다는 것은 흙담에 그림 그리기에 지나지 않는다는 것이다.

유럽식 산별노조의 잣대를 신생의 산별노조에 들이대며 "산별노조로서 연대의 성과를 보여라"고 윽박지르는 건, 우물에서 숭늉을 찾는달까, 좀 성급하다는 느낌이다. 그들과 우리는 노사관계의 발전 단계를 달리한다. 보건의료노조가 만들어진 건 1998년이며 산별 교섭이 시작된 건 2004년이었다. 2007년에야 사용자 단체가 구성되었지만 그마저 2009년에는 해산되고 말았다. 5년에 불과한 산별 교섭의 시기는 산별 교섭의 시대였다기보다 산별 교섭에 겨우 발을 담그다 만 기간이었다. 연대의 정신을 담아낼 교섭 구조는 늘 불안정했다. 신생의 노조더러 성과를 묻는 것은 어린애한테 초시계를 들이대며 100미터 달리기 시간을 재는 꼴이다.

조직률이 낮은 데다 단체협약 효력 확장 조항도 없는 상황에서 노조가 전체 보건의료업을 대상으로 임금격차의 축소에 미친 영향을 평가한다는 건 분석 대상의 괴리를 드러낸다. 마치 들판 전체의 수확을 온 동네가 아닌 몇 가구에게 책임을 묻는 거나 다름없다. 산별노조의 역할이 산별 교섭에 제한되는 것도 아니다. 정책이나 경영에 대한 개입, 나아가 사회적 연대('의료공공성')도 산별노조의 성과다. 두 교수 역시 '산별 체제 = 산별 교섭체제'로 이해함으로써 사회적 대화를 통한 정책 개입이나 경영 참가, 나아가 노조의 사회운동을 산별 논의에 포함시키지 못하고 있다.

이하에서는 산별 체제라는 관점에서 노조가 참여하는 주요 수단을 살펴본다. 산별 교섭 구조는 노조가 일정한 성과를 낸 경험이라도 있지만 사회적 대화나 경영 참가는 노조로서도 가보지 않은 땅이다. 그런데 그 산별 교섭 구조조차 불안정하고 사용자 단체는 해체되어 버린 상황에서 어떻게 산별 교섭 구조를 마련하고 그 속에서 연대 임금을 실현시킬 수 있을까.

3. 산별 교섭 전략

1) 산별교섭구조의 형성

(1) 산별교섭의 전개 과정

보건의료노조가 추구해온 산별 교섭의 역사는 크게 네 단계로 나눌 수 있다. 구분의 기준은 교섭 수준과 사용자 단체의 구성으로 삼는다. 제1단계(1987~1997년)는 산별노조의 전야(前夜)로 병노협과 병원노련의 시기에 해당된다. 교섭권 위임을 통해 대각선 교섭을 추진하면서 요구안과 투쟁 시기를 일치시키는 '공동교섭·공동투쟁전략'을 추진했다. 제2단계(1998~2003년)는 산별노조를 건설하고 거기에 걸맞은 산별 교섭 구조를 확보하기 위해 투쟁한 시기에 해당된다. 특히 2002년에는 41개 지부가 동시 파업에 들어간 가운데 63개 병원이 "노조가 산별 교섭을 요구할 시 이에 응한다"는 확약서를 제출했다(이주호, 2016).

제3단계(2004~2008년)는 산별 중앙 교섭이 이뤄지고 사용자 단체도 구성된 시기다. 그러나 구성된 지 불과 3년 만인 2009년 사용자 단체가 해산되면서 제4단계(2009년~현재)가 시작된다. 산별 교섭이 무산된 바탕에는 산별 교섭에 대한 사용자의 거부감이나 정부의 부정적인 인식과 함께 노조 내부에서도 산별 교섭을 둘러싼 갈등이나 불신이 있었다는 사실은 지적할 필요가 있다. 지부 간 조직력의 편차가 있는 상황에서 파업에 참여하지 않으면서도 실리를 챙기는 무임승차 지부가 발생하고 이에 대한 파업 참가 지부의 불만과 불신이 쌓이면서 화살이 산별 교섭 구조로 향한 것이다(인터뷰). 산별 중앙 교섭이 붕괴되면서 그것은 부분적으로 특성별 교섭으로 대체되었으며(민간 중소 병원, 지방 의료원, 특수 목적 공공 병원) 중앙 산별 교섭 체제를 정상화시키려는 노력은 지금까지 이어지고 있다.

(2) 교섭 구조, 노사 간 힘과 선호의 타협

산별 교섭과 관련해 보건의료노조의 일차적인 과제는 산별 교섭 구조를 복원시키는 일이다. 산별 교섭 구조는 노조의 힘만으로 성립되는 것은 아니지만 노조의 힘과 투쟁 없이 성립되는 것도 아니다. "역사적으로 사용자 단체는 노동조합이 강력해져 노동시장에서 단체 행동에 대한 대응이 사용자 전략에서 피할 수 없는 요소가 된 이후에 나타나기 시작했다"는 건 트랙슬러(Traxler, 2003)의 말이다. 산별 체제는 투쟁과 타협의 산물이다. 이 둘 사이의 무게중심은 노사의 힘 관계나 주변 정세에 따라 바뀐다. 가령 2000년대 초반만 하더라도 보건의료노조나 금속노조 등은 투쟁에 무게중심을 실었다. 당시만 하더라도 노조는 '그 정도의 힘'은 갖고 있었다. 그러나 노사 간 힘의 균형이 사용자 측으로 기울면서 노조의 힘만으로 산별 교섭 구조를 정착시키기란 쉽지 않게 되었다.

산별 교섭 구조는 궁극적으로 교섭 구조에 대한 노사의 선호가 힘 관계라는 프리즘을 거치면서 결정된다. "만약 산별 교섭이 노사 어느 한쪽에서만 이익이 되었다면 노사의 역관계가 바뀌는 계기를 맞아 재생산되고 유지될 수 없었을 것이다". 배규식(2008)의 지적이다. "자본주의 경제에서 단체교섭 구조와 관련해서 노동조합보다 실질적으로 사용자들이 더욱 막강한 영향력을 가지고 있다고 한다면 이들의 선호나 선택을 무시하고 있다는 것은 결정적인 한계에 속한다"는 정주연(2008)의 지적도 같은 맥락이다. 사측의 선호를 감안하면서 교섭 구조에 대해 타협하고 동시에 압박하는 것은 교섭 체제의 성립은 물론 그 체제의 지속가능성을 높이는 방안이다.

그러면 사용자가 산별 교섭 구조를 수용하는 이유는 무엇인가. 거기에는 산업 평화에 대한 기대와 교섭 비용의 절감 그리고 임금인상률의 저하 등이 포함된다. 첫째로 산업 평화에 대한 기대다. 산별 교섭 구조를 안착시키기 위해 노조는 평화 의무 조항을 수용하는가 하면 노사 내부적으로 자율적인 갈등 조정 체계(사적 조정 포함)를 구축하기도 한다. 노조 또한 산별노조로서 규모가 큰 만큼 파업 자체가 용이하지 않을 뿐더러 그것이 국민경제나 사회에 미치는 영향을 고려하지 않을 수 없어 파업에 대해 신중해진다.

두 번째는 교섭 비용을 줄이는 것이다. 이 경우 중복 교섭이 논란의 대상이다. 산별교섭이 기업별 교섭을 대체하지 못하고 기업별 교섭에 추가되는 형태가 되면 교섭 비용의 증대는 불가피하다. 교섭 비용을 절감시키는 일은 노조로서도 중요한 과제다. 현장 교섭을 유지하더라도 교섭 수준별로 역할을 배분해 교섭 의제가 중복되지 않도록 설계할 필요가 있다. 단체협약의 유효기간을 연장하는 것도 비용을 줄이는 방안의 하나다.

세 번째로 병원 사용자들은 산별 교섭을 통해 임금 수준을 평준화시킴으로써 임금 경쟁에서 벗어날 수 있다. 그 결과 제품의 품질이나 서비스를 기반으로 경쟁할 수 있는 토대가 마련된다. 물론 이는 노사의 조직률이 높거나 단체협약의 효력을 확장시킬 조항이 있는 경우에 해당된다.

마지막으로 경제적 노사갈등을 외부에서 해결함으로써 병원 내부는 노사협력의 공간으로 만들 수 있다. 노조의 관점에서 보면 산별 교섭으로 인해 노사관계가 외부화됨으로써 비어버린 기업 차원의 노조 활동을 경영 참가로 메운다고 할 수 있다.

산별 교섭 구조를 만들려면 정부의 태도도 무시할 수 없다. 금속노조나 보건의료노조의 산별 교섭은 노무현 정부 시절에 이루어졌다. 금속노조는 완성차 대공장이 산별중앙교섭에 참가한다는 합의서까지 끌어냈지만 정권이 바뀌면서 휴지 조각이 되고 말았다(박태주, 2009). 정부의 태도가 중요하다는 사실은 보건의료노조도 예외는 아니다. "사용자 단체의 결성에 영향을 미친 대표적인 변수는 외적·제도적 도전이었다. 특히 보건의료 산업에서 과거에 비해 노무현 정부의 친노동적 중재 과정은 보건의료 사용자들의 산별 교섭 참여와 사용자 단체 결성에 긍정적 역할을 했다."는 것은 전인·서인덕(2009)의 지적이다.

산별 교섭 구조를 형성하는 과정에서 또 다른 쟁점은 산별 교섭의 법제화와 단체협약 효력 확장 조항의 도입 여부다. 먼저 산별 교섭을 법제화하자는 주장은 사립학교의 연합 교섭을 규정하고 있는 교원노조법 제6조 1항에 주목한다. 노조가 다수의 사용자에게 교섭을 요청하면 사용자는 "연합해 교섭에 응해야 한다"는 조항이 그것이다. 오늘날 노동운동이 낳는 부작용의 상당부문이 기업별 노조 체제에서 비롯된 것이 사실이라면, 그리고 노동운동이 자체적인 노력으로 산별 체제로 이행할 전망이 희박하다면, 사회의 공기(公器)로서 노동운동을 제 위치에 놓는 것은 사회적인 역할에 속한다. 산별 교섭을 법으로 강제하는 방안을 검토해볼 필요가 있다는 의미다.

그렇지만 교원노조법의 규정에도 불구하고 사립학교에서 단체교섭이 이뤄지지 않는 게 사실이라면 법리 논쟁을 떠나 그것이 왜 그렇게 되었는지도 검토할 필요가 있다.[1] 다른 나라의 사례를 보면 교섭 방식은 법률보다 관행의 문제로 정착됐다(노동전문가 33인, 2013).

산별 교섭을 법제화하기보다는 단체협약의 효력을 확장시키는 데 초점을 맞추는 것이 바람직스러워 보인다. 단체협약의 효력 확장은 산별 교섭의 법제화에 비해 논란이 적을 뿐 아니라 유럽에서도 폭넓게 실시되고 있다. 단체협약의 효력 확장은 국제노동기구(ILO)의 관심 사항이기도 하다. ILO는 제98호 협약(단결권 및 단체교섭권 원칙에 관한 협약, 1949년)과 제154호 협약(단체교섭 촉진에 관한 협약, 1951년) 그리고 제91호 권고(단체교섭 촉진에 관한 권고)를 통해 단체협약 효력 확장 조항의 도입을 촉구하고 있다. 기업 사이의 임금 경쟁을 완화하고 노동조합의 임금 평준화 효과를 증대시키기 위해서도 이는 중요하다. 한국에서 단체협약의 효력 확장은 사업장 단위와 지역 단위에 한정됨으로써 적용 범위가 협소할 뿐 아니라 그 요건이 지나치게 엄격해 사실상 사문화되었다.

산별 교섭을 촉진할 수 있는 또 하나의 법률적인 장치는 교섭 창구 단일

---

1) 교원노조법 제6조 1항에 의한 단체교섭은 단 한 차례 이뤄졌다. 전교조 대전 지부의 사례가 그것으로 2002년 4월 29일 단체교섭 요구서를 발송한 이래 1939일 만인 2007년 8월 20일에야 단체협약을 체결했다. 지방노동위원회, 중앙노동위원회, 행정소송, 고등법원 항소에 이어 대법원까지 간 소송의 연속이었다. 이에 대해 자세한 것은 박태주 외(2013)를 참고할 수 있다.

화조항에서 산별노조를 단일화 대상에서 제외하는 일이다. 창구 단일화 제도에서는 산별노조 지부가 해당 사업이나 사업장에서 교섭 대표 자격을 얻을 경우에만 산별 교섭 참가가 가능해진다. 게다가 기업 현장에서 복수노조가 자율적 합의나 비례대표 방식으로 창구 단일화를 이뤄 다른 요구안을 내면 산별 협약의 적용은 어려워진다. 쟁의 행위도 창구 단일화 절차에 참여한 노조 전체 조합원의 과반수 찬성으로 결정되지 않으면 할 수 없다. 산별 지부만으로 파업하거나 산별 파업에 참여하는 것은 불가능하다. 결국 복수노조가 산별노조의 교섭권과 단체 행동권을 제한한다면 교섭 창구 단일화 조항을 폐지하거나 최소한 산별노조에 대해서는 그 적용을 제외하는 조치를 필요로 한다.

이상으로 산별 교섭 이해당사자로서 사용자의 이해와 정부의 태도 그리고 이를 둘러싼 법률적 환경을 살펴봤다. 그런데 산별 교섭을 촉진할 수 있는 법의 개정이 쉽지 않다면 산별 교섭을 바라보는 정부의 태도가 갖는 의미는 더욱 커진다. 보건의료 분야에서 정부가 공공 부문부터 산별 교섭을 제도화시킨다면 그것이 민간 부문에 미치는 영향도 만만찮을 것이다. 공공 의료는 말할 것도 없지만 민간 의료조차 사실상 건강보험에 의존하는 만큼 정부의 입김으로부터 자유롭지 못하기 때문이다. 그렇지만 이 대목에서 산별 교섭 구조를 도입하는 것은 결국 노사의 전략적 선택이라는 점은 지적할 필요가 있다. 그렇다면 노조가 추구하는 산별 교섭 구조의 틀은 어떤 것일까.

(3) '조정된 분권화'의 추구

기술의 발달 속도가 빨라지고 경기의 불확실성이 높아지면서 교섭의 분권화에 대한 사용자의 압력도 증대되고 있다. 기업의 특수성에 바탕을 둔 경쟁 전략이 중요성을 더해가면서 나타나는 현상이다. 유럽에서도 획일적인 산별 중앙 교섭 구조에 대한 문제 제기가 거듭되면서 산별 교섭을 유지하면서도 기업별 교섭의 역할을 높여가는 추세를 보이고 있다(Marginson, 2015).

이와 관련해 주목되는 것은 '조정된 교섭 구조'(coordinated bargaining arrangement)다. 시슨 외(Sisson et al., 2002)는 조정된 교섭을 분리된 교섭에서 같거나 유사한 결과를 얻으려는 시도라고 정의한다. 즉 중앙으로 집중된 하나의 교섭 단위만을 고집하기보다는 다양한 교섭 단위를 허용하면서도 중앙의 조정에 의해 동일한 결과를 얻으려는 시도로 이해할 수 있다. 중층적 교섭 구조의 꼭대기에 중앙 교섭을 배치하되 하층 교섭 구조의 역할을 인정하는 방식이다. '한 지붕 다가족'의 형태를 따나 협약 내용에서 큰 차이가 없다면 그 열쇠는 중앙의 조정이다. 이처럼 산별 교섭 구조는 분권화와 유연화를 수용하면서도 중앙의 조정을 통해 집중성과 운동의 통합성을 유지했다. 이를 비서(Visser, 2013)는 산별 협약은 그것을 규정짓는 특징들을 대부분 부정함으로써 살아남았다고 말한다. 사용자들의 분권화 압력에 대응하는 노조의 전략적인 선택이 조정된 분권화로 나타난 것이다.

조정된 분권화의 형태는 다양하다. 그 핵심은 하부 단위의 특수성을 인정하면서 하부 단위에서 결정할 수 있는 내용의 폭을 넓혔다는 점이다. 일정 부분 교섭의 분권화를 수용하되 분권화의 과정과 내용을 중앙에서 통제하는 것이다. 일반적인 형태는 산별 교섭 구조를 유지하되 지부(기업)단위에 보충교섭 구조를 설치하고 그 역할을 높여가는 방식이다. 이 경우 기업 차원에서 교섭할 수 있는 범위를 설정해주거나 기준만 설정하고 세부 실행 방안은 기업 차원으로 넘기기도 한다. 교섭의 상대방이 인정할 경우 협약의 준수 의무를 면제해주거나(hardship clauses) 협약의 준수 여부를 기업의 판단에 맡기는 개방 조항(open clauses)을 두는 경우도 있다(이승협, 2008). 패턴 교섭의 형태가 나타나기도 한다. 유형설정자(pattern setter)에 해당되는 업종이 단체협약을 체결하면 다른 교섭 단위도 그 결과를 수용하는 것이 그것이다(Traxler, 2003). 지부 사이에 임금이나 근로조건을 둘러싼 벤치마킹을 통해 전체적인 일관성을 도모하는 비공식적인 패턴 교섭이 나타나기도 한다(임상훈 외, 2009).

단체협약의 유연화, 나아가 조정된 분권화는 산별협약이 갖는 산업별 규범의 형성이라는 의미를 약화시킨다. 그러나 한국에서 임금격차는 산업 내에서도 심각하다. 따라서 산별 교섭을 이룬 경우에도 임금격차의 축소는 교섭 의제로 올리지도 못하고 있다. 따라서 교섭 단위를 일률적으로 중앙으로 설정하고 협약의 경직적인 이행을 강제하기보다는 교섭의 분권화와 유연화를 통해 임금 격차의 축소라는 의제에 접근하는 방안을 검토할 필요가 있다. 보건의료노조도 2006년 사측에게 임금 인상에 대한 특성별 논의를 인정하겠다고 제안한 바가 있으며(전인 외, 2009) 2016년에도 제한된 특성별 병원을 중심으로 산별 중앙 교섭-특성별 교섭-기업별 보충 교섭으로 이어지는 중층적인 교섭을 진행했다.

결론적으로 보건의료노조는 경직적이고 기계적으로 중앙 집중화된 산별 교섭 구조를 추구하기보다는 강화된 기업의 경쟁 환경에 유연하게 대응할 수 있는 형태를 지향할 수 있을 것이다. 산별 중앙 교섭과 특성별 교섭 그리고 지부(병원)차원의 보충 교섭으로 이어지는 중층적 교섭 구조를 형성하면서 중앙의 조정에 의해 통일성을 유지하는 '조정된 교섭 구조'가 그것이다.

2) 연대임금체계의 형성

(1) '동일가치노동 동일임금의 원칙'

"한국에서 연대 임금 정책은 가능한가?"라는 질문은 "왜 산별노조를 만들었는가?"라는 질문이기도 하다. 산별 체제는 임금의 극대화가 아닌 임금격차

〈표 6-1〉 병원 특성별 임금 현황(단위: 만 원)

병원 특성 및 고용 형태			2014년		2015년	
			연간 임금 총액	월 임금 총액	연간 임금 총액	월 임금 총액
병원 특성	공공	특수 목적 공공	4297.1	358.1	4291.3	357.6
		국립대	4365.3	363.8	4333.3	361.1
		지방 의료원	3703.6	308.6	3651.6	304.3
	민간	사립대	441.7	370.1	4555.4	379.6
		민간 중소	3602.3	300.2	3418	284.8
고용 형태		정규직	4324.5	360.4	4368.4	364
		무기 계약직	2687.7	224	2741.4	228.4
		비정규직	2545.8	212.1	2275.2	189.6
합계			4267.4	355.6	4284	357

자료: 전국보건의료노동조합(2015, 2016).

의 해소, 나아가 연대 임금의 실현을 목표로 한다. 연대 임금은 기업의 규모와 수익, 산업 등에 상관없이 같은 내용의 일을 하는 노동자라면 같은 임금을 지급하는 것을 말한다. 동일가치노동 동일임금의 원칙을 바탕으로 직무 가치에 따라 임금을 결정하는 방식이다. 이는 산별 교섭을 통해 저임금 기업의 임금 상승을 촉진하고 고임금 기업의 임금 상승을 억제해 임금격차를 줄이는 방식으로 구체화된다(노동자의 임금을 깎아서 살아남으려는 기업은 차라리 문을 닫으라는 것이다).

병원에서 임금 및 근로조건의 격차를 살펴볼 때 먼저 눈에 띄는 것은 특성별 격차보다는 규모별 격차가 더욱 심각하다는 사실이다. 〈표 6-1〉은 사립대와 국립대 그리고 특수 목적 공공 병원의 임금 수준은 비슷하다는 사실을 보여준다. 지방 의료원과 민간 중소 병원은 얼마간 낮은 수준을 형성하

〈표 6-2〉 보건업 임금 실태(2015년, 단위: 원/월)

규모별	전체 임금 총액	상용 임금 총액	상용 정액 급여	상용 초과 급여	상용 특별 급여	임시 일용 임금 총액
전규모(5인 이상)	3,419,594	3,483,247	2,760,509	211,613	511,125	1,300,230
10인 이상	3,559,755	3,622,114	2,828,509	229,684	563,922	1,428,932
30인 이상	3,770,517	3,828,274	2,914,669	258,554	655,050	1,590,326
중소 규모(5~299인)	2,783,135	2,839,360	2,527,221	192,143	119,996	809,732
1규모 (5~9인)	2,191,844	2,257,904	2,160,489	52,159	45,256	397,482
2규모(10~29인)	2,413,809	2,481,403	2,351,769	69,937	59,697	898,626
3규모(30~99인)	2,688,335	2,736,333	2,385,802	243,468	107,063	755,435
4규모(100~299인)	3,557,411	3,589,877	3,043,813	318,387	227,676	1,317,431
5규모(300인 이상)	4,355,145	4,433,229	3,104,698	240,338	1,088,193	1,938,384

자료: 통계청.

고 있다. 2015년의 경우 사립대 병원(4555만 원), 국립대 병원(4333만 원), 특수목적 공공 병원(4291만 원)의 임금은 4300~4500만 원대를 형성하고 지방 의료원(3651만 원)과 민간 중소 병원(3418만 원)은 3400~3600만 원대를 기록하고 있다. 특성별 임금격차는 상대적으로 덜 심각한 것으로 보인다.

기업(병원) 규모별로 임금수준을 살펴보면 상황은 뒤바뀐다. 300인 이상 보건업의 정규직 임금을 100으로 봤을 때 1~4인 규모는 48에 지나지 않는다. 10~29인 규모는 55.4, 30~99명 규모는 61.7을 나타내고 100~299명 규모도 81.6에 머문다. 정규직과 비정규직 사이의 임금격차는 300인 이상 사업장에서 61.2로 크게 나타나나 나머지 규모에서는 80을 넘어 규모별 임금격차에 미치지는 못하다. 그리하여 대규모 사업장 비정규직의 임금이 99인 이하 사업장의 정규직 임금을 웃돌 만큼 기업 규모별 임금격차는 심각하다.

결론적으로 병원에서의 임금격차는 특성별 요인과 규모별 요인 그리고 근로 형태별 요인이 중첩적으로 나타난다. 국립대·사립대라는 대규모 병원과 민간 중소 병원 및 지방 의료원이라는 중소 규모 병원 사이에는 특성과 규모·근로 형태라는 세 개의 경계선이 동시에 지나간다. 보건의료노조의 조사에서 특성별 임금격차가 적게 나타나는 것은 보건의료노조가 민간 중소 병원 가운데 어느 정도 규모가 있는 병원을 조직하고 있기 때문으로 보인다. 한편 법정 최저임금 미달자도 1~4인 규모에서는 정규직이 5.2%, 비정규직이 21.2%에 이른다. 전 규모로 봤을 때 정규직의 2.2%, 비정규직의 11.1%가 법정 최저임금에도 미치지 못하는 임금을 받고 있다(김유선, 2016).

(2) 연대 임금 전략

보건의료업계에서 연대 임금 전략은 단기적인 전략과 중장기적인 전략으로 나눌 수 있다. 단기적으로는 대병원의 경우 임금 인상보다는 인력 충원에 초점을 맞추고 중소 병원과 지방 의료원에서는 임금 인상에 초점을 맞추는, 특성별 차별화 전략을 사용한다. 중장기적으로는 산별 임금 체계를 마련할 필요가 있다.

〈표 6-3〉은 주요 속성별 직장 생활 만족도를 조사한 결과다. 대부분 50점 이하로 직장 생활에 만족하지 못하고 있는 것으로 드러나지만 그중에서도 임금과 노동 시간에 대한 불만족이 높은 수치를 드러내고 있다. 그러나 특성별로 살펴보면 만족도의 지형은 달라진다. 특수 목적 공공 병원과 국립대·사립대 병원에서는 노동 시간에 대한 만족도가 가장 낮지만 지방 의료원과 민간 중소 병원에서는 임금 수준에 대한 만족도가 가장 낮다. 앞서 〈표 6-1〉에서 살펴본 특성별 임금격차를 반영한다고 볼 수 있다. 또한 고용 형태별로 보면 정규직은 노동 시간에 대해, 비정규직은 임금에 대해 불만이 높다. 근무형태별로 살펴봤을 때 교대제 노동자의 경우 노동 시간에 대한 만족도는

<표 6-3> 병원 특성 및 고용 형태별 직장 생활 만족도

		직장 생활 만족도								
		계	고용 안정	임금 수준	노동 시간 강도	복리 후생	인사 노무	직장 분위기	안전 건강	일 자긍심
공공병원	계	45.0	65.3	42.8	39.3	42.4	39.4	64.0	51.2	60.2
	특수 목적 공공	47.8	69.1	50.3	41.5	45.9	39.8	65.0	54.2	63.8
	국립대	42.0	61.3	39.6	34.3	39.5	38.0	61.0	48.4	56.3
	지방 의료원	46.5	67.1	38.7	44.9	43.0	41.5	67.6	51.8	62.0
민간병원	계	42.9	61.3	41.1	36.8	43.4	39.9	59.3	47.6	56.4
	사립대	41.9	60.2	41.0	35.1	41.7	38.5	58.1	46.6	55.6
	민간 중소	47.4	66.4	41.7	44.3	51.3	46.2	64.7	52.1	60.0
고용형태	정규직	43.2	63.3	41.6	36.9	42.6	39.4	60.1	48.0	57.0
	무기 계약직	44.7	43.6	34.6	47.6	50.1	40.1	66.7	56.5	62.6
	비정규직	49.8	45.7	44.5	49.6	55.1	50.9	72.4	61.3	66.2
근무형태	통상 근무	40.0	55.5	39.9	42.8	33.9	30.3	59.3	50.6	55.8
	교대제	42.6	69.3	40.6	26.8	37.1	40.8	60.1	45.8	56.4
	전담 근무	63.6	75.0	55.0	55.0	75.0	75.0	87.5	75.0	75.0
합계		43.5	62.4	41.6	37.5	43.2	39.8	60.6	48.6	57.4

주: 중간 값 50점, 100점 만점.
자료: 전국보건의료노조(2016).

26.8로 조사 항목 가운데 가장 낮은 수치를 나타낸다.

이는 달리 말해 특수 목적 공공 병원과 국립대·사립대 병원에 종사하는 노동자나 교대제 근무자의 경우 노동시간 단축이 주요 과제로 나타나는 반면 지방 의료원과 민간 중소 병원 노동자, 비정규직 노동자는 임금 인상을 중시하고 있다는 사실을 말한다. 그렇다면 대병원과 특수 목적 공공 병원 노동자는 시간 단축과 인력 충원에 주력하고 중소 병원과 지방 의료원 노동자와 비정규직은 임금 인상에 초점을 맞추는 전략을 추진할 수 있다. 이를 통해 규모별·고용 형태별 임금 격차의 축소와 더불어 근로조건의 개선(노동 시간 단축), 고용의 창출이 가능해진다. 이는 노조 간부의 인터뷰에서도 확인된다.

대병원의 노동 강도는 장난이 아니다. 일을 마치면 소진(burn-out)된다. 중소 병원은 임금은 작지만 환자가 몰리지는 않는다. 노동 강도도 약하다. 임금 인상에 대한 요구는 상대적으로 크다. 대병원은 돈이 있다. 사람을 뽑을 수 있다. 임금에 대한 대병원 조합원의 요구도 이제는 크지 않다. 그렇다면 대병원에서는 임금과 일자리를 교환하는 것이 가능해진다. 중소 병원은 임금을 더 올려야 하고.

특성별이나 고용 형태별로 교섭 전략을 달리하는 것은 여러 장점이 있다. 산별 교섭을 통한 임금 평준화 노력은 수익이 높은 대병원에는 상대적으로 낮은 임금 인상율을, 수익이 낮은 중소 병원에는 높은 임금 인상률을 얻게 해 준다. 이는 대병원 노동자와 중소 병원이 수용하기 어렵다. 결과적으로 대병원은 양호한 수익 구조를 강화하고 중소 병원은 구조조정의 압박에 노출된다. 대병원에서 임금 인상 자제와 고용 창출(혹은 비정규직의 처우 개선)을 교환하는 것은 이런 딜레마를 해결하는 방안이 될 수 있다. 한편 중소 병원이나 비정규직에 대해서는 상대적으로 노동 강도가 약한 만큼 고용 창출보다는 임금 인상에 주력하되 정부의 정책적 지원이 뒤따를 필요가 있다. 정책적 지원에는 의료 전달 체계나 의료 수가 제도의 개선 등이 포함된다.

단기적으로는 특성별로 차별화된 교섭 전략으로 임금 및 노동 조건의 격차를 축소시켜 나간다면 중장기적으로는 산별 임금 체계의 확립이 과제로 등장한다. 임금 체계는 조금만 잘못 다루면 터지는 수류탄과 같다. 그러나 다음과 같은 두 가지 질문에 노조가 긍정적으로 답할 수 없다면 노조로서도 대안적인 임금 체계를 고민하는 것은 불가피하다. 첫째는, 연공급 임금 체계가 노조(노동운동)에게도 최선인가, 둘째는 연공급 임금 체계를 앞으로도 유지할 수 있는가라는 질문이 그것이다. 이 질문에 대한 대답은 둘 다 부정적이다. 연공급은 고도 성장기에 적합한, 그것도 기업별 체제에 조응하는 임금 체계다. 연공급은 기업의 수익논리에 종속당함으로써 임금의 양극화를 부추긴 요인이었다는 사실도 인정해야 한다. 보건의료노조가 산별 체제를 구축하고 임금 격차의 축소를 지향한다면 연공급이 갖는 한계는 분명하다. 저성장 체제에서 연공급은 더 이상 임금 인상의 화수분이 아니다.

연대라는 산별 정신, 동일가치노동 동일임금 원칙에 조응하는 임금 체계는 직무급이다. '동일가치노동'이란 노동 수행에서 요구되는 기술, 노력, 책임 및 작업 조건 등의 기준에서 볼 때 서로 비교되는 노동이 동일하거나 거의 같은 성질인 노동 또는 두 업무가 다소 다르더라도 직무 평가 등의 방법에 의해 본질적으로 동일한 가치가 있다고 인정되는 노동을 말한다(남녀고용평등업무처리규정, 개정 2010.6.22 예규 제622호).

직무급은 개별 기업이 아닌 산업 차원에서 직무 가치(성격)에 따라 임금이 결정되기 때문에 임금 격차를 해소하는 유효한 수단이 된다. 단체교섭이나 사회적 합의를 통해 초기업적으로 직무의 가치를 평가하고 산별 교섭에서 구체적인 임금 수준을 결정하는 방식이다. 전 산업을 대상으로 한꺼번에 시행하기가 어렵다면 특정 산업을 대상으로 시범적으로 도입할 수도 있다. 보건의료산업은 직종이 다양하지만 각 직무들이 비교적 명확한 직무 내용을 갖고 있어 직무 평가 도구개발에 유리한 환경을 가지고 있다(오계택 외, 2016). 게다가 특성 간 정액 임금의 격차가 크지 않으며 산별노조가 구축되어 있기도 하다. 이런 사실은 보건의료 업종에서 직무급의 도입과 같은 임금 체계 변화의 모델을 만들 수 있다는 기대를 높인다.

최근 보건의료 산업에서 직무 평가 요소와 하위 척도에 따른 점수법이 제

〈표 6-4〉 병원 종사자의 직무 가치 평가(예)

직종만	기술	책임	(환자 책임)	노력	작업 조건	전체
간호직	334	210	164	102	77	723
관리직	323	183	137	95	74	676
보건직	309	205	160	87	74	675
기능직	267	170	132	86	73	596
약무직	338	204	159	85	76	702
단순평균	320	198	153	96	75	690
직종반영 평균	314	194	151	91	75	674

자료: HM&Company(2016).

시되어 관심의 대상이 된다. 〈표 6-4〉는 성남시가 발주한 성남시의료원의 인사·보수 체계의 설계에서 연구진이 의료원 관계자의 도움을 받아 직무가치를 평가한 결과다(HM&Company, 2016). 먼저 직군은 의사직, 간호직, 약무직, 보건직, 관리직, 기능직 등 6개로 구분하며 의사직의 경우 직무급이 적용되지 않은 대신 성과연봉제가 적용된다. 일반직의 경우에는 직무급이 적용되는데 전체 임금은 기본급(직무급), 숙련급, 근속급, 직책급 등 네 가지로 구성된다. 직무가치의 평가요소로서는 기술과 책임, 노력, 그리고 작업조건을 도입했다. 책임이라는 항목에 사람 관리에 대한 책임 이외에도 환자 및 고객에 대한 책임 항목을 도입한 것은 특징이라고 할 수 있다.[2] 이 결과는 산별 차원에서 도입되는 직무급이 아니라는 점에서 산별 임금체계와 거리가 있는 것은 사실이다. 그렇지만 개별 병원 차원에서나마 직무급 도입이 실험된다면 그것이 병원의 임금체계 변화에 대해 지니는 의미는 적지 않을

---

[2] 오계택 외(2016)도 보건의료 산업을 대상으로 직무 평가 도구를 개발하고 있다.

것이다.

마지막으로 연대 임금의 형성과 관련해 지적할 사항은 산별 최저임금의 영향률을 높이고 나아가 이를 지자체의 생활 임금운동과 결합시켜 지역 공동체 노조주의로 발전시키는 방안이다. 보건의료노조는 금속노조와 더불어 산별 차원에서 최저임금을 도입한 대표적인 노조다. 그러면 보건의료 산별 최저임금의 영향률은 어느 정도인가? 2017년 산별최저임금은 법정 최저임금(6470원)에 100원을 더 붙인 6570원이다. 월 단위로 환산하면(주당 유급 주휴 8시간을 포함해 기준 시간은 209시간이다) 137만 3130원이 된다. "산별최저임금이 낮다보니 단체협약이 적용되는 노동자(조합원)에 대한 영향은 거의 없다. 다만 조합 밖의 요양보호사 등에 대해서는 간접적이거나 상징적인 영향은 있을 것으로 본다"(인터뷰). 낮은 조직률과 단체협약을 확산시킬 고리가 없는 상태에서 보건의료노조의 역할이 제한적일 수밖에 없다 하더라도 산별 최저임금에 기울이는 보건의료노조의 관심이 높지 않은 것도 사실이다.

최근 지자체에서 생활 임금이 급격히 도입되고 있다. 그렇다면 지자체와 손을 잡고 생활 임금 캠페인을 벌이는 방법도 있다. 일종의 공동체 노조주의[(community unionism) 이정희, 2014; Wills et al., 2004]라고 할 수 있다. 지자체로서는 이 캠페인이 생활 임금을 민간으로 확산시키는 전달벨트가 될 수 있다는 점에서 적극적일 것이다. 산별 최저임금을 생활 임금에 접근시키는 방안을 모색할 수도 있다.[3]

---

3) 참고로 서울시의 2017년 생활임금은 통상임금 기준 8,197원으로 법정최저임금 6,470원보다 26.7%, 1,727원이 높다. 월 기준으로는 171만 7,173원.

4. 의료 공공성 투쟁

1) 의료의 공공성

보건의료노조가 추구하는 공공성은 의료의 공공성으로 대표되며 이는 "돈 보다 생명을"이라는 구호로 상징성을 획득한다. 그럼 구체적으로 의료의 공공성은 무엇일까. 일반적으로 공공성은 실질적인 내용과 그것을 실현하는 절차적인 과정을 갖는데 의료의 공공성 역시 내용과 과정으로 나누어 살펴볼 수 있다(박태주, 2016 참조). 내용이라는 점에서 의료의 공공성은 사회적 약자가 의료서비스에 접근할 수 있는 시스템을 강화하는 것을 의미한다. 보건의료는 "건강을 보호하거나 향상시키는 데 필요한 건강 증진, 예방, 치료, 질병 관리, 재활 보호 등을 의미한다"(김창엽, 2013). 의료의 공공성에는 의료의 민영화·상업화의 저지, 공공 의료의 강화(지역 거점 공공 병원의 육성 등), 의료보험제도의 개선(건강 보험의 부담율 제고 등), 의료 서비스 질의 개선(인력 확충 등 근로조건의 개선 등), 사회적 의료 약자의 의료 접근권 보장(저소득층 의료 급여 제도 및 지리적 접근권 개선 등)등이 포함된다.

공공성에는 그것을 실현하는 과정이 포함되며 그 핵심은 참여다. 노조나 환자 그리고 시민사회가 이해 당사자로서 의료 정책을 결정하는 과정에 참여하는 것이 그것이겠지만 특히 노조(노동자)는 의사결정으로부터 직접적인 영향을 받는 내부의 이해 당사자다. 따라서 노조의 참여는 경제 민주주의와 의료 공공성을 동시에 실현한다는 의미를 지닌다.

의료의 공공성은 하나의 담론(discourse)이다. 만일 보건의료노조에 의료 공공성이라는 정형화된 이미지가 따라 붙는다면 보건의료노조의 운동은 사회로부터 승인되고 있음을 의미한다. 나아가 이는 보건의료노조가 정책 개입의 통로를 확보했음을 의미하기도 한다. "대중의 감정이 실려 있는 상징을 획득하는 사람이 그만큼 공공 정책으로의 진입로를 장악한다"(노이만, 2016). 보건의료노조가 추구하는 의료의 공공성이라는 담론이 사회적으로 승인되고 연대가 형성된다면 이는 노조의 관점에서도 경제적 가치를 실현하는 디딤돌이 될 수 있다. 의료의 공공성이 보건의료 노동자의 근로조건과 결합하는 '행복한' 경우에 해당된다.

최근 들어 의료의 공공성에 빨간불이 켜지고 있다. 그간 공적이라고 여겨 왔던 보건의료 서비스 분야에 영리성이 개입되고 민영화가 노골화되며 공공 의료는 질 낮은 서비스 상태를 벗어나지 못하고 있다. 메르스 사태가 공공 의료의 실상을 에누리 없이 보여줬다면 진주의료원 폐쇄는 공공 의료에 대한 공격이 시작됐음을 알리는 신호탄이다. 의료의 공공성을 위협하는 또 다른 요소는 의료의 민영화·상업화가 폭넓게 진행되고 있다는 점이다. 의료의 영리화와 민간 보험 회사의 도입, 의료 시장의 개방 등이 그 예에 속한다. '국제의료사업지원법'이 국회를 통과됐는가 하면 '서비스산업발전기본법'은 여전히 논란 중에 있다. 한편 병원 차원에서는 신경영 인사제도가 점진적으로 도입되면서 병원의 공공성을 위협하는 또 다른 요소가 되고 있다(윤영삼 외, 2010). 의료의 공공성은 현재 그것을 확장시키는 것이 아니라 축소되는 것을 막는 것이 당면 과제가 되고 있을 정도다.

의료 정책의 변화가 광범위하게 추진되면서 그것이 갖는 결정적인 문제는 정책의 수립과 추진 과정에서 이해 당사자들이 배제되고 있다는 점이다. 의료 민영화 정책만 하더라도 이를 추진하려는 일부 의료 서비스 공급자와 기획재정부나 보건복지부 중심의 정부 관료, 민간 보험 회사로 대변되는 대자본의 입김이 강하게 반영되는 반면 노동계나 시민사회 진영은 배제되고 있다(신영전, 2010). 의료 정책에 대한 노조의 배제는 노동 정책에 대한 노동의 배제와 함께 이뤄짐으로써 노조는 이중적으로 배제된다. 건강 정책 형성 과정에 민주적인 참여가 중요하다는 것은 두말할 나위도 없다. 민주주의는 건강에 이롭고 참여는 사람을 건강하게 만든다(김창엽, 2013).

의료 공공성이 그것을 실현시킬 수 있는 절차적인 과정을 기본으로 한다면 여기에는 단체교섭 이외에도 정부의 의료 산업 정책에 대한 개입과 병원의 사회적 책임을 담보하는 경영 참가도 의료 공공성의 차원에서 해석할 필요가 있다. 이하에서는 산업 차원의 사회적 대화와 경영 참가를 중심으로 살펴본다.

2) 사회적 대화

노조가 산업 정책에 민주적으로 참여하는 대표적인 수단의 하나는 사회적 대화다. 산별노조가 갖는 중요한 역할의 하나는 그것이 사회적 대화의 전진기지가 될 수 있다는 점이다. 사회적 대화는 원칙적으로 산별노조를 전제로 한다. 의사결정의 대표성과 합의된 의사의 순응 문제를 해결할 수 있는 장치가 산별노조다. 또한 사회적 대화를 형성하는 동력 역시 산별노조에서 끌어내기가 용이하다. 노조가 사회적 대화에 주력하는 것은 그것이 정부의 산업·노동 정책에 개입하는 통로이자 사회적 실천을 도모하는 수단이 될 수 있기 때문이다.

한국에서 사회적 대화는 파행을 거듭해왔다. 사회적 대화의 주된 설계자인 정부가 기울어진 운동장을 빌미삼아 노동을 대화의 파트너로 인정하지 않은 탓이다. 그런데 노사정위원회가 식물기구로 바뀌었다는 사실이 중위 차원의 사회적 대화(지역·업종이나 특정 의제를 중심으로 하는 사회적 대화)가 불가능하다는 사실을 말하는 것은 아니다.

중위 수준의 사회적 대화는 산업이나 지역 차원에서 이뤄지는 참여적 의사결정 과정이라는 점에서 의미를 갖는다. 그간 사회적 논의는 중앙 수준의 사회적 대화에 집중되면서 중위 수준의 사회적 대화는 간과되어왔다. "글로벌 시장의 압력하에서 사회적 합의제는 분권화 트렌드를 보이고 있다"는 건 선학태(2011)의 지적이다. 2015년 공무원 연금이 국회 차원의 사회적 대화 기구에서 타결되었다는 점이나 최근 지역 차원의 사회적 대화 체제가 통합 거버넌스를 통해 일자리 창출에 나선 것도 같은 맥락이다.

지역 차원의 사회적 대화는 '노사관계 발전지원에 관한 법'에 힘입어 지역 노사민정협의회라는 이름으로 추진되었다(어기구 외, 2014). 그러나 업종별 협의회는 법제도적 뒷받침조차 받지 못한 채 노사정위원회의 하부단위(특위)로 배치되어 왔다. 산별 노조의 발전이 뒤떨어진 탓도 크다. 산별 차원의 사회적 대화는 산하 조직에 대한 통제력과 대표성이 있는 노사의 조직된 힘을 필요로 한다. 또한 산별 차원의 사회적 대화는 산별 차원의 교섭을 보완하는 장치다. 따라서 산별 교섭 제도가 정착되지 못한 상황에서 산업 차원의 사회적 대화는 어렵다. 이런 점에서 보건의료산업은 산업 차원의 사회적 대화를 추진하는 데 유리한 조건을 갖추고 있다.

사회적 대화는 노조가 교섭이라는 경제적인 활동을 벗어나고 기업이라는 울타리를 넘어 사회 속에서 시민권을 획득하는 과정이다. "돈보다 생명을"이라는 기치는 여기서 제 의미를 갖는다. 사회적 대화는 이해 당사자의 참가라는 점에서 민주주의를 실현하고 보건의료 서비스의 민영화·상업화를 저지하는 수단이 된다.

사회적 대화 체제는 보건의료노조가 산업 차원에서 실현시키지 못하고 있는 정책 참가 수단의 하나이지만 보건의료노조가 지속적으로 추진해온 과제이기도 하다. 비록 정부의 거부로 무산됐지만 "의료 공공성 강화를 위한 보건의료산업 노사정위원회"를 구성하는 일은 2004년부터 2008년에 걸쳐 산별 교섭에서 합의하기도 했다. 이와 별개로 보건의료노조는 "서울지역 보건의료노사정협의회"(가칭)의 구성을 추진하고 있다. 비록 지역 차원의 제한된 사회적 대화 기구라고 하더라도 이는 지역 의료 거버넌스를 구축하고 지역 차원에서 의료의 공공성을 통해 노조와 공동체와 만나는 계기가 될 수 있다.

3) 경영 참가

의료 공공성을 실현하는 또 하나의 영역은 각 병원이 영리 추구에서 한 발 물러나 사회적 책임을 이행하는 일이다. 노조의 경영 참가와 관련해 특히 강조하고 싶은 부분은 그것이 병원의 사회적 책임을 이행하게 만드는 수단이 된다는 점이다. 실제로 보건의료계에서 병원의 사회적 책임은 주로 의료의 공공성이나 건전한 보건의료 노사관계 정립 등 산업 수준의 이슈로 다루어져왔다. 개별 병원 수준에서 병원의 사회적 책임은 제대로 논의조차 되지 못했다. 이에 따라 병원 소유주와 경영진, 노동자와 노동조합, 환자와 가족, 지역사회 등 병원의 다양한 이해 당사자는 단순히 보건의료 서비스 시장에서의 공급자와 소비자로만 존재할 뿐 병원의 사회적 책임을 규정하고 실행하는 일은 외면해왔다. 병원은 국민의 건강과 생명을 담당하고 있는 공익적 서비스 영역으로서 병원(공급자), 환자(소비자), 노동자, 지역주민 등 다양한 이해 당사자가 긴밀히 연계해 사회적 책임을 선도해야 할 영역이다(임상훈 외, 2012).

노동자가 내부의 핵심적인 이해 당사자로서 경영에 참가하는 대표적인 수단은 경영 참가다. 이는 노조가 의사결정 과정에 대한 참여를 통해 공공성의 절차적 민주주의를 실현한다는 의미를 갖는다. 공장 문 앞에서 멈춘 민주주의를 공장 안으로 끌고 들어오는 역할을 하는 것이다.

기업 차원에서 이뤄지는 경영 참가(공동 결정 제도)는 산별 체제로 인해 공동화된 기업 차원의 노조조직과 활동을 보완한다는 의미도 갖는다. 가령 독일의 사업장협의회(works council)는 한편으로는 산별 협약의 이행을 감시하거나 기업 협정을 체결하는 일을 담당하고 다른 한편으로는 기업의 의사 결정 과정에 참여하는 수단이 된다. 이런 점에서 공동 결정 제도는 산별 체제의 일환이다. 단체교섭이 기업의 바깥으로 빠져나감으로써 비로소 경영 참가가 제 발로 선다. 기업 차원에서 경영 참가 제도는 노동 이사제와 사업장 협의회라는 두 축을 통해 완성된다. 사업장 협의회가 일상적인 차원에서 경영에 참가하는 방안이라면 노동 이사제는 전략적인 차원에서 경영에 참가하는 방안이다(배규식 외, 2015).

노조의 경영 참가와 관련해 주목받는 부분은 서울시 투자·출연 기관에 공동 결정 제도를 도입하려는 서울시의 실험이다. 서울시 의회는 2016년 9월, 100인 이상 공공기관에 근로자 이사(비상임이사) 한두 명을 도입하는 '서울특별시 근로자이사제 운영에 관한 조례'를 통과시켰다(여기에는 지방 의료원인 서울 의료원도 포함된다). 근로자 이사는 종업원으로부터 직접 선출된다(박태주, 2016 참조).

5. 맺음말

산별 체제의 구축에 한국 노동운동의 미래가 달려 있다는 말은 허튼 말이 아니다. 그렇다고 한국에서 산별 체제는 가능하지 않다는 절망의 언어도 가벼이 넘길 수 없다. 대공장·정규직 노조에서 보이는 '집단이기주의'는 이제

노조의 유전자(DNA)로 비춰질 지경이다. 연대가 없는 산별 체제란 네모난 동그라미만큼이나 형용모순이다. 이런 상황에서 산별 체제의 모범을 창출하는 일은 보건의료노조를 위해서뿐 아니라 한국 산별운동의 재도약을 위해서도 필수적인 과제가 되고 있다.

이 장에서는 산별 체제를 산별노조를 가로대로 삼아 산별 교섭 체제와 산업·업종 차원의 사회적 대화 그리고 기업 차원의 경영 참가 제도를 배치한 구조물로 정의했다. 기존의 '산별 체제 = 산별 교섭 체제'로 바라보는 시각을 거부한 것이다. 산별 체제가 내부적으로는 연대를 성취하고 외부적으로는 공공성을 추구한다면 이는 산별 교섭 체제를 뛰어넘는다. 산업 정책에 대한 개입을 중시한다면 사회적 대화는 필수적이다. 또한 경영 참가는 그것이 경제 민주화를 실현하는 수단이자 동시에 이해 당사자주의를 바탕으로 기업의 사회적 책임을 실현하는 수단이 된다. 산별 체제를 꿰뚫는 정신은 연대다. 연대의 정신이 노동운동의 노선으로 모습을 드러낸 것이 사회운동 노조주의, 혹은 그것의 공공적 표현인 공공서비스 노조주의라고 할 수 있다.

보건의료노조는 짧은 중앙 산별 교섭 시기를 거쳐 현재 (일부) 특성별 차원에서 산별 교섭이 진행되고 있다. 산별 교섭 구조를 갖추려면 사용자를 유인·압박해 그들을 교섭 테이블로 불러내야 한다. 지속 가능한 교섭 구조를 만들려면 사용자 단체의 구성도 중요하다. 따라서 교섭 구조를 설계하는 과정에서 사용자들의 선호를 반영하지 않을 도리는 없다. 교섭 구조는 노사의 선호와 그것을 뒷받침하는 힘의 관계에 의해 결정된다. 사용자가 산별 교섭을 선호하는 이유로는 교섭 비용의 절감과 산업 평화의 확보, 교섭 의제 설정 등을 들 수 있다. 최근에는 유연하고 분권화된 교섭 구조에 대한 사용자의 관심이 늘어나고 있다. 이 장이 '조정된 분권화'에 주목하는 이유다.

산별노조가 내부적으로 연대를 추구한다면 이는 형평성의 실현으로 나타난다. 그 대표적인 표현이 산별 교섭을 통한 연대 임금의 실현이다. 산별노조가 임금 평준화를 목표로 삼는다면 단기적으로는 대병원의 임금 인상 자제 및 인원 확충과 중소 병원의 임금 인상을 차별적으로 배치하는 방안이 있다. 중장기적으로는 산별 임금 체계를 확립하는 일이다. 이는 기존의 연공급(호봉급) 체계에 더해 직무급이나 직능급, 성과급 요소를 어떻게 도입하는지에 대한 문제다.

산별노조가 내부적으로 연대 임금을 지향한다면 외부적으로는 사회 개혁, 즉 의료 공공성을 지향한다. 의료 공공성은 의료의 시장화(민영화, 영리화)를 저지하고 사회적 약자들의 의료 접근성을 높이되 그 과정에 노동조합이 참여하는 것을 말한다. 그간 의료 공공성이 산업 차원에서 보건의료 정책에 초점을 맞춰왔다면 병원 차원에서 노조의 경영 참가도 병원의 사회적 책임을 감시하고 감독한다는 점에서 검토의 대상이다.

한국 경제가 새로운 패러다임을 구축하는 과정에서도 산별의 역할은 필수적이다. 가령 수출과 부채 대신 내수를 성장의 동력으로 삼아야 한다면 그 전제 조건은 임금격차를 해소하고 일자리를 늘리는 한편 복지사회를 건설해 사회 보장 지출을 늘리는 일이다. 그런데 많은 사람들은 이를 '개혁적인 정권'이 '위로부터의 개혁'을 통해 달성할 수 있는 것으로 인식해왔다.

개혁은 위로부터의 노력만으로 가능하지 않다. 그것이 실현되더라도 권위주의 내지 온정주의의 속성을 벗어나지 못한다. 아래로부터의 동원과 참여가 결여되었을 때 그것은 좌절되거나 왜곡될 수 있다. 누가 뭐래도 노동조합은 최대의 대중 단결체로서 아래로부터의 힘을 대표한다. 이 과정에서 노동조합이 아래로부터의 힘을 대표하는 주체로 자리매김해야 한다면 이는 연대에 바탕을 둔 산별 체제의 구축에 달려 있다고 해도 과언이 아니다.

병원에 전문직 여성들이 다수 근무한다고 해서 성차별이 없다고 하기는 어렵다. 병원이 갈라파고스의 섬이 아닌 한 차별은 일종의 공기처럼 병원 내에도 보이게, 보이지 않게 만연해 있을 것이다. 여러 가지 차별을 동시에 겪으면 더 힘겨워진다. 평등하지 않으면 불평등하다. 덜 불평등한 것은 없다. 차별이 많이 없어졌다고 차별이 아예 없다는 것은 어불성설이다. 여성들이 차별에 여과 없이 노출되고 있고, 차별을 일상적으로 경험한다고 해서 차별에 익숙해지는 것은 아닐 것이다. 차별받는 사람으로서 차별에 대해서는 더 예민하고 다른 사람의 차별에 대한 공감 능력이 더 뛰어나다고 볼 수 있다.

여성이라는 이유만으로 차별을 받아야 한다면 다른 차별에 대해서도 민감할 것이라고 미뤄 짐작할 수 있다. 차별의 뿌리가 인간에 대한 수단적 이해에 바탕을 두고 있기 때문이다. 성차별뿐 아니라 고용 형태에 대한 차별, 정규직 내에서의 차별, 직장 내에서의 차별이 반드시 달라야 할 이유는 없다. 기득권의 피해자로서 느끼는 공감이 있다면 자신이 받는 차별을 다른 형태의 차별로 남에게 떠넘길 수는 없다. 차별이 사회적인 현상이라면 각자가 떠맡은 자리에서 각개전투로 대처할 일은 아니다. 차별을 없애는 것이 노동조합의 주요한 역할이 되어야 하는 이유다. 차별을 벗어나려는 노력이 연대라고 한다면 이것이야말로 보건의료노조에 대해 산별 체제의 실현을 기대하는 핵심적인 이유다.

참고문헌

김유선. 2016.「보건업 고용 및 노동조건 분석」. 보건의료노조 제출문.

김창엽. 2013.『건강할 권리』. 후마니타스.

노동전문가 33인. 2013.『왜 다시 산별노조인가』. 매일노동뉴스.

노이만, 엘리자베스 노엘레(Elisabeth Noelle Neumann). 2016. 김경숙 옮김.『침묵의 나선』. 사이.

달링턴, 랠프(Ralph Darlington). 2015. 이수현 옮김.『사회변혁적 노동조합운동』. 책갈피.

달, 로버트(Rober Dahl). 2011. 배관표 옮김.『경제민주주의에 관하여』. 후마니타스.

박태주. 2009.「금속산별 중앙교섭의 경과와 결정요인: 현대자동차 사례」.≪경제와 사회≫, 제83호.

_____. 2010.「사회운동적 노동조합주의를 통해본 노동운동 재생전략과 과제: 전국 공무원노동조합의 사례를 중심으로」.≪산업노동연구≫, 제16권 제2호.

_____. 2016.「한국에서 '근로자이사제'의 도입은 어떻게 가능한가: 서울시 투자·출연기관의 시도를 중심으로」.≪노동법포럼≫, 제19호.

박태주 외. 2013.『교원노사관계 현장사례연구: 단체교섭을 중심으로』(미발간). 고용노동연수원.

배규식. 2008.「유럽국가들의 산별교섭의 성립조건과 교훈」. 한국노동연구원,≪국제노동브리프≫.

배규식 외. 2015.『서울시 투자출연기관 참여형 노사관계 모델 도입방안 연구』. 서울특별시.

선학태. 2011.『사회적 합의제와 합의제 정치』. 전남대학교 출판부.

신영전. 2010.「'의료민영화'정책과 이에 대한 사회적 대응의 역사적 맥락과 전개」.≪상황과 복지≫, 제29호.

어기구 외. 2014.『통합거버넌스모델 확대 및 활성화 방안: 지역노사민정협의회를 중심으로』. 한국노총 중앙연구원.

오계택 외. 2016.『초기업단위 직무평가 개발방안 연구』. 한국노동연구원.

윤영삼·심영옥·손헌일. 2010.「병원공공성에 대한 신경영인사제도의 영향」.≪산업노동연구≫, 제16권 제2호.

이상헌. 2014.「소득주도성장: 이론적 가능성과 정책적 함의」.≪사회경제평론≫, 43호.

이승협. 2008.「독일 단체교섭체계의 구조와 변화」. 배규식 외.『유럽의 산별 단체교섭과 단체협약 연구』. 한국노동연구원.

이정희. 2014.「영국에서의 새로운 노동이해대변방식: 공동체 노조주의의 확산」. 한국노동연구원,≪국제노동브리프≫, 12월호.

이주호. 2016. 「보건의료노조 산별운동 현황과 과제」 고대 산별연구 워크숍 발표자료.

이철승. 2016. 「산별노조운동의 성과와 한계: 사업 내 그리고 산업 간 임금 및 사회보험의 불평등 추이」. 전병유·신진욱 엮음. 『다중격차: 한국사회불평등 구조』. 페이퍼로드.

임상훈 외. 2009. 「한국적 유연조정 산별교섭의 양상과 전망: 금융산별교섭 사례를 중심으로」. ≪산업관계연구≫, 제19권 제2호.

_____. 2012. 『좋은 병원 만들기 모델연구: 보건의료 ISO 26000 실행기준 마련』. 전국보건의료노동조합.

전국보건의료노동조합. 2016. 『2015년 보건의료 노동자 실태조사』.

전인·서인덕. 2009. 「금속 및 보건의료산업의 사용자단체 구성과 산별교섭 대응」. ≪산업관계연구≫, 제19권 제1호.

정동관. 2015. 『산별직무급의 이론과 실제』. 한국노동연구원.

정이환. 2016. 「산별노조와 노동시장 불평등: 보건의료노조의 노동시장 정책」. 경노회 발제문(2016.8.27).

정주연. 2008. 「산별교섭으로의 전환의 장애물들: 국제비교적 시각의 분석」. 은수미·정주연·이주희. 『산별노사관계, 실현가능한 미래인가?』. 한국노동연구원.

홍주환. 2014. 「한국공무서비스노조운동에 관한 연구: 공무노동자의 사회적 지위-정체성 결합구조의 효과」. 서울대학교 대학원 박사학위논문.

황현일. 2012. 「사회운동 노조주의 연구의 쟁점과 과제」. ≪산업노동연구≫, 18권 1호.

HM&Company. 2016. 「성남시의료원 인사·보수체계 수립 연구」.

Marginson, P. 2015. "Coordinated bargaining in Europe: From incremental corrosion to frontal assault?" *European Journal of Industrial Relations*, Vol 21, Issue 2.

Sisson, K. and Marginson, P. 2002. "Co-ordinated Bargaining: A Process for Our Times?" *British Journal of Industrial Relations*, Vol 40, Issue 2.

Lavoie, M. and Stockhammer, E. 2012. *Wage-led growth: Concept, theories and policies.* International Labour Office.

Traxler, F. 2003. "Coordinated bargaining: a stocktaking of its preconditions, practices and performance," *Industrial Relations Journal* 34: 3.

Visser, J. 2012. "The rise and fall of industrial unionism." *Transfer: European Review of Labour and Research*, 18:2.

Wills, J. and M. Simms. 2004. "Building reciprocal community unionism in the UK." *Capital & Class* 82.

제7장

최저임금과 단체교섭*

이정희 | 한국노동연구원 부연구위원

1. 들어가며

이 장은 노사관계 제도의 포괄성(inclusiveness)과 최저임금의 상관관계에 주목한다. 고티에와 슈미트(Gautié and Schmit, 2010)는 저임금 노동에 관한 시리즈 저작물의 대표작인 『부유한 세계(나라들)에서의 저임금 노동(Low-wage Work in the Wealthy World)』에서 시장 논리가 아니라 '제도'가 한 사회의 임금 수준과 저임금층 비중을 결정한다고 주장한다. 조직률과 단체협약 적용 범위 등과 같은 노사관계 제도, 법정 최저임금의 존재와 임금 수준, 직업 훈련, 사회 임금 유무, 고용보호법 유무와 적용 범위 등과 같은 제도의 포괄성이 높으면 높을수록 저임금층의 임금 수준이 높고 따라서 소득 불평등은 낮아진다는 것이다. 그렇다면, 한국 노사관계 제도의 포괄성 정도는 최저임금 수준과 영향률에 어떤 영향을 미칠까?

---

* 이 글은 2015년 11월 개최된 한국노동연구원 개원 27주년 기념 국제컨퍼런스 '임금, 소득 분배 그리고 성장'에서 발표된 원고를 수정 및 보완한 것이다.

한국은 법정 최저임금제(Statutory minimum wage)를 채택하고 있다. 적용 대상은 1인 이상 전 사업장 모든 근로자들로, 제도의 포괄성은 높다. 최저임금은 노동계, 경영계, 전문가 대표들로 구성되는 3자 기구에서 결정되기 때문에 집중성(centralisation)도 높다고 볼 수 있다. 하지만 다른 나라와 비교할 때 최저임금 수준은 낮다. 2013년 기준, OECD 평균(시간당 6.9달러)보다 낮은 4.4달러이다(김유선, 2015a). 준수율도 낮다. 2016년 기준 최저임금 미달자는 전체 노동자의 13.6%인 266만 명이다(김유선, 2016). 이처럼 한국의 최저임금은 제도의 형식적인 포괄성과 집중성은 높은데 실질적 수준과 준수율은 매우 낮다. 이 장은 노사관계 제도 가운데 특히 단체교섭을 중심으로 이 미스매치(mismatch)를 설명하고자 한다.

그림쇼 외(Grimshaw et al., 2014)는 각 나라마다 최저임금 정책이 변화하고 있고 정부의 목적도 경합하고 있는 가운데, 노사의 임금 교섭 전략이 최저임금 정책의 임금 공정성(pay equity) 효과에 중요한 영향을 미친다고 주장한다. 이들은 최저임금과 단체교섭이라는 제도 간의 긴장(tensions)과 보완(complementarities) 관계는 나라마다, 부문마다, 기간이 경과함에 따라 다르게 나타난다고 본다. 또한 정부와 사회적 파트너들 간의 행위와 이해에 주목하면서 제도 간의 상관관계를 특징짓는 네 가지 요인을 제시하고 있는데, 최저임금의 수준, 사회적 대화, 정부의 최저임금 정책, 최저임금 준수 여부이다. 이 장은 이 네 가지 요인을 중심으로 한국에서 단체교섭과 최저임금이 어떤 관계를 보이는지 살펴본다. 이를 통해 한국에서는 이 두 제도가 서로 보완하거나 긴장 관계에 있다고 설명하기도 어려울 정도로 외떨어져 있음(isolated)을 보여준다. 이는 낮은 조직률과 주로 기업 단위로 분권화되어 있는 단체교섭 구조, 낮은 협약 적용률, 공익 주도의 형식상의 3자 기구 운영 방식 등으로 설명된다. 결국 이 같은 유형의 관계에서는 긍정적인 임금 공정성(pay equity)을 꾀하기 어렵다는 점을 확인시킨다. 이 논의는 고티에와 슈미트(Gautié and Schmit, 2010)의 주장과 맞물려 한국과 같이 노사관계 제도의 포괄성이 낮은 곳에서는 저임금 노동자들의 임금 수준도 낮고 소득 불평등도는 높다는 것으로 이어진다.

이 장의 구성은 다음과 같다. 2절에서는 한국의 최저임금 수준을 국제비교 관점에서 살펴보고 단체교섭을 통한 임금 수준과 비교한다. 3절에서는 최저임금 논의 방식에 주목한다. 형식상 노·사·공익 세 주체가 참여하는 위원회에서 누가, 어떤 방식으로 최저임금 결정에 영향을 미치는지를 살펴본다. 4절에서는 정부 정책 기조와 목표가 최저임금 수준과 인상률은 물론 최저임금 준수율에 어떻게 영향을 미치는지 분석한다. 이어 5절에서 연구 결과를 요약하고 정책적 시사점을 모색해본다.

2. 최저임금 수준

최저임금과 단체교섭 제도 간의 상관관계를 특징짓는 네 가지 요인 중 첫 번째는 최저임금 수준이다. 그림쇼 외(Grimshaw et al., 2014)는 지나치게 낮은 법정 최저임금은 단체협약에 의해 높게 설정된 최저임금 수준을 낮추거나 그것과는 관계없는 것으로 여겨지는 반면 지나치게 높게 설정된 최저임금은 저임금 노동자들이 노조에 가입할 유인을 떨어뜨리는 요인으로 작동한다고 주장한다. 후자의 경우, 노조를 통한 최저임금 인상의 기대를 낮추기 때문에 굳이 노조에 가입할 필요는 못 느낀다는 것이다(Brown, 2009). 한국은 상대적으로 낮은 최저임금에, 최저임금과는 외떨어진 단체교섭 제도를 가진 나라로 요약된다. 한국에서는 산업·업종별 교섭이 활성화되어 있지 않기 때문에 단체교섭을 통해 최저임금을 결정하는 사례가 많지 않고, 최저임금이 노조 가입률에 큰 영향을 미치고 있다고 보기 어렵다.

한국의 최저임금 수준은 OECD 회원국 가운데 중하위권이다. 김유선의 연구(2015a)에 따르면, 2013년 OECD 회원국 평균 시간당 최저임금은 6.9달러인데, 한국은 이보다 2.5달러 낮은 4.4달러이다. 법정 최저임금제를 실시하고 있는 25개 회원국 중 15위다. 각국의 물가 수준을 함께 반영한 구매력지수(PPP)를 사용해도 한국은 OECD 평균(6.9달러)에 못 미치는 5.3달러이다. 다행인 것은 풀타임 노동자의 평균임금 대비 최저임금 수준은 계속 증가해왔다는 점이다. 2000년 22.0%에서 2013년 35.2%로 증가했다. 증가 추세는 OECD 국가들에서 공통으로 나타나는 현상(OECD 평균, 같은 기간 36.5%에서 38.6%)이지만 한국에서의 증가세가 가파르다. 그럼에도 이 수준은 법정 최저임금제를 실시하고 있는 OECD 25개 회원국 중 17위다. 비교 대상을 34개 회원국 전체로 확장하면 한국의 최저임금 수준은 26위로 더 떨어진다. 김유선(2015a: 9)은 "평균임금 대비 최저임금 비율이 높을수록 임금 불평등과 저임금계층이 적다"고 주장하면서 최저임금이 임금 불평등과 저임금에 효과적으로 대처할 수 있는 정책수단이라는 멧커프(Metcalf, 1999)의 주장을 지지한다. 그렇다면 한국의 최저임금은 임금 불평등과 저임금 해소에 어떻게 대응하고 있을까?

한국에 최저임금이 적용되기 시작한 것은 1988년의 일이다. 처음으로 고시된 최저임금은 시급 462.5원이었는데, 10인 이상 제조업 사업장 노동자 227만 명이 적용 대상이었다. 영향률도 4.2%로 아주 낮았다. 1990년에 최저임금 적용 대상이 10인 이상 전 산업 사업장으로 확대됐지만 시급 690원이었고, 영향률은 4.3%이었다. 전 산업 1인 이상 모든 사업장에 적용되기 시작(2001년)한 이후 2002년 최저임금이 사상 처음으로 2000원을 넘긴 시급

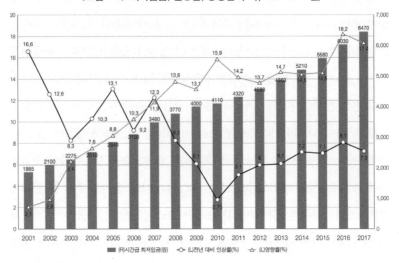

〈그림 7-1〉 최저임금, 인상률, 영향률 추이(2001~2017년)

■ (R)시간급 최저임금(원) ─○─ (L)전년 대비 인상률(%) ─△─ (L)영향률(%)

자료 : 최저임금 위원회, 『임금실태조사보고서』, 각 년도.

2100원으로 책정되었지만 영향률은 2.1%로 미미했다. 하지만 전년 대비 최저임금 인상률이 16.6%(2001년), 12.6%(2002년) 등 10%가 훌쩍 넘거나 그에 육박하는 수준의 인상률이 지속되면서 2003년에 최저임금 수혜 근로자가 100만 명을 돌파(132만 명)했고, 2006년엔 영향률이 사상 처음으로 10%를 넘었다. 최저임금 영향률은 시급 4110원이 적용된 2010년에 15.9%로까지 높아졌다. 이후 약간 낮아지긴 했지만 13~14% 수준을 유지하다가 시급 6030원이 적용된 2016년 영향률이 18.2%로 사상 최고치를 경신했고, 2017년에 17.4%를 기록했다(〈그림 7-1〉 참조).

이 같은 법정 최저임금의 수준은 노사 교섭을 통해 결정되는 임금의 수준과 어떤 관계가 있을까? 결론부터 말하면 아주 미미한 영향을 미칠 뿐 거의 별개의 제도로 기능한다. 이는 낮은 조직률과 조직률과 거의 유사한 수준의 낮은 단체협약 적용률에서 기인한다.

잘 알려진 것처럼 한국의 노조 조직률은 낮다. 1989년(19.8%)을 정점으로 계속 떨어졌다. 2004년 이후 10%대로 감소해 2010년 9.8%를 기록했다가 2011년에 10%대를 회복해 10%에서 정체되어 있다. 2015년 말 기준 10.2%다. 전체 노동자 10명 중 1명만 노조에 가입해 있다는 말이다. 낮은 조직률보다 더 심각하게 봐야 할 것은 조합원 분포에서 기업 규모 간, 부문 간, 고용 형태별 격차가 그대로 반영되어 있다는 점이다. 노동조합 조직 현황(고용노동부, 2016)을 보면, 2015년 말 기준, 300인 이상 사업체 조직률은 62.9%이지만 30인 미만 사업체의 경우 조직률 0.1%다. 부문별로 보면, 공공 부문에서의 조직률이 높다. 공무원과 교원 부문은 각각 66.3%, 14.6%인 반면 민간 부문은 9.1%다. 고용 형태별 조직률의 격차도 심하다. 정규직은 20.0%인 반면 비정규직은 1.8%다(김유선, 2016). 10배 이상 차이가 난다.

결국 대규모 기업에 종사할수록, 상대적으로 고용과 임금의 안정성을 누리고 있는 정규직일수록 조직률도 높다는 것이다. 이는 단체협약의 확장성이 낮고, 단체교섭 역시 압도적으로 기업 단위로 분권화되어 있는 한국에서 최저임금 선에 놓일 가능성이 높은 소규모 사업장 종사자, 비정규직 등은 단체교섭을 통한 임금 인상 효과를 누리기 어렵다는 것을 확인시켜 준다. 오히려 매년 조정되는 최저임금 그 자체가 자신들의 임금이 되는 경우가 적지 않다. 클라버런(van Klaveren, 2015)은 노동조합이 법정 최저임금을 임금교섭의 대체재(substitute)로 활용하는 경향이 있다고 했는데, 한국에서는 노동조합보다는 주로 저임금 노동자들을 고용하고 있는 사용자에게서 이러한 경향성이 확인된다. 반면 노동조합으로 조직된 노동자들은 교섭을 통한 임금 인상뿐 아니라 최저임금 인상에 따른 기준 시급 인상 효과도 일정 부분 누리고 있다. 파급효과(ripple effect)는 저임금층이 아니라 이미 최저임금보다 높은 임금을 받고 있는 '조합원'들에게 돌아가는 셈이다. 이처럼 노동조합이 실제 조직하고 있는 노동자들의 범위 안에 최저임금선 노동자들이 포함되어 있는 정도가 너무 낮기 때문에 실제 일부에서는 최저임금 결정 논의에 참여하는 노동 진영의 대표성 문제까지 거론한다. 법으로 정한 권리마저도 누리지 못하는 '노동자 계급 일반(working class in general)'의 문제를 주로 '조합원(union members)' 이해를 대변하는 노동조합 진영이 제대로 반영하고 있지 못하고 있다는 비판이다. 또한 단체교섭이 주로 기업 단위에서 이루어지고 있는 가운데 노조들의 연대 활동도 임금과 근로조건의 표준화라는 목표를 가진 연대라기보다 시혜적 의미의 지원에 그치고 있다는 지적도 제기된다. 따라서 그림쇼 외(Grimshaw et al., 2014)의 분류법에 따르면, 한국은 단체협약 적용률이 낮고 확장성이 약해 법정 최저임금이 저임금 부문에 지배적인 영향을 미치는 '외떨어진 최저임금(isolated minimum wage)' 유형[1]으로 분류된다.

낮은 노조 조직률과 단체협약 적용률, 대표성 축소 등에 따른 노동운동 위기는 다양한 조직화 노력, 기업 단위를 넘어서는 조직 형태와 영향력 확장 노력을 촉발시켰다. 산별노조 운동이 대표적이다. 1998년 보건의료노조를 필두로 금융노조, 금속노조 등 산업별 노동조합이 출범했다. 2015년 말 현재 산별노조와 같은 초기업노조에 소속된 조합원들은 56.7%(110만 명)로 절반이 넘는다(고용노동부, 2016). 하지만 대개의 교섭은 여전히 기업 단위로 이뤄지고 있다. 이처럼 단체교섭과 노조 운영의 집중화가 낮다는 이유로 한국의 산별노조 운동은 '조율되지 못한 집중화(Disorganized centralization)'[2] (Lee, 2011: 768)로 평가된다. 이 같은 상황에서 일부 산별노조가 교섭에서

---

1) 이 유형에 속하는 국가는 영국이 대표적이다.
2) 저자는 이 개념을 서구 산별노조의 '조율된 분권화(organized decentralization)'에 대당한 의미로 사용하고 있다.

산업별 최저임금을 결정하고 있다는 점은 특기할 만하다.

산별교섭을 통해 최저임금이 합의된 것은 지난 2004년 금속노조와 보건의료노조 중앙교섭 때가 처음이다. 당시 금속 노사는 '금속산업 최저임금 및 영세사업장 정부지원 대책 노사공동요구'라는 항목의 합의를 통해 최저임금을 월 통상임금 70만 600원과 통상 시급 3000원 중 높은 금액으로 적용키로 했다. 적용 대상은 금속 산업에 종사하는 노동자 모두라고 명시했다. 간접고용 노동자와 이주 노동자들에게도 최저임금과 동일하게 적용하는 것을 원칙으로 한다고 합의했다. 같은 해 보건의료노사 역시 월 평균 정액 급여의 40%를 산업별 최저임금으로 정하기로 했다. 당시 수준으로 정액 급여의 40%는 월 68만 1728원으로 금속 노사합의안과 비슷한 수준이다. 물론 간접고용 비정규직 모두를 적용 대상에 포함시켰고, 산별 합의보다 더 높은 액수의 최저임금이 지부 단체협약에 합의되어 있으면 지부 합의를 우선키로 했다. 이후에도 양 노조는 산별교섭 합의를 할 때마다 산별 최저임금에도 합의했다. 산별 노사관계가 여전히 취약하고 정부 주도, 사용자 우위, 혹은 기업 내 분배를 둘러싼 갈등으로 요약되는 한국 노사관계 상황에서 산업별 최저임금을 단체교섭을 통해 결정한다는 것은 진일보한 일임에 틀림없다. 하지만 이 역시도 취약한 산별 노사관계를 그대로 반영하고 있다.

산별 최저임금 액수는 〈표 7-1〉에서 보듯이 법정 최저임금을 약간 웃도는 수준이다. 물론 긍정적이다. 하지만 최저임금과의 간극은 연도마다 차이는 있으나 확대되는 추세가 아님은 분명하고, 합의 과정도 차기 연도 적용 최저임금이 결정된 뒤 여기에 얼마를 더 하는 모양새를 취하고 있어 산업별 노동시장의 특성을 반영한 산별 최저임금이라고 보기는 어렵다. 이는 현재 진행 중인 산별 교섭이 사용자들의 거부 혹은 미온적 태도, 법·제도적 제약 등의 이유로 명실상부한 단체교섭으로 기능하고 있지 못한 현실을 반영한

<표 7-1> 전국 단위 법정 최저임금과 산별 최저임금(단위: 원)

연도	2005	2006	2007	2008	2009	2010	2011
법정 최임	2840	3100	3480	3770	4000	4110	4320
보건	평균 급여 40%	n.a.	n.a.	n.a.	4100	n.a.	4400
금속	3000	3280	3570	3840	4080	4200	4400

연도	2012	2013	2014	2015	2016	2017	
법정 최임	4580	4860	5210	5580	6030	6470	
보건	n.a.	5000	5300	n.a.	6150	6570	
금속	4670	4960	5310	5710	6140	6600	

주: 비교 대상은 시간급이다.

것으로 보인다.

또한 적용 대상에서 두 노조 모두 간접 고용을 포함한 모든 비정규직, 이주 노동자까지 포함시킨다는 합의를 끌어냈음에도 실제 이 산별 협약에 따라 산별 최저임금이 노조로 커버되지 못하는 영역의 노동자에게로 확대 적용되고 있다고 보긴 어렵다. 더군다나 산별 최저임금이 적용되는 노동자 수와 비율에 대한 통계는 찾아보기 힘들다. 다만 한국노동운동연구소와 노동자운동연구소(2014)가 펴낸 '금속노조 공단조직화' 보고서에서 확인된 몇 가지 사례는 산별 최저임금이 노조 가입 여부를 떠나 저임금층 노동자들의 저임금 해소에 긍정적 역할을 하고 있고, 앞으로 조직화로도 확장될 여지가 있다는 점을 확인시켜준다. 이 보고서에 따르면, 금속노조 영향력이 미치는 공단에서는 (금속노조에 가입하지 않은) 단순직 노동자에게 자발적으로 금속 산업 최저임금을 지급하는 사업주가 있다. 사업장 내 비조합원, 예컨대 최저임금 수준의 임금을 받는 단순 경비나 수위 노동자들에게, 또한 사업장에 금속노조가 조직되어 있지 않은 경우에도 공단 내 분위기에 따라 금속노사가 정한 산별 최저임금을 적용하는 사례가 있다는 것이다. 강제적인 메커니즘을 통하지 않고서도 산별 임금 협약의 효력 확장이 이루어지고 있음을 보여준다. 보고서는 "(해당 사업주들이) 금속산업사용자협의회에 가입되어 있지는 않지만 금속노조와의 직접 대면을 피하고 싶어서" 산별 최저임금을 적용하고 있다고 분석하면서 이런 사례는 주로 "금속노조가 있는 사업장과 원·하청 관계에 있는 경우나 물량 보완 관계를 형성하는 사업장에서 발견된다"고 했다(2014: 62). 일정한 '노조 위협 효과'가 발휘되고 있다는 말이다. 특히 사업상 관계를 맺고 있는 원청업체에 금속노조가 조직되어 있는지 여부가 하청 업체의 금속산업 최저임금 적용에 일정하게 영향을 미친다는 점도 흥미롭다. 이는 원청업체 노조가 하청 업체 임금 수준에 직간접적으로 영향을 미칠 수 있음을 의미하기 때문이다. 이와 함께 저임금, 불안정 노동의 최말단에 있는 이주 노동자들에게까지 산별 최저임금이 적용되는 사례도 있다. 이처럼 산별 최저임금은 액수 자체가 법정 최저임금을 약간 웃도는 수준이라 하더라도 산별노조의 이해 대변 확장 노력의 일환으로 볼 수 있다. 향후 노조의 미조직 노동자 조직화 활동에 주요한 매개가 될 수 있음은 분명하다.

3. 사회적 대화

최저임금을 결정하는 방식은 나라마다 다른데, 크게 단체협약을 통한 방식과 법에 의한 방식으로 나뉜다. 단체협약으로 최저임금을 보장하는 국가는 덴마크, 핀란드, 스웨덴, 노르웨이, 아이슬란드 같은 스칸디나비아 국가와 오스트리아, 이탈리아 등이다(Schulten 2008: 426).[3] 〈그림 7-2〉에서 보듯 대개 노조 조직률도 높고 단체협약 적용률도 상대적으로 높은 곳들이다.

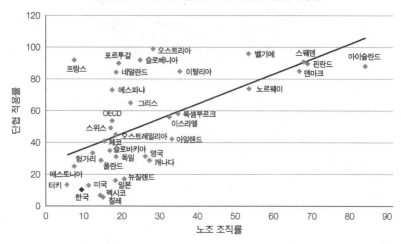

〈그림 7-2〉 OECD 국가들의 노조 조직률 및 단협 적용률

주: 노조 조직률은 이스라엘(2007년)을 제외하고 모두 2015년 기준이다. 각 나라별 단협적용률
은 계산 연도가 2004~20011년으로 차이가 있다.
자료: 노조조직률은 OECD.Stat(retrieved on 04/Nov/2015,), OECD(2015); 단협적용률은 Economic
Policy Reforms 2015: Going for Growth, OECD.

이 국가들이 왜 법정 최저임금제가 아닌 단체협약을 통해 최저임금을 결정
하는지에 대해 슐텐(Schulten, 2008: 426)은 다음과 같이 설명하고 있다. ①
스칸디나비아 국가들은 잘 알려진 것처럼 노동조합이 실업 보험을 관리·운
영하는 겐트시스템(Ghent system)에 힘입어 노조 조직률은 물론 단체협약
적용률(공식적으로 82~92%)이 높기 때문에 별도의 법적 보호 장치를 필요로
하지 않는다. ② 오스트리아에서는 사용자 단체의 멤버십이, 전국에 걸쳐 모

---

3) 슐텐(Schulten, 2008)의 당시 논문에서 단체협약에 의해 최저임금을 정하는 국가로 분류된
    독일은 2015년부터 법정 최저임금제로 전환했다. 독일에서는 2014년 8월 '노동협약자율
    성강화법'이 제정되면서 독일 역사상 처음으로 법정 최저임금이 도입되었다. 위원장 1명
    과 상임위원 6명(고용주 및 근로자 대표 각 3명), 자문위원 2명으로 꾸려지는 최저임금위
    원회는 2018년부터 매년 최저임금을 결정하게 된다(최저임금위원회, 2015). 이에 관한 자
    세한 논의는 보슈의 연구(Bosch, 2016)를 참조하라.

든 노동자들에게 단체협약이 적용되게 하는 구속력을 지닌다. ③ 이탈리아에서는 헌법(제36조)에서 '적정 임금에 대한 권리(right to an adequate wage)'를 규정하고 있고 이는 노동법원에서도 일관되게 해석하는 것처럼, 모든 노동자가 단체협약에 의해 정해진 임금의 가장 낮은 수준을 적용받을 권리가 있음을 보장하고 있다.

이와 달리 법정 최저임금제를 운영하는 국가들의 특징은 자본과 국가가 함께 저임금 노동자들에 대한 적정 수준의 소득보장을 책임진다는 점이다. 국가는 법령으로 최저임금의 결정 기준과 결정 방식을 정하고 준수하지 않는 경우에 대한 처벌 등을 통해 '최저임금 준수'를 강제한다. 자본은 '지급의 주체'로서 행위한다. 한국과 같이 법정 최저임금제(statutory minimum wage)를 택하고 있는 국가들 간에도 최저임금을 결정하는 방식은 각기 다르다. 한국을 비롯해 영국, 일본, 멕시코 등에서처럼 노·사·공익 위원으로 구성된 위원회에서 결정하는 방식도 있고, 프랑스처럼 정부가 자문위원들만으로 구성된 위원회 논의 결과와 이에 대한 노사 대표의 의견을 들은 뒤 최종 결정하는 방식도 있다. 네덜란드와 같이 전년 임금 상승률에 근거해 자동으로 최저임금을 조정하는 방식도 있고, 미국과 브라질과 같이 국회에서 결정하는 방식도 있다.

한국의 최저임금은 최저임금위원회[4])에서 정한다. 정부가 단독으로 심의해 결정하는 방식이 아니다. 제도 도입 당시인 1987년부터 지금까지 유지되어 오고 있다. 최저임금법에 따라 고용노동부 장관은 최저임금위원회에 최저임금 심의를 요청하고 위원회가 심의해 의결한 최저임금 안에 따라 최저임금을 결정해야 한다[5]). 장관이 위원회가 제출한 최저임금 안에 이의가 있

---

4) 이 3자 위원회의 명칭은 '최저임금심의위원회'였는데 2000년 10월23일 법률 개정으로 '최저임금위원회'로 바뀌었다.

을 경우 재심의를 요청할 수 있지만 이 경우에도 장관은 위원회에서 재의결된 최저임금을 결정해야 한다고 되어 있다. 법 조항으로만 보면 최저임금의 실질적인 결정권은 최저임금위원회에 있는 것으로 보인다.

그림쇼 외(Grimshaw et al., 2014)는 최저임금 정책을 발전시키기 위한 사회적 대화가 강할수록 해당 정책은 단체교섭과 보조를 맞춰 발전할 가능성이 높다고 강조한다. 이들이 분석 대상으로 삼은 국가들은 모두 상이한 양상을 보이는데, 앞서 법정 최저임금과 단체교섭 간 관계에서 한국과 유사한 유형으로 분류된 영국의 경우 단체교섭은 약하지만 최저임금 논의를 위한 사회적 대화는 효율적으로 진행되는 나라로 분류된다. 실제 브라운(Brown, 2009)은 최저임금을 논의하는 영국의 저임금위원회(Low Pay Commission)가 사회적 파트너십을 형성하는 데 긍정적으로 기여한다고 평가한다.

한국의 경우는 어떨까? 법정 최저임금제를 채택한 국가들이 다양한 최저임금 결정 방식을 택하고 있는 가운데 한국은 왜 3자 위원회 형식을 택했을까? 3자 위원회는 어떻게 작동되고 있을까? 아래에서는 최저임금위원회 구성을 둘러싼 역사적 고찰을 시도하면서 위원회가 노사 주체보다는 공익 위원이라는 전문가들에 의해 주도되어왔다는 점을 지적한다.

최저임금위원회는 1987년 출범 당시, 중앙노사협의회와 더불어 당시로선 유례를 찾아보긴 힘든 3자 기구(tripartite body)였다. 궁금한 것은, 한국과 같이 사회적 대화를 위한 자원과 세력 관계가 불균등한 나라에서 왜 3자로 구성되는 심의위원회 방식을 택했을까 하는 점이다. 출범 시기가 '1987년'이란 점에서 더욱 그렇다. 1987년은 노동자 대중이 스스로 투쟁의 전면에 나서 국가 주도의 억압적 통제 체제를 무너뜨리고 임금·근로 조건 개선은 물론

---

5) 최저임금법 제8조

노동 현장과 정치적·사회적 민주주의를 쟁취하기 위해 투쟁에 나섰던 시기였다. 1970년 11월 13일 전태일의 분신항거 이후 경공업 여성 노동자들 중심으로 터져 나왔던 임금과 노동 조건 개선 투쟁이 중공업 남성 노동자들에게로도 확산되었고, 민주화운동과 함께 1987년 노동자 대투쟁(Great Labour Struggle)으로 기록되는 시기이다. 이러한 때에 정부는 3자 기구를 통한 최저임금 결정 방식을 택했다. 권위적인 노동 통제 방식이 여전히 국가의 노동 정치 주요 축으로 기능하는 한편 한국노총과 경총만을 파트너로 하는 사회적 대화의 공존이라는 '이중적 방식의 전략'(유범상, 2003)이 최저임금 결정 과정에도 투영된 것이다.

최저임금위원회의 형식은 3자 기구이지만 이를 행위자들의 힘의 균형을 전제로 한 사회적 대화 기구라고 보기는 어렵다. 이러한 국가 전략에 핵심적인 영향을 미친 주체는 노동이지만 이 방식을 택한 결정적 주체는 국가이기 때문이다. 국가 역시 적극적으로 이 방식을 택했다기보다 오히려 여타의 방식을 택하기에는 제약 조건이 많았기 때문인 것으로 분석된다. 김준(1999: 29~30)은 크게 세 가지 이유를 제시하고 있다. 우선 매년 최저임금을 정하는 것이 번거롭고, 둘째 단체협약의 효력 확장 방식을 취하기에는 사용자들의 거부감이 크며, 셋째 별도의 노동(중재) 재판소도 없다는 등이 그것이다. 이 때문에 최저임금 결정 방식에 관한 초기 논의 단계부터 위원회를 통한 결정 방식으로 모아졌다고 분석한다. 같은 글에서 김준은 또 하나 중요한 이유로 정부가 '파트너'로서가 아니라 '통제 대상'으로 노동조합 진영을 바라보고 있었다는 점을 들었다. 당시 봇물처럼 일어난 노동 현장의 불만을 다스리기 위해서라도 정부 차원에서는 노동 진영 껴안기 제스처가 필요하다는 판단을 했고, 당시 유일 노총이던 한국노총은 정부가 어느 정도 통제 혹은 조정할 수 있을 것이라는 자신감이 있었기 때문이란 것이다.

이와 함께 국제노동기구(ILO) 가입을 추진하고 있던 당시 정부6)에 ILO협약의 내용 역시 부담이 됐던 것으로 보인다. 2001년 12월에서야 비준하기는 했지만 당시 ILO 협약 제131호(최저임금 결정 협약, 1970년 채택)는 최저임금제도 운영 과정에 관련 사용자 및 근로자 단체가 직접 참여할 수 있는 조치를 강구해야 한다고 명시하고 있다.

3자 기구 방식을 취했지만 참여 범위는 논란의 대상이었다. 최저임금위원회 출범 당시부터 10여년 동안은 근로자 위원이 모두 한국노총 인사들로 채워졌다. 1999년 민주노총이 합법화된 이후인 2000년이 되어서야 근로자 위원으로 민주노총 인사들이 참여하기 시작했다. 두 개의 내셔널 센터의 존재가 인정된 것이다. 물론 새로운 '진입자'로서 민주노조 진영의 실체는 근로자 위원으로 민주노총 관계자들이 참여하기 전인 1996년부터 일정 부분 인정되어왔다. 노동법 개정 등을 논의하기 위해 출범한 노사관계개혁위원회에 한국노총과 함께 근로자 위원의 일부를 구성했다.7) 1987년 노동자대투쟁 이후 1990년 전노협, 1995년 민주노총 출범으로 이어지는 민주노조 진영의 확장세를 감안할 때 더 이상의 '배제'는 부담일 수밖에 없었던 정부가 노동 정치 전술을 일정하게 수정할 수밖에 없었기 때문이다. 이는 최저임금위원회에도 근로자 위원 배정에도 반영되었다. 한국노총이 독점하던 근로자 위원에 민주노총의 참여를 인정한 것이다.8) 한국노총과 민주노총은 노

---

6) 한국 정부는 1991년 12월에 ILO에 가입했다.

7) 초기에 민주노총 내에서는 노사관계개혁위원회(노개위) 참여 여부를 둘러싸고 논란을 거듭했다. '참여와 투쟁'이란 슬로건을 걸고 참여를 결정했지만 노개위 출범 첫 해인 1996년 말, 정부 여당이 노동법과 안기부법을 일방적으로 처리하면서 전술적 의미의 참여마저도 폐기했다(김태연, 2003).

8) 2000년이 되어서야 민주노총이 최저임금위원회에 참여한 이유에 대해 박훈(2010)은 정부가 민주노총을 불법단체(법외단체)라며 배척한 탓도 있지만 합법화 이후 민주노총 내에서 노사정 협상 테이블에 참여할 것인가를 두고 벌어진 내부 격론 탓도 있다고 했다. 이 논

동부가 집계하는 노동조합 조직 현황에 근거해 조합원 수 비례로 각각 5명과 4명의 근로자 위원을 배정하고 있다.[9] 양대 노총은 중앙에서 사무총장이나 정책기획실장 등을, 산별 연맹과 지역 본부에서는 상징성이 있거나 주로 최저임금 적용 대상을 조직 대상으로 하고 있는 곳의 대표나 담당자들을 위원으로 배정했다. 2015년에는 근로자 위원 구성에 큰 변화가 있었다. 당사자주의가 더욱 발현된 것이다. 민주노총 소속 조합원이자 스스로가 최저임금선의 임금을 받는 노동자인 한 유통업체 노조 지부장이 근로자 위원으로 참여했다. 또한 양대 노총 어디에도 가맹되어 있지 않은 조직의 대표들도 근로자 위원으로 임명되었다. 한국노총은 한국비정규노동센터 소장을, 민주노총은 청년유니온 위원장을 각각 추천함으로써 산하 조직이 아닌 비정규직과 청년층을 좀 더 직접적으로 대변하는 조직의 대표를 근로자 위원으로 활동하게 했다.

이런 과정을 거쳐 최저임금은 제도 도입 당시부터 노·사·공익 3자가 논의해 결정하는 방식을 취하고 있다.[10] 아래에서는 이 같은 3자 논의가 어떻게 진행되어 왔는지를 살펴본다.

란은 지금도 진행형이다. 하지만 중앙 차원의 노사정위원회를 제외한 대부분의 정부 위원회에 민주노총 관계자들이 참여하고 있다. 최저임금위원회와 중앙·지방노동위원회가 대표적이다. '왜 노사정위원회는 아닌가'라는 것에 대해 일부에서는 1998년 정리해고제와 파견제 합의에 따른 조직적 '트라우마'를 언급하기도 한다.

9) 제9대(2012~2015년) 최저임금위원회 근로자 위원으로는 국민노총 관계자가 참여했다. 각 노총 근로자 위원 배분은 4(한국노총) 대 4(민주노총) 대 1(국민노총)이었다. 하지만 국민노총이 출범(2011년) 3년 만인 2014년 한국노총과 통합을 선언하면서 해체했고, 근로자 위원 수 배분은 이전과 같은 5(한국노총) 대 4(민주노총)로 정리되었다.

10) 경총을 필두로 한 경영계는 매년 소모적인 갈등과 비효율을 초래할 뿐 아니라 결정 방식도 비과학적이라는 점을 들어 정부가 노사의 의견을 들은 뒤 직접 결정하거나 공익 위원만으로 결정하는 방식으로 전환하자고 주장한다. 또한 경총은 최저임금 결정을 1년 단위가 아닌 3년 단위로 할 것을 주장하고 있다. 하지만 노동계는 현행 체제 유지를 선호하고 있고, 정부 역시 비슷한 입장이다.

1988년 적용된 최저임금부터 2017년 적용 최저임금까지 최저임금위원회는 출범 이래 총 30차례 최저임금을 결정했다. 매년 최저임금 논의 과정은 비슷하다. 근로자와 사용자 위원들이 각 진영의 최초 제시안을 내고 논의를 하다가 최종 제시안을 던지면 공익 위원들이 심의 촉진 구간을 만들어 노사에 다시 제시하고 표결이나 합의, 혹은 공익 위원 중심으로 최저임금을 결정하는 방식11)이다.

최저임금 논의 과정에서 노와 사의 제시안의 격차는 크다. 근로자 위원들은 낮게는 전년 대비 10%대에서 80%에 가까운 인상률을 제시하는 한편 사용자 위원들은 대개 동결을 제시하거나 전년 대비 5~6% 선에서 인상안을 내놓는다. 마이너스 인상률을 제시한 적도 있다. 사회적 조정 가능성이 매우 낮다는 점을 확인할 수 있다. 이 같은 심각한 격차는 논의 과정에서 좁혀지기는 한다. 하지만 접점을 찾는 경우는 별로 없다. 지금까지 30차례의 최저임금 논의 가운데 노·사·공익 3자가 합의한 것은 불과 일곱 번이다. 그나마 다섯 번은 민주노총이 근로자 위원으로 참여하기 전이다. 민주노총의 최저임금위원회 참여 이후 17차례 논의 가운데 두 차례 합의가 이뤄졌다. 2008년(전년 대비 8.3% 인상), 2009년(6.1% 인상) 적용 최저임금 결정 과정에서였다. 이 합의는 최저임금 인상률에 대한 일정한 공감대 형성에 따른 것이라기보다는 최저임금을 논의하던 당시인 2007년이 노무현 정부 말기, 2008년은 이명박 정부 출범 첫 해라는 정치적 상황이 고려된 것으로 보인다. 특히 2009년 적용 최저임금 논의를 하던 2008년 당시에는 이명박 정부의 미국산 쇠고기 수입 재개 협상에 반대하는 촛불집회가 끊이지 않는 등 사회적 갈등이 첨예

11) 위원회 회의는 재적 위원 과반수 출석과 출석 위원 과반수 찬성으로 의결한다. 이 의결을 할 때에는 근로자 위원과 사용자 위원 각 3분의 1 이상의 출석이 있어야 한다. 다만 근로자 혹은 사용자 위원이 2회 이상 출석 요구를 받고도 정당한 이유 없이 출석하지 않는 경우에는 그러하지 않는다(최저임금법 제17조).

한 시기였던 데다 노무현 정부 당시 임명된 공익 위원들과의 일정한 교감 속에 최저임금 결정에서라도 사회적 합의를 만드는 것이 중요하다는 판단이 크게 작용했던 것으로 보인다. 노사가 제시한 초기 요구안은 4760원(전년 대비 26.3% 인상)과 3770원(0% 인상)으로 시급 1천 원가량 차이가 났지만 최종 요구안은 4105원, 3925원으로 좁혀졌고, 결국 4000원(전년 대비 6.1% 인상)으로 결정됐다. 하지만 내용을 들여다보면 노사 간 의견이 모아져서 합의에 이르렀다기보다는 공익 위원이 적극 중재하고 주도한 교섭에 노사의 '최선을 위한'이 아닌 '최악을 피하기 위한' 전략적 선택을 더하는 모양새였다.

"입장차가 좁혀지지 않는다는 이유로 근로자 위원들이 퇴장했다. 그러자 곧바로 공익 위원들이 '최소 4.1%, 최대 8.9% 인상' 안을 제출했다. 사용자 위원들은 기다렸다는 듯이 4.1%의 수정안을 던졌다. 표결할 경우 4.1%가 굳어질 수 있었다. 물가 상승률을 감안할 때 사실상 임금 삭감이나 마찬가지였다. 근로자 위원들은 어쩔 수 없이 회의장에 복귀했다. 최소한 시급 4천 원(전년 대비 6.1% 인상)은 되어야 한다고 주장했다. 사용자 측은 최대 시급 3996원(6%)은 수용할 수 있다는 입장을 내비쳤다. 0.1%, 금액으로 3.8원 차였다. 22시간이 걸렸다. 6월 26일 오전 9시부터 27일 오전 7시까지 노와 공, 노와 사, 공과 사 간 물밑 교섭이 계속됐다. 결국 사용자 위원 네 명이 불참한 가운데 근로자 위원이 공익 위원 안에 동의하는 방식으로 회의가 마무리됐다. 결과는 6.1% 인상이었다."(매일노동뉴스 2008.6.27 자 '22시간 혈투 끝에 얻어낸 최저임금 인상' 필자 재구성)

합의에 이르지 못한 나머지 23차례 최저임금 결정 과정 역시 비슷하다. 공익 위원이 주도했다고 해도 과언이 아니다. 최저임금이라는 '제도'를 둘러싼 행위자로서 노사 위원들의 전술은 회의장에서 강력한 문제제기, 퇴장과 복귀의 반복, 회의장 밖에서의 집중 집회와 여론전 등이었다. 근로자 위원들이 퇴장한 가운데 공익과 사용자 위원만의 투표로 최저임금이 결정된 2016년 적용 최저임금 논의에서도 사정은 다르지 않았다. 노사 최초 제시안의 격차는 79.2%였다. 근로자 위원측은 시급 1만 원[12], 즉 전년 대비 79.2% 인상을 요구한 반면 사용자 위원측은 0% 인상, 즉 동결을 요구했다. 수차례 수정안 제시 끝에 근로자 위원이 더 이상의 수정안은 내기 어렵다고 밝혀 공익 위원들이 심의 촉진안을 냈다. 6.5~9.7% 인상안이었다. 시급으로 따지면 5940~6120원이었다. 근로자 위원은 수용하기 어렵다며 퇴장했다. 심의 촉진안의 중간 값인 6030원[13]을 두고 사용자 위원과 공익 위원만의 표결이 진행됐다. 비슷한 모양새가 거의 매년 연출되고 있다.

노·사·공익 간 3자 기구임에도 공익이 주도하는 모양새이다. 그렇기 때문에 누가 공익 위원이 되느냐에 촉각이 곤두선다. 그런데 문제는 누가 공익 위원을 추천하는지, 어떤 과정을 거쳐 임명되는지에 대한 규정이 없다는 점이다. 최저임금법 시행령에 최저임금위원회 위원 임명에 관한 규정이 있지만 공익 위원에 대해서는 "고용노동부장관의 제청에 의하여 대통령이 위촉한다"는 규정[14]과 공익 위원이 될 수 있는 자의 자격에 관한 기준[15]만 있

---

12) '최저임금 1만 원' 요구는 2013년 알바연대를 비롯한 몇몇 단체가 제시한 것이다. 당시 '최저임금 1만원 위원회'를 중심으로 퍼포먼스 같은 다양한 활동을 전개하면서 사회적 주목을 받았다. 그동안 노동계가 주장했던 '평균 임금 대비 50%'보다는 일반 사람들이 체감할 수 있는 '지갑 안'의 돈의 단위로서 '1만 원'은 최저임금 인상 필요성에 대한 직관적 요구로서 최저임금 인상의 필요성, 당위성을 알려내는 데에는 일정한 효과를 거둔 것으로 평가된다. 하지만 (최저임금위원회 등을 통한) 협상안으로서 적절한지 검토할 필요가 있다는 지적도 제기됐다.

13) 공익 위원 안이 객관적인 자료, 엄격한 기준에 의해 결정되는 것이 아니라 노사의 최종 제시안의 중간값 정도에서 결정된다는 비난도 제기된다. 하지만 최저임금위원회는, 예컨대 2016년 최저임금의 전년 대비 인상률 8.1%는 4.4%(2015년 6월 말 기준 협약 임금 인상률 4.3%와 2015년 한 해 임금 인상 전망치 4.5%의 중간값)에 소득 분배 개선분 2.1%와 협상 조정분 1.6%를 더한 값이라고 설명한다(고용노동부, 2015).

을 뿐이다. 당사자인 근로자와 사용자 위원들이 개입할 여지는 없다. 또한 정권의 성향에 따라 공익 위원이 빈번히 교체되는가하면 근로자 위원과 사용자 위원 간 갈등 시 조율해야 할 공익 위원이 중립적으로 그 역할을 수행하고 있지 못하다는 지적도 제기된다(한인상, 2011).

이런 이유로 정부의 정치적 성향(political orientation of government)에 의해 공익 위원이 임명되고, 이들에 의해 '최저임금'을 매개로 한 정치가 이뤄지고 있다는 지적이 제기된다. 정부가 최저임금 논의 과정 전면에 나서지 않지만 최저임금 정치를 할 수 있는 여건이 조성된다는 것이다. 노사정위원회로 대표되는 사회적 대화에 대한 비판과도 비슷한 맥락이다. 김용철(2010)은 한국에서 사회협약 정치는 노동진영의 이익을 보호하기보다는 국가의 노동시장 유연화 정책을 정당화하는 효과적인 수단으로 작동했다고 지적한다.

같은 맥락에서 한국에서 최저임금은 결국 사회적 대화라는 외형은 갖췄지만 내용 면에서는 사실상 노사 주체들의 자율적인 교섭을 공익이란 이름의 전문가들이 지원한다기보다 오히려 전문가들이 일정한 주도권을 행사하는 형국이다. 노사의 입장은 늘 엇갈리게 마련이지만 노사가 각각 제시하는 초기 제시안의 격차가 심지어 80%p에 이를 정도로 지나치게 높다는 것도 최저임금위원회가 사회적 대화 기구로서 조정 기능을 제대로 발휘하기 어렵다는 단면을 보여준다. 한국의 최저임금을 둘러싼 사회적 대화는 공익 주도형 대리 정치의 양상을 띠면서 노사 자율에 기반을 둔 단체교섭과 크게 조응

14) 최저임금법 시행령 제12조1항.

15) 최저임금법 시행령 제13조 공익 위원은 ① 3급 또는 3급 상당의 공무원이었거나 고위 공무원단에 속하는 공무원이었던 사람으로서 노동 문제에 관한 학식과 경험이 풍부한 사람, ② 5년 이상 대학에서 노동경제, 노사관계, 노동법학, 사회학, 사회복지학, 그 밖에 이와 관련된 분야의 부교수 이상으로 재직 중이거나 재직했던 사람, ③ 10년(박사학위 소지자는 5년) 이상 공인된 연구 기관에서 노동 문제에 관한 연구에 종사하고 있거나 종사했던 사람, 기타 이에 상당하는 학식과 경험이 있다고 노동부 장관이 인정하는 사람 중에서 위촉된다.

하고 있지 못함을 알 수 있다.

4. 정부 정책과 최저임금 준수

최저임금을 둘러싼 정부의 정책과 결정된 최저임금 준수를 위한 감시 감
독이 최저임금과 단체교섭 간 상관관계를 특징짓는 나머지 두 요인들이다
(Grimshaw et al., 2014). 각 국가들은 실업수당 수혜자들의 노동시장 진입과
세수 증대 등과 같은 이유로 최저임금을 인상하기도 하고 억제하기도 한다.
어떤 정부 정책이 시행되는가와 함께 법정 최저임금 준수 여부가 중요하다.
특히 단체협약이 미치지 못하는 영역에서 최저임금이 준수되지 않으면 최저
임금보다 낮은 수준의 임금을 지급받는 불법 행위가 일어나는 경우가 발생
할 수 있기 때문이다. 두 가지 요인 모두에서 한국은 최저임금 인상을 위한
정부의 다양한 정책 집행을 통한 노력도 찾기 어렵고, 강력한 지도감독을 통
한 최저임금 준수율 상승 효과도 확인하기 어렵다. 2015년 최저임금 논의
과정이 좋은 예가 된다.

거의 유례를 찾아보기 힘들 정도로 정부 차원에서 최저임금 인상 분위기
를 띠웠던 2015년의 경우, 특히 노동계에서 두 자리 수 인상률을 점칠 정도
로 기대 심리가 컸다. 저임금 노동자 비중의 증가와 노동시장 이중 구조화
에 따른 문제가 경제적·사회적으로도 불거진 가운데, 정부 역시도 소득 주
도 성장(income-led growth)의 필요성을 강조하면서 최저임금 인상에 힘을
실었기 때문이다. 경제부총리는 최저임금위원회 논의가 시작되기 전부터
"올해도 최저임금을 빠른 속도로 올릴 수밖에 없는 상황"이라고 말했다.16)
고용노동부 장관도 최저임금위원회심의요청서에서 예년에는 없던 표현을

추가하면서 기대 심리를 높였다. 장관은 "…… 저임금 근로자의 소득을 향상하고 노동시장 내 격차를 해소하여 소득분배 상황이 단계적으로 개선될 수 있도록" 최저임금을 정해달라고 요청했다. 하지만 결과는 전년과 견줘 1% 포인트 높은 인상률이었다. 시간당 6030원으로 결정됐다. 인상률은 8.1%다. 6000원을 갓 넘긴 액수와 한 자리 수 인상률로 귀결되자 정부 주도의 노동시장 구조개혁을 위해 최저임금 인상 분위기를 내세워 노동계를 압박하려 했다는 지적도 제기된다.

최저임금 관련 정부 정책 가운데 공공부문 저임금 근로자들의 처우 개선을 위해 적용되고 있는 시중 노임 단가를 둘러싼 정부 정책 의지를 살펴볼 필요도 있다. 정부는 2012년 '용역근로자 근로조건 보호지침'을 만들어 공공기관이 청소, 경비 등 단순 노무 용역을 대상으로 계약을 체결할 때 근로자의 기본급 단가로 최저임금이 아닌 시중 노임 단가를 적용하도록 하고 있다. 2015년 시중 노임 단가는 8109원이다. 하지만 시중 노임 단가를 적용한 용역 계약은 45.5% 수준으로 절반에도 못 미친다(고용노동부 2015).

최저임금 결정에 노사 당사자가 참여하는 것만큼이나 중요한 것이 최저임금이 준수되도록 감시 감독하는 일이다. 결정된 최저임금이 적정한지 여부를 별론으로 하더라도 일단 그만큼이라도 적용 대상 노동자들에게 지급되도록 강제해야 저임금 개선, 임금 격차 해소, 분배 구조 개선 효과가 있기 때문이다. 한국에서 최저임금 적용 대상의 확대와 최저임금의 인상은 최저임금이 저임금 해소에 기여할 가능성을 높인다는 점에서 긍정적이다. 하지만 그런 만큼 상당히 많은 수의 노동자가 최저임금 수준에서 벗어나지 못하고 있음을 보여주기도 한다. 최저임금 영향률이 높아진 만큼 미준수율도 높아

---

16) 2015년 3월 국가경영전략연구원 포럼 강연.

졌다는 점은 주목할 필요가 있다. 2016년 8월 경제활동인구 부가 조사 결과, 최저임금보다 낮은 임금을 받는 노동자들의 비율이 13.6%(266만 명)이다(김유선, 2016). 약 7.5명 중 1명꼴인 것이다.

준수율 제고와 관련, ILO(2008: 52)는 "신뢰할 만한 강제 메커니즘이 수반되어야 한다"고 강조한다. 최저임금 준수(compliance) 여부는 ① 근로감독관이 사업체를 방문할 확률과 ② 준수하지 않았을 때 처벌 수준 간의 함수 관계에 있다고 보기 때문이다. ILO는 "불행하게도 많은 국가들에서 근로감독행정은 인력 부족에 시달리고 있고, (최저임금 위반에 대한) 처벌은 매우 약하기 때문에 최저임금은 효과적인 정책이라기보다 종이호랑이(paper tiger) 신세에 처해 있다"고 지적한다. 미준수율이 13.6%에 달한다는 것은 최저임금제도가 본연의 목적, 즉 "임금의 최저수준을 보장해 근로자의 생활안정과 노동력의 질적 향상을 꾀하는 데"[17] 제 역할을 하지 못하고 있다는 것과 함께 정부의 근로감독 행정이 미비하다는 점을 확인시켜준다. 특히 김유선(2016)의 분석 결과, 정부가 직접 관장하는 공공 행정에서 최저임금 미달자가 전체 공공행정 종사자의 12.6%를 차지한다는 것은 정부가 모범 사용자(model employer)는커녕 최저임금법조차 위반한 사용자로 전락했음을 보여준다.

적발된 위반 사례만도 엄청나다. 주무부처인 고용노동부는 매년 집중 점검 기간을 정해 위반 여부를 점검하고 있는데, 2006년부터 2010년까지 5년 동안 사업장 10만 8527곳을 점검한 결과 10곳 중 4곳(39.8%)꼴인 4만 3244곳에서 최저임금을 위반한 것으로 적발했다.[18] 하지만 위반 사용자 가운데 사법 처리를 받는 경우는 매우 드물다. 최저임금 주지 의무를 위반한 것으로 적발된 3만 8360건 가운데 법에서 정한 과태료 처분을 받은 곳은 6건에 불

---

17) 최저임금법 제1조.
18) 국회의원 홍희덕 의원실 보도자료 "최저임금법 위반 사업장 솜방망이 처벌"(2011.5.26).

과하다. 사법 처리, 즉 검찰로 이송한 사안 역시 5년 동안 53건에 그쳤다. 위반 건수의 0.1%이다. 처벌이나 과태료 수위도 높지 않다. 최저임금 주지의무 위반 과태료는 100만 원 이하[19]다. 최저임금 미지급에 대한 처벌도 3년이하 또는 2000만 원 이하 벌금[20]이다. 이 처벌은 최저임금 위반 건수에 비례해서 가중되지 않는다. 예컨대 1명이 아니라 10명의 근로자에게 최저임금 미만의 임금을 지급했더라도 해당 사용자는 실체적 경합에 의해 가장 중한 죄의 50%까지만 가중 처벌되기 때문에 이러한 처벌 조항은 최저임금 위반이라는 범죄를 억제하는 효과를 갖기 어렵다.[21]

이처럼 처벌의 구체성도 약하고 실질적으로 처벌하는 경우도 적다. 미국에서는 (최저임금 위반) 초범자에게는 벌금형을 부과하지만 재범자에게는 징역형을 부과하고 있고, 영국에서는 최저임금법 위반 사용자 명단을 공개(naming and shaming)하여 사회적 제재(social sanction)를 부여하고 있다(한광수, 2010; 김삼수, 2012).

이는 입법뿐 아니라 법의 집행이 얼마나 중요한지 보여준다. ILO는 준수 여부 감독 과정에서 노사 단체의 역할을 강조한다. 사회적인 압력이 사용자의 남용적인 행위를 좌절시킬 수 있는 한편 사용자 단체나 노조가 저임금을 지급하는 사용자에게 압력을 행사할 수 있기 때문이다(ILO, 2008). 그만큼 최저임금제도의 설계와 운영에 사회적 파트너들이 적극 참여하는 것이 중요하다는 것이다. 그렇다면 노조는 최저임금 집행 과정에 어떤 역할을 하고

---

19) 최저임금법 제31조.

20) 최저임금법 제28조.

21) 국회에서도 최저임금 위반 시 처벌을 강화해야 한다는 주장이 제기된다. 사업주가 최저임금보다 적게 돈을 지급했을 때 10배까지 배상 책임을 지도록 하는 내용의 법안(한정애 의원)과 처벌 규정을 3년 이하의 징역, 5000만 원 이하의 벌금으로 강화하는 법안(심상정 의원) 등이 발의되었다.

있을까? 이러한 역할은 노조에 어떤 영향을 줄까? 최저임금과 같은 법제도가 노동조합에게 기회인가, 제약 요인인가? 부스와 프랜시스코니(Booth and Francesconi, 2003)는 법 제도가 노조 활동을 대체할 수도, 그렇지 않을 수도 있다고 주장한다.

우선 노조에 제약 요인이 될 것이라는 측면은, 굳이 노조에 가입하지 않아도 법에 의해 일정한 권리와 혜택이 보장되기 때문에 조직화 대상이 되는 노동자들이 조합원이 되려는 의욕이 꺾일 수 있기 때문이다. 예컨대 법정 최저임금제는 단체교섭에 의해 결정된 임금을 대체할 수 있고, EU 지침들은 노조가 교섭을 통해 정한 고용 보호를 대체하는 역할을 한다(Booth and Francesconi, 2003: 387). 강한 제도적 장치가 단체교섭 등을 통한 노조의 저임금 노동자(workers in low-paid jobs) 보호 노력을 대체하고 이는 곧 조직화 노력조차도 좌절시킬 수도 있기 때문이다(Baccaro et al., 2003; Brown, 2009).[22] 영국 노동계의 논란이 그 단면을 보여준다. 산별 임금위원회 기능이 축소되면서 폐지된 후부터 1999년 전국 최저임금제가 도입되기 전까지 최저임금제 도입을 둘러싸고 영국 노동계 내에서 엄청난 논란이 있었다. 노동조합들은 법정 최저임금의 적용이 저임금층을 대변하는 노조의 임금 교섭을 무력화시키는 한편 조직화에도 걸림돌이 될 수 있다는 이유로 최저임금 제도를 반대했기 때문이다(채준호, 2013).

하지만 반대의 가설도 가능하다. 그러한 법제가 노동현장에서 제대로 지켜지고 있는지를 노조가 감시하는 등의 활동을 통해 저임금 노동자들의 권리를 보호할 수 있고, 이는 곧 노조가 이들을 조직화할 수 있는 방법이 될 수 있다(Booth and Francesconi, 2003). 한국과 같이 조직률이 10% 수준에서 낮

---

22) "노조 요구조건이 이슈가 되기 전에 회사가 먼저 줘버리면 사람들은 노조가 따낸 게 아니라 회사가 베푼 거라고 느끼거든"(최규석, 2015: 19).

고, 조합원의 다수가 대규모 사업장에서 근무하는 정규직임을 감안하면, 한국의 노조에게 최저임금이 조직화의 단초로 기능할 가능성도 있다. 최저임금이 취약 계층의 최저선의 임금을 보호하는 것이라면, 단체교섭은 이를 넘어 노동시간과 고용의 질 등을 포함한 다양한 이슈에 대한 보호 방안을 마련할 수 있다는 점에서(ILO, 2008) 노동조합의 노력이 제고될 필요가 있다. 정부에게 최저임금 준수 감독에 적극적인 행정을 펴도록 촉구하는 것과 함께 노조 역시도 최저임금 대상이 되는 노동자들에게 접근할 수 있도록 다양한 정책, 최저임금 준수를 위한 제반 조치 강구, 조직화 노력 등에 나서는 것이 중요하다.

5. 맺음말

이 장에서는 최저임금과 단체교섭이라는 이중 제도 간의 긴장과 보완 관계가 한국에서 어떻게 나타나는지를 살폈다. 한국에서는 법정 최저임금제를 택하고 있고, 적용 범위도 1인 이상 전 사업장 근로자로 넓다. 일하는 거의 모든 노동자들 임금의 최전선으로 기능하면서 저임금층의 임금 인상에 일정하게 기여하고 있다. 하지만 그 수준이 낮을 뿐 아니라 미달자도 많다. 일부 산별노조에서 산별 최저임금을 결정하고 있지만 수준도 법정 최저임금보다 약간 높은 수준인 데다 적용률도 높지 않아 영향력을 따지기 어렵다. 한국의 사례는 '단체협약으로부터 고립된 최저임금'으로 요약된다. 최저임금을 결정하는 기구로서 노·사·공익으로 구성되는 3자 위원회가 기능을 하고 있지만 사회적 대화가 최저임금 정책 발전에 강하게 내재되어 있기보다는 3주체 가운데 공익 위원이 주도하는 형국이다. 사회적 파트너십을 발현하고 있다고 보기 어렵다. 정부의 최저임금 정책 역시, 특히 2015년의 경우 저소득층 처우 개선과 노동시장 격차 해소, 내수 진작을 위한 소비 기대심리 제고를 지향했으나 실제에서는 얼마나 효과를 거뒀는지 의문이다. 그러는 사이 최저임금의 적용도 못 받는 미달자의 규모는 늘어나고 있고, 위반 여부 점검에서 무더기로 적발이 되어도 사법처리되는 경우는 극히 드물다.

정리하면, 한국은 영국과 비슷하게 법정 최저임금과 단체협약에서 정한 최저임금이 서로 겹치지 않는 외떨어진 유형으로 분류되며, 최저임금 수준과 단체협약 적용률 모두 매우 낮다는 것을 확인할 수 있었다. 형식상 적용 대상이 넓고 최저임금의 결정도 사회적 합의기구를 통해 이뤄지는 것 같지만 실질에서는 낮은 조직률, 낮은 단체교섭 적용률, 단체교섭의 조율되지 못한 집중화, 전문가 중심의 정부의 대리 정치, 높은 미준수율 및 낮은 처벌 등으로 대변되는 한국의 제도적 포괄성 저하는 결국 저임금층 소득 개선을 통한 노동시장 이중구조 완화라는 긍정적인 역할을 하고 있지 못함을 보여주고 있다.

이 같은 분석에 기반을 두고 이 장은 다음 네 가지 정책적 시사점을 제시하고자 한다. 첫째는 노동조합의 이해 대변 기능 확장이다. 조합원들은 대개 정규직이고 최저임금보다는 높은 임금을 받고 있다. 때문에 최저임금 관련 요구와 교섭, 투쟁은 조합원들의 이해와 직접적으로 맞닿아있지 않을 수 있다. 실제 금속노조(2005: 16)는 산별 최저임금 요구에 대해 "대다수 정규직 조합원에게 절실한 요구는 아니었지만"이라고 썼다. 그럼에도 "비정규 노동자 보호를 위한 사회적 기준을 세워나가는 영역으로서" 제기한다고 강조한다. 하이만(Hyman, 1996)에 따르면, 노조가 누구의 이해를 대변하는가는 일차적으로 노조의 가입 범위에 있다. 조합원 범위를 정하면, 노조는 "특정 그룹을 대신하여 행위하고 그들의 필요, 바람, 경험의 특정 형태에 초점을 두는 경향이 있기 때문"(Hyman 1996: 55)이다.

하지만 조합원의 범위를 일정하게 제한했다고 해서 노조가 오직 조합원의 이해만 대변한다고 볼 수 없다. 노조의 주된 역할은 조합원의, 좀 더 넓게 보자면 노동자의 이해를 대변하는 것이기 때문이다(Simms and Charlwood, 2010). 이해(interests)는 다양하다. 노조가 어떤 이해를 대변하는지는 노조가 교섭 상대방인 사용자나 사용자 단체, 혹은 정부를 상대로 '어떤' 아젠다를 밀어붙이려 하는가와 관련되어 있고, 이를 '어떻게' 대변하는가는 조직의 형태, 역량, 민주주의 정도 등과 관련된다. 이를 감안하면 한국 노동조합의 최저임금을 둘러싼 이해 대변 기능은 조합원 이해 대변과 견줘볼 때 그리 확대되거나 강화되어 있지 않은 것으로 보인다. 물론 더 큰 문제는 노조의 조직 체계와 교섭 구조가 외부로부터 강제되어왔던 측면, 또한 고용 구조 변화에 노동조합 진영이 민감하게 반응하기 어려운 조건 등과 같은 구조적인 것들이겠지만 이해 대변의 확장은 불가피한 노조의 당면 과제이다. 또한 최저임금이 최저선의 임금 수준을 결정하는 것이라면 단체교섭은 이를 포함해 노동시간을 포함한 제반 노동조건, 고용의 질 등의 문제를 포괄할 수 있는 제도(ILO, 2008)이기 때문에 단체교섭의 포괄 범위를 넓혀 이해 대변 확장을 꾀하는 것이 저임금층을 위해 더욱 요구된다고 하겠다.

이와 더불어 노동조합들이 같은 산업이나 업종에서 일하는 같은 직종, 직군, 직무에 속한 근로자들의 임금과 근로조건을 표준화하거나 기업 횡단적인 기준을 만들기 위해 노력하는 것도 노동시장의 공정성을 높이는 기초를 닦는 일이 될 수 있다. 이런 기초가 갖추어져 있을 때 산업이나 업종별로 정한 최저임금이나 단체협약이 확장되고, 이것이 전국 단위 최저임금에 미치는 영향도 확대될 것으로 보인다.

둘째, 최저임금선의 노동자뿐 아니라 지급의 주체로서 영세 자영업자들의 이해 역시 대변될 수 있는 방안을 강구해야 한다. 2015년 최저임금 논의에서도 소상공인을 대표해온 사용자 위원 두 명이 마지막 표결 과정에서 퇴장했다. 최저임금 6030원이 너무 높다는 이유에서다. 2014년 말 기준 전체 자영업자 565만 명 가운데 한 명이라도 고용한 자영업자는 155만 명이다(김유선, 2015b). 부담이 느는 건 사실일 테다. 최저임금도 주지 못할 정도의 한계 기업이라면 시장에서 퇴출되어야 한다는 주장도 있다. 하지만 좀 더 근본적인 해법을 찾아야 한다. 사업을 운영하면서도 최저임금조차 지급하지 못하는 근본 이유를 따져야 한다. 임대료, 카드 수수료, 대기업 프랜차이즈 가맹료, 대기업의 골목상권 침해 등의 문제에 대해 노동 진영이 사회적으로 연대할 필요가 있다. 누구나 노동력을 제공했다면 최소한 법정 최저임금은 받을 수 있도록 경제 민주화에 함께 나서야 한다. 예컨대 다단계 도급 구조의 말단에 있는 기업이 최저임금을 지급하지 못하면 원청이 도급 단가를 올리거나 미지급된 최저임금분에 대한 지급 책임을 지도록 하는 등 연대 책임을 묻는 방법도 고려할 수 있다. 이제 '최저임금 인상에 따른 노동비용'을 '사회적으로 어떻게 분담할 것인지'에 대한 논의를 시작할 때다.

셋째, 정부의 역할 제고도 요구된다. 저임금 노동시장 개선을 위한 정부의 청사진을 내놔야 한다. 동일가치노동 동일임금 원칙의 적용을 통한 고용 형태별, 기업 규모 간, 성별 임금 격차 해소에 나서야 한다. 당장 할 수 있는 일은 근로 감독 강화 등을 통한 최저임금 준수율을 끌어올리는 것이다. 또한 이미 정부가 공공 부문을 대상으로 시행 중인 용역 근로자에 대한 시중 노임 단가 적용부터 제대로 집행되도록 감독을 강화할 필요가 있다. 이와 함께 정부의 조달 정책을 통한 입찰 기업들에 대한 최저임금이나 시중 노임 단가 준수 여부에 대한 평가 등을 통해 저임금 근로자 처우 개선을 유도하는 것도 하나의 방법이 될 수 있을 것이다.

넷째는 생활 임금 캠페인의 확장이다. 생활 임금 캠페인은 법정 최저임금 수준보다 높은 적절한 임금(decent wages)이 세금 공제와 고용관계에서 발생하는 수당 등을 통한 보충적인 재분배와 맞물려 저임금과 노동 빈곤 문제를 완화시키는 역할을 한다는 인식에서 출발했다(이정희, 2012). 생활 임금 논의는 영미식 자유시장 경제 모델 국가들에서 제기되어왔는데, 이는 노조 조직률도, 사회안전망도 대체로 낮은 국가에서 힘의 균형이 자본 중심으로 이동하고 임금 불평등 등이 가속화되면서 최저임금 제도에 대한 실효성에 의문을 생겼기 때문이다. 이 생활 임금이 저임금 해소뿐 아니라 '시장 결정적 임금제도의 사회적 재구성'(김종진, 2015)이라는 목적에 부합할 수 있도록 논의를 더욱 지펴야 한다.

참고문헌

고용노동부 보도자료. 2015. "'15년 공공부문 '용역근로자 근로조건 보호지침' 실태 조사 결과 발표".

고용노동부 보도자료. 2016. "2015년 노동조합 조직현황".

금속노조. 2005. 「2004 산별최저임금협약 평가와 2005 투쟁과제」. 민주노총 정책워 크숍.

김삼수. 2012. 「영국의 최저임금 준수정책: 2009년 신집행체제를 중심으로」. 《국제 노동브리프》, 10(8), 13~22쪽.

김용철. 2010. 「사회협약 정치의 출현 교착 지속에 대한 분석」, 《산업노동연구》, 16(2).

김유선. 2015a. 「최저임금 적정수준 고용효과」. 국회 이인영 의원실 주최 "최저임금, 현실화 방안은?" 토론회 발표문.

김유선. 2015b. 「노동시장 진단과 과제」. 이슈페이퍼 2015년 6호, 한국노동사회연구소.

김유선. 2016. 「비정규직 규모와 실태 - 통계청, '경제활동인구조사 부가조사'(2016.8 월) 결과」. KLSI 이슈페이퍼 2016년 9호, 한국노동사회연구소.

김종진. 2015. 「생활임금 논의의 사회적 의미와 시사점: 어떤 임금이 필요한가의 물음」. 《노동리뷰》, 2015년 2월호.

김준. 1999. 「사회적 합의의 다양한 시도들」. 최영기 외. 『한국의 노사관계와 노동정 치(I)-87년 이후 사회적 합의를 중심으로』. 한국노동연구원

김태연 2003. 「노사정위원회에 대한 민주노총의 입장」. 《월간 노동사회》, 제76호.

박훈. 2010. 「최저임금 투쟁을 돌아보다」. 《마창거제산재추방운동연합 웹진》, 제73호.

보슈, 게르하르트(Gerhard Bosch). 2016. 「노사관계와 최저임금: 독일의 최저임금 도 입」. 《국제노동브리프》, 14(4), 4~16쪽.

유범상. 2003. 「외환위기 이후 노동정치와 사회적 대화: 등장, 전개, 해석」. 《동향과 전망》, 봄호(통권 제56호), 12~47쪽.

이정희. 2012. 「영국의 생활임금과 노동조합 재활성화」. 《국제노동브리프》, 10(12), 54~63쪽.

이정희 외. 2016. 『비정규직의 이해대변구조와 노사관계』. 한국노동연구원.

채준호. 2013. 「영국노총(TUC)의 정책역량」. 박명준 외. 『노동조합의 정책역량에 관 한 연구-한국과 주요국 노동조합총연맹의 탐색적 비교』. 한국노동연구원.

최규석. 2015. 『송곳』(1, 2, 3부). 창비.

한광수. 2010. 「최저임금제의 의의와 내용에 대한 고찰」. 《노동법연구》, 제19호, 500~544쪽.

한국노동운동연구소·노동자운동연구소. 2014. 「금속노조 공단조직화」.

한인상. 2011. 「최저임금 결정방식 및 공익 위원 선임방식에 대한 검토」. ≪노동법률≫, 10.

Baccaro, L., Hamann, K. and Turner, L. 2003. "The Politics of Labour Movement Revitalisation: The Need for a Revitalized Perspective." *European Journal of Industrial Relations*, 9(1), pp. 119~133.

Booth, A. L. and Francesconi, M. 2003. "Union Coverage and Non-standard Workers in Britain." *Oxford Economic Papers*, 55, pp. 383~416.

Brown, W. 2009. "The process of fixing the British National Minimum Wage." *British Journal of Industrial Relations*, 47, pp. 429~443.

Gautié, J. and Schmitt, J(eds). 2009. *Low-wage work in the wealthy world.* New York: Russell Sage Foundation.

Grimshaw, D., Bosch, G. and Rubery, J. 2014. "Minimum Wages and Collective Bargaining: What Types of Pay Bargaining Can Foster Positive Pay Equity Outcomes?" *British Journal of Industrial Relations*, 52(3), pp. 470~498.

Hyman, R. 1996. "Changing Union Identities in Europe." in Leisink, P., Leemput, J. V. and Vilrokx, J(eds.). *The Challenges to Trade Unions in Europe.* Cheltenham: Edward Elgar, pp. 53~74.

ILO. 2008. "Global Wage Report 2008/09: Minimum wages and collective bargaining: Towards policy coherence."

Lee, J. 2011. "Between Fragmentation and Centralization: South Korean Industrial Relations in Transition." *British Journal of Industrial Relations*, 49(4), pp. 767~791.

Metcalf, D. 1999. "The Low Pay Commission and the National Minimum Wage." *Economic Journal*, Vol.109, February.

Schulten, T. 2008. "Towards a European Minimum Wage Policy? Fair Wages and Social Europe." *European Journal of Industrial Relations*, pp. 421~439.

Simms, M. and Charlwood, A. 2010. "Trade Unions: Power and Influence in a Changed Context." In Colling, T. and Terry, M(eds.). *Industrial Relations: Theory and Practice.* 3rd ed. Oxford: Wiley-Blackwell, pp. 125~148.

van Klaveren, M. 2015. "Asia: A Comparative Perspective." in van Klaveren, D., Gregory, D. and Schulten, T(eds.). *Minimum Wages, Collective Bargaining and Economic Development in Asia and Europe: A Labour Perspective.* London: Palgrave Macmillan, pp. 1~18.

제3부

노동시장의 현실과 대응

제8장

저결혼·저출산과 청년 일자리*

김유선 | 한국노동사회연구소 선임연구위원

1. 들어가는 말

1960~1980년대 정부는 '아들딸 구별 말고 둘만 낳아 잘 기르자'며 산아제한 정책을 강력히 추진했다. 이 정책이 성공했는지 베이비붐 세대에겐 네댓명이던 형제자매가 요즈음 젊은 세대에겐 한두 명으로 줄었다. 여성이 평생 낳을 수 있는 자녀 수인 합계 출산율[1]은 1970년 4.5명에서 2000년 1.5명으로 줄었고, 2005년에는 1.08명으로 사상 최저치를 기록했다. 1960~1980년대에는 출산율이 너무 높아서 문제였다면, 2000년대에는 너무 낮아서 문제가 되고 있는 것이다.

문제의 심각성을 뒤늦게 알아챈 정부는 2006년부터 저출산 대책을 시행하고 있다. 2006년부터 2015년까지 정부는 기혼 여성의 자녀 출산과 양육

---

* 이 글은 김유선, 「저출산과 청년일자리」, KLSI 이슈페이퍼(2016-08호)를 일부 수정 및 보완한 글이다.
1) 합계 출산율 = 출산 가능 여성(15~49세)이 평생 낳을 수 있는 자녀 수.

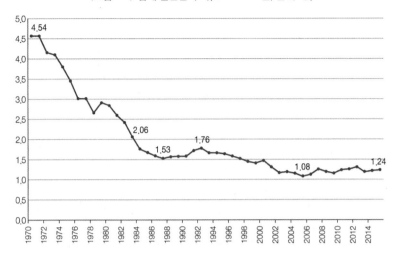

〈그림 8-1〉 합계 출산률 추이(1970~2015년, 단위: 명)

자료: 통계청, 인구동향조사.

지원에 초점을 맞추어 80조 2000억 원의 재정을 쏟아 부었다. 그 결과 합계 출산율은 더 이상 떨어지지 않고 1.2명대를 회복했지만, 합계 출산율이 1.3명 도 안 되는 초저출산 현상은 계속되고 있다. 조출생률[2]은 2005년 8.9명에서 2015년 8.6명으로 감소했고, 출생아 수는 2005년 43만 5000명에서 2015년 43만 9000명으로 4000명 증가에 그쳤다(〈그림 8-1, 8-2〉 참조).

무엇이 문제인가? 출산율은 혼인율과 기혼 여성 출산율, 두 요인에 의해 결정된다. 그동안 정부는 기혼 여성의 출산율을 끌어올리는 데 초점을 맞추 었다. 그 때문인지 기혼 여성 출산율은 2005년 1.22명에서 2014년 1.46명으 로 소폭 증가했다. 그러나 조혼인율[3]은 2005년 6.5명에서 2015년 5.9명으로 0.6명 감소했고, 혼인 건수는 31만 4000건에서 30만 3000건으로 1만 1000건

---

2) 조출생률 = 인구 천 명당 출생아 수.
3) 조혼인율 = 인구 천 명당 혼인 건수.

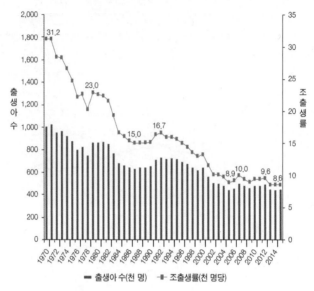

〈그림 8-2〉 조출생률과 출생아 수 추이(1970~2015년, 단위: 명)

자료: 통계청, 인구동향조사.

감소했다. 남성의 초혼 연령은 1995년 28.4세에서 2015년 32.6세로 4.2세 높아졌고, 여성의 초혼 연령은 25.3세에서 30.0세로 4.7세로 높아졌다. 이처럼 남녀의 초혼 연령이 높아지면서 여성의 첫 아이 출산 연령도 1995년 26.5세에서 2014년 31.0세로 4.5세 높아졌다(〈그림 8-3, 8-4〉 참조).

그렇다면 미혼 남녀의 혼인율이 갈수록 떨어지고 혼인 연령이 늦춰지는 이유는 무엇인가? 그것은 젊은 남녀에게 결혼해서 가정을 꾸릴 만한 안정된 일자리가 주어지지 않고, 대부분 저임금 비정규직 일자리가 주어지기 때문이다. 과연 그런가? 2절에서는 이러한 가설을 뒷받침하는 선행 연구 결과들을 살펴보고, 3절에서는 혼인율에 영향을 미치는 요인을 실증 분석한다. 4절에서는 분석 결과를 요약하고 함의를 살펴본다.

〈그림 8-3〉 조혼인율과 혼인건수 추이(1970~2015년, 단위: 명)

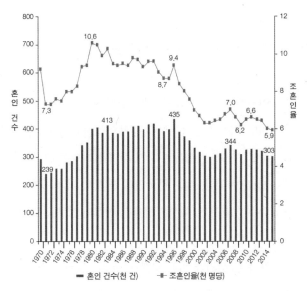

자료: 통계청, 인구동향조사.

〈그림 8-4〉 초혼 및 첫출산 연령 추이(단위: 세)

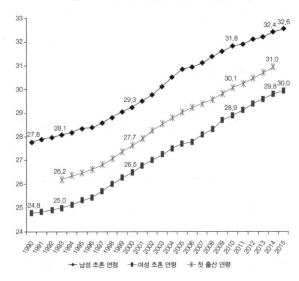

자료: 통계청, 인구동향조사.

2. 선행 연구 결과

1) 은기수. 1999. 「결혼으로 이행에 있어서 연령규범과 순서규범」.

1983년 전국인구이동조사 자료 중 개인사 자료를 사용해서 분석한 결과, 결혼 적령기가 지난 여성은 순서 규범(경제적 능력)보다 연령 규범(결혼 적령기)의 영향을 강하게 받고, 남성은 여전히 직업을 가져야 한다는 순서 규범의 영향을 강하게 받고 있다. 이는 한국인의 결혼 및 가정 생활에서 남성은 경제적 능력을 갖추어야 하고, 여성은 규범적 연령의 영향을 크게 받기 때문으로 해석된다.

남성과 여성의 결혼 시기는 서로 밀접한 관계를 맺고 있다. 한국 남녀의 평균 결혼 연령 차가 3~4세를 유지하고, 결혼 적령기를 넘어선 여성은 경제활동 상태가 결혼 시기에 미치는 영향이 사라진다는 점, 결혼 생활에서 남성의 역할이 경제적인 책임을 지고 여성은 결혼과 동시에 가정주부로 지위가 변한다는 점 등은 한국 사회에서 여성의 결혼 시기가 남성의 결혼 시기에 따라 움직이는 관계임을 시사한다.

2) 김경화. 2004. 「비정규직 여성 노동자의 일과 결혼-대졸 미혼여성을 중심으로」.

대졸 미혼 여성 비정규직 23명을 심층 면접한 결과, 노동시장에 대응하는 방식과 결혼에 대한 태도는 밀접한 관련성이 있다. 적극적으로 비정규직에서 벗어나려고 시도하는 여성은 결혼을 선택적으로 간주하거나 시험 뒤에 생각할 부차적인 것으로 생각하는 등 결혼에 소극적 입장을 보인 반면(7명), 비정규직 노동자 지위를 수용하며 적응하고 있는 여성들은 결혼에 대해 보다 적극적인 경향을 보였다(16명). 이들은 노동시장의 낮은 임금과 불안정성 등으로 결혼 생활에 기대를 걸고 가부장적 결혼 제도로 편입되고자 했다. 이들은 결혼에 대한 기대로 인해 비정규직 노동에 대해 좀 더 수용적인 태도를 갖게 된다. 결혼으로 인한 노동시장 참여의 단절과 일을 계속하더라도 직장과 집안일 사이에 있을 갈등을 예상하며, 계약직이나 시간제 비정규 노동을 결혼 생활과 병행할 수 있는 적절한 방안으로 생각하기 때문이다.

3) 이상호·이상헌. 2010. 「저출산·인구고령화의 원인에 관한 연구: 결혼결정의 경제적 요인을 중심으로」.

최근 한국의 결혼 건수 감소와 초혼 연령 상승은 저출산의 가장 중요한 요인으로 작용하고 있다. 초혼 연령 상승은 건강한 아이를 출산할 수 있는 가임 기간을 단축시킬 가능성이 높다. 하지만 저출산의 직접적인 원인이라 할 수 있는 결혼 건수 감소, 결혼율 하락, 초혼 연령 상승 등에 대해서는 경제학 차원에서 논의가 별로 없었다.

시도 패널 자료와 노동 패널 자료를 사용해 결혼 결정의 경제적 요인을 실증 분석한 결과는 다음과 같다. 첫째, 외환위기 이후 급증한 고용 불안정성은 소득 불균형을 초래했고, 젊은 남녀의 결혼 시장 참여를 제약했다. 즉, 고용 불안정성 확대는 결혼 건수 감소와 초혼 연령 상승 요인으로 작용했다. 특히 남성의 고용 불안정성 증대에 따른 초혼 연령 상승은 여성의 초혼 연령 상승으로 이어졌다.[4] 둘째, 주택 마련 비용 상승은 결혼 비용을 증가시켜

---

4) 남성이 고용 불안정 및 주거 마련 비용 문제에 직면하면 여성에 대한 청혼이 늦어져 남성의 초혼 연령과 여성의 초혼 연령이 상승한다. 실제로 남녀 초혼 연령은 상관계수가 높고, 남녀 나이 차이가 일정하다.

남성들의 결혼 시장 참여를 어렵게 만든다. 셋째, 실업의 증가는 결혼에 부정적인 영향을 미치고 있다.

시사점은 첫째, 저출산·고령화 현상을 완화시키려면 결혼을 결정하는 중요한 변수인 고용 안정성을 높이고 실업률을 낮추어야 한다. 둘째 주택 가격이 과도하게 상승하지 않도록 해야 한다. 특히 결혼 변수가 주택 매매 가격보다는 전세가격에 더욱 크게 반응하는 것으로 나타났다는 점을 고려할 때 결혼을 준비하는 청년층의 경제적 부담을 줄이기 위해서는 전세 가격의 안정성 확보가 무엇보다 중요하다.

4) 이철희. 2012.「한국의 합계출산율 변화요인 분해」.

저출산 원인을 다룬 연구들은 대부분 기혼 여성의 출산 패턴과 그 결정 요인을 분석하고 있다. 그러나 혼외 출산율이 매우 낮은 한국과 같은 사회에서는 유배우 출산율(marital fertility rate) 이외에 기혼 인구 비율, 즉 유배우 비율(nuptiality rate)도 출산율을 결정하는 중요한 요인이다.[5]

따라서 출산율 감소가 유배우 비율의 감소에 의한 것인지, 유배우 출산율의 변화에 의한 것인지를 식별하는 것은 정책적으로 중요한 의미를 가진다. 지금까지 저출산 문제에 대응하기 위한 정책은 대부분 출산 장려금, 양육·보육 지원 등 기혼 여성의 출산율을 높이는 데 초점을 맞추어왔다. 하지만 출산율의 감소가 미혼 인구 비율이 높아져서 나타난 현상이라면, 기존의 정책은 효과적이지 못할 가능성이 높다. 혼인의 결정 요인과 유배우 출산율의 결정 요인이 다를 수 있기 때문이다.

---

5) 한국은 혼외 출산을 금기시하는 경향이 강하기 때문에 무배우 출산율이 매우 낮다. 따라서 합계 출산율의 변화는 주로 유배우 여성 비율과 유배우 출산율에 의해 결정된다.

분석 결과는 다음과 같다. 첫째, 1991년 이후 합계 출산율 감소는 전적으로 유배우 여성 비율 감소에서 비롯되었다. 특히 20대 후반 여성의 유배우 비율 하락은 합계 출산율 하락의 가장 중요한 원인이다. 둘째, 1991년 이후 유배우 출산율은 전반적으로 증가했으며, 이는 출산율 하락을 상당 정도 상쇄하는 역할을 하고 있다. 특히 30대 유배우 여성의 출산율 상승은 합계 출산율의 하락폭을 낮추는 역할을 하고 있다. 결론적으로 지난 20년 동안 합계 출산율 감소의 주된 원인은 결혼한 여성이 아이를 덜 낳아서가 아니라 결혼한 여성 비율이 낮아졌기 때문이다. 결혼 기피 현상 원인으로는 청년 실업, 비정규직 확대, 불확실한 경제 상황, 주택 마련의 어려움 등을 꼽을 수 있다.

5) 윤자영. 2012. 「노동시장 통합과 결혼 이행」.

남성 생계 부양자 모델이 관념적으로나 현실적으로 지배적인 사회에서, 남성의 취업 지연과 불안정 고용은 남성을 '결혼할 만한 배우자'가 되지 못 하게 방해한다. 생계 부양자인 남성의 소득 활동이 결혼 조건으로 중시되기 때문이다. 이에 반해 여성에게 취업은 결혼의 기회 비용으로 작용해서 결혼 가능성을 낮출 수 있다.

노동연구원의 노동 패널 자료를 사용해서 2008년 기준 18세 이상인 성인 남녀의 결혼 이행을 분석했다. 분석 결과 취업과 정규직 근무는 남성의 초혼 형성 해저드를 높이는 반면, 여성의 초혼 형성 해저드는 낮추었다. 코호트별로 통계적으로 유의한 차이가 발견되어 최근의 사회경제적 불확실성과 노동시장 불안정화의 부정적 영향이 강화되었음을 보여준다.

분석 결과에 따른 시사점으로 첫째, 외환위기 이후 노동시장의 불안정성 악화와 실업 만연은 결혼 기피 또는 만혼과 불가분의 관계이다. 둘째, 저출산

고령화 사회를 초래하는 만혼과 결혼 기피 현상을 완화하려면 전세 비용 보조, 자녀 양육비 경감, 보육 시설 확충 등도 중요하지만 근본적으로 결혼을 결정하는 중요 변수인 고용 안정성을 높이고 실업률을 낮추는 정책이 요구된다.

6) 이상림. 2013. 「혼인동향과 혼인이행 분석」

미혼율의 증가는 혼인을 늦추어 만혼으로 이어지며, 만혼의 증가는 여성의 출산 가능 기간 단축을 의미하기 때문에 장기적으로 기혼 여성의 출산율을 감소시키는 방향으로 영향을 미치고 있다. 혼인 연령의 증가 및 미혼율의 증가와 같은 혼인력 약화 경향이 뚜렷하다. 특히 2000년과 2010년 사이 미혼율의 증가가 매우 극적으로 이뤄졌다. 혼인에 관한 연령 규범도 약화되고, 고령대에서 적극적인 혼인 포기도 크게 증가하고 있다. 직업 자원과 관련해서 취업과 정규직으로 대표되는 직업의 안정성과 소득수준이 높을수록 결혼을 할 가능성이 더 높다. 장시간 노동은 혼인 이행에 부정적 영향을 미치고 있다. 혼인 연령을 낮추기 위한 정책적 노력이 필요하다.

7) 최필선·민인식. 2015. 「청년층의 취업과 임금이 결혼이행에 미치는 영향: 이산시간 해저드 모형의 응용」.

한국고용정보원의 청년패널 1~7차 데이터를 사용해서 청년층의 취업과 임금이 혼인에 미치는 영향을 이산시간 해저드(discrete time hazard) 모형으로 추정했다. 분석 결과 첫째, 남성은 결혼 사건 발생 확률이 35세까지 꾸준히 증가하다가 36세부터 감소하고, 여성은 33세까지 증가하다가 34세부터 급격히 감소한다. 이러한 결과는 최근 청년층의 만혼화 경향을 실증적으로 보여준다. 둘째, 취업은 남녀 모두 결혼 사건 발생 확률에 유의미한 양(+)의 영향을 미친다. 취업한 남성은 미취업 남성보다 결혼 사건 발생 확률이 세 배 정도 높다. 셋째, 취업자만을 대상으로 할 때 고용의 질에 해당하는 임금 변수는 남성의 결혼 이행 확률을 유의미하게 높인다. 월평균 임금이 300만 원인 남성의 결혼 이행 확률은 17%이지만 100만 원인 남성은 6.5%로 세 배 정도 차이가 난다. 그러나 여성 취업자의 임금은 결혼 이행 확률에 유의미한 영향을 미치지 않는다. 넷째, 시뮬레이션 결과 최저임금이 5580원(2015년)에서 7000원으로 인상되면 30세 남성의 미혼 유지 확률은 92.4%에서 90.7%로 감소하고, 남성이 35세까지 계속 미혼일 확률은 74.4%에서 69.6%로 5%p 가까이 크게 감소한다. 이에 비해 30세 여성의 미혼 유지 확률은 81.8%에서 81.2%로 거의 감소하지 않고, 35세도 52.8%에서 51.6%로 소폭 감소하는 데 그친다.

8) 김성준. 2015.「왜 결혼이 늦어지는가?」.

노동연구원의 한국 노동 패널 3~13차(2000~2010년) 자료에서 2000년 20~30대 미혼 남녀 524명의 결혼 여부를 10년에 걸쳐 추적해, 이산적 생존 분석(Discrete-time Duration Analysis)을 수행했다. 분석 결과 최근 한국의 만혼 현상은 여성의 교육 수준 향상뿐만 아니라 경제력을 갖춘 남성 청년층의 감소에 상당 부분 그 원인이 있다. 첫째, 교육 수준과 관련해 대졸 여성은 고졸 이하에 비해 결혼하지 않을 확률 대비 결혼할 확률(Odds)이 0.91배로 약 8.5% 낮아지고, 여성 석·박사 졸업자는 대졸 여성에 비해 결혼하지 않을 확률 대비 결혼할 확률(Odds)이 0.40배(59.6%)로 낮아진다.

둘째, 경제력과 관련해서 남성 취업자는 미취업자에 비해 결혼하지 않을 확률 대비 결혼할 확률이 1.65배 높아지고, 직업이 상시직이면 상시직이 아닌 경우에 비해 결혼하지 않을 확률 대비 결혼할 확률이 1.60배 높아진다. 만 14세 때 가정 형편이 평균 이하인 경우 평균 이상인 경우에 비해 결혼할 확률이 0.65배 낮아진다. 셋째, 탐색 비용과 관련해서 형제자매 수가 많을수록 결혼 확률이 높아지는 반면, 대도시 출신과 인문계 문과 출신 여자는 결혼 확률이 낮아진다.

3. 혼인율 영향 요인 분석

1) 기술 통계

통계청 경제활동인구조사는 성, 학력, 종사상 지위별 기혼자 비율은 구할 수 있지만, 고용 형태와 임금 수준별 기혼자 비율은 구할 수 없다. 따라서 이 장에서는 성, 학력, 취업 및 고용 형태, 임금 수준별 기혼자 비율을 모두 구할 수 있는 경제활동인구조사 근로 형태별 부가 조사 자료를 사용한다.

〈그림 8-5〉는 2016년 3월 기준 20~30대 성별 학력별 기혼자 비율을 그래프로 그린 것이다. 첫째, 학생은 남성(4.4%)과 여성(7.0%) 모두 기혼자 비율이 매우 낮다. 둘째, 남성은 '중졸 이하(35.4%) < 고졸(39.6%) ≒ 전문대졸(39.7%) < 대졸(47.9%) < 석사(66.6%) < 박사(100.0%)' 순으로, 학력이 높을수록 기혼자 비율이 높다. 셋째, 여성은 '전문대졸(46.8%) ≒ 대졸(48.1%) < 석사(63.9%) ≒ 고졸(64.3%) < 박사(76.1%) ≒ 중졸 이하(77.6%) 순으로, 전문대졸과 대졸 학력을 저점으로 학력이 높거나 낮을수록 기혼자 비율이 높아지는 U자형을 그리고 있다.

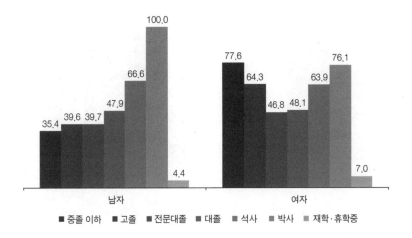

〈그림 8-5〉 성별 학력별 기혼자 비율(20~30대, 2016년 3월, 단위: %)

■ 중졸 이하 ■ 고졸 ■ 전문대졸 ■ 대졸 ■ 석사 ■ 박사 ■ 재학·휴학중

자료: 통계청 경제활동인구조사 부가조사.

〈그림 8-6〉는 2016년 3월 기준 20~30대 성별 취업 및 고용 형태별 기혼자 비율을 그래프로 그린 것이다. 첫째, 남성은 '고용주(75.5%) > 자영업자(63.6%) > 정규직(53.1%) > 비정규직(28.9%) > 실업자(11.6%) > 비경제활동인구(4.7%) ≒ 무급 가족 종사자(4.2%)' 순으로, 취업 여부와 고용 형태에 따른 기혼자 비율 차이가 뚜렷하다. 둘째, 여성은 '무급 가족 종사자(77.4%) > 고용주(71.5%) > 비경제활동인구(61.5%) > 자영업자(53.0%) > 비정규직(39.8%) ≒ 정규직(37.3%) > 실업자(12.7%)' 순으로, 무급 가족 종사자와 비경제활동인구의 기혼자 비율이 높고, 정규직과 비정규직은 별다른 차이가 없다.

〈그림 8-7〉은 20~30대 임금 노동자들의 성별 임금 수준별 기혼자 비율을 그래프로 그린 것이다. 첫째, 남성은 임금 수준이 가장 낮은 1분위(하위 10%)는 기혼자 비율이 6.9%로 가장 낮고, 임금 수준이 가장 높은 10분위(상위 10%)는 기혼자 비율이 82.5%로 가장 높다. 둘째, 여성은 4분위를 저점으

〈그림 8-6〉 성별 취업 및 고용 형태별 기혼자 비율(20~30대, 2016년 3월, 단위:%)

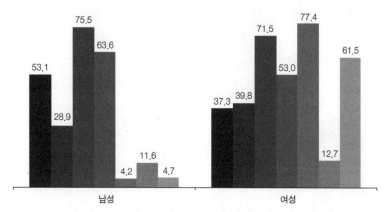

■ 정규직 ■ 비정규직 ■ 고용주 ■ 자영자 ■ 무급 가족 종사자 ■ 실업자 ■ 비경제활동인구

자료: 통계청 경제활동인구조사 부가조사.

〈그림 8-7〉 성별 임금 수준별 기혼자 비율(20~30대 임금 노동자, 2016년 3월, 단위: %)

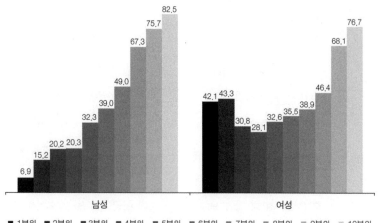

■ 1분위 ■ 2분위 ■ 3분위 ■ 4분위 ■ 5분위 ■ 6분위 ■ 7분위 ■ 8분위 ■ 9분위 ■ 10분위

자료: 통계청 경제활동인구조사 부가조사.

로 임금 수준이 높을수록 기혼자 비율이 높다. 즉 4분위(하위40%) 기혼자 비율은 28.1%고, 10분위(상위 10%) 기혼자 비율은 76.7%로 가장 높다. 남녀 모두 혼인과 임금 수준 사이에 높은 상관관계를 보이고 있다.

2) 결합 로짓 분석 결과(2003~2015년)

(1) 20~30대 전체

〈표 8-1〉은 연령 효과를 통제했을 때 성, 학력, 취업 및 고용 형태별 혼인 확률을 살펴보기 위해 로짓 분석한 결과이다. 앞부분의 기술 통계는 2016년 3월 자료를 사용했지만, 이 분석에서는 관측치를 늘리기 위해 2003년부터 2015년까지 각 연도 8월 자료를 결합해서 사용했다. 남성은 관측치가 13만 324개이고 여성은 14만 6767개이며, 모형의 설명력은 남성이 37.9%, 여성이 48.2%다.

〈그림 8-8〉은 〈표 8-1〉의 분석 결과 중 연령과 취업 및 고용 형태를 통제했을 때 학력이 혼인에 미치는 영향을 그래프로 그린 것이다. 여기서 승산비(odds ratio)는 결혼하지 않을 확률 대비 결혼할 확률을 의미한다. 첫째, 남성은 승산비가 '학생(0.700) < 중졸 이하(0.724) < 전문대졸(0.984) ≒ 대졸(1.000) < 고졸(1.081) < 석사(1.409) < 박사(3.046)' 순으로, 고졸을 제외하면 학력 수준이 높을수록 혼인 확률이 높다. 둘째, 여성은 '중졸 이하(5.256) > 고졸(2.439) > 전문대졸(1.275) > 대졸(1.000) ≒ 박사(0.978) ≒ 석사(0.965) > 학생(0.342)' 순으로, 학생을 제외하면 학력 수준이 낮을수록 혼인 확률이 높고, 대졸 이상 고학력자는 학력에 관계없이 혼인 확률이 가장 낮다.

〈그림 8-9〉은 〈표 8-1〉의 분석 결과 중 연령과 학력을 통제했을 때 취업과 고용 형태가 혼인에 미치는 영향을 그래프로 그린 것이다. 첫째, 남성은 승산

<표 8-1> 혼인 확률 영향 요인 (2003~2015년, pooled logit 분석, 20~39세)

	남성				여성			
	계수값	P〉z		odds	계수값	P〉z		odds
연령	0.976	0.000	***	2.654	1.180	0.000	***	3.255
연령제곱	-0.011	0.000	***	0.989	-0.014	0.000	***	0.986
중졸	-0.323	0.000	***	0.724	1.659	0.000	***	5.256
고졸	0.078	0.000	***	1.081	0.891	0.000	***	2.439
전문대졸	-0.016	0.494		0.984	0.243	0.000	***	1.275
석사	0.343	0.000	***	1.409	-0.036	0.496		0.965
박사	1.114	0.000	***	3.046	-0.022	0.935		0.978
학생(재학·휴학생)	-0.357	0.000	***	0.700	-1.074	0.000	***	0.342
비정규직	-0.615	0.000	***	0.540	-0.081	0.001	***	0.922
고용주	0.418	0.000	***	1.519	0.323	0.000	***	1.381
자영업자	-0.042	0.196		0.959	0.046	0.315		1.047
무급 가족	-1.870	0.000	***	0.154	1.595	0.000	***	4.928
실업자	-1.394	0.000	***	0.248	-0.771	0.000	***	0.463
비경제활동인구	-1.962	0.000	***	0.141	1.628	0.000	***	5.096
2004년	-0.112	0.003	**	0.894	-0.092	0.026	*	0.912
2005년	-0.219	0.000	***	0.803	-0.216	0.000	***	0.805
2006년	-0.345	0.000	***	0.708	-0.297	0.000	***	0.743
2007년	-0.397	0.000	***	0.672	-0.319	0.000	***	0.727
2008년	-0.512	0.000	***	0.599	-0.375	0.000	***	0.688
2009년	-0.474	0.000	***	0.622	-0.433	0.000	***	0.648
2010년	-0.604	0.000	***	0.547	-0.500	0.000	***	0.606
2011년	-0.684	0.000	***	0.504	-0.551	0.000	***	0.576
2012년	-0.702	0.000	***	0.495	-0.600	0.000	***	0.549
2013년	-0.781	0.000	***	0.458	-0.611	0.000	***	0.543
2014년	-0.837	0.000	***	0.433	-0.659	0.000	***	0.517
2015년	-0.904	0.000	***	0.405	-0.799	0.000	***	0.450
상수	-19.052	0.000	***	0.000	-22.665	0.000	***	0.000
관측치	130,324				146,767			
모형 설명력	0.379				0.482			

자료: 통계청, 경제활동인구조사부가조사, 2003.8~2015.8 원자료
주: 대졸(학사), 정규직, 2003년을 기준더미로 해서 분석한 결과임.

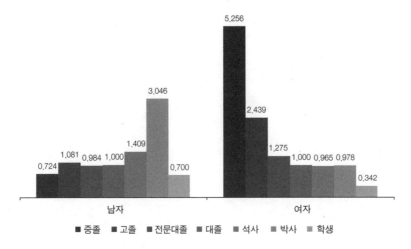

〈그림 8-8〉 성별 학력별 승산비(2003년 8월~2015년 8월)

■ 중졸 ■ 고졸 ■ 전문대졸 ■ 대졸 ■ 석사 ■ 박사 ■ 학생

자료: 통계청 경제활동인구조사 부가조사.

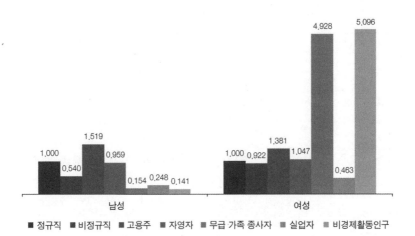

〈그림 8-9〉 성별에 따른 취업 및 고용 형태별 승산비(2003년 8월~2015년 8월)

■ 정규직 ■ 비정규직 ■ 고용주 ■ 자영자 ■ 무급 가족 종사자 ■ 실업자 ■ 비경제활동인구

자료: 통계청 경제활동인구조사 부가조사.

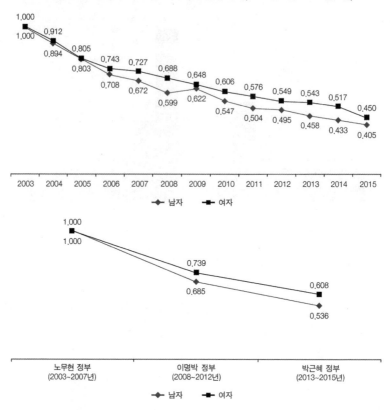

〈그림 8-10〉 성별에 따른 연도 및 정부별 승산비(2003년 8월~2015년 8월)

자료: 통계청 경제활동인구조사 부가조사.

비가 '고용주(1.519) > 정규직(1.000) ≒ 자영업자(0.959) > 비정규직(0.540) > 실업자(0.248) > 무급 가족 종사자(0.154) > 비경제활동인구(0.141)' 순이다. 둘째, 여성은 '비경제활동인구(5.096) ≒ 무급 가족 종사자(4.928) > 고용주(1.381) > 자영업자(1.047) ≒ 정규직(1.000) > 비정규직(0.922) > 실업자(0.463)' 순이다.

〈그림 8-10〉는 〈표 8-1〉의 분석 결과 중 연령과 학력, 취업 및 고용 형태를

통제했을 때 연도 및 정부 더미가 혼인에 미치는 영향을 그래프로 나타낸 것이다. 남녀 모두 해가 갈수록 혼인 확률이 떨어지고, '노무현 정부 > 이명박 정부 > 박근혜 정부' 순으로 혼인 확률이 낮아지고 있음을 확인할 수 있다.

(2) 20~30대 임금 노동자

〈표 8-2〉는 임금 수준(저임금-중간임금-고임금 계층)이 혼인 확률에 미치는 영향을 살펴보기 위해 임금 노동자만을 대상으로 로짓 분석한 결과다. 모형 1은 임금 수준을 통제하기 전 분석 결과이고, 모형2는 임금 수준을 통제했을 때의 분석 결과다.

〈그림 8-11〉은 〈표 8-2〉의 모형2 분석 결과 중 연령과 학력, 고용 형태를 통제했을 때 임금 수준이 혼인에 미치는 영향을 그래프로 나타낸 것이다. 첫째, 남성은 '저임금 계층(0.437) < 중간 임금 계층(1.000) < 고임금 계층(2.392)' 순으로, 임금 수준과 혼인 확률 사이에 높은 정(+)의 상관관계를 보

〈그림 8-11〉 성별에 따른 임금 수준별 승산비(임금노동자, 2003년 8월~2015년 8월)

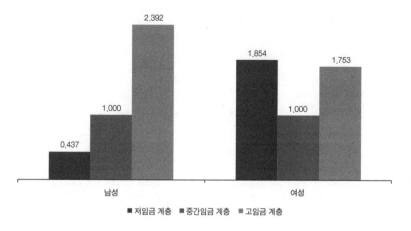

자료: 통계청 경제활동인구조사 부가조사.

〈표 8-2〉 혼인 확률 영향 요인 (2003~2015년, pooled logit 분석, 20~39세 노동자)

| | (모형1) | | | | | | (모형2) | | | | | |
| | 남성 | | | 여성 | | | 남성 | | | 여성 | | |
	odds	P〉z		odds	P〉z		odds	P〉z		odds	P〉z	
연령	2.720	0.000	***	3.281	0.000	***	2.463	0.000	***	3.401	0.000	***
연령제곱	0.989	0.000	***	0.986	0.000	***	0.990	0.000	***	0.986	0.000	***
중졸	0.703	0.000	***	6.380	0.000	***	1.073	0.307		5.737	0.000	***
고졸	1.031	0.209		2.132	0.000	***	1.307	0.000	***	2.171	0.000	***
전문대졸	0.957	0.100		1.047	0.125		1.115	0.000	***	1.108	0.001	***
석사	1.431	0.000	***	0.943	0.360		1.324	0.000	***	0.873	0.039	*
박사	3.416	0.000	***	0.889	0.695		2.466	0.000	***	0.815	0.532	
학생(재학휴학생)	0.775	0.000	***	0.746	0.000	***	0.923	0.141		0.714	0.000	***
비정규직	0.546	0.000	***	0.921	0.001	***	0.727	0.000	***	0.847	0.000	***
저임금계층							0.437	0.000	***	1.854	0.000	***
고임금계층							2.392	0.000	***	1.753	0.000	***
2004년	0.908	0.030	*	0.921	0.150		0.963	0.405		0.890	0.044	*
2005년	0.824	0.000	***	0.860	0.009	***	0.848	0.000	***	0.829	0.001	***
2006년	0.736	0.000	***	0.806	0.000	***	0.845	0.000	***	0.809	0.000	***
2007년	0.712	0.000	***	0.783	0.000	***	0.812	0.000	***	0.784	0.000	***
2008년	0.657	0.000	***	0.739	0.000	***	0.728	0.000	***	0.760	0.000	***
2009년	0.674	0.000	***	0.733	0.000	***	0.743	0.000	***	0.746	0.000	***
2010년	0.583	0.000	***	0.643	0.000	***	0.657	0.000	***	0.632	0.000	***
2011년	0.520	0.000	***	0.592	0.000	***	0.613	0.000	***	0.599	0.000	***
2012년	0.538	0.000	***	0.576	0.000	***	0.630	0.000	***	0.593	0.000	***
2013년	0.485	0.000	***	0.590	0.000	***	0.558	0.000	***	0.612	0.000	***
2014년	0.466	0.000	***	0.533	0.000	***	0.560	0.000	***	0.547	0.000	***
2015년	0.420	0.000	***	0.461	0.000	***	0.505	0.000	***	0.465	0.000	***
상수	0.000	0.000	***	0.000	0.000	***	0.000	0.000	***	0.000	0.000	***
관측치	83,480			68,302			83,480			68,302		
모형설명력	0.285			0.395			0.306			0.403		

자료: 통계청, 경제활동인구조사부가조사, 2003.8~2015.8 원자료
주: 대졸(학사), 정규직, 중간임금계층, 2003년을 기준더미로 해서 분석한 결과임.

이고 있다. 둘째, 여성은 '저임금 계층(1.854) > 고임금 계층(1.753) > 중간 임금 계층(1.000)' 순으로, 중간임금 계층의 혼인 확률이 낮고, 저임금 계층 과 고임금 계층의 혼인 확률이 높다. 이는 기혼 여성들이 파트타임을 통해 저임금 노동에 유입하고 있는 현실을 반영하는 것으로 해석된다.

〈표 8-2〉의 모형1과 모형2를 살펴보면, 임금 변수를 투입하기 전과 후에 학력과 고용 형태 승산비의 크기가 크게 달라짐을 발견할 수 있다. 예컨대 남 성 비정규직의 승산비는 0.546에서 0.727로 높아지고, 여성 비정규직의 승산 비는 0.921에서 0.847로 낮아진다. 이것은 그만큼 임금 수준이 혼인 확률에 미치는 영향이 크다는 사실을 말해준다(〈그림 8-12〉과 〈그림 8-13〉 참조).

4. 요약과 함의

지금까지 분석 결과를 요약하면 다음과 같다. 첫째, 남성은 학력 수준이 높을수록, 취업하고 고용 형태가 안정적일수록, 임금 수준이 높을수록 혼인 확률이 높다. 이것은 남성이 가족의 생계를 책임질 만한 사회경제적 지위(고 학력, 취업, 안정된 일자리, 적정 임금 수준)를 확보하지 못하면 결혼하기 어려 운 현실을 말해준다. 남성이 갈수록 결혼 조건을 충족하기 어려워짐에 따라, 남녀 모두 결혼 시기가 늦춰지고 자녀 출산 연령이 늦춰지고 있다.

둘째, 여성은 남성과 달리 학력 수준이 낮을수록 혼인 확률이 높고, 대졸 이상 고학력자의 혼인 확률이 낮다. 비경제활동인구와 무급 가족 종사자 등 비취업자의 혼인 확률이 높고, 남성과 달리 고용 형태에 따른 차이가 크지 않다. 게다가 임금 1분위와 9~10분위만 혼인 확률이 높고, 임금 2~8분위는 유의미한 차이가 없다. 이처럼 여성이 남성과 다른 특징을 보이는 것은 '장

<그림 8-12> 임금 수준 투입 후 승산비 변화(남성 노동자, 2003년 8월~2015년 8월)

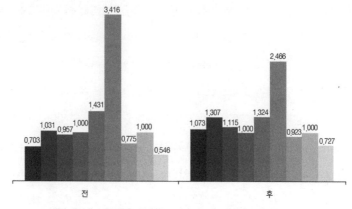

자료: 통계청 경제활동인구조사 부가조사.

<그림 8-13> 임금 수준 투입 후 승산비 변화(여성 노동자, 2003년 8월~2015년 8월)

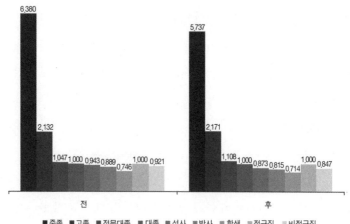

자료: 통계청 경제활동인구조사 부가조사.

시간 노동이 일상화된 체제에서 일과 생활의 양립이 어려워 기혼 여성의 상당수가 자녀 출산 및 양육 기에 노동시장에서 이탈하고, 기혼 여성의 노동시장 내 지위가 가계 보조적인 현실을 반영한 것으로 해석된다. 따라서 여성의 혼인 영향 요인과 관련해서는 패널 자료를 사용해서 인과관계를 분석하는 등 좀 더 심층적인 추가 분석이 필요할 것으로 판단된다.

이상으로부터 우리는 다음과 같은 함의를 도출할 수 있다. 한국의 결혼시장은 '남성 생계 부양자 모델, 여성 가계 보조자 모델'이 강하게 작동하고 있다. 지금까지 저출산 대책은 기혼 여성의 자녀 출산과 양육 지원에 초점을 맞추어왔다. 그러나 청년들에게 결혼해서 가정을 꾸리고 자녀들을 낳아 기를 수 있는 '안정된 적정 임금 일자리'를 제공하지 못한다면 저출산 정책은 실효성을 갖기 어렵다. 전체 노동자의 절반에 가까운 저임금 비정규직 일자리를 적정 임금 정규직 일자리로 전환할 때만이 저결혼·저출산 문제를 해결할 수 있다.

참고문헌

김경화. 2004. 「비정규직 여성 노동자의 일과 결혼 : 대졸 미혼여성을 중심으로」. ≪가족과문화≫, 16(3).

김두섭. 2007. 『IMF 경제위기와 한국 출산력의 변화』. 아산재단 연구총서 제223집.

김성준. 2015. 「왜 결혼이 늦어지는가?」. ≪노동경제논집≫, 2015.12.

대한민국정부. 2016a. "2016-2020 제3차 저출산·고령사회기본계획".

_____. 2016b. "제3차 저출산·고령사회기본계획 2016년도 시행계획".

박경숙·김영혜·김현숙. 2005. 「남녀 결혼시기 연장의 주요 원인: 계층혼, 성역할분리 규범, 경제조정의 우발적 결합」. ≪한국인구학≫, 28(2).

안태현. 2010. 「남성의 고용상황과 결혼형성」. ≪노동정책연구≫, 10(3).

우석진. 2010. 「여성의 취업부문과 출산결정에 관한 연구: 공공부문과 민간부문 간의 비교를 중심으로」. ≪사회보장연구≫, 26(2).

우해봉. 2009. 「교육이 초혼형성에 미치는 영향: 결혼 연기 혹은 독신?」. ≪한국인구학≫, 32(1).

유홍준·현성민. 2010. 「경제적 자원이 미혼 남녀의 결혼 연기에 미치는 영향」. ≪한국인구학≫, 33(1).

윤자영. 2012. 「노동시장 통합과 결혼 이행」. ≪한국인구학≫, 35(2).

은기수. 1999. 「결혼으로 이행에 있어서 연령규범과 순서규범」. ≪한국인구학≫, 18(1).

이삼식. 2016a. 「저출산·고령화 대책의 현황과 정책과제. ≪보건복지포럼≫, 2016.1.

_____. 2016b. 「제3차 저출산·고령사회 기본계획의 성공적 이행을 위한 전략과 조건」. ≪보건복지포럼≫, 2016.2.

이삼식·이지혜. 2014. 「초저출산현상 지속의 원인과 정책과제」. ≪한국보건사회연구원 연구보고서≫, 2014.22.1-1.

이상림. 2013. 「혼인동향과 혼인이행 분석」. ≪보건사회연구≫, 33(4).

이상호·이상헌. 2010. 「저출산·인구고령화의 원인에 관한 연구: 결혼결정의 경제적 요인을 중심으로」. ≪금융경제연구≫, 2010.12.

이철희. 2012. 「한국의 합계출산율 변화요인 분해」. ≪한국인구학≫, 35(3).

최필선·민인식. 2015. 「청년층의 취업과 임금이 결혼이행에 미치는 영향: 이산시간 해저드 모형의 응용」. ≪한국인구학≫, 38(2).

제9장

대기업집단 계열사의 고용 변화*

권혜자 | 한국고용정보원 연구위원

1. 머리말

청년층의 대기업 취업 선호 경향이 지속되는 가운데 청년층의 고용 상황이 더욱 악화되고 있다. 대기업들이 경영 악화와 고용 유연화로 인해 청년 고용을 줄이고 있는 반면, 기업 규모 간 임금 격차와 고용 안정성의 격차는 더욱 확대되었다. 노동시장 양극화가 심화되면서 기존 연구는 주로 기업 규모 간 임금 격차나 고용 안정성의 격차에 집중되었다. 그러나 정작 기업 규모 간 임금 격차의 주된 원인인 독과점적 대기업집단의 고용 변화에 대한 연구는 결여되어 있었다. 독과점적 경제 구조하에서 상당한 고용 규모를 갖고 있는 대기업집단의 고용 관행은 산업 전체의 고용에 중대한 영향을 미칠 수밖에 없다. 그런 의미에서 대기업집단 계열사의 고용 변화를 살펴보는 것은 한국 사회에서 청년 고용의 문제를 해결하기 위한 선결 과제이기도 하다.

---

* 이 글은 권혜자, 「대기업 집단 계열사 및 중견기업의 고용변화와 청년고용」, 한국고용정보원, 2016의 일부를 수정 및 보완한 것이다.

이 주제와 관련해 기존 연구가 부족한 것은 대기업집단의 고용을 분석할 수 있는 신뢰할 만한 자료의 부족에서 기인한다. 그간의 연구는 상품 시장의 독과점을 파악할 수 있는 자료의 부재로 인해 주로 기업 규모라는 대리변수를 사용했다. 이 장은 기존의 연구와는 달리 상품 시장의 독과점성을 보여주는 공정거래위원회의 대기업집단 계열사 명단을 사용해 직접적으로 대기업집단 계열사의 고용 변화를 분석했다.

이 장에서 다루고 있는 대기업집단의 정의는 공정거래법의 대기업집단 지정 제도에 의해 규정된 상호 출자 제한 기업 집단을 의미한다. 대기업집단이 되면 공정거래법에 따라 계열사 간에 맞교환식 출자를 할 수 없고, 빚보증을 하지 못하며, 중소기업이 받는 각종 혜택을 받지 못한다. 대기업집단의 지정 기준은 2008년에는 자산 5조 원 이상인 기업이었으나 2016년에는 10조원 이상의 기업으로 변경되었다. '대기업집단 지정제도 개선 방안'에 따르면, 대기업 일감 몰아주기의 규제 기준은 종전과 같이 5조 원으로 유지하되, 대기업집단 지정 기준을 자산 5조 원에서 10조 원 이상의 기업으로 높이는 한편, 자산 규모와 무관하게 공기업을 대기업집단에서 제외했다. 이에 따라 2016년부터 대기업집단의 수는 기존의 65개에서 28개로 감소하게 되는데, 이 장에서는 2015년까지의 자료를 분석했기 때문에 64개 기업집단을 대상으로 분석했다.

이 장은 대기업집단 계열사의 연도별 명단과 고용보험 자료 등을 연계해 대기업집단 계열사의 고용 변화를 분석했다. 먼저, 공정거래위원회의 자료를 정권별로 재구성하여 대기업집단 제도의 변화와 계열사의 추이를 살펴보는 한편, 2006~2015년까지 대기업집단의 자산, 순이익, 고용의 변화와 집중도를 살펴보았다. 다음으로 대기업집단 자료와 고용보험 자료를 연계해 대기업집단 소속 근로자의 연령 계층별 일자리 취득과 상실의 특징을 분석하

고, 순고용 창출의 변화 추세를 분석했다. 그리고 고용 변화의 특성과 비정
규직 고용 의존도를 살펴보았다.

2. 대기업집단 제도의 변화와 계열사의 고용 추이

1) 대기업집단 제도의 변화와 특징

대기업집단은 1987년부터 공정거래법의 대기업집단 지정 제도에 의해 규
정된 상호 출자 제한 기업 집단을 의미한다. 대기업집단에 속하게 되면 공
정거래법에 따라 계열사 간에 맞교환식 출자를 할 수 없고, 빚보증을 하지
못하며, 중소기업이 받는 각종 혜택을 받지 못한다. 또한 공정거래법상 규제
와 함께 38개 법령의 규제를 받게 된다(공정거래위원회 외, 2016). 대기업집단
의 기준은 경제여건의 변화에 따라 변경되어왔는데, 1987년에는 자산총액
4000억 원 이상의 기업이 해당되었으나, 1993년에는 자산 순위 기준으로 30대
기업 집단으로 변경되었고, 2002년부터는 자산총액 2조 원 이상의 기업,
2009년에는 자산총액 5조 원 이상의 기업으로 변경되었다. 2016년에는 대
기업집단의 지정 기준을 자산총액 10조 원 이상으로 변경했는데, 그 이유에
대해서는 기존의 규제가 일부 하위 기업의 성장을 저해할 수 있다는 점을 고
려했다고 밝히고 있다(공정거래위원회 외, 2016).

〈그림 9-1〉은 대기업집단 지정의 변화 시점과 역대 정권의 변화 시점을
연도별로 재구성한 것이다. 대기업집단 지정 제도의 변화가 역대 정권의 대
기업 정책 기조와 관련되어 있다는 점을 고려해 그 특징을 살펴보면, 대기업
집단의 제도변화는 주로 정권 초기에 이루어졌으며, 정권 말기로 갈수록 대

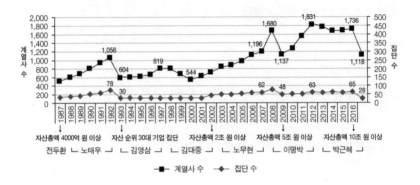

〈그림 9-1〉 연도별 대기업집단의 지정 현황(단위: 개)

자료: 공정거래위원회(2016) 자료를 이용하여 재구성.

기업 계열사와 자산이 동시적으로 증가하고 있음을 알 수 있다.

대기업집단의 수는 제도가 바뀌는 시점부터 점진적으로 늘어나는 경향이 있다. 자산총액 기준이 4000억 원이었던 전두환 정부 말기(1987년)에는 대기업집단 수가 32개에서 1992년 78개로 늘어났고, 자산총액 기준이 2조 원이었던 김대중 정부 말기(2002년)에는 대기업집단이 43개에서 2008년 79개로 늘어났으며, 자산총액 기준이 5조 원 이상이었던 이명박 정부의 정권 초기(2009년)에는 48개 집단에서 박근혜 정부 말기(2016년) 65개 집단으로 늘어났다. 마찬가지로, 제도 변화가 있었던 정권 초기에는 대기업집단에 속하는 계열사의 수가 적었으나, 정권 말기로 갈수록 크게 늘어났다. 대기업집단 계열사의 수는 노태우 정부 말기 1056개, 김영삼 정부 말기 819개, 노무현 정부 말기 1680개, 이명박 정부 말기 1831개소까지 증가했으며, 박근혜 정부 말기까지 1736개로 유지되고 있다.

또한 대기업집단 지정 제도가 변경된 5~6년마다 대기업집단의 자산총액이 평균 두 배 이상으로 증가했고, 이를 충족하는 계열사도 크게 증가했다.

대기업집단 계열사의 자산총액 기준은 2000년 이후 5~6년마다 2조 원, 5조 원, 10조 원으로 두 배 이상 증가했고, 이를 충족하는 계열사 수도 2000년 544개소에서 이명박 정부 말기에는 1831개소로 증가했다. 자산 기준의 지속적인 상향에도 불구하고 계열사의 수가 크게 증가하고 있다는 것은 대기업집단의 경제력 집중이 그만큼 강화되고 있음을 보여준다. 이런 상황에서 대기업집단의 지정 기준이 5조 원에서 10조 원으로 변경되면 적지 않은 계열사가 대기업집단에서 제외되면서 골목상권 침해 및 중소기업과의 경쟁에서 불공정한 시장 지배력을 행사할 것이라는 우려도 존재한다.

2) 대기업집단 계열사의 수익성과 고용 추이

2000년 이후 대기업집단 계열사의 총자산과 총당기순이익의 추이를 살펴보면 〈그림 9-2〉와 같다. 당기순이익은 일정 기간 기업의 전체 수익에서 비용을 차감한 금액이고, 자산은 자기자본과 타인자본(부채)을 합산한 것이다. 〈그림 9-2〉를 보면, 총자산과 당기순이익이 전체적으로 증가하고 있지만, 2012년 이후에는 총자산이 총당기순이익을 압도해 증가하고 있다는 특징을 보인다. 당기순이익을 총자산으로 나눈 총자산이익률(return on assets)은 기업이 자산을 활용해 얼마나 수익을 창출했는가를 보여준다. 총자산이익률은 2000년 초기부터 지속적인 감소 추세를 보이는데, 2002년 7.3%에서 2007년 5.3%, 2014년 2.1%까지 감소했다. 더욱이 2012년 이후에는 총자산이익률이 2008년 경제위기 시점 수준 이하로 떨어지고 있다는 점에 주목할 필요가 있다. 총자산이익률의 감소 원인에 대해서는 사내 유보와 부채 등을 종합적으로 고려할 필요가 있으나, 대기업집단 내부에서도 수익률의 격차가 확대되고 있음을 보여준다.

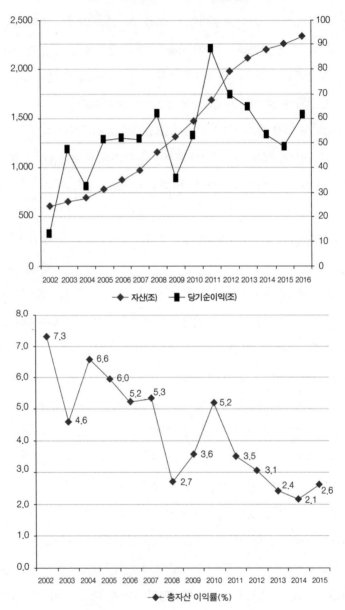

〈그림 9-2〉 연도별 대기업집단의 총자산이익률

자료: 공정거래위원회, 대규모기업집단 정보공개시스템에서 재계산.

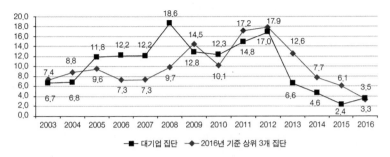

〈그림 9-3〉 연도별 대기업집단 및 자산 순위 상위 3개 집단의 총자산증가율(단위: %)

자료: 공정거래위원회, 대규모기업집단 정보공개시스템에서 재계산.

김상조(2015)는 한국기업경영분석 자료를 통해서 부가가치 상위 44대 기업을 선정해 2002년부터 2013년까지 부가가치의 생산과 분배를 분석했다. 그에 따르면 지난 몇 년간 삼성을 비롯한 대표 기업들의 성과가 저하되고 있는데, 2008년 이후에는 특히 삼성그룹이 4대 재벌 및 44대 기업 전체의 움직임을 좌우하는 양상이 뚜렷해졌고, 삼성그룹 8개사의 부가가치가 2001년 2.40%에서 2013년 3.77%까지 증가했다는 것이다. 또한 수익성과 인건비 등의 재무 비율에서도 일반적인 기업의 수익성 지표가 삼성그룹, 4대 재벌, 제조업에 비해 상대적으로 저조하다는 점에서 대표 기업의 성과가 여타 부문으로 파급되는 낙수효과(trickle-down effect)가 현저히 저하되었다고 분석했다(김상조, 2015: 35~46).

대기업집단 내부의 수익성의 격차는 이 장에서 사용한 자료를 통해서도 확인된다. 〈그림 9-3〉은 대기업집단의 총자산증가율과 자산 순위 상위 3개 집단의 총자산증가율을 보여준다. 대기업집단의 총자산증가율은 2003년 6.7% 수준이었으나 2005년 이후 12% 수준을 유지했으며, 2008년과 2012년에는 각각 18.6%, 17.0%의 높은 성장을 기록했다. 그러나 대기업집단의 총자산 증가율은 급격하게 감소해 2014년 4.6%, 2015년에는 2.4%까지 급락했다.

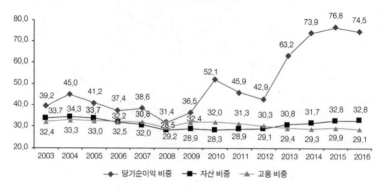

〈그림 9-4〉 대기업집단 내 자산 순위 상위 3개 집단이 차지하는 당기순이익, 자산, 고용의 비중(단위: %)

자료: 공정거래위원회, 대규모기업집단 정보공개시스템에서 재계산.

2016년 기준으로 살펴본 자산 순위 상위 3개 집단의 총자산증가율은 2005년에서 2010년까지는 전체 대기업집단의 총자산증가율을 밑돌았으나, 2011년부터 대기업집단의 총자산증가율을 크게 상회하고 있다는 특징을 보인다. 그러나 자산 순위 상위 3개 집단의 총자산증가율도 2012년 이후 감소하고 있는 실정이다.

다른 한편으로 대기업집단 내부에서도 자산 순위에 따른 이익 집중이 심화되고 있다. 〈그림 9-4〉는 대기업집단에서 차지하는 자산 순위 상위 3개 집단의 당기순이익, 자산, 고용의 비중을 보여준다. 2016년 기준으로 볼 때 자산 순위 상위 3개 집단의 자산 비중은 32.8%, 고용 비중은 29.1%임에 비해서, 당기순이익이 차지하는 비중은 74.5%에 달한다. 상위 3개 집단의 당기순이익 비중은 2009년까지는 30~45% 수준으로 유지되었으나, 2013년 이후 크게 증가해 2015년 기준 76.8%까지 증가했다. 이러한 결과는 2008년 이후 대기업집단 내부에서도 상위 3개 집단과 그 외 집단 간에 순이익의 격차가 심화되었음을 보여준다. 다시 말해서 순이익은 소수에게 집중되었으나, 그 소수가 고용을 늘린 것은 아니라는 것이다.

3) 대기업집단 계열사의 고용 비중

공정거래위원회의 자료를 이용해 대기업집단 계열사의 연도별 총고용량을 살펴보면 〈그림 9-5〉와 같다. 대기업집단의 종업원 수는 2001년 69만 9000명에서 2006년 102만 1000명을 넘어섰고, 2016년에는 163만 6000명까지 증가했다. 대기업집단의 총고용량은 2008년까지 크게 증가했으나, 2012년까지 회복세를 거친 이후 증가 추세가 완화되고 있다. 고용 순위 상위 3개 집단이 대기업집단에서 차지하는 고용 비중은 2001년 31만 4000명으로 44.9%를 차지했으나, 점진적으로 감소해 2016년 기준 56만 5000명으로 34.5%까지 감소했다.[1] 대기업집단의 총고용이 증가했기 때문에 나타난

〈그림 9-5〉 연도별 대기업집단의 총고용량의 추이와 고용 순위 상위 3사가
차지하는 비율(단위: 천 명, %)

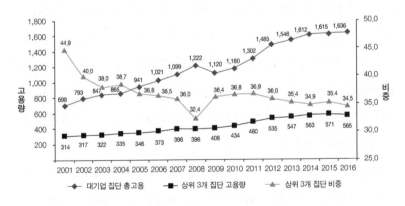

자료: 공정거래위원회, 대규모기업집단 정보공개시스템에서 재계산.

1) 자산 순위로 본 상위 3개 집단과 고용 순위로 본 상위 3개 집단은 1개 집단에서 차이가 있어 상위 3사의 고용 비중에도 차이가 있다.

〈그림 9-6〉 연도별 대기업집단의 총고용량이 임금근로자에서 차지하는 비율(단위: %)

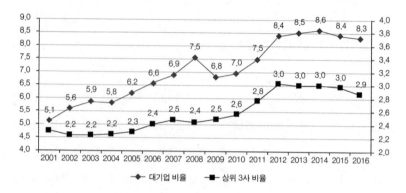

주: 2016년 임금근로자의 수는 10월 기준.
　　상위 3사는 고용순위 상위 3개 집단의 비율.
자료: 공정거래위원회, 대규모기업집단 정보공개시스템에서 재계산.

현상이다.

　대기업집단의 총고용량이 전체 임금근로자에서 차지하는 비율은 2001년 5.1%에서 2016년 8.3%까지 증가했고, 상위 3개 집단이 차지하는 비율은 같은 기간 2.3%에서 2.9%까지 증가했다(〈그림 9-6〉 참조). 고용 순위 상위 3개 집단이 차지하는 비율은 2012년까지 점진적으로 증가했으나, 이후 3.0% 수준에서 정체되어 있는 상황이다. 이에 비해 전체 대기업집단이 차지하는 고용 비율은 2008년 경제위기의 여파를 거친 이후 다시 8.6% 수준까지 증가했다. 고용 순위 상위 3개 집단의 고용은 전체 대기업집단에 비해 경제위기의 영향을 받지 않았다.

　고용 순위 상위 3개 집단의 고용 증가율은 전체 대기업집단의 고용 증가율에 비해서 낮은 편이다. 대기업집단 총고용량의 전년 대비 증가율을 보면(〈그림 9-7〉 참조), 경기 변동에 민감해 2004년과 2009년에 크게 감소하고 있으며, 회복세도 크게 나타난다. 이와 달리 상위 3개 집단의 고용 증가율은

〈그림 9-7〉 연도별 대기업집단의 총고용량과 상위 3사 고용량의 전년 대비 증가율(단위: %)

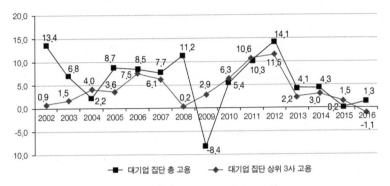

주: 대기업집단 상위 3사는 고용 순위 상위 3개 집단의 고용 증가율.
자료: 공정거래위원회, 대규모기업집단 정보공개시스템에서 재계산.

2009년에만 정체 상태로 나타나 상대적으로 경기침체의 영향을 받지 않는 것으로 나타났다. 대기업집단의 고용 증가율은 2012년에 각각 14.1%와 11.5%로 정점에 이른 이후 빠르게 감소하고 있다. 그 중에서도 고용 순위 3개 집단의 고용 증가율이 현저하게 낮아지고 있어 전체적으로 고용 사정이 악화되고 있음을 보여준다. .

3. 대기업집단 계열사의 고용 변화와 특성

1) 대기업집단 고용보험 자료의 특성

이상에서 살펴본 대기업집단 계열사의 고용 규모는 공정거래위원회에서 조사한 것으로, 계열사의 고용량만을 알 수 있을 뿐 사업장의 구체적인 재무 정보와 고용 정보를 파악할 수 없다. 이 장에서는 공정거래위원회에서 제공한 대기업집단 계열사의 명단을 사용해 나이스(NICE)평가정보의 기업 재무 정보와 고용보험 자료를 연계해 재구축했다. 나이스평가정보에서 제공하는 기업의 재무 정보에도 부분적인 고용 정보가 존재하지만, 상시 근로자 수가 경영 지표의 기준 년도와 다른 경우가 다수 존재해 고용 정보의 신뢰성이 떨어진다는 문제가 있다. 이 장에서는 고용보험 사업장별로 피보험자, 상실자, 취득자 정보를 기업 단위로 재구축해 기업의 사업자 등록 번호와 법인번호를 기준으로 연도별로 연계했다. 〈표 9-1〉은 공정거래위원회의 대기업집단 계열사 자료와 고용보험 자료를 연계한 결과이다. 2008년을 제외하면 원자료의 약 80%를 넘는 수준에서 연계되었다.

고용보험 자료에 나타난 대기업집단 소속 피보험자의 추이는 〈표 9-2〉와 같다. 대기업집단 계열사의 평균 피보험자 수는 2006년 758명에서 2015년 970명까지 크게 증가했다. 대기업집단의 고용 총계는 2006년에서 2015년까지 67만 3000명에서 136만 4000명으로 두 배가량 증가한 것으로 나타난다.

(1) 집단 내 산업 구성의 변화

〈그림 9-8〉은 2015년 대기업집단 계열사 피보험자의 산업별 분포를 2006년과 비교해 살펴본 것이다. 대기업집단 고용의 가장 큰 부분을 차지하는 제조업은 43%에서 42%로 큰 변화가 없었으며, 건설업, 숙박 및 음식점업, 금융 및 보험업, 부동산업 및 임대업의 비율도 2015년 기준 각각 6%, 3%, 7%, 1% 내외로 2006년과 큰 차이가 없다. 고용 비율이 증가한 산업은 전기, 가스, 증기 및 수도 사업(1% → 3%), 도매 및 소매업(8% → 12%), 운수업(6% → 8%)이고, 고용 비율이 감소한 산업은 출판, 영상, 방송통신 및 정보서비스업(14% → 9%)과 전문, 과학 및 기술 서비스업(5% → 3%)으로 나타났다.

대기업집단의 고용 비중이 큰 주요 산업별로 고용 추이를 살펴보면(〈그림

〈표 9-1〉 공정거래위원회의 대기업집단과 고용보험 연계 자료의 특성(단위: 개소, %)

연도	공정거래위원회		고용보험 피보험자 자료(1인 이상)		
	집단 수	계열사	계열사	차이	원자료 비율
2006	59	1,117	888	229	79.5
2007	62	1,196	1,060	136	88.6
2008	79	1,680	841	839	50.1
2009	48	1,137	970	167	85.3
2010	53	1,264	1,082	182	85.6
2011	55	1,554	1,294	260	83.3
2012	63	1,831	1,474	357	80.5
2013	62	1,768	1,417	351	80.1
2014	63	1,677	1,421	256	84.7
2015	61	1,696	1,406	290	82.9
2016	65	1,736			

주: 2008년의 경우 자산 기준 변동의 문제로 연계된 원자료 비율이 낮다.
자료: 대기업집단 연계 고용보험 자료.

〈표 9-2〉 연도별 대기업집단 소속 피보험자의 추이(단위: 개소, 명)

연도	계열사	평균	총 합계
2006	888	758	673,056
2007	1,060	679	719,545
2008	841	976	820,429
2009	970	910	883,097
2010	1,082	937	1,013,894
2011	1,294	884	1,144,007
2012	1,474	876	1,290,984
2013	1,417	939	1,330,234
2014	1,421	956	1,358,310
2015	1,406	970	1,363,778

자료: 대기업집단 연계 고용보험 자료.

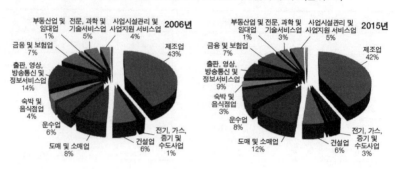

〈그림 9-8〉 대기업집단 계열사의 산업별 피보험자의 비교(단위: %)

주: 1% 미만 제외.
자료: 대기업집단 연계 고용보험 자료.

9-9〉참조), 2006년에서 2015년까지 제조업, 도매 및 소매업, 운수업, 사업시설관리 및 사업지원 서비스업을 중심으로 고용이 크게 증가했다. 제조업의 고용은 같은 기간에 28만 9000명에서 57만 7000명으로 증가했고, 도매 및 소매업은 5만 5000명에서 15만 7000명으로 증가했다. 운수업은 같은 기간 4만 명에서 10만 5000명으로 증가했고, 금융 및 보험업은 4만 7000명에서 9만 8000명으로, 사업시설관리 및 사업지원서비스업은 2만 5000명에서 7만 1000명으로 증가했다. 이와 같이 지난 10여 년간 대기업집단 계열사의 고용은 제조업을 제외하면 도매 및 소매업, 운수업, 금융 및 보험업, 사업시설관리 및 사업지원서비스업을 중심으로 증가한 것이다.

2006년에서 2015년까지 고용 증가분은 약 69만 1000명에 이르는데, 산업별 고용 증가 기여도는 제조업 41.7%, 도매 및 소매업 14.8%, 운수업 9.5%, 금융 및 보험업 7.3%, 사업시설관리 및 사업지원서비스업 6.7%의 순서로 나타났다.

이상의 결과를 종합하면, 기술 집약적 고부가가치 산업에 속하는 출판, 영상, 방송통신 및 정보서비스업과 전문, 과학 및 기술서비스업의 고용은 도

〈그림 9-9〉 주요 산업별 대기업집단 피보험자의 추이(2006~2015년, 단위: 명)

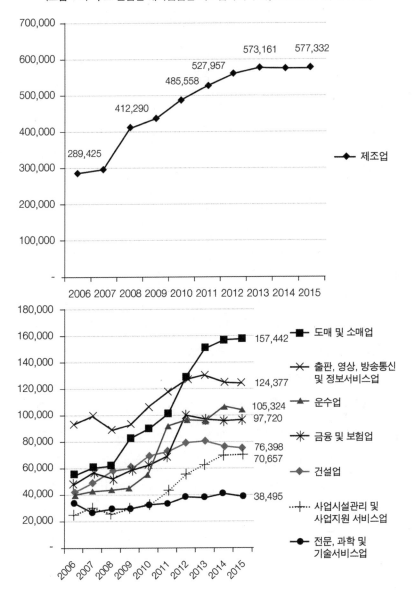

자료: 대기업집단 연계 고용보험 자료.

〈표 9-3〉기업 규모별 대기업집단 계열사의 고용 추이(2006~2015년, 단위: %, 명)

연도	100인 미만	100~299인	300~499인	500~999인	1000인 이상	합계	피보험자 수
2006	2.4	4.8	4.4	9.0	79.5	100.0	673,056
2007	2.8	5.7	5.1	9.1	77.3	100.0	719,545
2008	1.6	3.9	3.7	7.1	83.7	100.0	820,429
2009	1.7	4.3	3.1	7.6	83.2	100.0	883,097
2010	1.7	3.7	3.4	6.2	85.1	100.0	1,013,894
2011	1.9	3.7	2.9	5.7	85.9	100.0	1,144,007
2012	1.9	3.6	3.4	6.5	84.7	100.0	1,290,984
2013	1.8	3.5	3.3	5.6	85.9	100.0	1,330,234
2014	1.8	3.5	3.0	6.2	85.5	100.0	1,358,310
2015	1.7	3.2	3.2	5.8	86.1	100.0	1,363,778

자료: 대기업집단 연계 고용보험 자료.

매 및 소매업이나 운수업 등에 비해 그 증가 추세가 더디게 나타나고 있어, 대기업집단의 고용이 저임금 고용 중심으로 증가했을 가능성을 보여준다.

(2) 집단 내 기업 규모의 변화

대기업집단 계열사의 기업 규모별 피보험자의 분포를 살펴보면 대기업집단의 고용이 1000인 이상 대기업에 집중되어 있음을 알 수 있다(〈표 9-3〉참조). 2015년 기준 대기업집단 피보험자의 분포를 보면 100인 미만 1.7%, 100~300인 3.2%, 300~499인 3.2%, 500~999인 5.8%, 1000인 이상 86.1%로, 1000인 이상 대기업이 대기업집단 고용의 대부분을 차지하고 있다. 이는 2006년 79.5%에 비교할 때 급격히 증가한 것이다.

대기업 중심의 고용 증가 추세를 확인하기 위하여, 고용 규모 만 명 이상의 고용 추이를 살펴보면 〈표 9-4〉와 같다. 만 명 이상 계열사 수는 2006년

〈표 9-4〉 대기업집단 중 고용 규모 만 명 이상 계열사의 고용 추이
(2006~2015년, 단위: 개, 명, %)

연도	만 명 이상 기업 수	총고용 인원	대기업집단 중 고용 비율	평균 고용 인원
2006	10	214,685	31.9	21,469
2007	10	219,104	30.5	21,910
2008	13	322,020	39.3	24,771
2009	15	353,985	40.1	23,599
2010	16	401,003	39.6	25,063
2011	17	444,363	38.8	26,139
2012	21	512,543	39.7	24,407
2013	21	534,378	40.2	25,447
2014	24	566,454	41.7	23,602
2015	25	574,704	42.1	22,988

자료: 대기업집단 연계 고용보험 자료.

10개소에서 2015년 25개소로 증가했고, 이들의 고용 인원도 21만 5000명에서 57만 5000명으로 두 배 이상 증가했다. 같은 기간 평균 고용 인원도 2만 1000명에서 2만 3000명으로 증가해 대기업집단의 총고용 중에서 차지하는 비율은 31.9%에서 42.1%로 증가했다. 이와 같이 대기업집단의 고용은 고용 규모 만 명 이상 대기업을 중심으로 증가한 것이다.

(3) 집단 내 연령 구조의 변화

대기업집단 계열사의 연령 계층별 피보험자의 추이를 살펴보면, 〈표 9-5〉와 같다. 15~29세 청년 고용은 2012년 33만 명으로 정점에 달한 이후 감소 추세를 보이는 반면, 30~49세 핵심 연령 계층과 50세 이상 장년층의 고용은 2012년 이후에도 꾸준히 증가하고 있다. 그 결과, 대기업집단의 총고용에서

〈표 9-5〉 대기업집단 계열사의 연령 계층별 피보험자의 추이(2006~2015년, 단위: 명, %)

	피보험자 수				비율			
	15~29세	30~49세	50세 이상	전체	15~29세	30~49세	50세 이상	전체
2006	183,066	437,679	52,311	673,056	27.2	65.0	7.8	100.0
2010	275,407	637,732	100,755	1,013,894	27.2	62.9	9.9	100.0
2011	305,776	712,751	125,480	1,144,007	26.7	62.3	11.0	100.0
2012	329,943	809,198	151,843	1,290,984	25.6	62.7	11.8	100.0
2013	326,661	834,020	169,553	1,330,234	24.6	62.7	12.7	100.0
2014	320,915	851,479	185,915	1,358,309	23.6	62.7	13.7	100.0
2015	308,477	855,896	199,405	1,363,778	22.6	62.8	14.6	100.0

자료: 대기업집단 연계 고용보험 자료.

차지하는 청년층의 비중은 2011년 26.7%에서 2015년 기준 22.6%까지 감소했다. 핵심 연령 계층의 고용은 2010년 이후 62% 수준으로 거의 변화가 없었으며, 50세 이상의 비중은 9.9%에서 14.6%까지 증가했다.

2010년 이후 피보험자의 전년 대비 증가율을 보면(〈그림 9-10〉 참조), 모든 연령대에서 그 증가 추세가 감소하고 있다. 특히 청년층의 증가율은 2013년 이후 마이너스 성장을 보이고 있는데, 2010년 12.6%에서 2013년 −1.0%, 2015년에는 −3.9%로 나타나고 있어, 청년 고용이 2013년 이후 감소하고 있음을 보여준다. 전체 피보험자의 증가율과 유사한 30~49세 핵심 연령대의 증가율도 2012년 13.5%로 정점에 달한 이후 2013년부터 3.1%, 2.1%, 0.5%로 감소하고 있다.

지난 10년간 대기업집단에서 여성 근로자의 수도 크게 증가했다. 대기업집단 계열사의 여성 피보험자 수는 2015년 기준 40만 2000명으로 전체 피보험자의 29.5%를 차지한다(표 생략). 여성 피보험자의 수가 2006년 기준

〈그림 9-10〉 대기업집단 피보험자의 연령 계층별 전년 대비 증가율(2010~2015년, 단위: %)

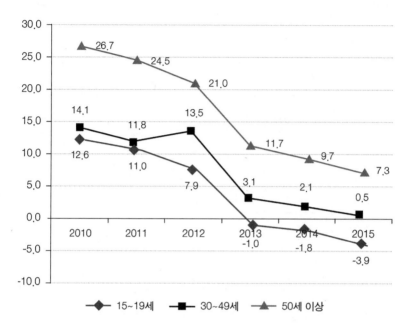

자료: 대기업집단 연계 고용보험 자료.

16만 명이었음을 고려하면 대기업집단의 여성 고용은 10년간 두 배 이상 증
가한 것이다. 대기업집단의 전체 고용에서 차지하는 여성의 비중도 23.7%
에서 29.5%로 증가했다. 그러나 연령 계층별로 살펴보면, 2015년 기준 대기
업 피보험자의 여성 비율은 20대 초반에는 65.9%로 높지만, 20대 후반에는
43.6%, 30대 초반에는 31.0%로 감소하고, 50대 후반에는 16.5%에 그쳤다.

2) 대기업집단의 연령 계층별 일자리 취득과 상실

대기업집단 고용보험 취득자의 추이는 대기업집단에서 일자리를 얻은 신

〈표 9-6〉 대기업집단 고용보험 취득자의 청·장년 비율(2006~2015년, 단위: 명, %)

	취득자 수				취득자 비율		
	15~29세	30~49세	50세 이상	전체	15~29세	30~49세	50세 이상
2006	88,973	37,278	4,911	131,162	67.8	28.4	3.7
2010	153,534	69,411	11,701	234,646	65.4	29.6	5.0
2011	187,155	83,403	14,065	284,623	65.8	29.3	4.9
2012	226,290	112,144	20,222	358,656	63.1	31.3	5.6
2013	199,690	90,865	23,029	313,584	63.7	29.0	7.3
2014	198,864	88,004	23,623	310,491	64.0	28.3	7.6
2015	193,714	82,577	25,340	301,631	64.2	27.4	8.4

자료: 대기업집단 연계 고용보험 자료.

규 채용의 규모를 보여준다. 2015년 연간 취득자 수는 30만 2000명으로, 2012년 이후 감소하고 있다. 2015년 기준 청년층 취득자는 연간 19만 4000명으로 전체 취득자의 64.2%를 차지하고 있는데, 2006년 67.8%에 비해서 감소한 것이다. 핵심 연령대인 30~49세 연령 계층의 비율도 2010년 29.6%에서 2015년 27.4%까지 감소했다. 50세 이상의 비율은 같은 기간 5.0%에서 8.4%까지 증가했다. 대기업에서 중고령자를 거의 신규 채용하지 않는다는 점을 고려하면 비정규직 고용의 증가로 해석할 수 있다.

〈표 9-7〉에 의하면 2015년 기준 일자리 상실자의 규모는 전체 28만 5000명으로 2010년에 비해서 크게 증가했다. 이중 청년층의 비율은 53.5%로 나타나고 있는데, 이는 2010년 50.5%에 비해서 증가한 것이다. 일자리 상실자 중에서 청년 비율이 가장 높았던 시점은 2012년으로, 앞서 살펴본 바와 같이 일자리 취득자가 가장 많았던 시점과 일치한다. 이와 달리 30~49세 핵심 연령대의 일자리 상실이 전체 상실자 수에서 차지하는 비중은 2010년 37.3%

<표 9-7> 대기업집단 고용보험 상실자의 청·장년 비율(2006~2015년, 단위: 명, %)

	상실자 수				상실자 비율		
	15~29세	30~49세	50세 이상	전체	15~29세	30~49세	50세 이상
2006	54,679	37,799	8,647	101,125	54.1	37.4	8.6
2010	94,347	69,655	22,789	186,791	50.5	37.3	12.2
2011	121,072	87,137	21,341	229,550	52.7	38.0	9.3
2012	154,375	92,949	26,058	273,382	56.5	34.0	9.5
2013	148,238	88,014	28,564	264,816	56.0	33.2	10.8
2014	151,880	97,741	40,877	290,498	52.3	33.6	14.1
2015	152,568	92,978	39,481	285,027	53.5	32.6	13.9

자료: 대기업집단 연계 고용보험 자료.

에서 2015년 32.6%로 감소했고, 50세 이상 일자리 상실자의 비중은 같은 기간 12.2%에서 13.9%로 약간 증가했다.

결론적으로 고용보험 취득자와 상실자 모두 2012년 이후 모든 연령 집단에서 둔화되고 있었다(<그림 9-11> 참조). 50세 이상을 제외한 청년층과 핵심 연령 계층 취득자와 상실자가 모두 2013년 이후 50세 이상의 경우에는 일자리 취득과 상실이 상대적으로 높게 나타난다. 그러나 대기업집단의 중고령자 신규 고용이 단순 직종이나 비정규직 고용이기 때문에, 일자리 취득도 많지만 일자리 상실도 많은 것이다.

3) 대기업집단의 연령 계층별 순고용의 추이

고용보험 취득이나 상실은 일자리가 늘어나지 않고 이직이 늘어나는 경우에도 증가할 수 있다. 이를 고려해 취득과 상실을 모두 고려한 순고용의

<그림 9-11> 대기업집단의 고용보험 취득자과 상실자의 전년 대비 증가율
(2010~2015년, 단위: %)

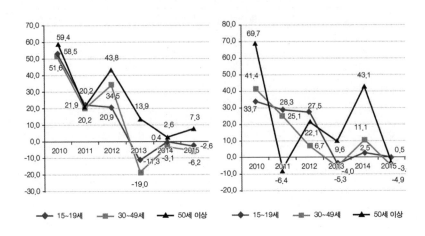

자료: 대기업집단 연계 고용보험 자료.

<그림 9-12> 대기업집단의 전체 고용보험 취득 및 상실과 순취득(2010~2015년, 단위: 명)

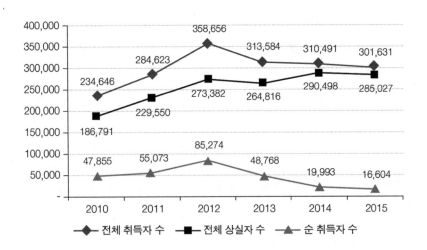

자료: 대기업집단 연계 고용보험 자료.

〈그림 9-13〉 대기업집단의 연령 계층별 고용보험 순취득자의 추이(2010~2015년, 단위: 명)

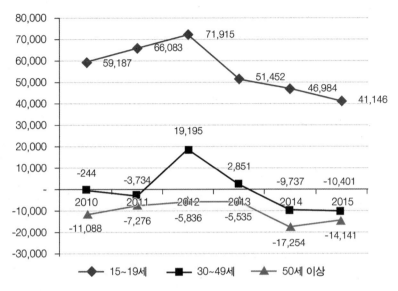

주: 순취득자 = 고용보험 취득자 - 고용보험 상실자.
자료: 대기업집단 연계 고용보험 자료.

추이를 살펴볼 필요가 있다. 순고용은 일정 기간 고용보험 취득자에서 상실자를 뺀 값으로 실제로 늘어난 일자리를 의미한다. 〈그림 9-12〉에 의하면, 전체 순고용은 2010년 4만 8000명에서 2012년에는 8만 5000명까지 증가했으나, 2013년부터 크게 감소해 2015년에는 1만 7000명에 그쳤다. 이는 2012년에 이후 상실자 수가 증가해 취득자와의 격차가 감소했기 때문이다. 결과적으로 대기업집단의 순고용은 2012년 정점에 달한 이후 일자리 취득의 둔화와 일자리 상실의 증가로 인해서 점진적으로 감소하고 있다.

연령 계층별로 순고용의 추이를 살펴보면 〈그림 9-13〉와 같다. 청년층의 순고용은 대부분의 연도에서 전체 순고용을 상회하고 있는데, 2010년 5만 9000명에서 2012년 7만 2000명까지 증가했으나 2013년 이후 감소해 2015년에는 4만 1000명에 그쳤다. 청년층의 순고용은 둔화되어도 여전히 양의 값을 보이고 있는 반면, 핵심 연령대의 순고용은 대부분의 연도에서 음의 값을 가진다. 50세 이상의 경우에도 순고용이 모든 연도에서 마이너스로 나타났다.

4. 대기업집단 계열사의 일자리 상실과 비정규직 고용

대기업집단 계열사의 일자리 상실을 살펴보기 위해서는 자발적 일자리 상실과 비자발적 일자리 상실의 흐름을 살펴볼 필요가 있다. 고용보험의 상실 사유 중 비자발적 사유는 계약 기간 만료 및 공사 종료, 정년, 그 외 비자발적 사유로 구성된다. 그 외 비자발적 사유에는 폐업, 도산, 사업장 이전, 근로 조건 변동, 임금 체불 등으로 자진 퇴사, 경영상 필요 및 회사 불황으로 인원 감축 등에 의한 퇴사(해고, 권고 사직, 명예 퇴직 포함)가 포함된다.

〈표 9-8〉에 의하면 고용보험 상실자의 증가에 따라 비자발적 상실자의 수치와 비중이 2010년 이후 모두 증가하고 있다. 비자발적 상실자의 비중은 고용이 크게 증가했던 2012년에는 27.3%로 나타났으나, 이후 점진적으로 증가하여 2015년 기준 30.4%에 이른다.

일자리 상실자의 비자발적 상실 사유를 살펴보면, 〈그림 9-14〉와 같다. 경영상 필요 및 회사 불황으로 인원 감축 등으로 인한 일자리 상실은 2015년 10.4%로 2010년 17.1%에 비해서 감소했다. 정년으로 인한 일자리 상실은 2015년 기준 2.8%로 2010년에 비해서 약간 증가했다. 기간 만료 및 공사 종료로 인한 일자리 상실은 2011년 이후 지속적으로 증가해 2015년 전체 상실자의 17.3%까지 증가했다. 이러한 추세는 대기업집단에서 비정규직 고용의 증가로 인해서 일자리 상실이 늘어나고 있음을 보여주는 것이다.

〈표 9-8〉 고용보험 상실자 중 비자발적 상실자의 추이(2006~2015년, 단위: 명, %)

연도	고용보험 상실자	비자발적 상실자	기간 만료 공사 종료	정년	그 외 사유	비자발적 상실자의 비중
2006	101,125	31,973	10,922	2,456	18,595	31.6
2010	186,791	67,774	32,238	3,590	31,946	36.3
2011	229,550	77,249	31,792	3,925	41,532	33.7
2012	273,382	74,746	37,675	5,083	31,988	27.3
2013	264,816	76,883	41,791	4,783	30,309	29.0
2014	290,498	90,319	47,266	5,983	37,070	31.1
2015	285,027	86,705	49,186	7,961	29,558	30.4

주: 비자발적 상실은 기간 만료·공사 종료, 정년, 그 외 비자발적 사유의 합계.
자료: 대기업집단 연계 고용보험 자료.

〈그림 9-14〉 비자발적 상실자의 상실 사유별 추이(2010~2015년, 단위: %)

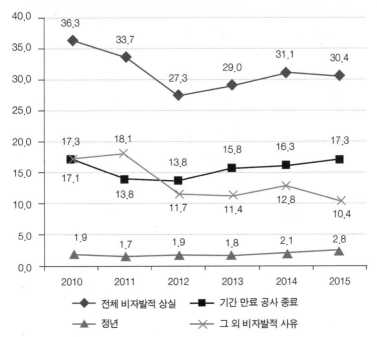

자료: 대기업집단 연계 고용보험 자료.

이하에서는 대기업집단의 비정규직 고용을 살펴보기 위하여 고용 형태 공시제에 나타난 주요 대기업집단의 비정규직 활용 실태를 살펴보았다(〈표 9-9〉 참조). 고용 형태 공시제는 일정한 수 이상의 근로자를 사용하는 사업주가 매년 해당 사업 또는 사업장에서 사용하는 근로자의 고용 형태 현황을 고용안정정보망에 공개적으로 게시하도록 하는 제도이다. 상시근로자 300인 이상 사업주는 매년 3월 31일을 기준으로 고용 형태를 공시하도록 되어 있다. 공시 의무 대상은 사업주가 직접 고용한 소속 근로자와 다른 사업주가 고용한 근로자로서 공시의무 사업주의 사업 또는 사업장에서 일하는 소속 외 근로자를 대상으로 한다. 소속 근로자에는 기간의 정함이 없는 근로자와 기간제 근로자, 단시간 근로자가 포함되고, 소속 외 근로자에는 공시 의무 사업주의 사업장 내에서 사업주 간 파견, 용역, 도급 계약에 의해 근무하는 근로자가 포함된다. 2)

그러나 현행 제도하에서는 기업이 임의적으로 공시하도록 되어 있고 강제성이 없기 때문에 기업이 공시한 정규직 또는 비정규직 비율의 정확성을 확인하기 어렵다. 이로 인해서 〈표 9-9〉에 나타난 바와 같이 대기업집단별로 소속 계열사 수와 공시 기업의 수에 차이가 발생했다. 그럼에 이 자료는 기업이 스스로 공시한 자료라는 점에서 부분적이긴 하지만 대기업집단별로 비정규직 고용의 특성을 확인할 수 있다.

〈표 9-9〉는 자산 순위 상위 12개 대기업집단 중에서 민간 부문에 속하는 9개 집단에 한정해 2016년 3월 말 기준으로 살펴본 고용 형태 공시 근로자 현황이다. 9개 대기업집단의 기간제 근로자의 비율은 약 9.4%로 나타나고, 소속 외 근로자의 비율은 31.1%로 나타났다. 대기업집단의 특성에 따라 직

---

2) 이 경우 공시 의무 사업주의 사업장 밖의 근로자나 사업장 내 임대 매장에서 근무하는 근로자 및 납품 업체 근로자는 해당되지 않는다.

<표 9-9> 주요 대기업집단의 비정규직 비율(2016년, 단위: 개소, 명, %)

대기업 집단	소속 계열사 수	공시 기업 수	소속 근로자 수			소속 외 근로자 수	기간제 근로자 비율	기간제 단시간 비율	소속외 근로자 비율
			합계	기간 없음	기간제				
삼성	59	36	255,036	239,811	15,225	117,431	6.0	1.3	31.5
현대 자동차	51	28	163,813	149,708	14,105	59,897	8.6	0.3	26.8
SK	86	34	77,204	73,363	3,841	30,175	5.0	0.2	28.1
LG	67	31	142,348	137,955	4,393	22,483	3.1	0.1	13.6
롯데	93	29	90,741	67,494	23,731	34,061	26.2	12.2	27.3
포스코	45	14	33,880	30,182	3,698	30,139	10.9	0.1	47.1
GS	69	14	28,205	20,805	7,400	16,333	26.2	4.0	36.7
한화	57	19	40,619	34,818	5,801	16,783	14.3	1.4	29.2
현대 중공업	26	7	39,495	36,267	3,352	65,101	8.5	0.1	62.2
소계	561	212	871,341	790,403	81,546	392,403	9.4	1.9	31.1

주: 기간제 근로자 비율과 기간제 단시간 근로자 비율은 소속 근로자 중의 비율.
　소속 외 근로자의 비율은 소속 외 근로자 수/(소속 근로자+소속외 근로자 수)로 계산.
자료: 2016년 3월 워크넷 등에서 재계산.

접 고용 기간제 비율이나 소속 외 근로자의 비율이 각기 다르게 나타난다. 삼성의 경우에는 기간제 근로자 비율은 약 6.0% 수준으로 나타나고, 소속 외 근로자의 비율은 31.5% 수준이다. 유통업의 성격이 강한 롯데와 GS의 경우에는 기간제 비율이 26.2% 수준이고, 단시간 기간제 비율은 각각 12.2%와 4.0%로 높았다. 하도급 의존도가 높은 현대자동차, 포스코, 현대중공업의 경우에는 기간제 근로자보다는 소속 외 근로자의 비율이 높게 나타나는데, 현대자동차 26.8%, 포스코 47.1%, 현대중공업 62.2%로 높게 나타난다.

이를 고려할 때 앞서 살펴본 바와 같이 기간 만료로 인한 일자리 상실이 늘어나고 있는 것은 대기업집단의 비정규직 고용 의존도가 높기 때문이다.

5. 맺음말

이상의 결과를 요약해보면 다음과 같다.

대기업집단 지정 제도의 자산 기준이 변화하는 정권 초기에는 대기업집단 계열사의 수가 적었으나, 정권 말기로 갈수록 계열사의 수가 크게 늘어났다. 대기업집단의 계열사 수는 김대중 정부 중기 시점인 2000년 544개소에서 이명박 정부 말기에는 1831개소로 증가했다. 이와 같은 결과는 자산총액 기준이 변화한 6~7년마다 대기업집단의 자산총액은 평균적으로 두 배 이상으로 증가했고, 그 과정은 계열사의 확대를 통해서 이루어졌다.

대기업집단의 총자산과 당기순이익 모두 증가하고 있으나, 당기순이익에 비해 총자산의 증가 추세가 높아서 총자산이익률은 감소 추세에 있다. 또한 대기업집단 내부에서 고용 집중도나 자산 집중도는 크게 변화하지 않았으나, 순이익의 집중은 현저하게 나타난다. 2016년 기준 자산 순위 3개 집단이 대기업집단의 총고용에서 차지하는 비중은 29% 수준이고, 총자산에서 차지하는 비중은 32.8% 수준이다. 반면에 자산 순위 3개 집단이 대기업집단의 당기순이익 총계에서 차지하는 비중은 74.5%로 높은 집중도를 보였다. 상위 3개 집단의 당기 순이익은 2012년 42.9%에서 2015년 76.8%로 현저하게 증가한 것이다.

공정거래위원회의 자료를 이용해 대기업집단의 총고용 규모를 살펴보면, 대기업집단의 종사자 수는 2001년 69만 9000명을 시작으로 2006년에 이미 102만 1000명을 넘어섰고, 2016년에는 163만 6000명까지 증가했다. 대기업집단의 총고용량이 전체 임금근로자에서 차지하는 비율은 2001년 5.1%에서 2016년 8.3%까지 증가했다. 이 중 고용 순위 상위 3개 집단의 고용 규모는 2001년 31만 4000명에서 2016년에는 56만 5000명으로 늘어났으나,

비율로 보면 44.9%에서 34.5%까지 감소한 것이다. 또한 고용 순위 상위 3개 집단의 고용의 고용은 전체 대기업집단의 고용에 비해 상대적으로 경기침체의 영향을 받지 않았다.

대기업집단 계열사와 고용보험 자료를 연계한 분석한 결과를 요약하면 다음과 같다. 대기업집단의 평균 피보험자는 2006년에서 2015년까지 67만 3000명에서 136만 4000명으로 두 배 정도 증가했고, 기업당 평균 종사자 수도 같은 기간 758명에서 970명으로 증가했다. 고용이 현저하게 증가한 산업은 제조업, 도매 및 소매업, 운수업, 금융 및 보험업, 사업시설관리 및 사업지원서비스업이다. 고부가가치 산업의 고용 성장은 상대적으로 더디게 나타나고 있는데, 출판, 영상, 방송통신 및 정보서비스업과 전문과학 및 기술서비스업의 고용이 대기업집단에서 차지하는 비율은 각각 14%에서 9%, 5%에서 3%로 감소했다.

대기업집단 계열사의 고용 특성을 살펴본 결과, 기업 규모별로는 1만 명 이상 대기업 집중이 더욱 강화되었다. 2015년 기준 1000인 이상 기업이 대기업집단의 86.1%를 차지하고 있으며, 이 중 1만 명 이상 대기업의 고용 비중도 2006년에서 2015년 기준 31.9%에서 42.1%로 증가했다.

대기업집단의 청년 고용은 정체 또는 감소하고 있다는 특징을 보인다. 대기업집단에서 청년층이 차지하는 비율은 2006년에서 2015년까지 27.2%에서 22.6%로 감소했다. 청년 피보험자도 2012년 33만 명까지 증가했으나, 2015년에는 30만 9000명으로 감소했다. 50세 이상 피보험자는 절대적인 수치와 비율 모두 증가하고 있는데, 대기업집단의 총고용에서 차지하는 비율은 같은 기간 7.8%에서 14.6%로 증가했다.

일자리 취득 상실을 고려한 대기업집단의 순고용도 2012년에 정점에 달한 이후 2013년부터 지속적으로 감소했다. 청년층의 순고용도 역시 2013년부터 감소 추세이다.

　대기업집단 계열사의 비자발적 일자리 상실자는 2010년 이후 꾸준히 증가 추세인데, 이는 기간 만료로 인한 일자리 상실의 증가에 의한 것이었다. 고용 형태 공시제에 나타난 대기업집단 계열사의 직접 고용 비정규직은 상시 근로자의 약 9.4%이고, 용역 사내 하청 등 소속 외 근로자의 비율도 31.1%에 달하고 있었다. 업종에 따라 차이가 있으나 대기업집단 계열사들이 직접 고용 비정규직 이외에도 간접 고용 의존도가 높다는 사실이 확인된다. 그러나 대기업집단 계열사의 순고용의 악화가 비정규직 고용에서 기인하는지의 여부는 이 장을 통해서는 확인되지 않는다.

　이상의 결과는 청년층의 대기업집단에 대한 취업 선호에도 불구하고 정작 대기업집단의 순고용 창출이 악화되고 있음을 보여준다. 대기업집단의 순고용 악화는 최근의 정치적 상황과 무관하게 2012년부터 지속된 것이다. 대기업집단의 자산 증가율이나 순이익증가율이 고용 증가율을 크게 웃돌고 있다는 것은 대기업집단의 초과 이윤이 고용 창출과 무관하게 확대되어왔음을 보여주는 것이다. 대기업집단이 제공하는 고용 안정성과 임금 프리미엄의 일부는 독과점적 초과 이윤의 배분에 의한 것임을 부정할 수 없다. 이를 고려할 때 기업 규모 간 임금 격차나 고용 안정성의 격차를 해소하기 위해서는 대기업집단 위주의 수직적 경제 구조의 변화가 필요하다. 현재와 같은 과도기 상태에서는 대기업집단의 고용 책임에 관한 사회적 협약이 요구된다.

참고문헌

워크넷 고용형태 공시제(www.work.go.kr/gongsi).

공정거래위원회 대규모기업집단 정보공개시스템(groupopni.ftc.go.kr).

공정거래위원회 외 보도자료. 2016. "경제여건 변화를 반영하여 대기업집단 지정 제도를 합리적으로 개선-지정 기준 일괄 상향, 규모별 차등화 등 추진(보도 자료"(2016.6.9).

권혜자·조우현. 2006. 「사업체의 시장지배력이 일자리 창출에 미치는 효과」. ≪노동 경제논집≫, 제29권 1호, 노동경제학회.

권혜자 외. 2016. 「대기업집단 계열사 및 중견기업의 고용변화와 청년고용」, 한국고 용정보원.

김상조. 2015. 「50대 기업의 부가가치 생산 및 분배에 관한 분석(2001~2013)」. ≪경 제개혁리포트≫, 2015-1호, 경제개혁연구소.

한국은행. 2016. 『2015년 기업경영분석』.

Davis, S. and J. Haltiwanger. 1992. "Gross Job Creation and Gross Job Destruction and Employment Reallocation." *Quarterly Journal of Economics*, Vol.107, No.3, pp. 819~863.

제10장

주 40시간제의 효과와 근로시간 단축 정책의 함의[*]
시행 1년 후 실근로시간, 고용, 초과 근로수당 지급 위반 효과를 중심으로

지민웅 | 산업연구원 연구위원

1. 논의의 배경

전 세계적으로 지속되고 있는 경기침체 및 경제위기 속에서 각 국의 정부
는 '지속 가능한 고용 창출형 성장'을 실물경제가 추구해야 하는 최우선적인
목표로 설정하고 경제 정책을 통해 이러한 목표를 달성하고자 다양한 노력
을 경주하고 있다.

이를 위한 다양한 경제 정책 가운데 근로시간 단축 정책은 특히 주목받는
정책 중 하나다. 근로시간 단축 정책의 기저에는 실근로시간의 감소가 신규
고용 창출로 이어질 수 있다는 '일자리 나누기(work-sharing)' 명제가 자리
잡고 있기 때문이다.

특히 매출 부진의 여파로 실근로시간은 감소하는 한편 일자리 창출에 대
한 사회적 요구가 급증하는 경기침체 혹은 경제위기 시에 이러한 명제가 실

---

[*] 이 글은 한국 주 40시간제의 효과를 실증 분석한 지민웅의 연구(2012, 2013, 2014, 2015)
에서 다룬 논의들을 결합해 수정 및 보완한 원고이다.

물경제에서 작동하기만 한다면, 실근로시간 감소를 유도하는 정책을 통해 실물경제에 커다란 부담을 초래하지 않으면서도 고용이 창출될 수 있다. 이러한 점에 주목해 지난 20여 년간 프랑스, 독일, 캐나다 등 상당수의 서구 선진국들은 심각한 불황속에서 실근로시간 감소를 유도하는 법정 근로시간 단축 정책을 시행해왔다.[1]

한국도 예외가 아니어서 일자리 창출이 경제의 화두로 떠오를 때마다 고용 창출을 목적으로 근로시간 단축 정책이 끊임없이 검토 혹은 추진되었다. 2012년 초 고용노동부의 '장시간 근로 개선 추진상황 및 향후 추진계획'에서 공식화되어 2015년까지 학계와 정·재계에 뜨거운 논란을 불러일으켰던 '휴일근로시간 전체를 초과근로시간에 편입'시키는 내용을 주 골자로 하는 초과근로시간 제한과 관련한 일련의 정책적 검토가 최근의 대표적인 사례이다.

현행법상 한국의 노동자는 주당 최대 52시간을 초과해 근로할 수 없다. 하지만 고용노동부는 이러한 법적 주당 최대 근로시간에 대해 예외적인 해석을 적용해왔는데, 휴일의 경우 하루 8시간 근무까지는 초과 근로로 간주하지 않는 행정 해석이 그것이다.[2] 실제로 이러한 고용노동부의 행정 해석

---

1) 프랑스, 독일, 캐나다는 법정 근로시간 단축 정책 시행 당시 높은 실업률에 직면해 있었고 그로 인해 근로자들의 주당 평균 실노동시간도 줄어들어든 상황이었다. 이러한 사회적 배경은 정부가 상대적으로 용이하게 법정 근로시간 단축 정책을 추진할 수 있는 원동력이었던 반면, 법정 근로시간 단축으로 인한 일자리 창출 효과가 존재했더라도 현실에서는 피부로 느껴지지 않을 만큼 고용 효과를 상쇄한 요인으로 작용했을 가능성이 농후하다. 심각한 경기침체로 인해 지속적으로 감소한 실근로시간은 단축된 법정 근로시간과 큰 차이가 없을 만큼 적은 수준이었고, 실업자가 양산된 상황이었기 때문이다. 이와 달리 한국은 법정 근로시간 단축 직전에 상대적으로 불황 국면에 있지 않았고 근로자들의 주당 평균 실노동시간도 OECD 국가 가운데 1위를 기록하고 있을 만큼 무척 긴 상태였다. 따라서 고용주, 노동자 모두에게 법정 근로시간 단축 제도 시행에 따른 노동시간 변화의 유인이 프랑스, 독일, 캐나다의 사례에 비해 매우 컸을 가능성이 있다. 이와 관련한 통계는 부록 1을, 이와 관련한 논의와 한국의 사례를 이용해 법정 근로시간 단축의 효과를 살펴보는 것의 학문적·정책적 기여에 대해서는 지민웅(Ji, 2010)를 참조하라.

에 기초해 근로자 1인의 주당 52시간은 물론 휴일 근로까지 추가적으로 활용하는 사업체가 상당 수준 존재하고 있는 것으로 파악된다.[3]

이러한 상황에서 휴일 근로시간 전체를 초과 근로시간으로 간주하는 정책이 시행된다면 그간 휴일 장시간 근로에 의존해왔던 이 사업체들은 불가피하게 휴일 근로를 포함해 주당 근로시간을 52시간 이하로 단축할 수밖에 없다. 그런데 이 경우 총근로시간이 감소된 만큼 총 생산시간도 감소하기 때문에 이 사업체들은 생산량 보전 문제에 직면할 수밖에 없다. 당시 정부는 휴일 장시간 근로에 의존해왔던 사업체들이 초과 근로시간 제한 조치에 의해 실근로시간을 단축하는 과정 속에서 생산량 보전을 위해 신규 채용을 모색할 개연성에 주목했다. 즉 정부는 휴일 근로시간 전체를 초과 근로시간에 편입시키는 정책을 시행해 실근로시간 감소를 유도하고 이를 통해 고용이 창출되는 일자리 나누기 메커니즘이 실현되기를 기대했던 것이다.

초과 근로시간 제한과 관련한 이러한 정책적 검토에 대해 노동계는 장시간 근로 해소에 따른 삶의 질 향상 측면에서 환영의 의사를 표시했다. 반면 경영계는 휴일 근로 포함 주당 52시간을 초과하는 근로에 의존하고 있던 사업체의 갑작스러운 신규 채용 비용 발생을 이유로 난색을 표했다. 더 나아가 휴일 8시간을 초과하는 근무시간에만 초과 근로 수당을 지급했던 종전과 달리 초과 근로시간에 대해 좀 더 엄격한 해석이 적용될 경우 모든 휴일 근로시간에 대해 초과 근로수당이 지급되어야 하기 때문에, 주당 52시간 미만으로 근무하되 휴일 근로는 병행하도록 근로자와 계약을 맺은 많은 수의 사업체들이 필연적으로 상당한 수준의 인건비 상승에 직면할 것이라고 경영계

---

2)   따라서 주휴일이 이틀인 사업체의 경우 주당 최대 68(52+16)시간 근로가 가능하다.
3)   통계청의 경제활동인구조사를 사용한 김유선(2017)에 따르면, 2015년 기준 주 52시간을 초과해 근로하고 있는 사람은 345만 명으로 전체 노동자의 17.9%를 차지하고 있다.

는 주장했다.[4] 심지어 이러한 인건비 상승이 순조로운 경영 활동에 장애 요인으로 작용해 전반적인 생산량 및 고용 감소, 더 나아가 경영 사정 악화에 따른 추가적인 실근로시간 감소로 이어져 휴일 근로 및 초과 근로의 할증임금에 의존하고 있는 한국 근로자의 총액 임금 수준마저 저하되어 결국 그 누구도 바라지 않는 결과가 양산될 수 있다고 경고했다.[5]

이들 양측의 주장이 팽팽하게 대립하는 양상이 근 3년간 지속되면서 휴일 근로시간 전체를 초과 근로시간에 편입하려는 정부의 정책적 시도는 표류를 거듭하다가 결국 수면 아래로 가라앉고 말았다. 하지만 사실 초과 근로에 대한 사업체의 한계비용을 상승시켜 실근로시간 감소를 유도하는 정책이 고용 창출로 이어질 것인가와 관련된 논쟁은 비단 동 정책에만 국한되는 것도, 심지어 한국에서만 유별나게 나타났던 것도 아니다.

우선적으로 생산요소로서의 실근로시간(hour)과 고용량(body) 간의 관계에 주목하는 노동경제학의 대표적인 이론 틀인 이상적 일자리 나누기 모델 (ideal work-sharing model), 노동 수요 모델(labor demand model) 그리고 효율 계약 모델(efficient contract model)은 초과 근로의 한계비용 상승을 통해 실근로시간 감소를 유도하는 근로시간 단축 정책의 효과를 각기 상이하게

---

4) 시간당 기본급 1만 원으로, 휴일 근로 8시간을 포함해 주당 48시간[월요일부터 금요일까지 1일 8시간 + 유급휴일(일요일) 8시간] 근로 계약을 노동자와 맺는 사업체의 예를 들어 보자. 고용노동부의 기존 해석에 따르면 이 사업체는 근로자 1인에게 평일 근로 40시간에 대한 급부인 40만 원[40시간 × 1만 원]과 유급 휴일근로 8시간에 대한 급부인 20만 원[8시간 × 10,000원 × 1.5배(휴일 근로에 대한 할증률) + 8시간 × 1만 원(설혹 근로를 하지 않았어도 유급 휴일이었기 때문에 지급받았어야 하는 금액)]의 합 주당 60만 원을 지급하면 된다. 하지만 휴일 근로시간 전체가 초과 근로시간에 포함되는 조치가 적용되면, 휴일 8시간 근로에 대해 휴일 근로수당은 물론 초과 근로수당까지 지급해야 하므로 유급 휴일 근로 8시간에 대한 급부는 20만 원에서 24만 원[8시간 × 1만 원 × 2배(휴일 근로 및 초과 근로에 대한 할증률) + 8시간 × 1만 원(설혹 근로를 하지 않았어도 유급 휴일이었기 때문에 지급받았어야 하는 금액)]으로 상승하게 된다.
5) 이와 관련한 자세한 논의는 산업연구원(2012)을 참조하라.

예측한다. 또한 과거 서구 선진국의 경험을 토대로 실증한 연구들에서도 근로시간 단축 정책의 고용 효과에 대해서는 의견의 일치가 이루어지지 못하고 있다(Hunt, 1999; Crepon and Kramarz, 2002; Skuterud, 2007; Chemin and Wasmer, 2009; Trejo, 1991).[6]

심지어 2004년부터 사업체 규모별로 순차적으로 적용되기 시작해 2011년에 비로소 상시 근로자 수 5인 이상의 모든 사업체에 적용된 한국의 주 40시간으로의 법정 근로시간 단축 정책에 대해서는 7년 내내 일자리 나누기 효과와 고용에 대한 부정적 기대효과 사이에 논쟁적 대립이 끊이지 않았다(윤진호, 2000; Yoon, 2003; 양현봉, 2005; 연합뉴스, 2011). 그뿐만 아니라 그러한 정책이 실제 고용에 미친 효과를 분석한 연구에서조차 상이한 결과가 도출되고 있는 실정이다.[7]

이 장은 이렇게 국내외를 막론하고 여전히 의견이 분분한(controversial) 근로시간 단축 정책의 효과에 대한 이해의 폭을 넓혀보자는 차원에서 기획되었다. 이를 위해 2004년 7월 1일 이후 사업체 규모별로 단계적으로 시행되기 시작해 2011년 이래 상시 근로자 수 5인 이상의 모든 사업체에 적용되

---

6) 헌트(Hunt, 1999)는 노사 합의에 의해 초과 근로수당을 지급하지 않는 기준 시간이 주 40시간에서 36시간으로 변경되었던 독일의 경험을, 크레퐁과 크라마즈(Crepon and Kramarz, 2002)는 프랑스의 주 40시간에서 39시간으로 법정 근로시간이 단축된 경험을, 스쿠테러드(Skuterud, 2007) 캐나다 퀘벡 지방의 주 44시간에서 40시간으로 법정 근로시간이 단축된 경험을, 셰민과 워스머(Chemin and Wasmer, 2009)는 프랑스의 주 39시간에서 35시간으로 법정 근로시간이 단축된 경험을, 트리호(Trejo, 1991)는 주 40시간을 초과한 근로에 대해 1.5배의 초과 근로수당을 지급해야 하는 미국의 법 규정을 토대로 근로시간 단축 정책의 효과를 각각 실증적으로 분석했는데, 약하게나마 고용이 감소했다는 결과부터 고용에 영향을 미치지 않았다는 결과까지 혼재되어 있다.
7) 주 40시간제의 고용 효과에 대해 김유선(2008)과 노용진(2014)은 양의 효과를, 김형락·이정민(2012)은 음의 효과를, 지민웅(Ji, 2010)과 지민웅(2013)은 효과가 존재하지 않음을, 유경준·이진(2014)은 사업체 규모에 따라 양의 효과와 음의 효과가 혼재되고 있음을 실증 분석을 통해 각각 관찰하고 있다.

고 있는 주 44시간에서 40시간으로의 법정 근로시간 단축 정책(이하 주 40시간제)에 특히 주목한다. 주 40시간제는 사용자가 주 40시간을 초과하는 근로에 대해 추가적인 할증 임금을 지급하게 하는 조치로서, 초과 근로에 대한 사업체의 한계비용을 상승시켜 실근로시간 감소를 유도하는 대표적인 근로시간 단축 정책일 뿐만 아니라 이해 당사자, 이론들, 실증 연구들 간에 끊임없는 논쟁을 촉발해왔기 때문이다.

이어지는 2절에서는 초과 근로에 대한 사업체의 한계비용을 상승시켜 실근로시간 감소를 유도하는 주 40시간제가 고용에 어떻게 영향을 미칠 수 있는지 이론적으로 검토한다. 이 과정에서 주 40시간제는 물론이고 초과 근로시간에 대한 엄격한 해석 적용 시도와 같이 유사한 정책적 메커니즘을 지닌 근로시간 단축 정책을 둘러싼 찬반 논쟁이 이론들 간 상이한 기대 효과의 연장선상에 있음을 확인할 수 있을 것이다.

3절과 4절에서는 주 40시간제가 시행 1년 후 개별 근로자의 실근로시간, 법 규정에 상응하는 초과 근로수당을 개별 근로자가 제공받았는지 여부, 그리고 해당 근로자가 신규로 채용되었는지 여부에 각각 어떠한 영향을 미쳤는지를 임금구조 기본통계조사 2002~2011년 자료를 활용해 실증적으로 분석한다. 즉 주 40시간제의 초단기 효과[8] 및 중·장기적 파급 효과[9]가 아닌 정책 시행 1년 후의 단기 효과를 실증 분석하는 데 초점을 둔다. 이는 초단기 효과 및 중·장기적 파급 효과를 임금구조 기본통계조사상에서는 파악하기 어렵기 때문이기도 하지만, 주 40시간제를 포함한 근로시간 단축 정책의 논쟁에서 사업체가 정책에 대응해 생산량 및 생산요소 투입량을 단기적으로

---

[8] 초단기 효과는 초과하는 근로의 한계비용이 상승했음에도 불구하고 기 주문된 물량을 생산하기 위해 그러한 비용을 감내하고 생산할 수밖에 없는 경우에 발생할 수 있다.

[9] 중·장기적 파급 효과는 주 40시간제에 의해 실근로시간을 감소한 이후 사업체가 감소된 근로시간에 적합하게 작업장을 대폭 재편하거나 기술 혁신을 추구하면서 발생할 수 있다.

어떻게 조절하는지가 논의의 중심을 이루고 있기 때문이다.

이 연구의 실증 분석 결과는 상용 근로자의 효과로만 해석되어야 한다는 점 역시 미리 언급해둘 필요가 있다. 임금구조 기본통계조사가 개별 상용 근로자만을 대상으로 한 근로자 조사인 탓에, 결국 이 연구는 주 40시간제 시행 1년 후 개별 '상용 근로자'의 실근로시간, 법 규정에 상응하는 초과 근로수당을 개별 '상용 근로자'가 제공받았는지 여부, 해당 '상용 근로자'의 신규 채용 여부에 각각 어떠한 변화가 초래되었는지를 분석하기 때문이다.[10]

이렇게 상대적으로 제한된 효과에 분석 대상을 한정하고 있음에도, 이 장은 도널드와 랭(Donald and Lang, 2007)이 제안한 이중차감법(difference-in-differences: DID)을 위시해 주 40시간제 효과와 관련한 국내의 선행 연구들이 노정하고 있는 한계들을 가능한 한 보완할 수 있는 분석 방법론을 채용했다.[11] 이를 통해 좀 더 엄격하고 순수한 근로시간 단축 정책의 효과를 관찰

---

10) 근로시간 단축 정책을 통해 사회가 기대하는 고용 창출 효과가 상대적으로 양질의 일자리 창출에 의한 효과인 것을 감안하면, 아 연구의 실증 분석 결과의 의의는 크게 퇴색되지 않을 수도 있다.

11) 김유선(2008)의 연구에 사용된 시계열적 방법론은 주 40시간제의 효과를 식별하고 있는 것인지, 주 40시간제를 포함해 사회적·경제적 여건 변화에 대응해 경제 주체들이 시계열적으로 감소한 근로시간과 고용 및 실질임금 간 상관관계를 식별하고 있는 것인지 불분명하다. 김형락·이정민(2012)은 주 40시간제가 해당 사업체의 '상시 근로자 수'에 기초해 사업체 규모별로 단계적으로 적용되었음에도 '상시 근로자 수'가 아닌 '상용 근로자 수'에 기초해 정책 효과를 관찰하고 있으며, 금융위기에 의해 2008년과 2009년 사이에 개별 사업체의 고용량에 상당한 변동(fluctuation)이 초래되었음에도 이를 적절히 통제하는 계량경제학적 방법론을 채용하지 않음으로써 도출된 결과에 금융위기 충격에 의한 효과가 혼재되어 있을 가능성이 존재한다. 지민웅(Ji, 2010)은 2004년 7월 1일에 시행된 주 40시간제 효과만을 추정하고 있으며, 지민웅(2013)은 2011년 7월 1일에 시행된 주 40시간제 효과를 분석에 포함하지 못하고 있다. 유경준·이진(2014)의 연구는 주 40시간제가 시행되는 동안 주 40시간제 이외의 관찰되지 않는 요인에 의해 근로시간 및 고용량이 영향을 받을 가능성이 존재함에도 그러한 효과(특히 관찰되지 않는 시간 효과)를 강력하게 통제할 수 있는 방법론을 채용하지 않고 있으며, 도출된 주 40시간제의 고용 효과의 경우 사업체 수 변동에서 연유한 효과인지 사업체 당 고용량 변동에 의한 효과인지 불분명하다. 가장 최

할 수 있다는 점에서 기존의 국내 연구와 구분되는 학문적 의의를 견지한다.

국내의 선행 연구들이 각기 다른 주 40시간제 효과를 주장하고 있는 현 시점에서, 5절에서 제시되는 이 연구의 정책적 함의가 근로시간 단축 정책의 효과를 둘러싼 논쟁의 비용을 다소나마 감소시키고 추후 추진될 근로시간 단축 정책의 기초 자료로 활용될 수 있기를 기대한다.

2. 주 40시간제의 단기적 효과에 대한 이론적 검토

주 40시간제 효과를 둘러싼 이론적 논쟁을 검토하기에 앞서 법정 근로시간 단축의 의미를 되짚어볼 필요가 있다. 법정 근로시간이란 '특정 시간을 초과해 근무할 경우 초과 근로시간으로 인정하고 그에 상응하는 할증 임금(시간당 기본급의 일정 비율을 추가로 지급)을 근로자에게 지급해야 한다'는 법 조항에 명시되어 있는 바로 그 특정 시간, 즉 초과 근로인지 아닌지를 구분하는 기준(criteria)시간을 의미한다.

한국의 주 40시간제란 그러한 기준 시간을 종전의 주 44시간에서 주 40시간으로 단축하는 정책을 말한다. 주 40시간 초과, 주 44시간 이하로 근무하는 근로자의 경우 주 40시간을 초과하는 근로시간에 대하여 시간당 기본급에 25%를 한시적으로 할증 적용한 임금을 추가적으로 제공받아야 한다는

근의 연구인 노용진(2014)은 주40시간제의 고용 효과 추정 모델에 1인당 인건비 및 실근로시간을 독립변수로 추가해 분석함으로써 주 40시간제 시행 → 1인당 인건비 상승 → 실근로시간 감소 → 고용 증가로 이어지는 법정 근로시간 단축 메커니즘과는 거리가 먼 실증 결과를 도출하고 있다. 이뿐만 아니라 2005년도에 이미 사업체의 78%가 주 40시간제를 도입한 것으로 응답하고 그 결과 2005년부터 2011년까지 사업체의 주당 평균 실근로시간이 1시간도 채 감소하지 않은 자료를 사용해 도출된 실증 결과의 일반화(generalization)에 의문이 제기되고 있다.

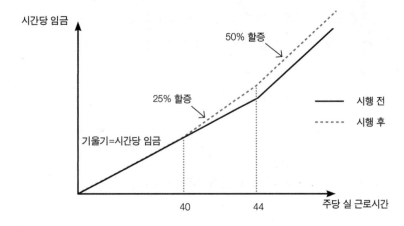

〈그림 10-1〉 주 40시간제 효과의 동인: 주 40시간 초과 근로시간에 대한 한계비용의 상승

점을 주 40시간제는 명문화하고 있다. 또한 주 44시간을 초과해 근무하는 근로자는 주 40시간을 초과하는 첫 4시간에 대해 시간당 기본급에 25%를 한시적으로 할증 적용한 임금은 물론, 이후 초과근로시간에 대해서는 시간당 기본급에 50%를 할증한 임금을 추가적으로 제공받을 권리를 규정하고 있다. 더 나아가 주 40시간제 시행에 의해 개별 근로자의 근로시간이 종전에 비해 감소해도 '통상임금' 수준이 저하되어서는 안 된다는 법조항을 명시하고 있다.

시간당 기본급을 포함한 다른 모든 사회적·경제적 조건들이 법 시행 전후로 변화가 없다면, 기존에 주 40시간을 초과해 근무하던 기업이 예전과 동일한 근로시간을 유지하는 경우 〈그림 10-1〉에서 보듯이 주 40시간제의 적용으로 인한 인건비의 상승은 필연적이다.

여기서 주목해야 하는 사항은 주 40시간을 초과하는 근로시간에 대한 한계비용의 상승이 주 40시간제 효과를 유발하는 근본적인 동인이라는 점이다. 즉 정부는 주 40시간제 적용을 통해 인건비 상승의 부담을 느낄 수밖에 없는 장시간 근로 사업체들이 경제적 유인에 의해 실근로시간을 자발적으로 단축하는 모습을 기대하고 있는 것이다. 더 나아가 실근로시간을 단축하는 과정 속에서 직면하는 생산량 보전 문제를 해결하기 위해 해당 사업체가 신규 채용을 도모하게 될 가능성에 주목하고 있다.

1) 이상적 일자리 나누기 모델

주 40시간제 시행을 통해 실근로시간 감소를 유도하고 그 결과 고용이 창출되는 정부의 기대와 동일한 효과를 예측하고 있는 이론이 존재하는데, 이상적인 일자리 나누기 모델(ideal work-sharing model)이 바로 그것이다.

이 모델은 생산량은 외부로부터 주어지는 동시에 변화하지 않으며 신규 채용 비용이 존재하지 않는다고 가정하기 때문에, 생산요소 중 하나인 근로시간(hour)의 단위당 비용이 상승하면 이윤 극대화를 추구하는 기업은 근로시간 투입량을 줄이고 상대적으로 가격이 낮아진 생산요소인 고용(body)을 단축한 근로시간만큼 증가시킨다. 따라서 초과 근로의 한계비용 상승을 촉발하는 주 40시간제 시행은 필연적으로 실근로시간 감소를 야기하고 단축된 실근로시간만큼 신규 채용이 증가될 것이라고 예측한다. 바로 이러한 근로시간의 고용으로의 대체 효과에 주목해 지난 20여 년간 한국은 물론 프랑스, 독일, 캐나다 등 상당수의 서구 선진국들이 심각한 불황 속에서 실근로시간 감소를 유도하는 법정 근로시간 단축 정책을 시행해온 것이다.

하지만 기 주문량 혹은 외부로부터 주어지는 제품 수요를 반드시 맞추어야하는 '초단기' 혹은 예외적인 상황을 제외하고는 현실에서 이상적인 일자리 나누기 모델에서 예측하는 수준만큼 고용이 창출될 수 있을지 의문이다. 주지하듯이 기존에 주 40시간을 초과해 근로시키던 사업체는 주 40시간제의 시행을 통해 인건비 상승에 직면하는데 그러한 생산비용의 상승으로 인해 모든 생산요소의 투입량을 감소시켜야만 하는 음(-)의 규모 효과(scale effect)가 발생할 수 있기 때문이다. 또한 상대 가격이 낮아진 또 다른 생산요소인 자본(capital) 투입량이 늘어날 수도 있고 더 나아가 실근로시간 감소에 의한 단기적인 노동 생산성의 상승 효과가 발생할 수도 있다. 그 결과 이상적 일자리 나누기 모델이 예측하듯이 실근로시간 감소분만큼 신규 고용 창출로 이어질 가능성은 현실적으로 크지 않은 것이 사실이다.

2) 일반적인 노동 수요 모델

노동 수요 모델(labor demand model)은 각 모델이 고려하는 가정에 따라 매우 다양한 형태를 띠고 있다. 그 결과 법정 근로시간 단축이 실근로시간 및 고용에 미치는 영향에 대한 예측 역시 모델별로 상이하다. 다만 어떠한 노동 수요 모델이든 시간당 기본급을 포함한 각 생산요소의 가격과 해당 제품의 가격, 그리고 주문량은 완전경쟁시장 특성에 의해 외부로부터 주어진 것이라고 공통적으로 가정한다. 이러한 측면에서 앞서 살펴본 이상적인 일자리 나누기 모델 역시 노동 수요 모델의 한 종류로 해석될 수 있다.

하지만 교과서에서 흔히 다루어지는 일반적인 노동 수요 모델(generalized labor demand model)은 이상적인 일자리 나누기 모델과 달리 신규 채용 비용이 존재하며 개별 사업체는 사회적·경제적 여건 변화에 따라 생산량을 조정할 수 있다고 추가적으로 가정한다.

이러한 노동 수요 모델에서 개별 기업은 외생적으로 주어진 생산요소의 가격을 고려해 근로시간(hour), 고용(body), 자본(capital) 투입량 간 최적의 조합을 찾아 이윤 극대화를 달성할 수 있는 생산량을 결정한다. 이는 주어진 생산량하에서 비용을 최소화하는 이들 각 생산요소의 투입량이 해당 기업의 이윤을 극대화시킨다는 의미이기도 하다. 따라서 일반적인 노동 수요 모델이 예측하는 주 40시간제의 효과를 이해하기 위해서는 해당 정책이 시행되기 전에 개별 기업은 주어진 생산량하에서 비용을 최소화하는 근로시간, 고용량, 자본량을 활용해왔다는 전제를 수용할 필요가 있다.

물론 일반적인 노동 수요 모델 역시 이상적 일자리 나누기 모델과 마찬가지로 주 40시간제 적용을 통해 상승한 주 40시간을 초과하는 근로에 대한 한계 비용이 기업으로 하여금 비싼 생산요소인 근로시간 투입을 줄이고 상대적으로 값싸진 고용을 증가시키는 대체 효과를 초래할 수 있음을 인정한다.

하지만 대부분의 일반적인 노동 수요 모델에서는 아래와 같은 이유들을 들어 주 40시간제 시행에 의해 감소된 실근로시간 수준만큼 신규 고용이 창출되지는 않을 것이며, 심지어 극단적인 경우에는 고용 감소 효과까지 예측한다 (Booth and Schiantarelli, 1987; Hart, 1987, 2004; Calmfors and Hoel, 1988).

첫째, 주 40시간제 의해 갑작스레 비용이 상승한 근로시간이라는 생산요소 투입량은 줄어들 가능성이 크지만, 고용뿐만 아니라 자본 역시 상대 가격이 하락하기 때문에 근로시간의 자본으로의 대체 효과 또한 발생할 수 있다.

둘째, 신규 채용 비용이 존재하는 현실에서는 그러한 비용이 존재하지 않을 때보다 실근로시간 감소에 따른 신규 채용 효과의 규모가 상대적으로 제약될 수밖에 없다. 훈련 비용을 포함한 채용 비용 및 추후 해고 비용 등을 고려하는 노동 수요 모델에서는 높은 수준의 신규 채용 비용을 한국의 장시간 근로의 주된 원인으로 지목한다. 신규 채용의 비용이 기존 근로자의 노동시간을 연장하는 비용보다 높기 때문에, 이윤이 추가적으로 창출될 수 있는 기회가 제공되었을 때 이윤 극대화를 추구하는 기업이 신규 채용보다는 기존 근로자의 초과 근로에 의존하는 방법을 선택해왔다고 파악하고 있는 것이다. 실제로 많은 기업들이 높은 수준의 채용 비용 때문에 초과 근로를 활용해왔다면 주 40시간제에 의해 줄어들 근로시간만큼 신규 채용이 이루어질 가능성은 희박하다. 특히 전체 고용의 약 90%를 흡수하고 있는 한국의 중소기업들이 인력을 확보하는 데 큰 애로를 겪고 있는 사실이 신규 채용의 비용이 매우 높다는 것을 의미하고 그 결과 장시간 근로에 상대적으로 더 크게 의존하고 있는 것이라면, 주 40시간제에 의한 근로시간의 고용으로의 대체 효과는 크게 상쇄될 가능성이 높다.

셋째, 주지하듯이 한국의 주 40시간제도는 법정 근로시간 단축 시행에 의해 개별 근로자의 근로시간이 종전보다 감소해도 통상임금 수준이 저하되어서는 안 된다는 임금 보전과 관련한 규정을 명문화하고 있다. 따라서 해당 기업이 그러한 규정을 준수하는 한 인건비 상승에 필연적으로 직면하게 된다. 주 40시간제가 시행되기 전에 모든 기업이 주어진 생산량하에서 비용을 최소화하는 고용량 및 근로시간을 선택했다고 전제한다면, 이러한 임금 보전 규정에서 비롯된 인건비 상승은 모든 생산요소의 투입량을 감소시키는 음의 규모 효과로 이어져 근로시간의 고용으로의 대체 효과를 상쇄할 수 있다. 특히 생산비용에서 인건비가 차지하는 비중이 높아 저임금에 기초해 이윤 극대화를 추구해온 중소기업들의 경우에는 그러한 인건비 상승을 견디지 못해 심지어 고용을 감소하거나 더 낮은 수준의 인건비를 추구하기 위해 해외로 이전할 가능성 또한 배제하기 쉽지 않다.

넷째, 실근로시간 감소가 근로자 1인의 시간당 생산성 증가로 이어진다면 근로시간의 고용으로의 대체 효과는 더욱 상쇄될 가능성이 있다. 주 40시간제에 의해 장시간 근로가 개선되면서 근로자의 작업 능률이 상승하거나 생산량 보전에 직면한 고용주가 더 높은 수준의 노동 강도를 요구한다면, 근로자 1인이 시간당 생산하는 산출량(시간당 생산성)은 증가하고 그 결과 실근로시간 감소에 의해 요구되는 신규 채용의 규모가 상쇄될 수 있기 때문이다.

3) 효율 계약 모델

상기한 이론적 모델들과 달리 효율 계약 모델(efficient contract model)은 노동 공급 측면의 메커니즘까지 고려해 균형 상태에서 근로시간(hour)과 고용(body) 간의 관계를 파악한다. 해당 모델은 앞서 살펴본 모델들이 고려하지 않고 있는 다음과 같은 세 가지 가정에 기초한다(Lewis, 1969; Trejo, 1991; Hart, 2014).

첫째, 노동 수요 모델이 시간당 기본급 w를 완전경쟁시장 조건에 의해 고정되어 있다고 가정하는 것과 달리 효율 계약 모델에서는 개별 기업이 시간당 기본급 w를 유연하게 조정할 수 있다. 이를 통해 해당 기업은 [C(1인 당 노동 비용) = wh(근로자 1인의 시간당 기본급 × 근로자 1인의 주당 근로시간)]이라는 비용함수를 고려하여 주어진 생산량하에서 비용을 극소화(C*)하는 주당 근로시간 hd과 시간당 기본급 wd을 결정한다. 그리고 이를 작업장에서 실현하기 위해 그러한 주당 근로시간과 시간당 기본급을 채용 조건(job package)으로서 고용 계약 당사자인 근로자에게 제시한다.

둘째, 개별 근로자의 효용은 음(-)의 효용을 초래하는 주당 근로시간과 양(+)의 효용을 야기하는 주당 임금 총액의 함수로 구성된다. 따라서 개별 근로자는 기업이 제시한 주당 근로시간 hd과 시간당 기본급 wd 조합이 빚어내는 주당 임금 총액과 주당 근로시간만을 고려하여 그곳에서 근무할지의 여부를 결정한다. 근로자 1인의 주당 임금총액(W)은 [W=wh]와 같이 결정되기 때문에, 주당 근로시간 h가 불변하는 상황에서 시간당 기본급 w가 증가하면 개별 근로자의 효용은 증가한다. 음의 효용을 초래하는 주당 근로시간 h가 증가하지 않은 상황에서 주당 임금 총액 W가 증가하기 때문이다.

셋째, 특정 기업이 제시한 hd와 wd의 조합을 근로자가 수용하면 해당 기업에서 근로하게 된다고 가정한다. 만약 주당 근로시간 혹은 시간당 기본급에 변화가 요구될 때, 변화된 주당 근로시간 혹은 시간당 기본급 조합이 두 계약 당사자(기업, 근로자) 가운데 하나라도 만족시키지 못한다면 계약은 파기된다.

이러한 효율 계약 모델에서 주 40시간제의 시행은 주 40시간을 초과해 근로하고 있던 기존 근로자의 효용을 증가시킨다. 근로시간이 종전과 동일한 상황에서 초과 근로에 대한 할증 임금이 적용되어 주당 임금 총액이 증가하기 때문이다. 반면 주 40시간제를 시행하는 기업은 근로시간이 종전과 동일함에도 할증 임금의 지급으로 인해 추가적인 인건비 상승에 직면한다. 이 때 효율 계약 모델에서 개별 기업은 개별 근로자의 법 시행 이전 효용과 동일한 수준까지 시간당 기본급을 감소시켜 인건비의 추가적인 부담에서 벗어날 수 있다. 이러한 시간당 기본급의 감소를 근로자가 수용하는 이유는 시간당 기본급이 감소해도 주당 임금 총액과 근로시간 모두가 법 시행 이전과 변화가 없어 종전과 동일한 효용 수준을 유지할 수 있기 때문이다.[12]

즉 효율 계약 모델에서는 주 40시간제가 실근로시간 및 고용에 어떠한 변화도 초래하지 않을 것이라고 예측하고 있다. 하지만 효율계약 모델이 한국의 주 40시간제에서 작동하고 있을 개연성은 크지 않다. 주 40시간제 적용

---

[12] 시간당 기본급 1만 원으로 평일 근로 주당 44시간 근로 계약을 노동자와 맺은 사업체의 예를 들어보자. 주 44시간제에서 주당 44만 원을 지급받던 노동자는 주 40시간제가 적용되는 순간 1만원 상승한 주당 45만 원[40시간 × 1만 원 + 4시간 × 1.25배(초과 근로에 대한 할증률) × 1만 원]을 제공받을 수 있다. 이 때 고용주가 시간당 기본급을 '44/45 × 1만' 원 수준으로 낮출 수 있다면, 근로자의 효용 수준은 주 40시간제 시행 이전인 주당 44만 원과 동일하게 되며 그에 따라 고용주가 직면하는 인건비 수준 역시 주 40시간제 이전과 동일한 수준이 된다.

에 의해 근로시간이 단축되어도 종전에 비해 통상 임금이 저하되어서는 안 된다는 임금 보전 규정이 법정 근로시간 단축에 대응해 시간당 기본급을 감소시키려는 개별 기업의 행위를 원천적으로 봉쇄하고 있기 때문이다.

높은 수준의 신규 채용 비용이 한국의 노동시장에 존재하고 있을 개연성과 저임금 및 장시간 근로에 기초해 비교우위를 달성하고 있는 적지 않은 수의 개별 사업체들이 주 40시간제 시행을 통해 직면하고 있을 상당한 수준의 비용 상승 효과를 감안하면, 지금까지 검토한 이론적 논의에 기초해 판단해 볼 때 실근로시간이 단축되는 수준만큼 고용이 증가할 가능성은 '적어도 단기적으로는' 매우 희박해 보인다. 심지어 법 규정에 상응하는 초과 근로수당이 개별 근로자에게 지급되고 있는지 여부를 상시 모니터링하는 체제가 상대적으로 잘 구축되어 있지 못한 현실에서, 주 40시간제의 임금 보전 규정과 인건비 상승의 압박은 기업들로 하여금 법에 상응하는 초과 근로수당 지급 의무를 종전에 비해 준수하지 않게 하는 유인으로 작용할 수 있다.

그럼에도 이 장에서 논의된 주 40시간제의 기대효과는 단기적 효과에 지나지 않는다는 점을 다시 한 번 강조한다. 따라서 이후 분석에서 설혹 주 40시간제의 시행이 실제로 단기 고용에 영향을 못 미쳤거나 심지어 고용 감소 효과를 초래한 것으로 나타난다고 하더라도 이는 중·장기 파급 효과를 고려하지 않은 것이므로, 이 연구의 실증 결과가 주 40시간제를 통해 감소된 실근로시간이 고용 창출로 이어지지 않았다는 주장 혹은 주 40시간제를 포함한 근로시간 단축 정책의 무용론에 대한 근거 자료로 사용되어서는 안 된다.[13]

---

13) 이와 관련한 좀 더 상세한 논의는 5절에서 다루어진다.

3. 연구 자료

상술한 주 40시간제 시행의 단기적 효과에 대한 이론적 예측이 한국에 어떠한 양태로 실재했는가를 살펴보기 위해 이 연구는 임금구조 기본통계조사 2002~2013년 원자료를 사용한다.

임금구조 기본통계조사는 상용 근로자만을 대상으로 하는 대규모 횡단면(cross-sectional) 조사이다. 동 조사는 지역별·산업별 사업체 분포를 고려하여 상시 근로자 수 5인 이상의 사업체를 층화 추출한 후, 해당 사업체의 상용 근로자를 무작위로 추출해 6월 한 달 동안의 다양한 근로 조건들을 '임금대장'에 기초해 조사하는 방식을 사용한다.

개별 상용 근로자만을 대상으로 조사하는 임금구조 기본통계조사의 태생적 특징 탓에 이 연구의 분석 결과는 주 40시간제 시행이 상용 근로자의 실근로시간, 법 규정에 상응하는 초과 근로수당을 개별 '상용' 근로자가 제공받았는지 여부, 그리고 개별 사업체의 '상용 근로자' 신규 채용에 미친 효과만을 살펴볼 수 있다는 제약이 있다.

그럼에도 임금구조 기본통계조사는 6월 한 달 동안 개별 상용 근로자의 정상 근로시간, 초과 근로시간, 정액 급여, 초과 급여, 연간 특별 급여 등 주 40시간제가 개별 근로자에게 미친 영향을 구체적으로 파악하는 데 필수적인 정보들을 제공하는 국내 유일의 조사라 해도 과언이 아니다.[14) 이외에도

---

14) 임금구조 기본통계조사에서 정상 근로시간이란 근로기준법, 단체협상, 혹은 취업규칙에 의해 기본급의 할증률을 적용받지 않은 근로시간을, 초과 근로시간이란 기본급의 할증률을 적용받은 근로시간을, 정액 급여란 기본급, 통상적 수당(직무, 직책, 자격 관련 수당), 기타 수당(통근 수당, 식비 등)의 합을, 초과 급여란 초과 근로시간에 상응해 지급된 급여를, 연간 특별 급여란 근로시간과 무관하게 해당 근로자에게 지급된 보너스 형태의 급여를 의미한다. 따라서 동 조사에서 6월 한 달간 총 급여는 정액 급여, 초과 급여 그리고 연간 특별 급여/12의 합으로 계산된다.

동 조사는 성별, 연령, 교육 수준, 근속 및 경력 기간, 직종, 풀·파트타임 여부, 임금 산정 기준[15] 등 해당 근로자의 특성과 관련한 정보뿐 아니라 상용직 규모, 노동조합 설립 유무, 산업 등 해당 근로자가 근무하고 있는 사업체의 특성과 관련된 정보 역시 제공한다. 특히 상기한 정보들이 근로자의 회고에 의존하지 않고 임금대장에 기초해 작성되기 때문에, 상대적으로 객관적이며 결측치가 거의 존재하지 않는 형태로 제공된다는 장점이 있다.

물론 고용 형태별 근로 실태 조사 역시 상기한 정보들을 제공하고, 임금대장에 기초해 기록되며, 심지어 전체 근로자를 대상으로 하기 때문에 조사대상 범위가 상대적으로 더 넓다. 하지만 고용 형태별 근로 실태 조사는 2006년부터 실시되었기 때문에 2004년부터 2006년까지 시행되었던 주 40시간제의 효과를 분석할 수 없다는 약점을 지닌다.

한편 주 40시간제 시행의 효과를 분석함에 있어 다음과 같은 임금구조 기본통계조사의 특징에 유념할 필요가 있다. 첫째, 임금구조 기본통계조사는 해당 연도 6월의 근로 조건을 기록한다는 점이다. 〈그림 10-2〉에 나타나 있

---

15) 임금구조 기본통계조사에서는 임금 산정 기준 항목을 통해 해당 상용 근로자의 임금이 시급, 일급, 주급, 월급, 연봉제, 기타 가운데 어떠한 형태로 지급되고 있는지를 조사한다.

듯이 한국의 주 40시간제는 2004년부터 사업체 규모별로 순차적으로 시행되었는데,[16] 적용 대상 사업체는 해당 연도의 7월 1일을 기점으로 주 40시간제를 의무적으로 시행해야 했다.

따라서 6월 한 달간의 근로조건을 기록하는 임금구조 기본통계조사를 사용해 해당 연도의 7월 1일을 기점으로 시행된 주 40시간제의 효과를 분석하는 경우, 해당 연도 6월과 다음 연도 6월 데이터 가운데 어느 임금 구조 기본통계조사 자료를 시행 효과로 간주해야 하는가라는 문제가 제기될 수 있다. 특정 연도 7월 1일에 주 40시간제를 시행해야 하는 사업체가 주 40시간제에 대비해 6월 한 달 동안 근로자들의 실근로시간을 미리 조정했을 가능성을 배제할 수 없기 때문이다.[17]

하지만 이 연구의 주된 관심사는 주 40시간제의 시행으로 상승한 초과 근로의 한계비용이 적용 대상 사업체의 실근로시간에 변화를 초래해 신규 채용에 영향을 미치는 메커니즘을 실증적으로 분석하는 것이다. 이러한 관점으로 볼 때, 적용 대상 사업체가 한 달 후에 실시될 주 40시간제에서 정한 할증임금을 6월의 초과 근로시간에 미리 적용했을 가능성은 거의 존재하지 않는다. 법 조항에 상응하는 초과 근로수당이 개별 근로자에게 지급되고 있는지를 관리 감독하는 체계가 상시적으로 작동되지 않고 있던 환경에서, 초과 근로에 대한 한계비용을 높이는 주 40시간제 규정을 자발적으로 한 달 전에

---

16) 공공부문 및 금융·보험업에 종사하는 모든 사업체는 규모에 관계없이 2004년 7월 1일부터 적용 대상이었다.

17) 심지어 적용 대상 사업체들은 주 40시간제의 시행을 가능한 한 미루기 위해 적용 기준인 상시 근로자 수를 조정했을 가능성 또한 존재한다. 이러한 도덕적 해이(moral hazard) 현상이 상당한 수준으로 존재한다면 이를 고려하지 않고 시행 효과를 분석하는 경우에는 추정치에 편의(bias)가 나타날 수 있다. 하지만 지민웅(Ji, 2010)에 따르면 적어도 2004년 7월 1일에 시행된 주 40시간제와 관련해서는 그러한 도덕적 해이 행위가 실재했다는 통계학적인 증거는 발견되지 않았다.

미리 적용했을 리는 만무하기 때문이다. 오히려 이윤 극대화를 추구하는 사업체라면 누구나 7월 1일 이후에 비해 상대적으로 저렴한 주 40시간을 초과하는 근로를 제도 적용 이전인 6월 한 달 동안 충분히 누렸을 것이라고 판단된다. 바로 이러한 이유들에 근거해 이 장에서는 특정 해 7월 1일에 시행된 주 40시간제의 단기 효과가 다음 해 6월의 임금구조 기본통계조사 원자료에 반영되어있다고 간주한다.

둘째, 고용 형태별 근로실태조사와 마찬가지로 임금구조 기본통계조사 역시 해당 사업체의 '상시 근로자 수'와 관련한 정보를 제공하지 않는다. 이 연구에서는 주 40시간제가 상시 근로자 수에 준하여 사업체 규모별로 순차적으로 적용된 사실에 주목하여, 주 40시간제가 적용된 사업체의 실근로시간을 포함한 근로조건 및 신규 채용에 대한 시행 전후의 변화와 미적용된 사업체의 시행 전후의 변화 간 차이를 주 40시간제 효과로 해석하는 이중차감법을 사용한다. 따라서 편의가 최소화된 실증 분석 결과를 관찰하기 위해서는 적용 사업체와 미적용 사업체를 데이터에서 정확하게 식별해내는 것이 그 무엇보다 중요하다.

문제는 임금구조 기본통계조사에서 제공하는 사업체 규모 정보가 상시 근로자 수가 아닌 상용 근로자 수 기준이며 그마저도 범주형 변수(categorical variable) 형태로 제공된다는 점이다. 이 때 동 조사에서 제공되는 상용 근로자 수에 기초해 주 40시간제 적용 사업체와 미적용 사업체를 구별한다면, 분석 결과에 심각한 왜곡이 발생할 수 있다.

이러한 식별 오류를 최소화하기 위해 이 연구에서는 다음과 같은 방법으로 개별 사업체의 상시 근로자 수를 추정한다. 우선적으로 임금구조 기본통계조사 '원자료'에서 제공하는 사업체 식별 정보(ID)와 각 년도 임금구조 기본통계조사 보고서에 제시되어 있는 사업체 규모별 근로자 추출률을 사용해 해당 근로자가 근무하는 사업체의 '총 상용 근로자 수'를 계산한다. 임금구조 기본통계조사는 지역별·산업별 사업체 분포를 고려해 사업체를 층화 추출한 후 해당 사업체의 상용직 규모에 상응하는 근로자 추출률을 적용해 상용 근로자를 무작위로 추출하는 방식을 사용한다. 따라서 사업체 식별 정보를 이용해 '개별 사업체에서 추출된(조사된) 총 상용 근로자 수'를 구할 수 있고, 이러한 수치에 해당 사업체의 규모에 상응하는 근로자 추출률을 곱하면 해당 근로자가 근무하는 사업체의 '총 상용 근로자 수'가 도출된다.

이후 고용노동부의 사업체노동실태현황자료[18]로부터 제공된 각 연도 산업별·사업체 규모별 '상용 근로자 수 대비 상시 근로자 수의 평균'을 상기한 방법으로 도출된 해당 사업체의 총 상용 근로자 수에 곱하여 동 사업체의 '총 상시근로자 수'를 추정한다. 그리고 이러한 추정치에 근거해 주 40시간제 적용 사업체와 미적용 사업체를 구분한다.

상기한 방법에 의해 식별된 사업체 그룹별(특정 연도 7월 1일에 주 40시간제를 '최초로' 적용해야만 했던 사업체 그룹별) 주요 기술 통계량의 추이가 〈표 10-1〉부터 〈표 10-4〉까지 제시되고 있다.

〈표 10-1〉은 이 연구에서 사용되고 있는 관측치 수를 나타내고 있는데, 이를 통해 임금구조 기본통계조사가 대규모 근로자 조사임을 확인할 수 있다. 다만 2008년을 기점으로 조사된 상용 근로자 수가 크게 증가하고 있음을 관찰할 수 있다. 이는 2008년부터 고용 형태별 근로실태조사와 통합되어 조사되고 있기 때문이다.[19] 이러한 관측치 수의 급격한 증감은 실증 분석에서 근로자별 가중치를 반드시 적용할 필요가 있음을 시사한다.

---

18) 해당 정보는 고용노동통계(http://laborstat.molab.go.kr)에서 찾을 수 있다.

19) 즉 2008년을 기점으로 고용 형태별 근로실태조사를 통해 전체 근로자를 조사한 후, 이 가운데 조사된 상용 근로자만을 대상으로 한 데이터를 제공함으로써 임금구조 기본통계조사를 이어가고 있다.

〈표 10-2〉에서는 주당 평균 실근로시간의 추이가 제시되고 있다. 주당 평균 실근로시간이란 6월 한 달간 총 근로시간을 30(일)으로 나누고 7(일)을 곱한 수치를 의미하는데, 이렇게 계산된 개별 근로자의 주당 실근로시간은 주 40시간제가 실근로시간에 미친 영향을 분석할 때 종속 변수로 사용된다. 〈표 10-2〉에서 주목할 만한 사항은 주 40시간제가 시행되기 시작한 2004년을 기점으로(즉 임금구조 기본통계조사의 2005년 통계량을 기점으로) 주당 실근로시간이 크게 감소하고 있다는 점이다. 주 40시간제 시행 이전인 2002년과 2003년의 47.4시간, 2004년에는 49.3시간에 달하던 한국의 주당 평균 실근로시간이 2013년에는 41.4시간으로 대폭 감소했음을 확인할 수 있다. 비록 〈표 10-2〉는 주 40시간제 이외에 주당 실근로시간 변동에 영향을 미칠 만한 다양한 요인들을 통제하지 못하는 단순 기술 통계량에 지나지 않지만, 이러한 주당 실근로시간의 감소 추세에 주 40시간제의 시행이 상당한 정도로 기여했을 것이라고 추측하는 것은 어렵지 않다.

〈표 10-3〉은 신규 채용 상용 근로자 비율의 추이를 보여주고 있다. 임금구조 기본통계조사가 매해 동일한 시점(6월)에 조사되고 있음을 고려하여, 이 연구에서는 근속 연수가 1년 미만의 근로자를 신규 채용 상용 근로자로 정의한다. 이러한 정의에 기초해 해당 근로자의 근속 연수가 1년 미만이면 '1'의 값을, 그렇지 않으면 '0'의 값을 가지는 더미변수를 주 40시간제가 신규 채용에 미친 영향을 분석할 때 종속 변수로 사용한다. 주 40시간제 시행 이후로 주당 실근로시간이 크게 감소하고 있는 것과 달리, 신규 채용 상용 근로자의 비율은 22~24%선에서 매우 안정적인 추이를 유지하고 있음을 〈표 10-3〉을 통해 확인할 수 있다. 〈표 10-4〉에서는 초과 근로수당 지급 위반 비율의 추이가 제시된다. 이 연구에서는 초과 근로수당 지급 위반을 해당 근로자가 초과 근로를 했음에도 법 규정에 상응하는 초과 근로수당을 지급

<표 10-1> 본 연구에서 사용되는 관측치 수

연도 사업체 그룹	2002	2003	2004	2005	2006	2007	2008	2009	2010	2011	2012	2013	전체
2004-2005년 적용사업체	73,064	64,163	62,658	84,641	113,413	95,188	68,049	60,224	66,574	65,057	65,644	65,064	883,739
2006년 적용사업체	76,886	80,083	62,734	82,548	100,739	99,196	166,668	172,514	177,059	139,324	140,111	134,853	1,432,715
2007년 적용사업체	23,814	25,789	20,674	31,704	35,568	36,419	76,622	79,561	78,343	84,254	87,055	89,443	669,246
2008년 적용사업체	27,004	27,372	18,617	23,500	26,617	29,175	73,609	75,029	77,933	79,165	81,665	83,625	623,311
2011년 적용사업체	20,934	20,479	14,140	15,822	17,338	18,271	66,142	67,519	71,157	69,430	69,052	70,019	520,303
전체	221,702	217,886	178,823	238,215	293,675	278,249	451,090	454,847	471,066	437,230	443,527	443,004	4,129,314

〈표 10-2〉 주 40시간제 최초 적용시점으로 구분한 사업체 그룹별 주당 평균 실 근로시간의 추이

사업체 그룹	연도	2002	2003	2004	2005	2006	2007	2008	2009	2010	2011	2012	2013	전체
2004·2005년 적용 사업체	평균	44.53	44.57	47.18	45.15	44.07	41.77	41.22	44.54	43.01	42.58	41.37	39.74	43.28
	표준편차	(9.20)	(9.10)	(9.22)	(9.10)	(7.89)	(8.37)	(8.23)	(8.43)	(8.04)	(7.32)	(8.33)	(8.32)	(8.68)
2006년 적용 사업체	평균	48.10	48.40	50.16	48.30	47.34	45.01	44.76	46.67	45.97	45.27	43.82	42.55	46.16
	표준편차	(11.24)	(11.00)	(10.35)	(10.91)	(10.83)	(10.04)	(10.41)	(10.09)	(10.31)	(9.96)	(10.26)	(10.17)	(10.64)
2007년 적용 사업체	평균	48.78	49.14	51.33	48.74	47.92	45.90	45.16	45.81	45.51	44.93	43.58	41.80	46.13
	표준편차	(12.15)	(11.44)	(11.85)	(11.42)	(10.54)	(10.78)	(10.68)	(10.04)	(10.12)	(10.74)	(10.42)	(10.58)	(11.12)
2008년 적용 사업체	평균	47.67	47.61	49.36	48.23	47.39	46.00	45.60	46.27	46.19	44.53	42.90	41.88	45.79
	표준편차	(10.93)	(11.00)	(10.55)	(10.23)	(10.67)	(9.89)	(10.14)	(9.33)	(9.58)	(9.56)	(10.12)	(9.83)	(10.33)
2011년 적용 사업체	평균	46.55	46.43	47.97	46.22	45.78	44.62	44.05	45.62	45.34	43.71	42.11	40.53	44.48
	표준편차	(10.12)	(9.76)	(9.59)	(8.69)	(8.86)	(8.58)	(8.39)	(7.67)	(7.93)	(7.99)	(8.01)	(8.44)	(8.80)
전체	평균	47.31	47.43	49.30	47.47	46.59	44.96	44.50	45.96	45.49	44.35	42.83	41.41	45.32
	표준편차	(10.88)	(10.62)	(10.40)	(10.20)	(9.92)	(9.64)	(9.69)	(9.12)	(9.26)	(9.25)	(9.47)	(9.54)	(10.00)

〈표 10-3〉 주 40시간제 최초 적용시점으로 구분한 사업체 그룹별 신규 채용 상용 근로자의 비율 추이

사업체 그룹	연도	2002	2003	2004	2005	2006	2007	2008	2009	2010	2011	2012	2013	전체
2004·2005년 적용사업체	평균	0.13	0.12	0.14	0.15	0.16	0.12	0.13	0.12	0.12	0.12	0.14	0.14	0.13
	표준편차	(0.34)	(0.33)	(0.35)	(0.35)	(0.37)	(0.33)	(0.34)	(0.33)	(0.32)	(0.33)	(0.35)	(0.35)	(0.34)
2006년 적용사업체	평균	0.18	0.17	0.16	0.17	0.19	0.17	0.15	0.14	0.17	0.18	0.17	0.16	0.17
	표준편차	(0.38)	(0.37)	(0.37)	(0.37)	(0.40)	(0.38)	(0.36)	(0.35)	(0.37)	(0.38)	(0.38)	(0.36)	(0.37)
2007년 적용사업체	평균	0.25	0.23	0.21	0.23	0.22	0.22	0.23	0.21	0.22	0.24	0.22	0.21	0.22
	표준편차	(0.43)	(0.42)	(0.41)	(0.42)	(0.41)	(0.41)	(0.42)	(0.41)	(0.42)	(0.43)	(0.41)	(0.41)	(0.42)
2008년 적용사업체	평균	0.29	0.27	0.24	0.25	0.28	0.26	0.27	0.25	0.26	0.28	0.25	0.24	0.26
	표준편차	(0.45)	(0.44)	(0.43)	(0.43)	(0.45)	(0.44)	(0.44)	(0.43)	(0.44)	(0.45)	(0.44)	(0.43)	(0.44)
2011년 적용사업체	평균	0.29	0.25	0.22	0.24	0.26	0.25	0.28	0.24	0.26	0.27	0.26	0.24	0.26
	표준편차	(0.45)	(0.44)	(0.41)	(0.43)	(0.44)	(0.43)	(0.45)	(0.43)	(0.44)	(0.44)	(0.44)	(0.43)	(0.44)
전체	평균	0.24	0.22	0.20	0.21	0.23	0.22	0.23	0.21	0.22	0.24	0.22	0.21	0.22
	표준편차	(0.43)	(0.41)	(0.40)	(0.41)	(0.42)	(0.41)	(0.42)	(0.40)	(0.41)	(0.42)	(0.42)	(0.41)	(0.42)

주: 신규 채용 상용 근로자란 근속 년수가 1년 미만인 상용근로자를 의미한다.

〈표 10-4〉 주 40시간제 최초 적용시점으로 구분한 사업체 그룹별 초과근로수당 지급 위반 비율의 추이

사업체 그룹	연도	2002	2003	2004	2005	2006	2007	2008	2009	2010	2011	2012	2013	전체
2004·2005년 적용사업체	평균	0.13	0.13	0.15	0.12	0.20	0.10	0.12	0.17	0.15	0.14	0.10	0.08	0.13
	표준편차	(0.34)	(0.34)	(0.35)	(0.33)	(0.40)	(0.30)	(0.32)	(0.38)	(0.36)	(0.34)	(0.30)	(0.27)	(0.34)
2006년 적용사업체	평균	0.19	0.21	0.20	0.18	0.19	0.17	0.18	0.24	0.19	0.19	0.16	0.14	0.19
	표준편차	(0.39)	(0.41)	(0.40)	(0.38)	(0.39)	(0.38)	(0.38)	(0.43)	(0.39)	(0.39)	(0.36)	(0.34)	(0.39)
2007년 적용사업체	평균	0.19	0.22	0.25	0.20	0.20	0.20	0.18	0.21	0.20	0.18	0.14	0.14	0.19
	표준편차	(0.40)	(0.42)	(0.43)	(0.40)	(0.40)	(0.40)	(0.39)	(0.40)	(0.40)	(0.38)	(0.35)	(0.34)	(0.39)
2008년 적용사업체	평균	0.15	0.17	0.17	0.17	0.17	0.13	0.14	0.19	0.18	0.16	0.12	0.12	0.15
	표준편차	(0.35)	(0.37)	(0.37)	(0.38)	(0.38)	(0.34)	(0.34)	(0.39)	(0.39)	(0.37)	(0.33)	(0.32)	(0.36)
2011년 적용사업체	평균	0.07	0.09	0.10	0.10	0.10	0.06	0.06	0.06	0.06	0.07	0.07	0.06	0.07
	표준편차	(0.26)	(0.29)	(0.30)	(0.29)	(0.30)	(0.24)	(0.24)	(0.24)	(0.24)	(0.25)	(0.26)	(0.24)	(0.26)
전체	평균	0.14	0.16	0.17	0.15	0.16	0.13	0.13	0.16	0.15	0.14	0.11	0.10	0.14
	표준편차	(0.35)	(0.37)	(0.37)	(0.36)	(0.37)	(0.33)	(0.33)	(0.37)	(0.35)	(0.35)	(0.32)	(0.31)	(0.35)

주: 이 연구에서 초과근로수당 지급 위반이란 초과 근로를 하였음에도 법 규정에 상응하는 초과 근로수당을 지급받지 못한 경우를 의미하는데, 이는 아래
와 같이 정의된다.
[주 40시간제 시행 전 주당 평균 노동시간이 44시간인 초과근로자에 근무하고 있는 근로자 초과 급여 < 1.5 × 시간 당 기본급인 경우
[주 40시간제 시행 후 주당 평균 노동시간 40시간 초과, 44시간 이하로 근무하고 있는 근로자 초과 급여 < 1.25 × 시간 당 기본급
[주 40시간제 시행 후 주당 평균 노동시간 44시간을 초과하여 근무하고 있는 근로자 초과 급여 < (4 × 1.25 × 시간 당 기본급
 초과 근로자 기준에 주당 평균 초과 근로시간에 주당 평균 실 근로시간-44) * 1.5 * 시간 당 기본급
 + ((주당 평균 실 근로시간-44) * 1.5 * 시간 당 기본급

받지 못한 경우로 정의한다.[20] 이러한 정의에 기초해 해당 근로자가 법 규정에 상응하는 초과 근로수당을 지급받지 못했다면 '1'의 값을, 그렇지 않으면 '0'의 값을 가지는 더미변수를 주 40시간제가 초과 근로수당 지급 위반 확률에 미친 영향을 분석할 때 종속 변수로 사용한다. 〈표 10-4〉를 통해 초과 근로수당 지급 위반 비율이 주 40시간제가 시행된 2004년을 기점으로 2011년까지 13~17% 선에서 등락을 거듭하다가 2012년부터는 하락 추세에 있음을 관찰할 수 있다.

4. 실증 분석 모형 및 결과

이 절에서는 임금구조 기본통계조사 2002~2013년 원자료에 도널드와 랭 (Donald and Lang, 2007)이 제안하는 2단계(two-stage) 이중차감법을 적용하여, 주 40시간제가 시행 1년 후 개별 상용 근로자의 주당 실근로시간 및 초과 근로수당 지급 위반 확률 그리고 개별 사업체의 신규 채용 상용 근로자의 비중에 각각 어떠한 영향을 미쳤는지를 분석한다.

---

20) 구체적으로 ① 주 40시간제 적용 대상이 아닌 사업체에서 특정 근로자가 주 44시간을 초과해 근무했음에도 그러한 초과 근로시간에 대해 시간당 기본급에 50%를 할증한 수준 미만으로 임금을 지급받은 경우, ② 주 40시간제 적용 대상인 사업체에서 특정 근로자가 주 40시간 초과·주 44시간 이하로 근무했음에도 주 40시간을 초과하는 근로시간에 대해 시간당 기본급에 25%를 할증한 수준 미만으로 임금을 지급받은 경우, ③ 주 40시간제를 적용받는 사업체에서 특정 근로자가 주 44시간을 초과해 근무했음에도 주 40시간을 초과하는 첫 4시간에 대해 시간당 기본급에 25%를 할증한 금액과 이후 초과 근로시간에 대해 시간당 기본급에 50%를 할증한 금액의 합 미만으로 임금을 지급받은 경우를 의미한다.

1) 실증 분석 모형

전통적인 이중차감법은 주 40시간제 시행과 같이 외생적 충격에 의해 촉발된 자연 실험(natural experiment)의 효과를 분석하는 데 적합한 방법론으로 알려져 있다. 자연 실험의 적용을 받은 그룹(treatment group)의 실험 전후 변화만을 두고 그러한 실험의 효과라고 주장하기는 쉽지 않다. 실험으로 인한 효과 이외에도 전후 기간 여타 관찰되지 않은 요인들이 적용 그룹에 영향을 미칠 수 있기 때문이다. 이러한 종류의 관찰되지 않는 경기효과(time effect)를 통제해 가능한 순수한(pure) 자연 실험의 효과를 추정하기 위해, 이중차감법은 적용 그룹(treatment group)의 실험 전후의 변화에서 미적용 그룹(control group)의 자연 실험 전후의 변화를 차감한다. 미적용 그룹의 실험 전후 변화를 관찰되지 않는 경기효과로 간주하고 그러한 경기효과가 적용 그룹에도 동일한 수준으로 영향을 미친다고 가정하기 때문이다.

일례로 이러한 전통적인 이중차감법을 2005년에 시행된 주 40시간제의 1년 후 효과 분석에 채용하면, 아래 식에서 교차항(interaction term)의 추정치 α 가 주 40시간제의 시행 효과를 의미하게 된다.

$$y_{i,t} = \mu + a\,year_{i,t=2006} \cdot treat_i + \beta year_{i,t=2006} + \gamma treat_i + \Theta Z_{i,t} + \xi_{it}$$

i : 해당 근로자

t : 해당 근로자가 응답한 임금구조 기본통계조사 연도[21]

---

21) 이 연구에서는 2005년에 시행된 주 40시간제의 1년 후 효과를 분석할 때 2002, 2003, 2004, 2006년 자료를 사용한다. 즉 2005년 자료만 예외적으로 제외하고 분석하는데, 그 이유에 대해서는 4장 2절의 해당 부분을 참조하라.

$y_{i,t}$: t기에 해당 근로자 i의 주당 실근로시간, 신규 채용 근로자 여부 더미변수,

혹은 초과 근로수당 지급 위반 여부 더미변수

$treat_i$: 해당 근로자 i가 근무하고 있는 사업체가 주 40시간제 적용 대상이면 '1'

의 값을, 그렇지 않으면 '0'의 값을 가지는 더미 변수[22]

$year_{i,t=2006}$: 해당 근로자 i가 조사된 연도가 2006년이면 '1'의 값을, 그렇지 않

으면 '0'의 값을 가지는 더미 변수[23]

$year_{i,t=2006} \cdot treat_i$: 교차항

$Z_{i,t}$: t기에 해당 근로자 i가 보유하고 있는 특성 혹은 해당 근로자 i가 근무하

고 있는 사업체의 특성[24]

$\xi_{i,t}$: 교란항

하지만 2005년에 시행된 주 40시간제의 1년 후 효과 분석에서 적용 그룹
으로 분류되는 상시 근로자 300인 이상의 사업체 혹은 금융·보험업에 종사
하고 있는 사업체와 상대적으로 규모가 작은 미적용 그룹(상시 근로자 300인
미만 사업체)의 경기효과가 동일한 수준이라고 가정하는 것이 설득력을 담보
할 수 있는지 의문이다. 더구나 전통적인 이중차감법은 개별 연도 더미의
통제 없이 정책 이전의 효과와 정책 이후의 효과만을 비교하기 때문에, 각
연도의 주당 실근로시간, 신규 채용 비율, 초과 근로수당 지급 위반 비율에

---

22) 2005년에 시행된 주 40시간제의 1년 후 효과 분석에서 해당 사업체가 상시 근로자 300인
   이상을 고용하고 있거나 금융·보험업에 종사하고 있다면 동 변수는 '1'의 값을 가진다.
23) 3절에서 상술한 바와 같이, 이 연구에서는 2005년에 시행된 주 40시간제의 1년 후 효과가
   2006년 임금구조 기본통계조사에만 나타난다고 간주한다.
24) 연속형 변수로서 연령 및 근속년수와 더미 변수로서 성별, 교육 수준, 경력, 직종, 풀·파트
   타임 여부, 임금 산정 기준을 회귀 방정식에 추가해 근로자 특성을 통제한다. 추가적으로
   상용직 규모더미, 노동조합 설립 여부 더미, 산업더미를 고려함으로써 해당 근로자가 근
   무하고 있는 사업체의 특성 역시 통제한다.

충격을 줄 수 있는 금융위기와 같은 미관찰 요인들을 통제하는 데 매우 취약하다.[25]

도널드와 랭(Donald and Lang, 2007)은 이러한 전통적인 이중차감법의 한계를 극복하는 방법으로서, 전통적인 이중차감법에 각 연도 더미와 그러한 연도 더미에 상응하는 교차항을 추가해 각 교차항의 추정치를 도출한 후(1단계), 도출된 교차항의 값을 종속변수로 둔 상황에서 각 교차항의 값이 자연실험 이후의 것인지를 식별하는 더미변수의 추정치를 관찰하는 2단계 이중차감법을 제안한다. 이러한 방법론을 통해 관찰되지 않는 경기효과가 좀 더 강력히 통제되어 상대적으로 왜곡되지 않은 자연실험의 효과를 추정할 수 있다.

아래의 식은 도널드와 랭(Donald & Lang)의 이중차감법을 2005년에 시행된 주 40시간제의 1년 후 효과 분석에 적용했을 때의 회귀 방정식을 나타낸 것으로, 2단계에서 추정된 δ_1이 주 40시간제의 시행 효과를 의미한다.[26]

〈1단계(first-stage)〉

$$
\begin{aligned}
y_{i,t} = \mu_0 &+ a_2 year_{i,t=2003} \cdot treat_i + a_3 year_{i,t=2004} \cdot treat_i \\
&+ a_4 year_{i,t=2006} \cdot treat_i \\
&+ \beta_2 year_{i,t=2003} + \beta_3 year_{i,t=2004} + \beta_4 year_{i,t=2006} \\
&+ \gamma_1 treat_i + \Xi Z_{i,t} + \zeta_{i,t}
\end{aligned}
$$

---

25) 바로 이러한 점에서 김형락·이정민(2012)이 관찰한 주 40시간제의 음의 고용 효과는 금융 위기에 따른 편의에 의한 것일 가능성이 높다.

26) 본고의 주된 목적이 도널드와 랭(Donald & Lang)의 이중차감법과 관련한 계량경제학적 지식을 상세하고 충분하게 제공하는 것은 아닌 관계로, 많은 양의 지면 할애가 필요한 2006, 2007, 2008, 2011년에 각각 시행된 주 40시간제 효과의 도널드와 랭 이중차감법 회귀방정식의 제시 및 설명은 생략한다.

〈2단계(second-stage)〉

$$\alpha_m = \delta_0 + \delta_1 D_m + \epsilon_m$$

$year_{i,t=2003}$: 해당 근로자 i가 조사된 연도가 2003년이면 '1'의 값을, 그렇지 않
으면 '0'의 값을 가지는 더미 변수

$year_{i,t=2004}$: 해당 근로자 i가 조사된 연도가 2004년이면 '1'의 값을, 그렇지 않
으면 '0'의 값을 가지는 더미 변수

$year_{i,t=2006}$: 해당 근로자 i가 조사된 연도가 2006년이면 '1'의 값을, 그렇지 않
으면 '0'의 값을 가지는 더미 변수

α_m : 1단계에서 도출된 각 교차항의 추정치(m=1,2,3,4)[27]

δ_1 : Donald & Lang 이중차감법 추정치(주 40시간제 시행의 효과)

D_m : 1단계에서 도출된 각 α_m이 주 40시간제 시행 이후의 추정치인지 여부를
식별하는 더미: 2005년에 시행된 주 40시간제의 1년 후 효과 분석의 경우, 동
변수는 m=4인 경우(즉 2006년도 교차항의 추정치)에만 '1'의 값을 가짐.

$\zeta_{i,t}, \epsilon_{i,t}$: 교란항

그럼에도 임금구조 기본통계조사가 횡단면 데이터인 탓에, 이 연구는 관
찰되지 않는 시간 불변의 근로자 특성 효과 혹은 사업체 특성 효과를 완전히
통제할 수는 없다. 이에 따른 주 40시간제 효과의 편의(bias) 문제를 최소화
하기 위해 동일 사업체를 대상으로 군집 분석(cluster analysis)을 실시해 표
준오차를 조정하는 방법까지 추가적으로 활용한다. 또한 2008년 이후에 상

---

27) 이 분석에서 각 연도 더미의 비교 그룹(base) 더미는 2002년이다. 따라서 2002년 더미변
수와 2002년 더미변수에 상응하는 교차항은 분석에서 제외된다. 그 결과 2002년 연도 더
미에 상응하는 교차항의 추정치는 '0'이라고 두고 2단계 분석을 실시한다.

〈표 10-5〉 2005년 7월에 시행된 주 40시간제의 1년 후 효과

주 40시간제의 효과	(I)	(II)	(III)	(IV)	(V)	(VI)	(VII)
Donald & Lang DID 추정치	-0.604	0.127	-0.106	0.005	-0.025	0.063	0.016
	(0.246)	(0.048)	(0.050)	(0.016)	(0.011)	(0.008)	(0.007)
	[0.133]	[0.119]	[0.169]	[0.795]	[0.160]	[0.017]	[0.145]
관측치 수(2단계)	4	4	4	4	4	4	4
관측치 수(1단계)	913,727	913,727	913,727	913,727	913,727	913,727	913,727

자료: 2005년을 제외한 2002~2006년 임금구조 통계조사 원자료.
주: ( )는 강건표준오차(robust standard errors)로서 동일 사업체별로 조정(clustered)되었다.
　[ ]은 P-value를 의미한다.
　이 회귀분석에는 근로자 가중치가 적용되었다.
　(I)열의 종속변수는 개별 상용 근로자의 주당 실근로시간이며, (II)열의 종속변수는 해당 상용 근로자의 주당 실근로시간이 40시간 이하이면 '1'의 값을, 그렇지 않으면 '0'의 값을 가지는 더미 변수이고, (III)열의 종속변수는 해당 상용 근로자의 주당 실근로시간이 40시간 초과 44시간 이하이면 '1'의 값을, 그렇지 않으면 '0'의 값을 가지는 더미 변수이다. (IV)열의 종속변수는 해당 상용 근로자의 주당 실근로시간이 44시간 초과 48시간 이하이면 '1'의 값을, 그렇지 않으면 '0'의 값을 가지는 더미 변수이고, (V)열의 종속변수는 해당 상용 근로자의 실근로시간이 48시간을 초과하면 '1'의 값을, 그렇지 않으면 '0'의 값을 가지는 더미 변수이며, (VI)열의 종속변수는 해당 상용 근로자가 법 규정에 상응하는 초과 근로수당을 지급받지 못했다면 '1'의 값, 그렇지 않으면 '0'의 값을 가지는 더미 변수이고, (VII)열의 종속변수는 해당 상용 근로자의 근속 연수가 1년 미만이면 '1'의 값을, 그렇지 않으면 '0'의 값을 가지는 더미변수이다.
　1단계에서는 다음과 같은 변수들이 통제되었다. 주 40시간제 적용 그룹 더미, 연도 더미, 각 연도 더미와 주 40시간제 적용 그룹 더미의 교차항, 연속형 근로자 특성변수로서 연령 및 근속 연수, 근로자 특성 더미 변수로서 성별, 교육 수준, 경력, 직종, 풀·파트타임 여부, 임금 산정 기준, 해당 상용 근로자가 근무하는 사업체의 특성 더미변수로서 상용직 규모더미, 노동조합 설립 여부 더미, 산업더미. 다만 (VII)열의 분석에서 근속연수는 통제변수에서 제외되었다.

용 근로자 조사 규모가 커진 사실을 고려해 근로자 가중치를 적용해 회귀분석을 실시한다.

2) 실증 분석 결과

지금까지 살펴본 이 연구 자료와 분석 방법에 의거해 도출된 주 40시간제 시행 1년 후의 효과가 이하의 표에서 제시되고 있다.

이를 살펴보기에 앞서 2005년 7월 1일에 시행된 주 40시간제의 1년 후 효과 분석에서 2002~2006년 임금구조 기본통계조사 원자료를 사용하되, 2005년 자료는 제외되었음에 유의할 필요가 있다. 동 분석에서 주 40시간제 적용 그룹(treatment group)은 상시 근로자 수 300인 이상 혹은 금융보험업 사업체에 근무하고 있는 근로자인데, 상시 근로자 1000인 이상을 고용하고 있는 사업체 혹은 금융·보험업에 종사하는 사업체는 2004년 7월 1일을 기점으로 이미 주 40시간제 적용 대상이 되었다. 그 결과 2006년보다는 2005년 임금구조 기본통계조사 자료에 이들 사업체의 주 40시간제 효과가 반영되고 있을 가능성이 높다. 따라서 2005년 자료를 제외하고 분석하는 것이다.

〈표 10-5〉는 2005년에 시행된 주 40시간제의 1년 후 효과를 보여준다. 주당 실근로시간을 종속변수로 간주한 (I)열의 추정 결과를 통해 주 40시간제가 개별 상용 근로자의 주당 실근로시간을 얼마나 증가 혹은 감소시켰는지를 살펴보자. 도널드와 랭(Donald and Lang)의 이중차감법 추정치에 따르면 개별 상용 근로자의 주당 실근로시간이 약 0.6시간 감소한 듯 보인다. 하지만 동 추정치의 통계적 유의성은 존재하지 않는다. 즉 2005년에 시행된 주 40시간제는 개별 상용 근로자의 1년 후 주당 실근로시간에 영향을 미치지 못한 것이다. 주 40시간제가 시행되었음에도 주당 실근로시간에 변화가 발생하지 않은 이유는 식 (II), (III), (IV), (V)열의 분석 결과에서 좀 더 구체적으로 제시된다.

(II)열은 해당 상용 근로자의 주당 실근로시간이 40시간 이하이면 '1'의 값을, 그렇지 않으면 '0'의 값을 가지는 더미 변수를 종속변수로 둔 회귀분석 결과이다. 따라서 추정 결과를 통해 주당 실근로시간이 40시간 이하인 근로자의 비중을 주 40시간제가 얼마나 변화시켰는지를 확인할 수 있다. 주 40시간제의 시행으로 주당 40시간을 초과하는 근로의 한계비용은 상승하기

때문에, 제도의 적용을 받는 사업체는 주당 실근로시간이 40시간 이하인 근로자의 비중을 증가시킬 유인이 존재한다. 이러한 예측대로 (II)열의 추정치는 양의 부호를 보이고 있다. 하지만 이 역시 통계적으로 유의하지 않다.

(III)열은 해당 상용 근로자의 주당 실근로시간이 40시간 초과 44시간 이하이면 '1'의 값을, 그렇지 않으면 '0'의 값을 가지는 더미 변수를 종속변수로 둔 회귀분석의 결과를 제시하고 있기 때문에, 주 40시간제로 인해 주당 실근로시간이 40시간 초과 44시간 이하인 근로자의 비중이 얼마나 변화되었는지를 관찰할 수 있다. 주 40시간제의 시행으로 40시간을 초과하는 근로의 한계비용이 상승했음을 감안하면, 주당 실근로시간이 40시간 초과 44시간 이하인 근로자의 비중은 감소되었을 가능성이 있다. 이러한 예상대로 (III)열의 추정치는 음의 부호를 보이고 있다. 하지만 동 추정치 역시 통계적으로 유의하지 않다.

2005년에 시행된 주 40시간제가 주당 실근로시간이 44시간 초과 48시간 이하인 근로자의 비중에 미친 영향을 추정한 (IV)열의 결과[28)는 비록 통계적으로 유의하지 않을 뿐 아니라 심지어 양의 부호를 나타낸다. 이는 주당 44시간 초과 48시간 이하로 근로하던 그룹이 주 40시간제 시행을 통해 주당 44시간 이하로 근로하는 그룹으로 편입된 규모보다 제도 시행 전 주당 48시간을 초과해 근로하던 그룹이 시행 후 주당 44시간 초과 48시간 이하로 근로하는 그룹으로 속하게 된 규모가 미약하게나마 컸기 때문으로 풀이된다.

주 40시간제 시행에 의해 주당 실근로시간이 48시간을 초과하는 근로자의 비중이 어떻게 변화했는지를 추정한 (V)열의 결과[29)에 따르면 상기한 예

---

28) (IV)열의 종속변수는 해당 상용 근로자의 주당 실근로시간이 44시간 초과 48시간 이하이면 '1'의 값을, 그렇지 않으면 '0'의 값을 가지는 더미 변수이다.

29) (V)열은 해당 상용 근로자의 실근로시간이 48시간을 초과하면 '1'의 값을, 그렇지 않으면 '0'의 값을 가지는 더미 변수를 종속변수로 둔 회귀분석의 결과를 나타낸다.

측대로 추정치는 다시 음의 부호로 전환되고 있다. 하지만 이 추정치 역시 통계학적으로 유의하지 않다.

요약하면 주 40시간제 시행이 40시간을 초과하는 근로의 한계비용을 증가시키고 있음에도 불구하고, 2005년의 적용 대상 사업체들이 주당 40시간을 초과하는 근로자의 비중을 감소시키지 않았기 때문에 주당 평균 실근로시간에 변화가 나타나지 않은 것이다.

(VI)열은 해당 상용 근로자가 법 규정에 상응하는 초과 근로수당을 지급받지 못했다면 '1'의 값을, 그렇지 않으면 '0'의 값을 가지는 더미 변수를 종속변수로 둔 회귀분석의 결과를 보여주고 있다. 따라서 주 40시간제가 초과 근로수당 지급 위반 확률에 어떠한 영향을 미쳤는지를 관찰할 수 있다. 법 규정에 상응하는 초과 근로수당이 개별 근로자에게 지급되고 있는지 여부를 상시 모니터링할 수 있는 체제가 상대적으로 잘 구축되어 있지 못한 현실에서, 주 40시간제의 임금 보전 규정 및 주 40시간을 초과하는 근로에 대한 할증임금 상승에 따른 인건비 증가의 압박은 기업들로 하여금 법에 상응하는 초과 근로수당 지급 의무를 종전에 비해 준수하지 않게 하는 유인으로 작용할 수 있다. 이러한 이론적 예측에 부합하는 결과를 (VI)열의 추정치에서 확인할 수 있다. 추정 결과에 따르면 2005년 주 40시간제 시행으로 인해 초과 근로수당 지급 위반 확률이 약 6.3% 증가한 것으로 나타났다. 이를 통해 적어도 2005년의 주 40시간제 적용 대상 사업체들의 일부는 주 40시간을 초과하는 근로에 대해 이 제도의 규정에 상응하는 초과 근로수당을 지급하지 않았다고 해석할 수 있다. 이러한 사업체의 법 규정 위반 행위가 주당 40시간을 초과하는 근로자의 비중을 감소시키지 않는 결과로 이어지는 데 주요한 원인으로 작용했을 개연성은 매우 높다.

마지막으로 2005년에 시행된 주 40시간제가 1년 후 신규 채용 상용 근로

〈그림 10-3〉 2005년 시행된 주 40시간제 적용·미적용 그룹의 사업체 당 상용 근로자 수 추이

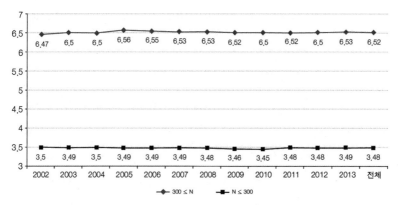

주: N은 개별 사업체의 상시근로자 수.
　　단위는 사업체 당 연평균 상용 근로자 수의 로그값.
자료: 사업체노동실태현황(2002-2013년).

자의 비중에 미친 영향을 추정한 (VII)열의 결과를 살펴보자.30) 이에 따르
면 주 40시간제의 시행이 적용 대상 사업체의 신규 채용 상용 근로자의 비
중을 약 1.6%p 증가시킨 것처럼 보인다. 하지만 동 추정치의 통계적 유의성
은 존재하지 않는다. 즉 2005년에 시행된 주 40시간제는 1년 후의 신규 채
용 상용 근로자의 비중에 영향을 미치지 못한 것이다.

　하지만 적용 대상 사업체의 신규 채용 상용 근로자의 비중이 제도 시행
전후로 변화하지 않았더라도 동 사업체의 총 상용 근로자 수가 증가했다면
신규 채용 상용 근로자 수는 증가했을 수 있고, 반대로 감소했다면 신규 채
용 상용 근로자의 수는 감소했을 가능성이 존재한다. 아쉽게도 이러한 개연
성을 근로자 조사인 임금구조 기본통계조사에서는 확인할 수 없다. 이에 고
용노동부의 사업체노동실태현황에서 제공하는 '사업체당 연평균 상용 근로

---

30) (VII)열의 종속변수는 해당 상용 근로자의 근속 연수가 1년 미만이면 '1'의 값을, 그렇지
　　않으면 '0'의 값을 가지는 더미변수이다.

자 수' 자료를 활용하여 주 40시간제 시행이 적용 대상 사업체의 상용 근로자 수 변화에 영향을 미쳤다고 볼 수 있는지 여부를 대략적으로 가늠해보고자한다.[31]

〈그림 10-3〉은 사업체당 연평균 상용 근로자 수의 자연로그값의 추이를 보여주고 있다. 상시 근로자 수 300인 미만 그룹의 2006년 사업체당 연평균 상용 근로자 수는 2002~2004년에 비해 큰 차이를 보이지 않고 있는 것을 확인할 수 있다. 반면 상시 근로자 수 300인 이상 그룹의 2006년 사업체당 연평균 상용 근로자 수는 2002~2004년에 비해 미약하나마 증가했음을 관찰할 수 있다. 하지만 이를 근거로 주 40시간제 시행이 적용 대상 사업체의 상용 근로자 수를 증가시켰다고 주장할 수 있는지는 여전히 의문이다. 증가 규모가 매우 미약한 수준일 뿐만 아니라 주 40시간제 적용 전인 2002년부터 2004년까지 적용 그룹의 사업체당 상용 근로자 수 역시 미약하지만 이미 증가하는 양상을 보이고 있었기 때문이다. 무엇보다도 중요한 사실은 2005년 주 40시간제 적용 대상 상용 근로자의 주당 실근로시간이 감소하지 않았다는 점이다. 이러한 상황에서 적용 대상 사업체의 상용 근로자 수가 주 40시간제 시행에 의해 증가한다는 것은 어떠한 이론으로도 설명해내기 쉽지 않다. 2005년에 시행된 주 40시간제가 1년 후의 신규 채용 상용 근로자 수에 영향을 미치지 못했다고 해석하는 것이 상대적으로 설득력 있는 해석일 수밖에 없는

---

31) 이러한 관찰은 지금까지 수행해온 분석에 비해 상대적으로 엄밀하지 못한 분석이다. 예를 들어 <그림 10-3>은 상시 근로자 수 300인 이상 그룹과 300인 미만 그룹의 사업체 당 상용 근로자 규모의 추이를 나타내고 있는데, 상시 근로자 수 300인 이상 사업체가 곧 2005년에 시행된 주 40시간제 적용 대상 그룹을 의미하는 것은 아니다. 금융보험업 사업체는 상시 근로자 수에 상관없이 2005년에 이미 이 제도의 적용 대상이었기 때문이다. 더구나 금융보험업 사업체의 평균 종업원 규모가 매우 작은 수준임을 고려할 때, 이들 사업체의 대부분은 상시 근로자 수 300인 미만 사업체 그룹에 속해 있을 가능성이 높다. 이러한 한계는 <그림 10-4, 10-5, 10-6, 10-7>에서도 동일하게 적용된다.

〈표 10-6〉 2006년 7월에 시행된 주 40시간제의 1년 후 효과

주 40시간제의 효과	(I)	(II)	(III)	(IV)	(V)	(VI)	(VII)
Donald & Lang DID 추정치	−0.771	0.065	-0.054	0.013	−0.023	0.008	0.003
	(0.109)	(0.017)	(0.026)	(0.015)	(0.005)	(0.006)	(0.005)
	[0.002]	[0.020]	[0.109]	[0.442]	[0.010]	[0.287]	[0.618]
관측치 수(2단계)	6	6	6	6	6	6	6
관측치 수(1단계)	932,861	932,861	932,861	932,861	932,861	932,861	932,861

주: <표 10-5>의 모든 주석 내용 참조.
자료: 2002~2007년 임금구조 통계조사 원자료. 다만 2004년과 2005년에 이미 주 40시간제 적용
대상이었던 사업체(상시 근로자 수 300인 이상 사업체 혹은 금융보험업의 사업체)의 근로
자들은 분석 대상에서 제외했다.

주된 이유이다.

2006년 7월에 시행된 주 40시간제의 1년 후 효과는 어떠했을까? 이를 분
석하기 위해 2002~2007년 임금구조 기본통계조사 자료를 사용한다. 다만
2006년 7월 1일을 기점으로 주 40시간제를 적용해야만 했던 그룹이 금융보
험업을 제외한 상시 근로자 수 100인 이상 300인 미만 사업체였음에 주목하
여, 2004~2005년에 이미 주 40시간제 적용 대상이었던 사업체(상시 근로자
수 300인 이상 사업체 혹은 금융보험업의 사업체)에서 근무하는 근로자들은 분
석 대상에서 제외한다.

〈표 10-6〉은 2006년에 시행된 주 40시간제의 1년 후 효과를 제시하고 있
다. (I)열의 추정치는 2005년 주 40시간제 시행의 효과와는 달리 2006년 주
40시간제 시행에 의해 1년 후 개별 상용 근로자의 주당 실근로시간이 약
0.77시간 감소했음을 보여주고 있다. (II)열과 (V)열의 추정치에서 각각 확
인할 수 있듯이, 이는 주당 40시간을 초과해 근로하던 그룹의 적지 않은 근
로자들이 주 40시간제 시행을 통해 주당 40시간 이하로, 주당 48시간을 초
과하여 근로하던 그룹의 상당수가 주당 48시간 이하로 근로하면서 나타난

〈그림 10-4〉 2006년 시행된 주 40시간제 적용·미적용 그룹의 사업체당 상용 근로자 수 추이

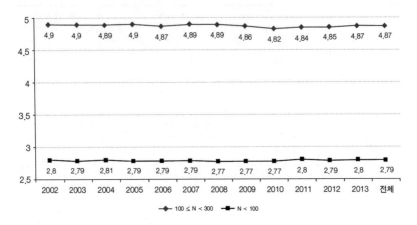

주: N은 개별 사업체의 상시 근로자 수.
　　단위는 사업체당 연평균 상용 근로자 수의 로그값.
자료: 사업체노동실태현황(2002-2013년).

현상으로 풀이된다.

　주 40시간제가 초과 근로수당 지급 위반 확률에 미친 영향을 보여주는 (VI)열의 추정 결과는 이론적 예측과 부합하게 양의 부호를 보이고 있지만 통계적으로 유의하지 않은 것으로 나타났다. 이 역시 2005년 주 40시간제 시행의 효과와는 상반된 결과이다.

　(VII)열의 주 40시간제의 고용 효과를 의미하는 추정치는 양의 부호를 띠고는 있지만 통계적으로 유의하지 않아서, 주 40시간제의 시행이 신규 채용 상용 근로자의 비중에 영향을 주지 못한 것으로 해석할 수 있다. 또한 〈그림 10-4〉에 따르면 상시 근로자 수 100인 이상 300인 미만 그룹의 2002~2007년 사업체당 연평균 상용 근로자 수의 추이 역시 같은 기간 상시 근로자 수 100인 미만의 그룹의 사업체당 연평균 상용 근로자 수 추이와 큰 차이를 보이지 않은 것으로 나타났다. 즉 2006년에 시행된 주 40시간제에 의해 개별 상용

근로자의 1년 후 주당 실근로시간이 감소했음에도 불구하고, 신규 채용 상용 근로자 수는 변화되지 않은 것이다.

2007년 7월에 시행된 주 40시간제의 1년 후 효과는 2002~2008년 임금구조 기본통계조사 자료를 사용해 분석했다. 다만 금융보험업을 제외한 상시 근로자 수 50인 이상 100인 미만 사업체만이 2007년 7월 1일을 기점으로 주 40시간제를 적용해야만 했던 그룹이었기 때문에, 2004~2006년 기간 중 이미 주 40시간제 적용 대상이었던 사업체(상시 근로자 수 100인 이상 사업체 혹은 금융보험업의 사업체)에서 근무하는 근로자들은 분석 대상에서 제외한다.

2007년에 시행된 주 40시간제의 1년 후 효과를 제시하고 있는 〈표 10-7〉에 따르면, 주 40시간제는 1년 후 개별 상용 근로자의 주당 실근로시간을 약 0.89시간 감소시킨 것으로 나타나고 있다. (II)~(IV)열의 추정치에서 나타나듯이, 이는 주 40시간제 시행으로 인해 주당 40시간 초과 48시간 이하로 근로하던 그룹들의 비중이 감소했기 때문에 나타난 현상으로 풀이된다. 하지만 흥미롭게도 장시간 근로의 문제에서 가장 주목을 받고 있는 주당 48시간 초과 근로자의 비중에는 변화가 감지되지 않았다.

한편 (VI)열의 추정 결과에 따르면 2007년에 시행된 주 40시간제는 초과 근로수당 지급 위반 확률에도 영향을 미치지 못한 것으로 나타났다.

(VII)열의 추정 결과와 〈그림 10-5〉에 나타난 사업체당 연평균 상용 근로자 수의 추이는 2007년 주 40시간제 시행으로 인한 실근로시간 단축이 신규 채용의 증가로 연결되지 못했음을 시사한다.

2008년 7월에 시행된 주 40시간제의 1년 후 효과는 2002~2009년 임금구조 기본통계조사 자료를 사용해 분석했다. 다만 금융보험업을 제외한 상시 근로자 수 20인 이상 50인 미만 사업체만이 2008년 7월 1일을 기점으로 주 40시간제의 적용 대상 사업체였기 때문에, 2004~2007년에 이미 주 40시간

<표 10-7> 2007년 7월에 시행된 주 40시간제의 1년 후 효과

주 40시간제의 효과	(I)	(II)	(III)	(IV)	(V)	(VI)	(VII)
Donald & Lang DID 추정치	−0.892	0.092	−0.061	−0.026	-0.005	0.002	-0.002
	(0.331)	(0.014)	(0.009)	(0.008)	(0.015)	(0.009)	(0.003)
	[0.043]	[0.001]	[0.001]	[0.027]	[0.772]	[0.817]	[0.563]
관측치 수(2단계)	7	7	7	7	7	7	7
관측치 수(1단계)	643,778	643,778	643,778	643,778	643,778	643,778	643,778

주: <표 10-5>의 모든 주석 내용 참조.
자료: 2002~2008년 임금구조 통계조사 원자료. 다만 2004년부터 2006년까지 이미 주 40시간제
　　적용 대상이었던 사업체(상시 근로자 수 100인 이상 사업체 혹은 금융보험업의 사업체)의
　　근로자들은 분석 대상에서 제외했다.

〈그림 10-5〉 2007년 시행된 주 40시간제 적용·미적용 그룹의 사업체 당 상용 근로자 수 추이

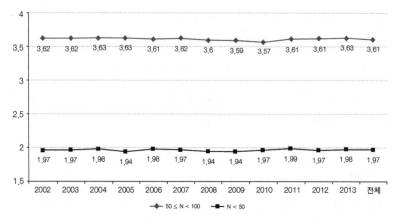

주: N은 개별 사업체의 상시 근로자 수.
　　단위는 사업체 당 연평균 상용 근로자 수의 로그값.
자료: 사업체노동실태 현황(2002~2013년).

제 적용 대상이었던 사업체(상시 근로자 수 50인 이상 사업체 혹은 금융보험업의
사업체)에서 근무하는 근로자들은 분석 대상에서 제외한다.

　2008년에 시행된 주 40시간제의 1년 후 효과를 제시하고 있는 〈표 10-8〉

〈표 10-8〉 2008년 7월에 시행된 주 40시간제의 1년 후 효과

주 40시간제의 효과	(I)	(II)	(III)	(IV)	(V)	(VI)	(VII)
Donald & Lang DID 추정치	−0.416	0.004	0.069	−0.044	−0.029	0.055	−0.006
	(0.089)	(0.008)	(0.005)	(0.007)	(0.004)	(0.003)	(0.004)
	[0.003]	[0.653]	[0.000]	[0.001]	[0.000]	[0.000]	[0.130]
관측치 수(2단계)	8	8	8	8	8	8	8
관측치 수(1단계)	528,970	528,970	528,970	528,970	528,970	528,970	528,970

주: <표 10-5>의 모든 주석 내용 참조.
자료: 2002~2009년 임금구조 통계조사 원자료. 다만 2004년과 2007년까지 이미 주 40시간제 적용대상 사업체(상시 근로자 수 50인 이상 사업체 혹은 금융보험업의 사업체)의 근로자들은 분석 대상에서 제외했다.

에 따르면, 주 40시간제는 1년 후 개별 상용 근로자의 주당 실근로시간을 약 0.42시간 감소시킨 것으로 나타나고 있다. (IV)열과 (V)열의 추정치에서 나타나듯이, 이는 주 40시간제 시행으로 인해 주당 44시간을 초과해 근로하던 장시간 근로자 그룹들의 비중이 감소했기 때문에 나타난 현상으로 풀이된다. 하지만 주당 40시간 초과 44시간 이하로 근로하던 사람들의 비중에는 변화가 감지되지 않았다.

한편 (VI)열의 추정 결과에 따르면 2008년에 시행된 주 40시간제는 초과 근로수당 지급 위반 확률을 약 5.5%p 증가시킨 것으로 나타났다. 이러한 결과는 장시간 근로자 그룹의 비중이 감소한 사실과 더불어, 앞서 살펴본 주 40시간제 적용 사업체에 비해 규모가 작은 상시 근로자 수 20인 이상 50인 미만 사업체가 주 40시간제 시행에 따라 상승한 초과 근로수당에 의해 인건비 부담을 상대적으로 더 크게 느꼈음을 시사한다. 그 때문인지 주 40시간제의 신규 채용 효과를 의미하는 (VII)열의 추정치는 통계적으로 유의하지는 않지만 '음의 부호'를 보여주고 있다. 즉 2008년 주 40시간제 시행으로 인한 실근로시간 단축 역시 신규 채용의 증가로 이어지지는 못한 것이다.

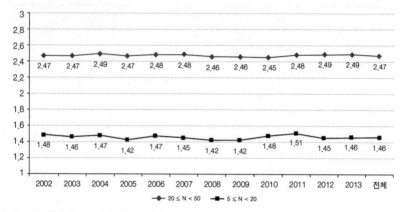

〈그림 10-6〉 2008년 시행된 주 40시간제 적용·미적용 그룹의 사업체당 상용 근로자 수 추이

주: N은 개별 사업체의 상시 근로자 수.
　 단위는 사업체당 연평균 상용 근로자 수의 로그값.
자료: 사업체노동실태 현황(2002~2013년).

　마지막으로 2011년 7월에 시행된 주 40시간제의 1년 후 효과를 살펴보자. 이는 2010~2012년 임금구조 기본통계조사 자료를 통해 분석된다. 2011년 7월 1일을 기점으로 주 40시간제를 적용해야만 했던 그룹은 금융보험업을 제외한 상시 근로자 수 5인 이상 20인 미만의 사업체이다. 따라서 가장 적절한 비교 대상 그룹은 주 40시간제 미적용 그룹인 상시 근로자 수 5인 미만의 사업체에서 근로하고 있는 상용 근로자 그룹이다. 하지만 상용 근로자 5인 이상 사업체만을 대상으로 조사하는 임금구조 기본통계조사의 태생적 특징 탓에 그러한 비교 대상 그룹은 동 자료에 존재하지 않는다. 이에 차선책으로 2008년까지 주 40시간제를 시행해야만 했던 사업체의 근로자 그룹을 비교 대상 그룹으로 선정한다. 이들 그룹은 이미 주 40시간제 시행에 어떠한 형태로든 반응했다고 가정하는 것이다. 따라서 이들 비교 대상 그룹이 주 40시간제에 반응했을 가능성이 가장 높은 2009년도까지의 자료는 분석 대상에서 제외한다.

<표 10-9> 2011년 7월에 시행된 주 40시간제의 1년 후 효과

주 40시간제의 효과	(I)	(II)	(III)	(IV)	(V)	(VI)	(VII)
Donald & Lang DID 추정치	-0.286	0.052	-0.002	-0.030	-0.020	0.057	-0.001
	(0.363)	(0.035)	(0.028)	(0.034)	(0.028)	(0.012)	(0.002)
	[0.575]	[0.376]	[0.961]	[0.537]	[0.615]	[0.131]	[0.583]
관측치 수(2단계)	3	3	3	3	3	3	3
관측치 수(1단계)	1,351,841	1,351,841	1,351,841	1,351,841	1,351,841	1,351,841	1,351,841

주: <표 10-5>의 모든 주석 내용 참조.
자료: 2010~2012년 임금구조 통계조사 원자료.

<그림 10-7> 2011년 시행된 주 40시간제 적용·미적용 그룹의 사업체 당 상용 근로자 수 추이

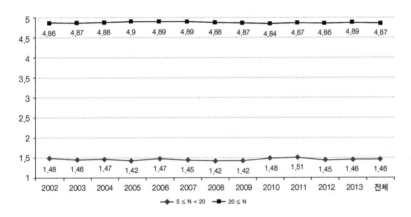

주: N은 개별 사업체의 상시 근로자 수.
　　단위는 사업체 당 연평균 상용 근로자 수의 로그값
자료: 사업체노동실태 현황(2002~2013년).

〈표 10-9〉는 2011년에 시행된 주 40시간제의 1년 후 효과를 나타내고 있는
데 어떠한 추정치도 통계적으로 유의하지 않게 나타나고 있다. 이는 2011년에
시행된 주 40시간제가 상용 근로자의 주당 실근로시간, 초과 근로수당 지급
위반 확률, 신규 채용에 어떠한 영향도 미치지 못했음을 의미한다. 주 40시간

제가 2003년에 공표되었음을 고려하면, 이러한 결과는 상시 근로자 수 5인 이상 20인 미만 사업체가 주 40시간을 초과하는 근로에 대한 비용 상승에 대비해 8년에 걸쳐 근로시간을 서서히 감소시켜온 결과일 가능성이 있다.[32] 그럼에도 2008년 주 40시간제 시행의 분석 결과와 마찬가지로 주 40시간제의 신규 채용 효과를 의미하는 (VII)열의 추정치는 '음의 부호'를 띠고 있다. 이는 주 40시간제가 8년이라는 기간을 두고 단계적으로 적용 대상을 점차 확대하지 않았다면 이 제도가 초래하는 초과 근로에 대한 비용 상승에 의해 규모가 영세한 사업체의 고용이 감소되는 현상이 초래되었을 가능성도 배제할 수 없다는 것을 암시한다.

5. 요약 및 근로시간 단축 정책의 함의

주 40시간제 시행 후 1년 후의 효과에 대한 이 연구의 주요 실증 분석 결과 및 함의를 요약하면 다음과 같다.

첫째, 주 40시간제는 시행 1년 후 개별 상용 근로자의 주당 실근로시간을 단축시킨 것으로 평가할 수 있다. 이는 주 40시간제가 주당 40시간을 초과하는 근로의 한계비용 상승을 초래해 장시간 근로에 의존하고 있던 사업체의 인건비 증가로 이어졌기 때문이다. 하지만 실근로시간이 감소된 경로와 그에 따른 근로시간 단축의 정도는 사업체 규모별로 상이하다. 금융보험업 사업체를 포함한 상시 근로자 수 300인 이상 사업체에 종사하는 상용 근로자의 주당 실근로시간은 통계적으로 감소하지 않은 것으로 나타났다. 주 40

---

32) <표 10-2>의 상시 근로자 수 5인 이상 20인 미만 사업체의 주당 평균 실근로시간의 추이를 참고하라.

시간제가 적용되었음에도 주 40시간을 초과해 근로하던 그룹의 비중이 유의하게 감소되지 않았기 때문이다. 반면 상시 근로자 수 100인 이상 300인 미만 사업체에서는 주당 40시간 초과 44시간 이하로 근로하던 그룹과 주당 48시간을 초과해 근로하던 그룹의 비중이 감소하여, 개별 상용 근로자의 주당 실근로시간이 0.77시간 단축되었다. 상시 근로자 수 50인 이상 100인 미만 사업체의 개별 상용 근로자의 주당 실근로시간은 0.87시간 단축되었다. 이는 주 40시간제 시행으로 인해 주당 40시간 초과 48시간 이하로 근로하던 그룹들의 비중이 감소했기 때문이다. 한편 상시 근로자 수 20인 이상 50인 미만 사업체에서는 주당 44시간을 초과해 근로하던 장시간 근로자 그룹들의 비중이 감소해 개별 상용근로자의 주당 실근로시간이 0.42시간 단축되었다. 2011년 7월에 주 40시간제 적용 대상이 된 상시 근로자 수 5인 이상 20인 미만 사업체의 경우, 이 제도 공표 후 8년 동안 근로시간을 서서히 감소해온 탓에 2011년 시행에 의한 주당 실근로시간 감소 효과는 발견되지 않았다. 하지만 주 40시간제 시행 1년 후 1시간 이상 주당 실근로시간이 단축된 경우는 어떠한 사업체 규모 그룹에서도 발견되지 않았다.

둘째, 주 40시간제 시행으로 인해 주당 실근로시간이 감소했지만 단축된 정도가 크지 않은 까닭에 유의미한 상용 근로자의 신규 채용 증가 효과로 이어지지는 않았다. 하지만 주 40시간제 시행 1년 후 주당 1시간에 채 미치지 못한 실근로시간 감소 수준을 고려하면, 인건비 상승에 의한 음(-)의 규모 효과가 근로시간의 신규 채용으로의 대체 효과를 상쇄했기 때문에 고용 효과가 발생하지 않았다고 해석하기보다는 (적은 수준임에도 불구하고) 감소된 실근로시간에 의해 초래될 수 있는 생산량 보전 문제를 〈그림 10-8〉에서 보듯이 근로자의 시간당 생산성 증가로 대응한 결과 신규 채용이 증가하지 않았다고 보는 것이 좀 더 설득력이 있는 해석으로 판단된다.[33]

〈그림 10-8〉 주 40시간제 시행 후 1인당 실질 생산성 지수와 시간당 실질 생산성 지수 추이

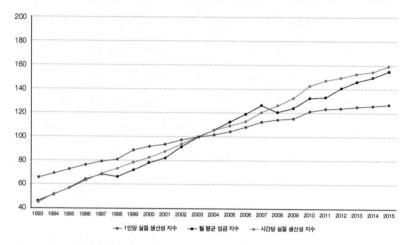

자료: 1인당 실질 생산성과 시간당 실질 생산성 정보는 KLI 노동통계(2008, 2012, 2016년)를, 월
　　평균 임금지수 정보는 고용노동통계의 사업체노동력조사를 활용.

　셋째, 주 40시간제 시행 과정에서 적어도 일부 사업체의 초과 근로수당 지
급 위반 비율은 증가했다. 이는 주 40시간제의 임금 보전 규정과 초과 근로
에 대한 한계비용의 상승이 해당 기업의 인건비 상승 압박으로 작용했기 때
문이다. 금융보험업 및 300인 이상 사업체의 경우 초과 근로수당 지급 위반
확률은 약 6.3%p 증가한 반면 주당 실근로시간은 감소하지 않았는데, 이러
한 법위반 행위가 주당 실근로시간을 감소시키지 못한 결과로 이어졌을 개
연성이 매우 높다. 이러한 분석 결과는 근로시간 단축 정책이 좀 더 분명한
효과를 담보하기 위해 법 규정에 상응하는 초과 근로수당이 개별 근로자에

---

33) <그림 10-8>은 주 40시간제 시행 이후, 1인당 실질 생산성에 비해 근로자 1인의 시간당
　　실질 생산성이 지속적으로 더 가파르게 증가하고 있음을 보여주고 있다. 이는 주 40시간
　　제 시행 이후 종사자 수 기준으로 계산된 생산성에는 별다른 변화가 없지만 근로시간 기
　　준으로 계산된 생산성은 향상되었을 가능성이 높다는 시사점을 도출한 박우람·박윤수
　　(2015)의 연구와 일맥상통한다.

게 지급되고 있는지를 상시 모니터링하는 체제의 구축 및 작동이 선행되어야 한다는 것을 시사한다.

넷째, 상시 근로자 수 20인 이상 50인 미만 사업체의 경우에는 주 40시간제를 통해 주당 실근로시간이 약 0.42시간 감소하는 과정에서도 초과 근로수당 지급 위반 확률이 약 5.5%p 증가한 반면 상시 근로자 수 5인 이상 20인 미만 사업체의 초과 근로수당 지급 위반 확률에는 변화가 관찰되지 않았다. 상시 근로자 수 5인 이상 20인 미만 사업체의 경우 주 40시간제가 발효되고 8년이 지난 시점에서 주 40시간제의 적용 대상이 되었던 사실을 감안하면, 이러한 분석 결과는 근로시간 단축 정책의 단계적·점진적 시행의 필요성을 역설한다. 즉 초과 근로에 대한 비용을 상승시켜 장시간 근로의 감소를 유도하는 근로시간 단축 정책을 추진할 때, 정부는 근로자와 사용자 모두의 부담을 가능한 한 최소화하는 방식을 다각도로 고려할 필요가 있다.

다섯째, 주 40시간제의 단기 신규 채용 효과가 관찰되지 않았음을 근거로 주 40시간제 시행의 의의나 효과가 폄하되어서는 곤란하다. 주 40시간제를 통해 신규 채용이 감소하지 않으면서 실근로시간은 단축되었기 때문이다. 이는 오히려 주 40시간제가 적어도 단기적으로는 '파레토 개선' 정책임을 시사한다. 더 나아가 주 40시간제에 의해 단축된 실근로시간은 장기적으로 추가적인 일자리 창출로 이어질 수도 있다. 실근로시간이 단축되면서 해당 기업이 더 이상 종전과 같이 초과 근로에 의존하지 않고 작업장 및 기술 혁신 등 장기적인 측면에서 여러 대안들을 모색할 가능성이 있기 때문이다. 동시에 근로자 역시 감소된 근로시간을 본인의 인적 자본 투자에 적극 활용할 개연성이 존재한다. 이러한 가능성들이 시너지 효과를 낸다면 장기적으로 동일 가격에 해당 제품의 질을 상승시키거나 동일 품질에 해당 제품의 가격을 하락시키는 효과로 이어져 제품에 대한 수요 증가를 통해 고용 증가로 이어질 수 있다. 특히 중소기업은 이 과정에서 단축된 노동시간에 부합하는 고부가가치 제품 생산의 산업 구조로 전환할 수 있고 그 결과 장시간 근로와 저임금에 주로 의존해 낙후된 양상을 보이던 경쟁력을 제고시킬 수 있는 여지 또한 존재한다. 더 나아가 실근로시간을 단축한 중소기업들의 경우 청년층에게 매력적인 일자리로 부각됨으로써, 구직난 속의 구인난으로 상징되던 그간의 인력 확보 및 유지 문제에서 크게 벗어날 수 있다.[34] 더불어 실근로시간이 감소해 근로자들이 종전에 비해 여가를 좀 더 많이 영위하게 될 가능성 역시 기대할 수 있다. 이 또한 내수 확대로 이어져 장기적 관점에서 추가적인 일자리 창출에 기여할 수 있다.

마지막으로 주 40시간제를 포함한 근로시간 단축 정책의 기조 혹은 방향과 관련해 상술한 모든 논의 및 실증 결과들이 공통적으로 시사하고 있는 바가 강조될 필요가 있다. 그것은 바로 초과 근로에 대한 한계비용의 상승을 원동력으로 하는 근로시간 단축 정책이 단기적인 일자리 창출 효과가 아니라 OECD 국가 가운데 최고 수준에 있는 장시간 근로 관행 해소 자체에 목적을 두고 중·장기적인 관점에서 꾸준히 추진되어야 한다는 점이다. 총사업체의 99%, 총고용의 88%를 책임지고 있는 중소 사업체들의 대부분이 기존 근로자의 저임금, 장시간 근로, 최대 생산성에 의존하고 있는 현실에서는, 상당한 수준의 신규 채용 비용의 존재 및 음의 규모 효과 등으로 인해 어떠한 종류의 근로시간 단축 정책도 단기적인 신규 채용의 효과를 담지해내기는 쉽지 않다. 이렇게 근로시간 단축을 통한 단기 일자리 창출 효과가 크지 않을 것으로 기대되는 상황에서 인건비 상승에 대한 경영계의 지속적인 볼

---

34) 중소기업 인력난과 장시간 근로와의 관계에 대해서는 지민웅(2016), 지민웅·박진(2017) 연구를 참고하라. 특히 지민웅·박진(2017)에 따르면 주당 실근로시간이 10% 감소할수록 생애 첫 전일제 일자리에서 입사 후 1~2년 사이에 자발적으로 이직할 확률이 약 2.1% 감소하는 것으로 나타났다.

멘소리 혹은 압박에서 정부가 자유롭기는 특히 쉽지 않다. 그럼에도 실근로시간 단축을 목적으로 하는 정책적 시도가 멈추거나 후퇴되어서는 안 된다.[35] 오히려 사회적·경제적·제도적 여건이 실근로시간 감소에 우호적으로 변화하는 경우, 경제 주체들이 그러한 변화에 대응해 자발적으로 실근로시간을 단축할 때 고용이 창출될 수 있다는 경제학적 논거를 견지할 필요가 있다. 사회적·경제적·제도적 여건이 실근로시간 감소에 우호적이라는 뜻은 사업체가 자발적인 실근로시간 단축을 통해 이윤을 극대화할 수 있다는 의미이고 이는 시장 원리에 의해 자연스럽게 일자리 창출로 이어질 수 있다. 실제로 지민웅(2013)은 한국을 포함한 25개 OECD 국가의 1995~2008년 거시 자료를 패널 형태로 구축한 후 동태적 패널 모형에 적용하여 일자리 나누기 효과를 실증했는데, 이에 따르면 연간 평균 총근로시간이 10% 감소할 때 총고용은 약 0.25% 증가하는 것으로 나타났다.[36] 이 연구에서 근로시간의 감소는 해당 국가의 근로시간 감소 추세에 의해 식별되기 때문에, 해당 분석 결과를 근거로 경제 주체들이 자발적으로 실근로시간을 단축하면 일자리가 창출된다는 해석이 가능하다. 이는 반대로 사회적·경제적·제도적 여건이 장시간 근로에 유리한 경우, 해당 기업이 이윤을 증가시킬 수 있는 기회가 존재할지라도 이를 실현하는 최선의 방안으로 신규 채용보다는 기존 근로자의 장시간 근로를 선택할 것이기 때문에 기업의 성장이 고용 창출형 성장으로 이어질 수 없음을 시사한다.

이렇게 볼 때 현재 우리에게 필요한 근로시간 단축 정책은 모든 경제 주

---

35) 2012년 휴일 근로시간 전체를 초과 근로시간으로 편입하려는 논의를 정책적으로 검토한 박근혜 정부는 입장을 완전히 바꿔 현행 주 52시간 상한제를 주 68시간 상한제로 후퇴시킨 뒤, 2017~2020년에 단계적으로 주 60시간 상한제로 이행하고, 2024년에 주 52시간제로 이행하는 방안을 추진하고 있다(김유선, 2017).

36) 부록 2를 참조하라.

체들이 상대적으로 짧은 실근로시간을 '주어진' 사회적·경제적·제도적 여건으로 인식할 수 있도록 실근로시간 단축에 유리한 사회적·경제적 환경을 조성하는 일체의 정책 방안이어야 한다.[37] 이러한 정책에 의해 촉발된 경제주체의 자발적인 실근로시간의 감소는 기업의 이윤 및 개인의 효용 증가를 경유해 한국 사회가 기대하는 양질의 고용 창출 효과로 좀 더 분명하게 이어질 수 있을 것이다. 장시간 근로 관행 해소 및 실근로시간 단축에 유리한 여건 조성에 대한 정부의 강력한 의지 천명의 일환으로 포괄임금제,[38] 5인 이하 사업장의 근로시간 관련 법조항 적용 제외, 휴일 근로시간의 초과 근로시간 산입 제외 등 실근로시간 단축을 저해하고 있는 법적인 허점의 개선이 그 어떠한 정책 방안보다 우선적으로 추진되기를 기대한다.

---

37) 한국 근로자들이 장시간 근로를 행하는 이유 중 하나로 초과 근무, 휴일 근무, 야간 근무에 매진함으로써 각각 추가적으로 제공받는 초과 근로수당, 휴일 근로수당, 야간 근로수당을 통해 상대적으로 낮은 기본급 수준을 보전하기 위함이 지적되고 있다(윤진호, 2000; Yoon, 2003; 배규식·홍민기·진숙경 외, 2011). 이러한 노동 현실을 고려할 때 근로시간 증가 없이 낮은 기본급 수준을 상승시킬 수 있는 정책적 시도도 장시간 근로 해소를 위해 우리에게 시급한 정책 방안으로 고려될 수 있다.

38) 초과 근로수당이 실제로 일한 초과 근로시간에 기초해 지급되는 것이 아니라 사업체가 애초에 일괄적으로 규정한 초과 근로시간에 근거해 제공되는 임금 체계로서 고정 OT(Over Time)제라고 일컬어지기도 한다.

부록 1. 법정 근로시간 단축 당시 실업률과 주당 실근로시간의 국가별 비교

프랑스 (I) : 주 40→39시간	연도	1979	1980	1981	1982*
	실업률(%)	6.1	6.5	7.6	8.3
	근로자 1인의 주당 평균 실근로시간	41.20	41.10	40.80	39.60
프랑스 (II) : 주 39→35시간	연도	1995	1996	1997	1998*
	실업률(%)	10.5	11.1	11.1	10.6
	근로자 1인의 주당 평균 실근로시간	39.1	39.0	39.0	38.9
독일 : 주 40→36시간 (노사교섭)	연도	1981	1982	1983	1984*
	실업률(%)	4.0	5.6	6.9	7.1
	근로자 1인의 주당 평균 실근로시간	41.2	40.7	40.5	40.9
퀘벡 (캐나다) : 주 44→40시간	연도	1994	1995	1996	1997*
	실업률(%)	12.3	11.5	11.9	11.4
	근로자 1인의 주당 평균 실근로시간	37.1	36.7	36.9	37.1
한국 (주 40시간제) : 주 44→40시간	연도	2001	2002	2003	2004*
	실업률(%)	4.0	3.3	3.6	3.7
	실업률(%)	4.0	3.3	3.6	3.7
	근로자 1인의 주당 평균 실근로시간	47.0	46.2	45.9	45.7

주: * 는 해당 국가에서 법정 근로시간 단축이 시행된 첫 해를 의미한다.
   프랑스 (I)은 주 40시간에서 39시간으로, 프랑스 (II)는 주 39시간에서 35시간으로, 독일은 노사 교섭을 통해 초과 근로수당을 지급하지 않아도 되는 주당 최대 근로시간을 40시간에서 36시간으로, 캐나다 퀘벡 지방은 주 44시간에서 40시간으로 법정 근로시간을 단축했다.
자료: 프랑스와 독일의 실업률은 Foreign Labor Statistics in BLS website (http://www.bls.gov/fls/), 한국의 실업률은 Employment Outlook (2005) - <Table A> from "Statistical Annex", 프랑스, 독일, 한국의 주당 평균 실근로시간은 LABORSTA Internet in ILO website (http://laborsta.ilo.org/) - "Yearly Data", 캐나다 퀘벡 지방의 실업률과 주당 평균 실근로시간은 Statistics Canada (http://www.statcan.gc.ca/eng/start)를 참조.

부록 2. OECD 국가별 패널 분석에 적용된 회귀방정식과 분석 결과: 실노동시간의

증감이 총고용에 미치는 효과(시스템 GMM 모형)

$$y_{it} = \beta_0 + \beta_1 y_{it-1} + \alpha_1 x_{it} + BZ_{it} + \theta_i + \xi_{it}$$

i : 25개 OECD 국가

t : 1995~2008년

y_{it}: t기에 국가 i의 ln(총고용자 수)

y_{it-1}: t-1기에 국가 i의 ln(총고용자 수)

x_{it}: t기에 국가 i의 ln(연간 총 근로시간)

Z_{it}: 통제변수의 벡터(ln(R&D 투자 금액), 총 실업율, ln(투자 금액), 소비
자물가지수, ln(1인당 노동 비용), 수출 비중, 수입 비중, 연도더미)

θ_i: 국가 i의 관찰할 수 없는 특성(시간에 불변)

ξ_{it}: 오차항

	모델 1	모델 2	모델 3
	-0.024	-0.059	-0.025
ln(연간 총근로시간)	(0.009)	(0.010)	(0.013)
	[0.018]	[0.004]	[0.057]
통제변수 포함 여부			
t-1기의 ln(총고용)	포함	포함	포함
ln(R&D 투자 금액)	미포함	미포함	포함
실업율	미포함	포함	포함
ln(투자 금액)	포함	포함	포함
소비자물가지수	포함	포함	포함
ln(1인당 노동 비용)	포함	포함	포함
수출 비중	포함	포함	포함
수입 비중	포함	포함	포함
연도더미	포함	포함	포함
관측치 수	325	318	287

주: ( )는 Robust Standard Errors를, [ ]은 P-value를 의미.
　　OECD 국가들의 정보를 불균형 패널(Unbalanced Panel)화한 분석(OECD국가 중 총고용과 연
　　간 총근로시간 자료의 결측값이 있는 칠레, 에스토니아, 이스라엘, 네덜란드, 폴란드, 슬로베
　　니아, 아이슬란드, 스위스, 터키를 제외한 25개 국가를 대상으로 분석한 결과).
자료: OECD 국가들의 연간 원자료(1995~2008).

참고문헌

고용노동부. 각 연도. 「임금구조기본통계조사 원자료」.

김유선. 2008. 「법정근로시간 단축이 실근로시간, 고용, 실질임금에 미친 영향」. ≪산업노동연구≫, 제14권 2호, 1~21쪽.

_____. 2017. 「노동시간 실태와 단축 방안」. ≪KLSI Issue Paper≫, 제2호, 한국노동사회연구소.

김형락·이정민. 2012. 「주 40시간 근무제의 도입이 근로시간, 임금 및 고용에 미치는 영향」. ≪노동경제논집≫, 제35권 3호, 83~100쪽.

노용진. 2014. 「주40시간제의 고용효과」. ≪산업관계연구≫, 제24권 2호, 109~129쪽.

박우람·박윤수. 2015. 「근로시간과 생산성에 관한 연구」. 한국개발연구원 연구보고서.

배규식 외. 2011. 「장시간 노동과 노동시간 단축(I)」. 한국노동연구원 연구보고서.

산업연구원. 2012. 「장시간 근로 개선의 영향과 바람직한 추진 방향」. BH 보고자료 (2012.4.20, 비공개 자료).

양현봉. 2005. 「주40시간 근무제 도입 확산에 따른 중소기업의 영향 및 대책」. ≪KIET 산업경제≫, 8월호, 65~73쪽.

유경준·이진. 2014. 「근로시간 단축의 고용효과 분석: 기업규모별 추정을 중심으로」. ≪노동경제논집≫, 제37권 1호, 1~28쪽.

윤진호. 2000. 「노동시간 단축과 업무공유제에 대한 연구」. 인하대학교 산업경제연구소. ≪경상논집≫, 제14권 1호, 27~54쪽.

지민웅. 2012. 「제3장 3-(1): 장시간 근로」. 송병준 외. 『산업발전과 일자리창출』. 산업연구원.

_____. 2013. 「중소 제조업의 일자리 나누기 효과: 주 40시간 근무제의 영향을 중심으로」. 산업연구원 연구보고서.

_____. 2014. 「제8장: 근로시간 단축이 고용에 미치는 효과 분석」. 『중장기 인력수급 전망 2013~2023』. 한국고용정보원.

_____. 2015. 「제8장: 근로시간 단축정책의 효과」. 『2015 KEIS 노동시장 분석』. 한국고용정보원.

_____. 2016. 「중소기업과 청년층 간 고용의 미스매치를 해결하자」. 류장수 외. 『한국의 청년고용』. 푸른사상.

지민웅·박진. 2017. 『생애 첫 전일제 일자리에서의 자발적 이직 결정요인: 입사 초기에 발생하고 있는 높은 수준의 이직 문제를 중심으로」. 2017년 경제학 공동학술대회 한국노동경제학회 발표문.

최정인 외. 2011.6.26. "주40시간근무제 앞둔 小기업들 인건비 늘까 걱정". ≪연합뉴스≫.
http://www.yonhapnews.co.kr/bulletin/2011/06/24/0200000000AKR201106241895
00052.HTML.

Booth, Alison and Fabio Schiantarelli. 1987. "The Employment of a Shorter Working Week."
Economica, Vol.54, No.214, pp. 237~248.

Calmfors, Lars and Michael Hoel. 1988. "Work sharing and overtime." *Scandinavian Journal of Economics*, Vol.90, No.1, pp. 45~62.

Chemin, Matthieu and Etienne Wasmer. 2009. "Using AlsaceMoselle Local Laws to Build a DifferenceinDifferences Estimation Strategy of the Employment Effects of the 35Hour Workweek Regulation in France." *Journal of Labor Economics*, Vol.27, No. 4, pp. 487~524.

Donald, Stephen and Kevin Lang. 2007. "Inference with Differences-in-Differences and Other Panel Data." *Review of Economics and Statistics*, Vol. 89, No.2, pp. 221~233.

Crepon, Bruno and Francis Kramarz. 2002. "Employed 40 hours or not-employed 39: Lessons from the 1982 mandatory reduction of the workweek." *Journal of Political Economy*, Vol.110, No.6, pp. 1355~1389.

Freeman, Richard. 1998. "Chapter 6: Work-Sharing to Full Employment: Serious Option or Populist Fallacy?" in Freeman, Richard B. and Peter Gottschalk(eds.). *Generating Jobs: How to Increase Demand for Less-Skilled Workers*, pp. 195~222. New York: Russell Sage Foundation.

Hart, Robert A. 1987. *Working Time and Employment*. Boston: Allen and Unwin.

_____. 2004. *The Economics of Overtime Working*. New York: Cambridge University Press.

Hunt, Jennifer. 1999. "Has work-sharing worked in Germany?" *Quarterly Journal of Economics*, Vol.114, No.1, pp. 117~148.

Ji, MinWoong. 2010. "The Effects of Mandatory Overtime Provisions: Evidence from Korean 40 Hour Reform."(Unpublished paper: Boston University)

Lewis, H. Gregg. 1969. *Employer Interests in Employee Hours of Work*. Chicago: University of Chicago.

OECD. 1998. "Chapter 5: Working hours: latest trends and policy initiatives." *Employment Outlook*, pp. 153~188.

OECD. 2005. *Employment Outlook*.

Skuterud, Mikal. 2007. "Identifying the Potential of Work-Sharing As a Job-Creation

Strategy." *Journal of Labor Economics*, Vol.25, No.2, pp. 265~287.

Trejo, Stephen. 1991. "The Effects of Overtime Pay Regulation on Worker Compensation." *American Economic Review*, Vol.81, No.4, pp. 719~740.

Yoon, Jin Ho. 2003. "The Reduction of Working Hours through Neo-corporatist Negotiations: The Case of Korea." International Conference Regional Cooperation and Economic Integration: European and East Asian Experiences, Inha University.

고용노동통계. http://laborstat.moel.go.kr/newOut/newIndex.jsp(사업체노동력조사, 사업체노동실태 현황 정보 활용).

KLI 노동통계. 2008, 2012, 2016. 한국노동연구원(1인당 실질 생산성 및 시간당 실질 생산성의 추이 정보 활용).

Foreign Labor Statistics in BLS website. http://www.bls.gov/fls/

LABORSTA Internet in ILO website. http://laborsta.ilo.org/

Statistics Canada website: http://www.statcan.gc.ca/eng/start

제11장

사회적기업의 임금*
저임금과 내부 평등의 공존

황덕순 ㅣ 한국노동연구원 선임연구위원

1. 들어가는 글

2007년 사회적기업 지원 정책이 시작된 이후 노동부에 의해 인증받은 사회적기업은 빠르게 늘어나서 2016년 12월 현재 1905개소에 이른다. 이들 가운데 1713개가 실제로 운영되고 있다. 사회적기업의 수와 노동자 수, 서비스 수혜자 수가 빠르게 늘어나고 있지만, 처음에 정부가 사회적기업을 제도화함으로써 달성하고자 했던 경제적 자립에 성공했다고 보기는 쉽지 않다.

사회적기업들이 경제적 자립에 어려움을 겪고 있을 뿐만 아니라 사회적기업 종사자의 근로조건도 높지 않다. 우리나라에서 사회적기업이 등장하고, 발전해온 역사적 과정을 돌아보면 사회적기업의 평균적인 임금수준이 일반 노동시장의 평균적인 수준보다 낮은 것은 당연하다. 노동시장 취약 계

---

*   이 장은 사회적기업의 임금 문제를 다룬 황덕순외(2015)에서 필자가 집필한 제1~3장의 주요 내용을 재정리해 작성한 것이다.

층의 노동 통합을 위한 사회적 일자리 사업으로 시작해서, 부족한 사회 서비스를 일자리 창출을 통해 확대하고자 한 사회 서비스 일자리 사업으로 발전해왔기 때문이다. 그럼에도 불구하고 이러한 정형화된 진단과 다른 연구들이 있다는 점도 주목할 필요가 있다. 이는 사회적기업의 임금수준이 일반 기업들에 비해 낮은 현상이 사회적기업이 저임금 부문에 더 집중되어 있거나, 근로자의 구성 측면에서 임금수준이 낮은 근로자들이 더 많기 때문일 수도 있다는 점을 시사해준다.

따라서 사회적기업 전체를 대상으로 한 임금수준에 대한 논의를 넘어서 사회적기업의 특성을 고려한 가운데 일반 기업과 비교하는 연구가 이루어질 필요가 있다. 이 장에서는 인증 사회적기업의 2014년도 사업 보고서 및 개별 임금근로자의 임금 정보 자료와 공식 통계조사인 고용노동부의 고용 형태별 근로 실태 조사 원자료를 이용해 사회적기업 근로자와 일반 근로자의 임금수준·구조 및 임금 분포를 비교하고 사회적기업과 일반 기업의 임금 결정 요인의 차이를 분석한다.

이 장의 구성은 다음과 같다. 제2절에서는 사회적기업의 임금 및 근로조건에 관한 선행 연구들을 살펴보고, 이 장의 문제의식을 소개한다. 제3절에서는 사회적기업 지원 정책과 사회적기업의 주요 특징을 살펴본다. 제4절에서는 사회적기업과 일반 기업의 임금수준과 임금구조, 임금 분포를 비교하고 사회적기업의 임금수준이 낮은데도 불구하고 상대적으로 평등한 임금 분포를 갖게 되는 요인을 살펴본다. 마지막으로 제5절에서는 이 장의 시사점을 정리한다.

2. 선행 연구 및 이 장의 문제의식

우리나라에서 사회적기업의 임금 등 근로조건에 관한 연구들은 사회적기업 근로자의 임금에 관한 1차 자료를 이용할 수 없다는 자료의 제약 때문에 그동안 활발하게 이루어지지 않았다. 매년 발간되는 사회적기업 성과분석 보고서들은 사업 보고서에 보고된 기업 단위의 평균임금을 다시 사회적기업의 주요 특성별로 평균한 임금수준을 소개해왔다(길현종 외, 2014, 2013; 황덕순 외, 2012). 그러나 이 연구들은 개인 단위의 임금 자료를 이용한 것이 아니어서 사회적기업에서 일하는 다양한 근로자들의 특성이 임금과 어떤 관계를 맺고 있는지 살펴보는 데 본질적으로 한계가 있다. 예를 들어 길현종 외(2014)는 근로조건과 관련해서 인증 연도, 유형, 조직 형태별 평균임금 및 평균 근로시간만을 소개하고 있다.

'사회적기업육성법'은 사회적기업을 대상으로 매 5년마다 실태 조사를 수행하도록 규정하고 있다. 이에 기반해서 2012년에 사회적기업에 관한 실태 조사를 수행한 바 있고 이 때 사회적기업뿐만 아니라 근로자를 대상으로 표본조사를 수행했다(전병유 외, 2012). 이 자료를 기반으로 임금체계와 기본급 이외의 보상 유무, 근로시간, 월평균임금, 교육 훈련 수혜 여부 등에 대한 분석이 이루어졌으나 다양한 사회적기업의 특성을 고려한 분석이나 근로자 개인 단위의 분석은 이루어지지 못했다.

사회적기업과 다른 기업을 비교한 연구로는 문순영·방대욱(2010)과 황덕순·이병희(2012)가 있다. 이 연구들은 전체 사회적기업과 일반 근로자를 비교한 것이 아니라 특정한 집단과 비교하거나, 특정 분야에서 활동하는 기업들만을 대상으로 한 것이다. 문순영·방대욱(2010)의 경우 노동사회연구소에서 2009년에 수행한 실태 조사를 이용해 인증 사회적기업과 바우처 사업에 참여하는 돌봄 서비스 종사자의 근로 실태를 비교했다. 이에 따르면 인증 사회적기업의 경우 바우처 사업 종사자에 비해 고용 안정성이나 임금수준, 사회보험 가입률 등이 더 나은 것으로 나타난다.

황덕순·이병희(2012)는 기획재정부의 재정 사업 심층 평가의 일환으로 수행된 사회서비스활성화사업군 심층 평가의 일환으로 이루어진 것이다(강혜규 외, 2012). 이 평가 연구에서는 사회적기업을 별도의 평가 대상으로 선정해 돌봄 사회 서비스를 제공하는 사회ㅔ적기업에 대해 조사했다. 이 연구에 따르면 노인 요양 분야에서 사회적기업의 여성 근로자들이 비사회적기업보다 임금수준이 높고, 고용보험과 산재보험 가입률이 높은 것으로 나타난다. 다만, 이러한 결과는 사회적기업 고유의 특성에서 비롯된 것이라기보다는 사회적기업의 규모가 비사회적기업보다 상대적으로 큰 데서 비롯된 것으로 해석되었다. 이 연구들은 사회적기업 근로자와 전체 일반 근로자의 임금 수준을 비교한 것은 아니지만 사회적기업의 임금수준이 분야에 따라서는 일반 기업보다 낮지 않기 때문에 사회적기업의 임금이 낮다는 통념을 넘어서 더 심층적인 분석이 필요하다는 점을 보여준다.

김보람·문은하·이승윤(2012)는 '괜찮은 일자리' 개념을 바탕으로, 퍼지셋 이상형분석(ideal-type approach)을 이용해 적절한 소득, 적절한 노동시간, 고용 보장, 양성평등 그리고 사회보장 측면에서 사회적기업 일자리의 질을 분석했다. 이는 앞에서 살펴본 여러 지표들에 따라 설정된 괜찮은 일자리의 기준에 비추어 사회적기업의 근로조건이 어느 수준인가를 비교하는 것이다. 이에 따르면 적절한 노동시간 측면과 양성평등 측면에서는 다소 괜찮은 것으로 나타났으나 소득수준, 고용 보장 및 사회보장 측면에서는 다소 괜찮지 않은 것으로 나타난다.

외국의 경우에도 사회적기업이 1990년대 이후 본격적으로 성장했기 때문에 사회적기업의 근로조건에 관한 연구가 많지 않다. 그렇지만 사회적기업이 사회적경제(social economy), 혹은 제3섹터를 배경으로 등장했기 때문에 사회적경제, 혹은 제3섹터에서의 고용의 질에 관한 논의를 통해서 시사점을 얻을 수 있다.

사회적경제, 혹은 제3섹터를 옹호하는 논자들은 이 부문의 임금이 민간 부문이나 공공 부문에 비해 낮을지라도 더 높은 만족을 종사자에게 줄 수 있다고 주장한다(Borzaga and Maiello, 1998; Borzaga, Olabe and Greffe, 1999). 보르차가와 올라베 그리고 그레페는(Borzaga, Olabe and Greffe, 1999)는 스웨덴에서의 아동 보육 서비스 및 이탈리아에서의 사회 서비스 근로자들에 관한 실태 조사를 다룬 페스토프(Pestoff, 1998)의 연구를 소개하고 있다. 이에 따르면 스웨덴에서 아동 보육 서비스에 종사하는 근로자들은 임금수준은 낮지만 더 유의미한 일자리에서 일하기를 원하기 때문에 기관 특성에 따라서 68.3%, 혹은 85.5%의 근로자들이 자치단체가 운영하는 시설보다 사회적기업에서 일하는 것을 더 선호한다고 응답했다. 또한 이탈리아에서도 제3섹터 근로자들은 임금수준뿐만 아니라 일자리의 다른 특성을 고려할 경우 공공 부문이나 영리기업보다 더 높은 수준의 만족도를 보였다. 영리기업에 비해서는 훈련 수혜, 직무 자율성과 일의 다양성 측면에서 만족도가 높았고, 공공 부문에 비해서는 경력 개발, 상사와의 관계, 자율성 등에서 만족도가 높았다.

OECD(2013)는 8개 나라, 14개 지역으로부터 655개의 사회적경제 조직을 대상으로 사회적경제 부문의 일자리 창출 능력과 일자리의 질에 대해 조사했다. 이 연구의 경우 임금수준의 적절성, 경력 개발 기회, 임금의 평등성, 개인의 자율성, 긍정적인 관계, 안전한 작업환경, 훈련 제공, 고용 안정성, 일·생활 균형의 9가지 항목에 대해 조사 대상 조직이 중요하다고 생각하는 정도 및 달성하기 어렵다고 판단하는 항목을 조사했기 때문에 일자리의 질에 대한 직접적인 정보를 얻기는 어렵다. 다만 각 항목 사이의 상대적인 비교는 가능한데, 달성하기 어려운 항목에 대해 세 가지까지 복수 응답으로 조사한 결과 고용 안정성(50.1%), 경력 개발 기회(37.6%), 임금수준의 적절성(33.0%) 세 항목이 달성하기 어려운 지표로 조사되었다. 반면, 임금의 평등성(6.2%), 안전한 작업환경(6.8%) 및 긍정적인 관계(10.%)와 같은 세 항목을 꼽은 조직이 가장 적었다. 고용의 안정성이 특히 문제가 된 원인 가운데 중요한 것은 정부와의 계약이 주로 단기로 이루어지기 때문이다. 이 결과를 1990년대 후반의 연구 결과와 직접 비교하기 어렵고, 일부 측면에서 차이가 있지만, 대체로 임금수준과 같은 직접적인 보상보다는 작업환경 및 인간관계와 같은 다른 측면들이 사회적경제 조직에서 더 바람직한 것으로 드러난다는 점을 보여준다.

그런데 이러한 사회적경제 부문의 특성 때문에 이 부문 일자리가 이 부문에 종사하는 모든 근로자들에게 만족스러운 것은 아닐 수도 있다. 일자리의 질을 구성하는 여러 요소에 대한 평가는 근로자들의 일에 대한 태도와 주관적인 선호에 의존하기 때문이다. 이러한 측면에서 아민(Amin, 2009)의 연구는 시사하는 바가 크다. 아민은 영국 브리스틀 지역의 사회적경제조직에 대한 질적인 연구를 통해 사회적경제 부문 종사자들의 특성에 따라 일자리에 대한 만족도가 다름을 밝혔다. 사회적경제에 대한 윤리적 동기를 갖고 참여한 집단, 일자리를 갖기 위해 사회적경제 부문에 참여했다가 긍정적인 경험을 갖고 이 부문에 계속 종사하기로 한 집단, 단지 일자리를 얻기 위해 참여한 집단으로 나누었을 때 일자리의 질에 대한 태도가 다르기 때문이다. 첫 번째와 두 번째의 집단은 사회적경제 부문의 일자리에 대해 만족하고, 계속 이 분야에서 경력을 개발하기를 희망하는 반면, 세 번째 집단은 떠나기를 희

망하거나, 이 분야 일자리가 다른 민간 부문만큼 힘들지 않기 때문에 남을
수도 있다.

사회적기업의 범위를 넘어서 사회적경제, 혹은 제3섹터에서의 고용의 질
을 다룬 우리나라의 연구로는 김혜원(2009)을 들 수 있다. 이 연구는 사업체
근로 실태 조사 원자료를 이용한 분석에서 제3섹터의 임금수준이 영리부문
보다 더 높다는 점을 발견했다. 그 이유 가운데 하나는 제3섹터를 구성하는
직종 가운데 전문가가 큰 비중을 차지하기 때문이다. 또한, 직종, 산업, 연
령, 학력 등 다양한 요인을 통제한 경우에도 제3섹터의 임금 프리미엄이 5%
내외에 이른다는 점을 발견했다. 다만, 직업과 산업을 세분화해 살펴보면 일
률적으로 판단하기 어렵기 때문에 제3섹터가 일방적으로 임금이 낮거나 높
다고 예단할 수 없다고 결론짓고 있다. 또한 제3섹터 조직들이 상당한 비중
을 차지하는 보건 및 보육부문의 경우 제3섹터의 임금수준이 더 높다는 점
을 발견했다. 또한 황덕순(2012)의 경우에는 대표적인 돌봄 서비스 직업종
사자들을 대상으로 한 분석에서 비영리부문이 영리부문에 비해 각종 후생복
지 제공수준이 높다는 점을 밝혔다.

개념적으로 볼 때 사회적경제 부문을 대표한다고 볼 수 있는 협동조합에
서의 고용의 질에 관한 연구로는 협동조합에 대한 실태 조사를 이용한 안주
엽(2014)과 길현종(2014)이 있다. 안주엽(2014)에 따르면 협동조합의 조합원
인 근로자나 비조합원인 근로자 모두 공식 통계조사인 경제활동인구조사 부
가 조사 결과와 비교할 때 평균적인 임금수준이 낮다.[1] 길현종(2014)의 경
우 협동조합의 근로자들이 판단한 주관적인 고용의 질을 노동패널조사의 일

---

[1] 조합원인 근로자는 월 112만 원, 비조합원인 근로자는 월 118만 원으로 앞의 길현종
(2014)에서 보고한 사회적기업의 2013년 임금수준보다 약간 높은 수준이다. 2014년 기준
임금이고 조사 방식이 다르지만 대체로 사회적기업의 취약 계층과 임금수준이 거의 비슷
하거나 약간 높다고 볼 수 있을 것이다.

반적인 근로자나 소규모 사업체 근로자와 비교했다. 그 결과 자율성, 권한, 인간관계, 공정성 등에서 더 높은 만족도를 보이는 것을 확인했다. 이는 사회적경제 부문 일자리의 질에 관한 외국의 연구 결과와 대체로 일치하는 것이다.

외국의 경우 제3섹터나 사회적경제 일반이 아니라 1990년대 이후 사회적기업이 활성화된 배경과 관련해서 이 분야의 일자리의 질에 대한 비판적인 의견이 제시되기도 했다. 핵심적인 논점은 이 일자리가 제공하는 소득수준과 더 나은 일자리로의 이동 가능성이다. 사회적기업이 적극적으로 활동한 영역이 노동시장 취약 계층의 노동 통합이기 때문이다. 특히 니케즈 등(Nicaise et al., 1995)은 이러한 일자리들이 정규 일자리로의 진입 가능성이라는 측면에서는 바람직하지 않을 수도 있다고 지적한다. 물론 사회적기업에서의 일자리의 질은 여러 유형의 사회적기업이 있기 때문에 일반화해서 살펴보기 어렵다. 그러나 본질적으로 취약 계층 노동시장 통합에 초점을 맞춘 노동 통합형 사회적기업의 경우 활동의 특성상 일자리의 질이 높기 어렵다.

반면 사회 서비스를 제공하는 것을 목적으로 하는 사회적기업의 경우 일자리의 질이 반드시 낮을 필요는 없다. 또한, 일자리의 질이 낮은 경우 양질의 사회 서비스를 제공한다는 목표와 상충될 가능성도 있다. 사회 서비스를 제공하는 사회적기업에서 일자리의 질을 결정하는 핵심적 요인은 국가의 정책이다. 사회적기업의 등장 배경 가운데 하나가 사회 서비스를 직접 제공하던 국가가 '후퇴'한 것이기 때문이다. 이때 국가가 비용 절감에 우선순위를 두고 더 낮은 비용으로 서비스를 제공하려고 할 경우 일자리의 질은 낮아질 가능성이 있다. 특히 하나의 조직이 서비스 제공과 노동 통합을 동시에 추구할 경우 이러한 위험이 현실화될 우려가 크다(Borzaga, Olabe and Greffe,

1999). 따라서 이 분야에서의 일자리의 질도 사회적경제 부문의 고유한 역량과 국가의 정책과의 상호작용에 의해서 결정될 것이다.

우리나라에서 사회적기업이 등장하고 발전해온 역사적 과정을 돌아보면 사회적기업의 평균적인 일자리의 질이 일반 노동시장의 평균적인 수준보다 낮은 것은 당연하다. 노동시장 취약 계층의 노동 통합을 위한 사회적 일자리 사업으로 시작해서, 부족한 사회 서비스를 일자리 창출을 통해 확대하고자 한 사회 서비스 일자리 사업으로 확대되어왔기 때문이다(황덕순, 2014). 또한 바우처 사업 및 노인장기요양보험 등을 통해 공공사회 서비스가 확대되면서도 서비스 수가로 표현되는 일자리 질에 대한 공적인 가치 평가가 낮은 수준으로 유지되어왔다.

그럼에도 불구하고 앞의 선행 연구들에서 살펴본 것처럼 이렇게 정형화된 진단과 다른 연구들이 있다는 점도 주목할 필요가 있다. 제3섹터 전체를 대상으로 한 것이지만 김혜원(2009)의 경우 산업과 직업에 따라 제3섹터의 임금수준이 영리 부문보다 높거나 낮을 수 있고 특히 보건과 보육 부문의 경우 제3섹터의 임금수준이 더 높다는 점을 밝혔다. 또한 돌봄 서비스 분야에서 사회적기업의 임금수준이 더 높다는 연구나 비영리 기관이 돌봄 직업 종사자들에게 더 나은 후생 복지 수준을 제공하는 것을 발견한 연구도 있다(황덕순·이병희, 2012; 황덕순, 2012). 이는 사회적기업의 임금수준이 일반 기업들에 비해 낮은 현상이 사회적기업이 저임금 부문에 더 집중되어 있거나, 근로자의 구성 측면에서 임금수준이 낮은 근로자들이 더 많기 때문일 수도 있다는 점을 시사해준다. 따라서 사회적기업 전체를 대상으로 한 임금수준에 대한 논의를 넘어서 세부적인 산업이나 직업 수준으로 임금수준을 비교하는 연구가 심화되어야 한다.

이 장에서는 우선 사회적기업과 일반 기업의 임금수준을 성, 연령과 같은 인적 속성이나 산업 및 직업, 사업체 규모 등 조직의 특성에 따라 세분화해서 비교하고자 한다. 임금의 절대적인 수준뿐만 아니라 조직 구성원들 사이에 임금이 어떻게 배분되는가도 중요하다. OECD(2013)가 제시하는 것처럼 사회적경제 조직은 임금수준보다는 임금의 평등성 측면에서 장점을 갖고 있다. 이는 사회적기업 내부에서 임금이 더 평등하게 배분되고, 구성원들 사이의 임금격차가 더 적을 것이라는 점을 시사해준다. 김혜원(2009)의 경우에도 다른 직업에 비해 임금수준이 높은 전문직 종사자들의 임금이 제3섹터에서 영리부문보다 더 낮다는 점을 보여준다. 따라서 이 장에서는 사회적기업과 일반 기업 근로자의 특성과 임금 결정 방식을 고려한 가운데 임금 분포와 임금 불평등도를 비교해서 살펴볼 것이다. 마지막으로 사회적기업과 일반 기업 사이에 임금 불평등도의 차이를 낳은 요인이라고 볼 수 있는 임금 결정 방식의 차이를 살펴볼 것이다.

3. 사회적기업 지원 정책과 사회적기업의 성장

2006년 말 '사회적기업육성법'이 제정되어, 2007년 7월 1일 시행된 이후 고용노동부는 다양한 지원 제도를 운영해왔다. 가장 중요한 지원 제도는 사회적기업을 위한 인건비 지원 사업인 사회적기업 일자리창출사업이다. 인증 사회적기업은 3년, 예비 사회적기업은 2년으로 예비 사회적기업 단계를 거칠 경우 최장 5년까지 지원을 받을 수 있다.

이 밖에 경영 컨설팅과 전문 인력 지원(최대 3년까지 연장 가능), 7000만 원 한도의 사업 개발비 지원(예비 사회적기업은 3000만 원), 저리의 시설 및 운영비 대부, 4년간 법인세 50% 감면, 최장 4년간의 사회보험료 사업주 분담금

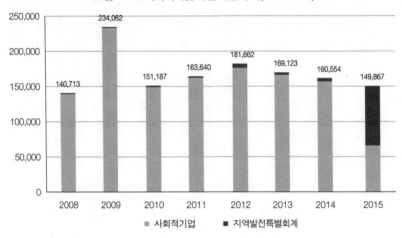

〈그림 11-1〉 사회적기업 지원 예산 추이(2008~2015)

주: 지역발전특별회계(지특회계)는 2014년까지는 광역·지역발전특별회계(광특회계). 2008년부
    터 2014년까지는 제주 지역만 대상으로 편성되었으나 2015년에 세종특별자치시 계정과 일
    반회계의 사회적기업 일자리 창출 지원 예산이 옮겨진 생활기반계정이 새로 포함되면서 비
    중이 급증. 2011년 이후의 광특회계 및 지특회계 예산 내역은 <표 11-2> 참조. 2008년~2010
    년 광특회계 예산액은 각각 9억 4100만 원, 10억 4900만 원, 2010년은 24억 5300만 원.
자료: 기획재정부 내부 자료 및 고용노동부 내부 자료를 이용해 정리.

지원 등이 대표적인 지원 제도이다. 공공기관 우선구매제도에 대해서도 법
적 근거를 마련하고 있으나, 실질적으로 활성화되지는 않고 있다.

2008년 이후 사회적기업 예산 추이는 〈그림 11-1〉과 같다. 사회적기업
지원 예산은 크게 일반회계와 광역·지역발전특별회계(광특·지특회계)로 구
성되는데, 2015년에 인건비를 지원하는 사회적기업 일자리창출사업이 지특
회계로 이관되기 전까지는 일반회계가 97~98%를 차지할 정도로 대부분을
차지했다.

사회적기업 예산은 글로벌 금융위기에 대응하기 위해 일시적으로 일자리
창출사업 예산이 크게 늘어난 2009년을 제외하면 2012년까지 꾸준히 늘어
나다가 이후 점차 줄어든다. 이는 가장 큰 비중을 차지하던 사회적기업 일

자리 창출 예산이 점차 줄어들었기 때문이다. 이는 사회적기업의 경상비에 대한 직접 지원을 줄이고 경영 환경을 개선하는 간접적인 지원을 강화하는 방향으로 정책의 방향을 전환했기 때문이다(고용노동부, 2012~2017 참조).

한편에서는 사회적기업의 자생력을 높이기 위해 간접 지원을 중시하는 방향으로 정책이 전환되고, 다른 한편으로는 사회적기업이 빠르게 늘어났기 때문에 개별 사회적기업이 체감하는 인건비 지원의 축소 속도는 예산의 감소폭 이상으로 크게 느껴질 수밖에 없다. 사회적기업에 따라서 직접 지원 인건비의 의존하는 정도가 다르지만, 취약 계층의 노동 통합을 주된 목적으로 하는 사회적기업의 경영에는 부정적인 영향을 미칠 수 있는 방향으로 정책이 변화한 것이다.

한편 사업의 전달 체계 측면에서는 고용노동부가 직접 집행하는 사업이 줄고, 사회적기업 진흥원과 지방자치단체의 역할이 확대되었다. 이에 따라 경영 컨설팅과 권역별 지원 기관 운영 예산이 2012년과 2014년에 각각 진흥원으로 이관되었다. 지방자치단체의 역할도 2010년 이후 확대되어왔다. 노동부는 '사회적기업육성법'을 개정해 지원 대상 선정에서 지방자치단체의 역할을 더 확대했고 광역지방자치단체가 시도별 사회적기업지원계획을 수립, 시행하도록 했다. 이와 함께 사회적기업 일자리 창출 사업의 상당 부분과 사업개발비 집행이 지방지차단체로 이관되었다. 또한 여러 지방자치단체들이 사회적기업을 지원하기 위한 조례 및 시행 규칙을 마련했다. 법제처의 국가법령정보시스템에 따르면 2015년 11월 현재 15개의 광역자치단체를 비롯해서 201개의 지방자치단체가 사회적기업 지원과 관련된 조례를 제정한 것으로 나타난다. 또한 정부 각 부처가 소관 분야에서 적극적으로 사회적기업 육성에 참여할 수 있도록 하기 위해서 부처형 예비사회적기업지정제 및 사회적기업인증추천제도를 2012년부터 시행하기 시작했다.

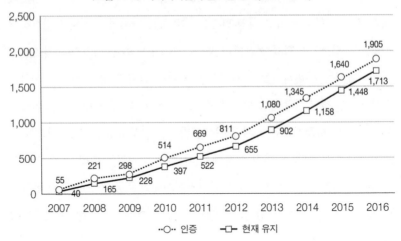

〈그림 11-2〉 사회적기업의 연도별 추이(2007~2016)

자료: 한국 사회적기업진흥원(2016).

2007년 7월 1일부터 사회적기업 지원 정책이 시작된 이후 고용노동부에 의해 인증받은 사회적기업은 빠르게 늘어나서 2016년 12월 현재 1905개에 이른다. 이들 가운데 1713개가 실제로 운영되고 있는 것으로 나타난다(사회적기업진흥원, 2016). 〈그림 11-2〉는 연도별 누계 인증 기업 수와 실제 운영되고 있는 사회적기업의 추이를 보여준다. 이는 많은 사회적기업들이 경영상의 어려움을 겪고 있음에도 불구하고 상당히 꾸준히 조직을 유지하고 있음을 보여준다.

사회적기업의 분포 및 경영 실태, 사업 내용 등은 매년 발간되는 사회적기업 성과 분석 보고서를 통해 자세히 분석되기 때문에 여기에서는 이에 대해 자세히 다루지 않는다. 다만, 임금에 대한 분석에 앞서 사회적기업의 전반적인 현황을 살펴보는 것이 필요하기 때문에 2014년도 사업 보고서 자료를 이용해서 인증 시기에 따라 사회적기업의 여러 가지 조직 특성과 재무 상태별 분포를 살펴보고자 한다. 전반적인 현황을 살펴보는 데 초점을 맞추기

〈표 11-1〉 인증 연도별 사회적기업의 특성 분포 1(단위: 개, %)

		인증 연도										전체
		2007~2008		2009~2010		2011~2012		2013		2014		
		빈도	비중	빈도	비중	빈도	비중	빈도	비중	빈도	비중	
인증유형	사회서비스 제공형	22	12.8	18	7.1	11	4.0	5	1.9	3	1.1	59
	일자리 제공형	71	41.3	168	65.9	189	68.7	207	79.0	226	85.6	861
	지역사회 공헌형	0	0.0	0	0.0	7	2.6	3	1.2	10	3.8	20
	혼합형	51	29.7	30	11.8	32	11.6	27	10.3	9	3.4	149
	기타형	28	16.3	39	15.3	36	13.1	20	7.6	16	6.1	139
	검정 통계량	X2(16)=165.8, p<0.0001										
조직형태	비영리법인·단체	52	30.2	90	35.3	84	30.6	65	24.8	45	17.1	336
	사회복지· 학교법인	26	15.1	25	9.8	31	11.3	8	3.1	5	1.9	95
	협동조합	12	7.0	10	3.9	15	5.5	21	8.0	36	13.6	94
	상법상 회사	82	47.7	130	51.0	145	52.7	168	64.1	178	67.4	703
	검정 통계량	X2(12)=86.6, p<0.0001										
사업분야	간병 가사 지원· 보육	22	12.9	14	5.5	10	3.6	11	4.2	8	3.2	65
	보건· 사회복지	53	31.2	45	17.7	35	12.7	27	10.3	5	2.0	165
	교육	11	6.5	12	4.7	25	9.1	26	10.0	23	9.1	97
	문화 예술· 관광·운동	9	5.3	43	16.9	52	18.9	44	16.9	34	13.4	182
	산림 보전 및 관리·환경·청소	25	14.7	42	16.5	46	16.7	31	11.9	35	13.8	179
	기타	50	29.4	98	38.6	107	38.9	122	46.7	149	58.7	526
	검정 통계량	X2(20)=140.6, p<0.0001										
산업	농림어업	4	2.3	2	0.8	4	1.5	12	4.6	16	6.1	38
	제조업	54	31.4	62	24.4	78	28.4	71	27.1	70	26.5	335

		인증 연도										전체
		2007~2008		2009~2010		2011~2012		2013		2014		
		빈도	비중	빈도	비중	빈도	비중	빈도	비중	빈도	비중	
	재활용·건설·시설 관리·청소	27	15.7	39	15.4	53	19.3	47	17.9	48	18.2	214
	도소매·음식·숙박·운수	20	11.6	43	16.9	36	13.1	35	13.4	46	17.4	180
	전문 서비스	1	0.6	9	3.5	12	4.4	13	5.0	10	3.8	45
	공공 사회 개인 서비스	66	38.4	99	39.0	92	33.5	84	32.1	74	28.0	415
	검정 통계량	X2(20)=36.1, p = 0.015										
설립연도	1999년 이전	15	8.7	11	4.3	13	4.7	5	1.9	8	3.0	52
	2000~2004년	37	21.5	42	16.5	16	5.8	11	4.2	11	4.2	117
	2005~2009년	116	67.4	156	61.2	102	37.1	36	13.7	28	10.6	438
	2011년	3	1.7	46	18.0	133	48.4	154	58.8	84	31.8	420
	2012년 이후	1	0.6	0	0.0	11	4.0	56	21.4	133	50.4	201
	검정 통계량	X2(16)=667.8, p<0.0001										

자료: 사회적기업진흥원, 『2014년 사업 보고서』.

때문에 조직 형태, 사업 분야, 산업, 설립 연도 변수 등을 함께 살펴보았다.

〈표 11-1〉과 〈표 11-2〉에는 인증 연도별로 사회적기업의 조직 특성과 재무 상태별 분포가 소개되어 있다. 인증 유형의 변화를 살펴보면 전체적으로 일자리 제공형이 가장 많은 비중을 차지한다. 시기적으로도 최근으로 올수록 일자리 제공형의 비중이 크게 늘어나서 2014년에는 85.6%에 이르는 것으로 나타난다. 반면 사회 서비스 제공형과 혼합형, 기타형의 비중은 꾸준히 줄어든다. 사회 서비스를 제공하는 사회적기업의 경우 인증 제도가 도입된 초기에 인증받은 경우가 대다수를 차지한다.

조직 형태 측면에서는 상법상 회사가 가장 많은 비중을 차지하고 최근으

<표 11-2> 인증 연도별 사회적기업의 특성 분포 2(단위: 개, %)

		인증 연도										전체
		2007~2008		2009~2010		2011~2012		2013		2014		
		빈도	비중	빈도	비중	빈도	비중	빈도	비중	빈도	비중	
인원	~4인	29	16.9	66	26.2	41	14.9	25	9.5	10	3.8	171
	5~9인	33	19.2	51	20.2	69	25.1	89	34.0	120	45.5	362
	10~29인	56	32.6	78	31.0	104	37.8	112	42.8	101	38.3	451
	30~49인	21	12.2	28	11.1	33	12.0	21	8.0	19	7.2	122
	50인 이상	33	19.2	29	11.5	28	10.2	15	5.7	14	5.3	119
	검정 통계량	\multicolumn{11}{c}{$X2(16)=128.9, p<0.0001$}										
매출	9억 9000만 원 이상	62	36.1	67	26.3	80	29.1	49	18.7	48	18.2	306
	4억 원 이상	48	27.9	64	25.1	55	20.0	77	29.4	65	24.6	309
	1억 8000만 원 이상	31	18.0	47	18.4	74	26.9	71	27.1	80	30.3	303
	1억 8000만 원 미만	31	18.0	77	30.2	66	24.0	65	24.8	71	26.9	310
	검정 통계량	\multicolumn{11}{c}{$X2(16)=43.0, p<0.0001$}										
영업 이익률	0% 이상	57	33.1	62	24.3	44	16.0	39	14.9	61	23.1	263
	-15% 이상	55	32.0	78	30.6	75	27.3	58	22.1	63	23.9	329
	-50% 이상	34	19.8	48	18.8	77	28.0	81	30.9	85	32.2	325
	-50% 미만	26	15.1	67	26.3	79	28.7	84	32.1	55	20.8	311
	검정 통계량	\multicolumn{11}{c}{$X2(12)=56.7, p<0.0001$}										
당기 순이익률	5% 이상	34	19.8	67	26.3	64	23.3	80	30.5	83	31.4	328
	0% 이상	73	42.4	78	30.6	96	34.9	101	38.6	130	49.2	478
	-5% 이상	32	18.6	23	9.0	36	13.1	22	8.4	19	7.2	132
	-5% 미만	33	19.2	87	34.1	79	28.7	59	22.5	32	12.1	290
	검정 통계량	\multicolumn{11}{c}{$X2(12)=69.2, p<0.0001$}										

자료: 사회적기업진흥원, 「2014년 사업 보고서」.

로 올수록 그 비중이 더 늘어나고 있다. 또한 절대 수는 아직 작지만 협동조합의 비중이 최근으로 올수록 높아지는 현상도 주목할 만하다. 비영리법인·단체와 사회복지·학교법인의 비중은 초기에는 높았지만 최근으로 올수록 낮아지고 있다. 사회적기업의 본질적인 특성에 비추어볼 때 협동조합의 비중이 높아지는 현상은 바람직한 것으로 보인다. 반면 상법상 회사의 비중이 과반수를 넘고 여전히 그 비중이 늘어나고 있다는 점에서 인증 및 사후 관리 과정에서 사회적기업들이 사회적 가치를 제대로 실현하고 있는지 세심한 관리가 필요하다는 점을 시사해준다.

사업 분야를 보면 최근으로 올수록 지원 제도 초기에 분류했던 사업 분야에 포함되지 않는 기타의 비중이 크게 늘어나서 2014년에 이르면 과반수를 넘는 58.7%에 이른다. 이는 사회적기업의 활동 영역이 최근으로 올수록 더 다양해지고 있음을 보여준다는 점에서 긍정적으로 해석할 수 있다. 다만, 사회적기업의 특징에 맞게 사업 분야를 재분류할 필요가 있음을 보여주는 것이기도 하다. 인증 첫해에 가장 큰 비중을 차지했던 보건·사회복지 분야 및 간병·가사 지원·보육 서비스의 경우 이후 비중이 점차 줄어든다. 인증 유형에서 사회 서비스 제공형과 혼합형이 줄어드는 것과 맥락을 같이 하는 것이다.[2] 취약 계층의 노동 통합 측면에서 중요한 분야인 산림 보전 및 관리·환경·청소 분야에서 활동하는 신규 인증 기업의 비중은 꾸준히 유지되고 있다.

산업 분류별로 살펴보면 최근으로 올수록 교육·보건·사회복지·문화 체육·기타 개인 서비스로 구성되는 공공 사회 개인 서비스의 비중이 조금씩 줄어들고는 있지만 여전히 신규 인증 기업 가운데 가장 큰 비중을 차지한다.

---

2) 취약 계층 중심으로 서비스를 제공해야 하는 사회 서비스 제공형의 인증 요건을 충족하기 어려운 것도 중요한 요인이다.

두 번째로 많은 비중을 차지하는 것이 제조업이다. 재활용·건설·시설 관리·청소 산업은 표준산업분류에서 인접한 산업은 아니지만 사회적기업의 특성을 고려해 하나로 묶은 것인데, 꾸준히 15~20%대의 비중을 차지하고 있다. 전문 서비스업의 비중은 여전히 낮은 편이지만 조금씩 늘고 있어서 별도로 분류해 표시했다.

설립 연도와 인증 연도 사이에는 당연히 상관관계가 있을 것으로 예상된다. 인증 초기인 2007~2008년 인증 기업을 제외하면 이후에는 인증 시점 1~2년 전에 설립한 조직이 신규 인증 사회적기업의 가장 다수를 차지한다. 다만, 조직의 설립 연도가 현재의 조직 형태를 갖춘 시기를 의미하기 때문에 법인 내 사업단 등으로 있을 때에 인증받은 경우도 있어서 실제 조직이 활동을 시작한 시기는 설립 연도 이전으로 거슬러 올라갈 수도 있다. 〈표 11-1〉에서 설립 연도 이전에 인증받은 사회적기업이 등장하는 것은 이 때문이다.

〈표 11-2〉에는 인증 연도별로 사업체의 근로자 수 및 매출 규모와 재무지표별 분포가 제시되어 있다. 앞에서 살펴본 변수들과 달리 〈표 11-2〉의 변수들은 시기별로 변하는 값이라는 점을 염두에 두고 해석할 필요가 있다.

사업체 규모를 먼저 살펴보면 초기에 인증받은 조직일수록 30인 이상의 상대적으로 규모가 큰 기업의 비중이 높다. 시간이 지날수록 경영 상태가 안정되고, 근로자 수도 늘어난다는 점을 시사해준다. 다만, 최근 인증 기업일수록 1~4인의 소규모 기업이 차지하는 비중도 상대적으로 낮아진다는 점도 주목된다. 인건비 지원을 받는 조직들이 더 많이 포함되어 있을 가능성이 높기 때문으로 해석된다.

매출액 규모와 영업이익률의 경우 대체로 전체 분포가 비슷하도록 구간을 설정했다. 우선 매출액 분포를 보면 인증 시점이 오래된 조직일수록 매출액 4억 원 이상인 기업의 비중이 더 높은 것으로 나타난다. 특히 2007~2008년 인증 기업의 경우 매출액이 9억 9000만 원을 넘는 경우가 36.1%를 차지한다. 영업이익률 분포를 보면 영업이익을 기록한 기업이 263개(21.3%)에 불과하다는 점이 우선 눈에 띈다. 2014년을 예외로 하면 대체로 인증 시점이 오래된 조직일수록 영업이익률이 상대적으로 양호한 기업의 비중이 높아서 시간이 흐를수록 자체 능력에 기반한 경영이 안정적이 되고 있음을 알 수 있다. 반면 당기순이익률의 경우 최근으로 올수록 당기순이익률이 상대적으로 높은 기업의 비중이 커진다. 전체적으로 보면 당기적자를 보지 않는 기업이 806개소로서 65.6%를 차지하고, 2014년 인증 기업의 경우 이 비중이 80.6%에 이른다. 이는 인증 초기에 인건비 지원이 집중되고, 이후 점차 직접적인 경상비 지원이 차지하는 비중이 줄어들기 때문이다. 또 한 가지 주목할 만한 현상은 2007~2008년 인증 기업의 경우 당기적자 상태를 벗어난 기업이 62.2%로서 2009~2012년 사이에 인증받은 기업보다 이 비율이 높다는 점이다. 인증 제도 도입 초기에 상대적으로 양호한 조직이 많이 인증을 받았음을 시사해주는 것이다.

4. 사회적기업과 일반 기업의 임금 비교

1) 분석 자료와 분석 방법

전체 사회적기업 근로자의 평균임금이 일반 근로자 평균임금보다 낮다는 점은 잘 알려져 있는 사실이다. 그러나 대푯값 가운데 하나인 평균만을 기준으로 비교하는 방식으로는 다양한 측면을 갖는 임금을 온전히 비교했다고 볼 수 없다. 무엇보다 우선 사회적기업과 일반 기업의 근로자의 구성이 다르기 때문에 임금수준이 서로 다를 수 있다. 특히 사회적기업은 앞에서 살펴본 것처럼 비교적 최근에 성장한 조직들이고, 특정한 산업, 혹은 서비스 분야에서 성장해왔다. 두 번째로 제기되는 질문은 대푯값만으로는 포착할 수 없는 임금의 분포가 사회적기업과 일반 기업 사이에 어떻게 다른가 하는 것이다. 이 장에서는 특히 임금의 분포에 주목하고자 한다. 신생 조직으로서 특정한 영역에서 활동하는 사회적기업의 특성상 근로자 구성의 차이를 고려하더라도 절대적인 임금수준에서 차이가 나는 것은 불가피하기 때문이다.

임금의 분포는 근로자의 구성 및 근로자 특성과 기업의 특성에 따른 임금의 배분 구조를 반영한다. 그리고 이러한 배분 구조는 각 기업이 갖고 있는 임금체계와 산업구조에 의해 결정된다.[3] 임금체계는 연공급이나 직무급, 직능급 같은 임금 지급의 기준이 되는 임금 결정 원칙뿐만 아니라 시간급, 월급제, 월급 등 임금 지급액 결정의 단위 등 임금 결정과 관련된 제도들을 모두 포괄하는 개념이다. 이 장에서는 개별 기업의 임금제도에 관한 자료를 기초로 한 분석이 아니기 때문에 임금체계에 관한 직접적인 분석으로까지 나아가지는 않는다. 다만, 회귀분석과 같은 다변량분석을 통해 연령이나 근속, 성 등 인적 속성에 따른 임금 프리미엄을 통해 임금 결정 요인을 간접적으로 추론할 수 있다.

이 장에서 사용하는 자료는 '사회적기업 임금 자료'와 고용 형태별 근로실태 조사(이하, 고용 형태별 조사) 원자료이다. '사회적기업 임금 자료'는 한국 사회적기업진흥원이 사회적기업 사업 보고서와 함께 개별 종사자의 임금

---

3) 우리나라의 경우 기업 횡단적으로 임금을 결정하는 초기업 단위의 산업, 혹은 직종별 교섭이 발달되어 있지 않다. 따라서 임금의 배분 구조는 미시적으로는 개별 기업이 갖고 있는 임금 결정 체계에 의해, 거시적으로는 미시적 임금 결정 체계와 산업구조에 의해 결정된다.

을 수집해 관리하는 자료이다. 고용 형태별 조사는 전체 민간사업장을 대상으로 한 고용노동부의 대표적인 통계조사이다. 이 장의 분석은 사회적기업과 일반 기업 근로자를 비교하는 것이기 때문에 사회적기업 임금 자료의 분석 대상 근로자의 범위를 조금 조정했다. 우선 연령에 상한을 두어 70세 이상인 고령 근로자(888명)는 제외했다. 또한 2014년 12월 입사자(571명)는 입사한 지 한 달이 되지 않았기 때문에 분석에서 제외했다.[4] 여기에 더해 산업을 기준으로 해서 하나의 사회적기업만 있는 금융·보험업 근로자는 제외했다. 해당 산업에 사회적기업이 하나만 있고 예외적으로 임금이 높아서 사회적기업과 일반 근로자의 임금을 비교하는 데 적합하지 않다고 판단했기 때문이다.

두 번째로 비교하고자 하는 사회적기업의 표본을 둘로 나누었다. 첫 번째는 앞 단락에 언급한 최소한도의 조정을 거친 표본(이하, 사회적기업 1 표본)이고, 두 번째는 재정 지원 일자리사업 참여자와 취약 계층 유형 가운데 장애인을 제외한 표본(사회적기업 2 표본)이다. 두 번째 표본을 별도로 설정한 이유는 일반 근로자와 비교할 때 더 적절하다고 판단되는 대상으로 범위를 좁히기 위한 것이다. 재정 지원 일자리사업 참여자에는 취약 계층인 사회적기업 일자리창출사업 참여자뿐만 아니라 전문인력지원사업 참여자, 부처·지자체·공공기관사업 참여자도 포함되어 있으나 정부의 지원을 받지 않은 일반 참여자에 초점을 맞추기 위해 모두 제외했다. 또한 취약 계층의 경우 장애인뿐만 아니라 북한 이탈 주민, 갱생보호 대상자 등 다양한 취약 계층이 포함되어 있지만 특별히 다른 기준에 의해 임금이 결정되는 장애인만 제외하고 비교하는 것이 적절하다고 판단했다. 일반 기업에도 다양한 취약 계층

---

4) 이외에 입력 오류라고 볼 수 있는 15세 미만자와 15세 미만 입사자도 제외했다.

이 일하고 있기 때문이다. 따라서 다음의 통계분석에서는 사회적기업 1·2 표본을 이용한 결과를 같이 제시할 것이다.

사회적기업 표본과 비교되는 고용 형태별 조사의 경우에도 비교의 적절성을 위해 다음과 같이 범위를 조정했다. 우선 70세 이상자와 15세 미만자, 입사 시점 15세 미만인 경우를 제외했다. 두 번째로 사회적기업 표본과 대분류 산업 및 사업체 규모가 일치되는 집단만을 비교 대상으로 선택했다. 즉, 사회적기업을 대상으로 대분류 산업과 사업체 규모의 교차표를 작성하고, 이때 관측치가 없는 [대분류 산업×사업체 규모] 셀의 경우 고용 형태별 조사 자료에서도 제외하는 것이다. 이는 산업과 사업체 규모가 임금에 미치는 영향이 크기 때문에 사업체나 사회적기업이 활동하지 않는 부문을 제외하는 것이 적절하다고 판단했기 때문이다. 산업 전체가 제외된 경우도 있다. 사회적기업이 없는 광업, 전기·가스·수도업, 부동산 및 임대업, 공공·국방·사회보장·행정이 여기에 해당된다. 또한 사회적기업이 하나만 있는 금융·보험업도 비교 대상에서 제외했다.

이와 같이 고용 형태별 조사의 표본을 제한하더라도 근로자의 구성 및 기업의 산업·규모별 구성이 사회적기업과 일반 기업 사이에 서로 다르기 때문에 집단을 나누어서 평균값을 비교하는 방식으로는 적절한 비교가 이루어진다고 보기 어렵다. 〈표 11-1〉은 세 자료 사이의 근로자 구성의 차이를 보여준다.

우선 사회적기업이 고용 형태별 조사에 비해 여자의 비율이 높고, 이러한 경향은 장애인 및 일자리사업 참여자를 제외한 사회적기업 2 표본에서 더 뚜렷하다. 고용 형태별로는 사회적기업에서 비정규직의 비율이 더 높다. 특히 장애인 및 일자리사업 참여자를 제외했을 때에도 더 높다는 점이 주목된다. 다양한 취약 계층을 고용하고, 일반 기업에 비해 재정적으로 더 열악한 상태에 있는 기업이 많기 때문일 것이다. 직업별로는 단순 노무직의 비중이 일반 기업보다 훨씬 더 높고, 숙련직인 기능직과 조립직의 비중은 훨씬 낮다. 또한 전문직과 사무직의 비중은 낮은 반면 관리직이 비중은 높은 편이다. 산업별로 보면 사회적기업에서 보건복지업과 사업 서비스업의 비중이 상당히 높은 반면 건설업과 도소매업, 음식·숙박업, 운수업의 비중은 상당히 낮다. 특히 장애인과 일자리사업 참여자를 제외했을 때는 제조업의 비중이 크게 낮아진다. 장애인이 제조업에 종사하는 사회적기업에 집중적으로 분포하기 때문으로 해석된다. 규모별로는 사회적기업에서 일반 기업보다 5인 미만 조직 근로자의 비중이 훨씬 적다. 이는 인증을 받기 위해서는 일정 수준 이상의 사업 실적을 갖추어야 하기 때문으로 보인다. 연령별로는 50대 이상과 60세 이상의 고령층 비중이 사회적기업에서 현저히 높다. 근속별로도 사회적기업에서 전반적으로 단기 근속자의 비중이 높다.

　이 장의 목적이 근로자 구성의 차이를 통제한 가운데 사회적기업과 일반 기업 사이의 임금수준 차이만을 보기 위한 것이라면 두 자료를 통합한 회귀분석이나 Oaxaca-Blinder 임금격차 분해 방식을 통해 접근할 수도 있다. 그러나 이 장의 초점은 임금수준의 차이뿐만 아니라 임금구조와 임금 분포의 차이, 그리고 이러한 차이가 어떤 요인에 의해 나타나는가를 살펴보는 것이기 때문의 이러한 접근법으로는 충분하지 않다. 이 장에서는 사회적기업과 일반 기업의 임금을 다양한 측면에서 비교하기 위해 결측값 대체를 통해 비교 표본을 구축하는 방법을 사용했다.[5] 이 방식을 사용한 이유는 최대한 근로자와 기업의 특성을 동일하게 놓은 가운데 임금수준의 차이를 보고자 했

---

[5]　결측값 대체 방식으로 비교 표본을 구축해 사회적기업과 일반 기업의 임금을 비교하는 것은 한국노동연구원 홍민기 연구위원의 의견을 따른 것이다. 홍민기 연구 위원에게 감사를 표한다.

<표 11-3> 사회적기업과 고용 형태별 조사의 근로자 분포 비교(단위: 명, %)

		사회적기업 1		고용 형태별 조사		사회적기업 2	
		인원	비율	인원	비율	인원	비율
성	남자	9,255	34.8	6,185,444	56.6	4,584	26.6
	여자	17,376	65.3	4,747,065	43.4	12,669	73.4
고용 형태	정규	17,240	64.7	7,808,371	71.4	10,456	60.6
	비정규	9,390	35.3	3,124,137	28.6	6,795	39.4
직종	관리직	1,394	5.2	146,140	1.3	938	5.4
	전문직	2,458	9.2	2,323,554	21.3	1,420	8.2
	사무직	2,796	10.5	2,283,156	20.9	1,774	10.3
	서비스직	8,037	30.2	1,094,426	10.0	6,675	38.7
	판매직	702	2.6	1,071,510	9.8	468	2.7
	농업직	369	1.4	33,776	0.3	117	0.7
	기능직	1,019	3.8	1,015,909	9.3	567	3.3
	조립직	616	2.3	1,617,029	14.8	345	2.0
	단순 노무직	9,242	34.7	1,347,009	12.3	4,949	28.7
산업	농림어업	387	1.5	28,276	0.3	121	0.7
	제조업	6,087	22.9	2,697,406	24.7	1,978	11.5
	상하수도 폐기물	925	3.5	67,383	0.6	732	4.2
	건설업	905	3.4	957,665	8.8	495	2.9
	도소매업	1,800	6.8	1,789,681	16.4	1,231	7.1
	운수업	84	0.3	445,961	4.1	18	0.1
	음식·숙박업	663	2.5	1,007,347	9.2	415	2.4
	출판·영상·통신	250	0.9	164,118	1.5	107	0.6
	전문 기술 서비스	128	0.5	330,425	3.0	53	0.3
	사업 지원 서비스	5,526	20.8	906,729	8.3	4,447	25.8
	교육업	1,375	5.2	598,408	5.5	785	4.6
	보건복지업	7,037	26.4	1,168,632	10.7	6,261	36.3
	문화·여가·스포츠	1,240	4.7	200,950	1.8	505	2.9

		사회적기업 1		고용 형태별 조사		사회적기업 2	
		인원	비율	인원	비율	인원	비율
	기타 개인 서비스	226	0.9	569,524	5.2	105	0.6
규모	5인 미만	379	1.4	3,284,178	30.0	250	1.5
	30인 미만	9,326	35.0	3,950,227	36.1	4,378	25.4
	100인 미만	15,334	57.6	3,268,820	29.9	11,263	65.3
	300인 이상	1,594	6.0	429,282	3.9	1,362	7.9
연령	20대	3,482	13.1	2,222,408	20.3	1,331	7.7
	30대	4,392	16.5	2,890,669	26.4	2,169	12.6
	40대	5,879	22.1	3,015,044	27.6	3,868	22.4
	50대	7,928	29.8	2,149,446	19.7	6,083	35.3
	60세 이상	4,952	18.6	654,942	6.0	3,802	22.0
근속	1년 미만	10,111	38.1	3,897,138	35.7	6,898	40.2
	3년 미만	9,451	35.6	2,798,620	25.6	5,904	34.4
	5년 미만	4,140	15.6	1,393,581	12.8	2,674	15.6
	10년 미만	2,217	8.4	1,478,808	13.5	1,471	8.6
	10년 이상	604	2.3	1,364,362	12.5	210	1.2

자료: 사회적기업진흥원, 「2014년 사업 보고서」, 사회적기업 임금 자료; 고용노동부, 고용 형태별 조사 원자료.

기 때문이다. 결측값 대체를 통해 비교 표본을 구축해 임금을 비교하는 방법은 다음과 같다.

첫 번째로 사회적기업 1·2 표본을 각각 위에서 구축한 고용 형태별 조사의 표본과 통합한다. 이때 사회적기업의 로그 시간당 임금은 결측으로 처리한다.

두 번째로 STATA의 다중대체법(multiple imputation method)을 이용해 사회적기업 표본에서 결측값으로 처리된 로그 시간당 임금을 대체해 생성한다.[6] 결측값을 임금함수를 이용해 대체하기 때문에 회귀분석을 이용한 다중대체법을 사용했다. 대체값을 사용한 비교 표본은 각각 5개를 생성해 통합(이하에서는 사회적기업 1·2 표본에 대응해 비교 표본 1·2로 표현)했다. 이 장의 목적은 일반적인 다중대체법처럼 대체값을 생성한 후 이를 이용한 다변량 분석을 수행하는 것이 아니고, 대체값을 생성한 비교 표본과 원래 표본의 임금을 비교하는 것이다. 새로 생성된 로그 시간당 임금은 사회적기업 근로자가 일반 기업에서 일했다면 받았을 임금을 의미한다.

세 번째로 로그 시간당 임금을 시간당 임금으로 전환해 사회적기업의 원래 시간당 임금과 비교한다. 사회적기업 1·2 표본에 대응하는 비교 표본 1·2 각각 5개를 사용한다. 이때 고용 형태별 조사와 사회적기업 임금 자료가 공통으로 갖고 있는 변수만을 사용할 수 있었다. 이 때문에 대체 표본 구성 및 비교에서 성, 연령, 근속, 고용 형태(정규·비정규로 구분), 대분류 직업, 대분류 산업, 사업체 규모(1~4인, 5~29인, 30~299인, 300인 이상으로 구분) 변수가 이용되었다. 사회적기업 임금 자료에 근로자의 학력 변수가 포함되어 있지 않기 때문에 학력을 고려하지 못했다는 점이 아쉽지만, 직업 변수를 통해 어느 정도 이 한계가 보완되었을 것으로 기대한다.

한편 회귀분석을 통한 임금 결정 요인 분석에서는 다중대체법을 통해 구성된 비교 표본이 아니라 원래의 고용 형태별 조사 자료를 이용한다. 다변량분석의 특성상 근로자 구성 및 기업 구성의 차이가 통제될 뿐만 아니라, 비교 표본 자체가 회귀분석을 통해서 구성된 것이기 때문이다.

다음으로는 실제 임금수준을 이용한 임금수준과 임금구조를 먼저 살펴보고, 가상의 임금수준을 이용해 구축한 비교 표본을 이용해 임금 분포를 비교할 것이다. 마지막으로 임금 분포에 영향을 미쳤을 것으로 추론되는 임금 결정 요인의 차이를 회귀분석을 통해 살펴본다. 이때 임금수준 및 임금구조

---

6) 다중대체법에 대해서는 STATA Multiple-imputation Reference Manual(Release 13) 참고

〈표 11-4〉 사회적기업 근로자와 고용 형태별 조사의 임금수준 및 임금 구조 비교(단위: 원, %)

구분		사회적기업 1(A)	사회적기업 2(B)	고용 형태별 조사(C)	(A/C)*100	(B/C)*100
전체		8,608.7	9,079.5	12,593.8	68.4	72.1
성	남자	9,679.7	11,231.6	14,319.1	67.6	78.4
	여자	8,049.4	8,309.0	10,346.1	77.8	80.3
고용형태	정규직	9,045.2	9,742.4	13,289.0	68.1	73.3
	비정규직	7,816.0	8,063.3	10,827.9	72.2	74.5
직업	관리직	12,203.9	12,377.3	26,459.6	46.1	46.8
	전문직	10,570.1	11,020.5	15,047.7	70.2	73.2
	사무직	10,692.9	11,501.0	14,581.9	73.3	78.9
	서비스직	7,644.5	7,691.5	8,946.1	85.5	86.0
	판매직	9,332.0	10,203.5	11,466.1	81.4	89.0
	농업직	8,678.0	11,665.9	11,526.2	75.3	101.2
	기능직	9,624.2	10,714.0	13,300.8	72.4	80.6
	조립직	11,638.4	14,475.9	10,824.1	107.5	133.7
	단순 노무직	7,396.0	8,215.4	9,109.4	81.2	90.2
규모	5인 미만	8,338.9	8,260.7	10,282.5	81.1	80.3
	30인 미만	8,459.6	9,169.5	13,045.8	64.8	70.3
	300인 미만	8,496.8	8,882.5	13,769.4	61.7	64.5
	300인 이상	10,592.4	10,546.5	16,907.5	62.6	62.4
산업	농림어업	7,838.6	9,142.1	14,401.0	54.4	63.5
	제조업	8,752.4	11,445.0	12,616.4	69.4	90.7
	상하수도 폐기물	10,342.0	10,734.2	13,914.9	74.3	77.1
	건설업	10,659.4	10,995.8	16,029.7	66.5	68.6
	도소매업	10,438.4	11,618.0	12,366.9	84.4	93.9
	운수업	8,145.3	10,642.6	13,185.0	61.8	80.7
	음식·숙박업	8,659.0	9,508.3	7,998.7	108.3	118.9

출판·영상·통신	10,093.6	10,704.3	15,654.5	64.5	68.4
전문 기술 서비스	12,060.5	14,319.4	15,314.6	78.8	93.5
사업 지원 서비스	8,087.4	8,191.6	12,503.5	64.7	65.5
교육업	9,177.4	9,939.1	17,023.9	53.9	58.4
보건·복지업	7,829.7	7,920.9	11,215.7	69.8	70.6
문화·여가·스포츠	8,303.0	8,996.3	11,365.1	73.1	79.2
기타 개인 서비스	7,929.6	8,475.1	11,105.6	71.4	76.3

자료: 사회적기업진흥원, 「2014년 사업 보고서」, 사회적기업 임금 자료; 고용노동부, 고용 형태별 조사 원자료.

비교와 회귀분석에서는 임금수준 상하위 1%를 제외한 표본을 이용한다. 이는 극단적인 값들이 비교에 미치는 영향을 제거하기 위한 것이다.

2) 임금수준과 임금 구조 비교

사회적기업과 일반 기업의 전반적인 임금수준과 인적 특성 및 사업체 특성별 임금수준을 비교한 결과가 〈표 11-4〉에 제시되어 있다. 인적 특성 및 사업체 특성별 임금수준은 집단별로 임금이 어떻게 배분되는가를 보여준다는 점에서 임금구조라고 부를 수 있다. 앞의 분석 자료에서 설명했듯이 사회적기업 1은 재정 지원 일자리사업 참여자 및 장애인이 포함된 자료이고, 사회적기업 2는 일자리사업 참여자 및 장애인을 제외한 자료를 의미한다. 표의 마지막 두 칸은 고용 형태별 조사의 임금수준을 100으로 놓았을 때 사회적기업의 임금수준이 항목별로 어느 수준인가를 보여준다.

사회적기업의 모든 근로자를 기준으로 비교했을 때 전반적인 임금수준은 일반 기업 근로자의 62.7%이고, 재정 지원 일자리 사업 참여자와 장애인을 제외하면 66.1%이다. 이는 익히 알려진 대로 사회적기업의 전반적인 임금

수준이 일반 기업보다 상당히 낮다는 점을 확인시켜주는 것이다.

그런데 인적 특성 변수나 사업체 특성 변수의 세부 항목별로 일반 기업과 비교한 임금격차의 차이가 상당히 크다. 남자에 비해 여자의 경우 격차가 작고, 정규직에 비해 비정규직의 격차가 적다.[7] 사업체 규모별로는 규모가 작을수록 격차가 작다. 가장 극적인 대비를 보이는 것은 직업별 임금격차의 차이이다. 고임금 직업이라고 볼 수 있는 관리직의 경우 일반 기업과 사회적기업의 격차가 매우 큰 반면 농업숙련직과 조립직의 경우 사회적기업의 임금수준이 더 높다. 또한, 저임금 직업이라고 볼 수 있는 서비스직과 판매직, 단순노무직에서 임금격차가 전반적인 임금수준의 격차보다 매우 작다. 산업별로도 일반 기업과 대비한 격차의 차이가 매우 다르게 나타난다.

이러한 결과는 사회적기업이 일반 기업과 매우 다른 방식으로 근로자들 사이에 임금을 배분하는 구조를 갖고 있음을 의미한다. 특히 성·고용 형태·직업·사업체 규모별 임금격차의 차이를 고려할 때 저임금을 받는 집단과 고임금을 받는 집단 사이의 임금수준 차이가 일반 기업보다 더 적다는 점을 알 수 있다. 이는 사회적기업이 일반 기업보다 더 평등한 임금 분포를 갖고 있을 가능성을 시사해준다.

3) 임금 분포와 임금 불평등도 비교

사회적기업과 일반 기업의 임금기업의 임금 분포와 불평등도를 두 가지 방식으로 비교했다. 우선 전반적인 임금 분포는 백분위별 로그시간당 임금

---

7) <표 11-4>에서 성이나 고용 형태별로 나누어서 살펴본 각각의 격차가 전체 임금격차보다 적거나 차이가 매우 작게 나타나는 것은 언뜻 이해하기 어렵다. 이는 사회적기업에서 일반 기업보다 각 변수별로 저임금 집단에 해당되는 근로자의 비중이 더 높기 때문에 나타나는 현상이다.

〈그림 11-3〉 사회적기업과 일반 기업의 로그임금 분포 및 백분위 로그임금 1(전체 표본)

가. 백분위 로그시간당 임금

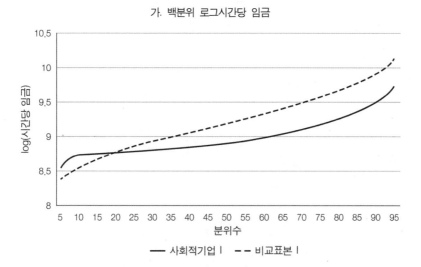

자료: 사회적기업진흥원, 사회적기업 임금 자료; 고용노동부, 고용 형태별 조사 원자료.

나. 로그시간당 임금의 커널분포

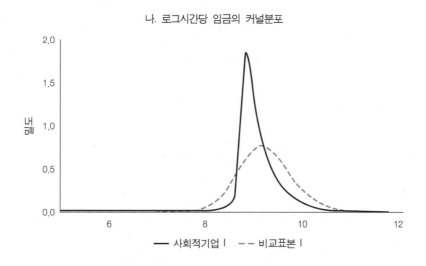

자료: 사회적기업진흥원, 사회적기업 임금 자료; 고용노동부, 고용 형태별 조사 원자료.

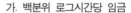

〈그림 11-4〉 사회적기업과 일반 기업의 로그임금 분포 및 백분위 로그임금 2
(장애인 · 일자리 사업 제외)

가. 백분위 로그시간당 임금

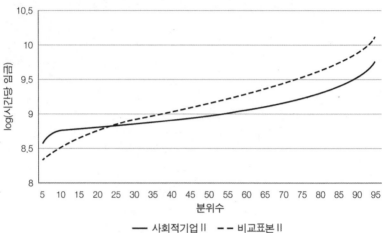

자료: 사회적기업진흥원, 사회적기업 임금 자료; 고용노동부, 고용 형태별 조사 원자료.

나. 로그시간당 임금의 커널분포

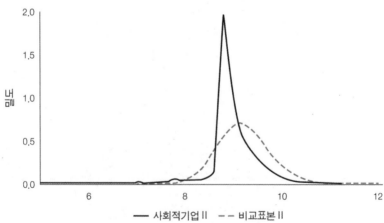

자료: 사회적기업진흥원, 사회적기업 임금 자료; 고용노동부, 고용 형태별 조사 원자료.

수준과 로그시간당 임금의 커널분포(kernel distribution)를 이용해서 비교했다. 두 번째로 불평등도의 차이는 지니계수와 10분위별 임금 배율을 이용해 살펴보았다.

〈그림 11-3〉과 〈그림 11-4〉는 백분위별 로그임금수준과 로그시간당 임금의 커널분포를 사회적기업과 비교 표본을 비교한 것이다. 〈그림 11-3〉은 전체 사회적기업 근로자를 기준으로 비교한 것이고, 〈그림 11-4〉는 장애인 및 일자리사업 참여자를 제외한 집단을 비교한 것이다. 이 두 그림은 단순히 시간당 임금의 분포를 비교한 것이지만 사회적기업과 일반 기업 사이의 임금의 차이를 명확히 보여준다.

첫 번째로 사회적기업 근로자들 사이의 임금격차는 일반 기업과 비교할 때 명확히 작다. 이는 사회적기업의 경우 일반 기업에 비해 임금수준이 평균적으로는 낮지만 특정한 임금수준에 근로자들이 집중적으로 분포하고 있기 때문이다. 이러한 현상은 장애인 및 일자리사업 참여자를 포함하거나 제외한 표본 모두 마찬가지이다.

두 번째 특징은 비록 사회적기업의 임금수준이 평균적으로는 낮더라도 저임금 근로자 집단에서는 사회적기업의 임금수준이 일반 기업보다 더 높다는 점이다. 이 현상 역시 장애인이나 일자리사업 참여자를 제외하거나 포함한 표본 모두 마찬가지이다. 전체 근로자를 기준으로 비교하면 사회적기업의 경우 시간당 임금 하위 19%의 근로자들까지는 비교 대상 일반 기업 근로자들보다 임금이 더 높다. 장애인 및 일자리사업 참여자를 포함한 상태에서의 비교이고 사회적기업 근로자에서 장애인이 차지하는 비중이 16.2%에 이를 정도로 높다는 점을 감안하면 이 결과는 특히 주목할 만하다.

장애인과 일자리사업 참여자를 제외하면 사회적기업의 저임금 근로자 임금수준은 더 높아져서 일반 기업에 비해 하위 22% 저임금 근로자까지 일반

<표 11-5> 사회적기업과 일반기업 근로자의 불평등 관련 지표 비교(시간당 임금 기준)(단위: 원)

	사회적기업 1	비교 표본 1	고용 형태별 조사	사회적기업 2	비교 표본 2
지니계수	0.226	0.299	0.332	0.219	0.301
P10	6,253	5,214	6,436	6,347	5,175
P20	6,358	6,466	7,450	6,598	6,392
P25	6,462	7,049	7,915	6,733	6,944
P50	7,473	9,919	11,120	7,817	9,769
P75	9,637	14,241	16,848	10,150	14,051
P80	10,483	15,618	18,876	10,949	15,412
P90	13,528	20,186	25,706	14,233	19,915
P90/P10	2.163	3.871	3.994	2.243	3.848
P50/P10	1.195	1.902	1.728	1.232	1.888
P90/P50	1.810	2.035	2.312	1.821	2.038

주: 비교 표본은 사회적기업 근로자에게 일반근로자 임금함수 추정계수와 잔차추정치를 적용
해 생성. 사회적기업 1은 장애인 및 일자리 사업 참여자를 포함한 경우, 사회적기업 2는 이
들을 제외한 경우임.
자료: 사회적기업 진흥원, 사회적기업 임금 자료; 고용노동부, 고용 형태별 근로 실태 조사 원
자료.

기업 근로자보다 임금수준이 더 높다. 사회적기업의 전반적인 경영 상태가
양호하지 않음에도 불구하고 저임금 근로자들의 임금수준이 일반 기업보다
더 높다는 점은 사회적기업이 평균적인 일자리의 질은 낮을 수 있지만 저임
금 근로자에 대한 처우는 더 낫다는 점을 보여준다. 사회적기업이 긍정적인
사회적 기여를 하고 있음을 의미한다. 이는 사회적기업이 열악한 재정 상황
에도 불구하고 저임금 근로자에게 일정 수준 이상의 임금을 지급하기 위해
노력하고 있음을 시사해준다.

전반적인 불평등지표를 비교한 결과는 〈표 11-6〉에 소개되어 있다. 앞의
〈그림 11-3〉 및 〈그림 11-4〉에서 사회적기업이 비교 표본들에 비해 임금

〈표 11-6〉 사회적기업 근로자와 일반 근로자의 임금 결정 요인 회귀분석(OLS) 결과
(상하 1% 임금 제외)

	사회적기업 1			사회적기업 2			고용 형태별 조사		
절편	8.045	(0.029)	**	8.594	(0.035)	**	7.88	(0.007)	**
연령	0.024	(0.001)	**	0.013	(0.001)	**	0.044	(0.000)	**
연령 제곱	0.000	(0.000)	**	0.000	(0.000)	**	-0.001	(0.000)	**
근속	0.006	(0.001)	**	0.023	(0.002)	**	0.023	(0.000)	**
근속 제곱	0.000	(0.000)	**	0.000	(0.000)		0.000	(0.000)	**
(기준: 여성)									
남성	0.094	(0.094)	**	0.154	(0.154)	**	0.213	(0.213)	**
(기준: 비정규직)									
정규직	0.028	(0.004)	**	0.022	(0.004)	**	-0.004	(0.001)	**
(기준: 단순노무직)									
관리직	0.513	(0.009)	**	0.296	(0.010)	**	0.676	(0.005)	**
전문직	0.446	(0.008)	**	0.250	(0.010)	**	0.447	(0.002)	**
사무직	0.391	(0.007)	**	0.206	(0.009)	**	0.361	(0.002)	**
서비스직	0.132	(0.006)	**	0.004	(0.007)		0.222	(0.002)	**
판매직	0.293	(0.013)	**	0.115	(0.015)	**	0.180	(0.003)	**
농업직	0.046	(0.017)	**	0.186	(0.025)	**	0.116	(0.007)	**
기능직	0.241	(0.010)	**	0.092	(0.012)	**	0.165	(0.003)	**
조립직	0.395	(0.013)	**	0.278	(0.016)	**	-0.017	(0.002)	**
(기준: 5인 미만)									
30인 미만	0.062	(0.016)	**	0.110	(0.017)	**	0.120	(0.002)	**
300인 미만	0.170	(0.016)	**	0.235	(0.017)	**	0.160	(0.002)	**
300인 이상	0.307	(0.018)	**	0.313	(0.018)	**	0.294	(0.003)	**
(기준: 제조업)									
농림어업	0.027	(0.016)	#	-0.146	(0.024)	**	0.075	(0.005)	**
상하수도·폐기물	0.215	(0.011)	**	0.012	(0.011)		0.121	(0.005)	**
건설업	0.124	(0.012)	**	-0.013	(0.014)		0.200	(0.003)	**

	사회적기업 1			사회적기업 2			고용 형태별 조사		
도소매업	0.109	(0.009)	**	-0.007	(0.010)		0.026	(0.002)	**
운수업	-0.101	(0.033)	**	-0.117	(0.060)	*	-0.041	(0.002)	**
음식·숙박업	0.073	(0.013)	**	-0.041	(0.015)	**	-0.109	(0.003)	**
출판·영상·통신	0.114	(0.020)	**	0.016	(0.025)		0.084	(0.004)	**
전문 기술 서비스	0.201	(0.027)	**	0.244	(0.037)	**	0.078	(0.005)	**
사업 지원 서비스	0.082	(0.007)	**	-0.091	(0.009)	**	-0.002	(0.003)	
교육업	-0.005	(0.010)		-0.076	(0.012)	**	0.227	(0.003)	**
보건·복지업	-0.063	(0.008)	**	-0.159	(0.009)	**	-0.142	(0.002)	**
문화·여가·스포츠	-0.073	(0.010)	**	-0.202	(0.014)	**	0.036	(0.003)	**
기타 개인 서비스	-0.006	(0.020)		-0.122	(0.026)	**	-0.024	(0.003)	**
N	26,099			16.907			492.296		
Adj R-Sq	0.31			0.40			0.43		

주: #는 p = 0.1, *는 p = 0.05, **는 p = 0.01, ***는 p = 0.001 수준에서 유의미.
자료: 사회적기업진흥원, 사회적기업 임금 자료; 고용노동부, 고용 형태별 조사 원자료.

불평등도가 상당히 낮을 것이라는 점은 충분히 예상할 수 있다. 또한 〈표 11-6〉에는 고용 형태별 조사 자료의 불평등 관련 지표도 소개되어 있다. 〈표 11-4〉에서 살펴본 것처럼 절대적인 임금수준을 비교해보면 고용 형태별 조사의 실제 임금수준은 사회적기업보다 높다. 이는 고용 형태별 조사의 근로자 구성이 사회적기업의 근로자 구성과 차이가 크기 때문이다. 비교 표본과 고용 형태별 조사 사이에 차이가 크다는 점은 고용 형태별 조사 자료와 사회적기업의 임금을 그대로 비교하는 것이 타당하지 않다는 점을 확인시켜주는 것이기도 하다. 따라서 중위값(P50)으로 살펴본 평균적인 임금수준은 고용 형태별 조사, 비교 표본, 사회적기업의 순서로 나타난다.

지니계수로 측정한 불평등도 역시 동일한 순서대로 높다. 고용 형태별 조사의 지니계수는 0.332인 반면 비교 표본 1의 지니계수는 0.299, 비교 표본

2의 지니계수는 0.301이다. 한편 사회적기업 1의 지니계수가 사회적기업 2의 지니계수보다 높다. 이는 장애인은 임금수준이 낮은 집단에 몰려 있고, 전문 인력 지원 사업 등 일부 일자리사업 참여자의 임금수준은 일자리사업 비참여자보다 더 높기 때문이다.

〈표 11-5〉에는 10분위수 및 5분위수, 4분위수 등과 대표적인 세 종류의 분위배율로 측정한 불평등도도 제시되어 있다. 고용 형태별 조사와 비교 표본 사이에는 지표에 따라서 불평등도의 크기가 서로 크고 작은 것이 나뉘지만, 사회적기업의 경우 전체 근로자나 장애인 및 일자리사업 참여자를 제외한 경우 모두에서 비교 표본 및 고용 형태별 조사보다 불평등도가 낮다.

4) 사회적기업과 일반 기업의 임금 결정 요인 비교

그렇다면 왜 사회적기업의 평균적인 임금수준은 일반 기업에 비해 낮은데 비해 저금 근로자의 임금수준은 일반 기업보다 더 높은 것일까? 이는 앞의 임금구조에 대한 분석이 시사해주듯이 사회적기업과 일반 기업이 서로 다른 임금 결정 방식을 채택하기 때문일 것이다. 다만, 임금구조는 하나의 변수에 따른 차이만을 살펴본 것으로서 다른 요인들의 효과가 섞여서 나타날 수 있다. 두 유형의 기업 사이에 임금 결정 방식이 어떻게 다른지는 사례 연구를 통한 질적인 분석 방법을 통해서 확인할 수 있다.

그렇지만 임금함수를 이용한 회귀분석을 통해서도 전반적인 임금 결정 방식의 차이를 추론해 볼 수 있다. 임금함수의 회귀계수는 성, 연령, 근속 등과 같은 인적 속성이나 직업, 산업, 사업체 규모 등에 대해 다른 요인들의 차이를 고려할 때 각 변수들 내부의 차이에 따른 임금의 차이를 보여주기 때문이다.

회귀분석 결과는 〈표 11-6〉과 같다. 먼저 연령의 회귀계수값을 보면 사회적기업 1·2표본 모두 통계적으로 유의미하다. 다만 사회적기업 1표본의 회귀계수값이 사회적기업 2표본의 회귀계수값보다 크다. 이는 다른 요인들을 통제할 경우 연령에 대해서도 일정한 보상이 이루어지고 있음을 의미한다. 다만, 보상의 크기는 고용 형태별 조사를 통해 추정한 일반 기업에서 더 크게 나타난다.

근속의 경우에는 장애인과 일자리사업 참여자를 제외할 경우 일반 기업과 큰 차이가 없는 보상 수준을 보여준다. 근속이 1년 길어지면 시간당 임금은 2.3% 높아지는 것으로 나타나 호봉제나, 근속수당 등 근속을 보상하는 제도들을 갖는 경우가 많음을 시사해준다. 다만, 사회적기업 전체 표본의 경우 근속에 대한 보상 수준이 매우 미미하게 나타난다.

성별로는 다른 여러 가지 요인을 통제하더라도 앞의 임금구조 비교에서 살펴본 것처럼 사회적기업에서 일반 기업보다 성별 임금격차가 작은 것으로 나타난다. 특히 주목되는 것은 회귀분석에서도 일반 기업에 비해 사회적기업에서 고임금 직업과 저임금 직업 사이의 임금격차가 상당히 적게 나타난다는 점이다. 장애인과 일자리사업 참여자를 제외할 경우 이러한 현상이 더 두드러진다. 특히 관리직, 전문직, 사무직에서 고용 형태별 조사와 임금 프리미엄의 차이가 크게 나타난다는 점은 고임금 직업군이 낮은 임금을 받는 대가로 저임금 직업군에게 상대적으로 더 높은 임금을 지급하는 방식으로 사회적기업이 운영되고 있음을 의미한다. 한편, 일반 기업보다 평균적인 임금수준이 더 높은 조립직의 경우 회귀분석을 통해 추정한 임금 프리미엄도 일반 기업보다 더 큰 것으로 나타난다.

사업체 규모별로는 30인 이상 규모에서 임금격차가 오히려 일반 기업보다 더 큰 것으로 나타난다. 이는 사회적기업 내부에서는 성이나 직업별로 내부의 격차가 적은 방식으로 임금을 배분하지만, 객관적인 기업 자체의 경영 환경의 제약은 사회적기업에서도 여전히 임금의 차이를 낳는다는 점을 보여주는 것이다.

산업에 따른 임금 차이도 마찬가지이다. 일반 기업과 산업별 회귀계수의 크기나 부호에 차이가 있지만, 산업 사이의 차이가 특별히 더 적다고 보기 어렵다. 사업체 규모와 마찬가지로 기업 경영 환경의 제약은 임금수준에 여전히 영향을 미치고 있음을 의미한다. 다만, 앞에서 이미 살펴본 것처럼 이러한 제약에도 불구하고, 사회적기업들이 일정 수준 이상의 임금을 유지하기 위한 노력을 기울이고 있다는 점은 중요하다.

한 가지 특이한 결과는 고용 형태에 따라서 정규직과 비정규직의 격차가 사회적기업에서 일반 기업보다 더 크게 나타난다는 점이다. 고용 형태별 조사에서는 계수값은 작지만 비정규직이 오히려 양의 프리미엄을 갖는 것으로 나타난다. 앞으로 이러한 차이가 나타난 이유에 대해서는 더 깊이 있는 연구가 이루어져야 할 것이다.

5. 맺음말

'사회적기업육성법'을 통해 사회적기업지원정책이 제도화된 지 거의 10년에 이르고 있다. 그럼에도 불구하고 재정적 자립 능력을 갖춘 사회적기업이 많지 않다는 우려가 크다. 사회적기업이 질 낮은 일자리를 만들어내는 데 그쳤다는 비판도 있다. 이 장은 사회적기업의 임금수준이 낮은 것은 사실이지만, 이러한 현상이 취약 계층에 대한 노동 통합형 일자리를 만들어내는 것으로 시작한 사회적기업의 역사적 발전 과정을 고려할 때 더 세심하게 분석할 필요가 있다는 점에 주목했다. 사회적기업의 임금을 이해하기 위해서는 단순히 전반적인 임금수준을 일반 기업과 비교하는 것이 아니라 사회적기업 근로자와 사업체의 특성, 사회적기업의 경영 전략을 고려해서 임금구조와 임금 분포, 임금 결정 방식 등을 살펴볼 필요가 있다.

이 장에서는 전반적인 임금수준과 인적 특성 및 사업체 특성에 따른 임금 구조의 차이를 비교했을 뿐만 아니라 사회적기업의 근로자가 일반 기업에서 일했다면 받았을 임금과 사회적기업의 임금을 비교하는 접근을 채택했다. 특히 두 번째 분석을 위해 고용 형태별 조사 자료와 다중대체법을 이용해 사회적기업 근로자가 일반 기업에서 일했을 경우 받았을 가상의 임금을 생성한 비교 표본을 구축해 두 집단 사이의 임금 분포를 비교했다. 마지막으로 사회적기업과 일반 기업의 임금 분포 차이가 어떠한 요인에서 비롯되었는가를 파악하기 위해 회귀분석을 통해 임금 결정 요인의 차이를 비교했다. 이 장의 주요 결과는 다음과 같다.

첫 번째로 전반적인 임금수준 측면에서 사회적기업 근로자의 평균적인 임금수준은 고용 형태별 조사 평균 임금의 62.7%(장애인과 일자리사업 참여자를 제외하면 66.1%)에 불과한 것으로 나타난다. 이는 일반적인 통념대로 사회적기업의 임금수준이 매우 낮음을 확인시켜주는 것이다. 이보다 더 주목되는 것은 성이나 고용 형태, 직업, 사업체 규모별로 나누어서 일반 기업과 사회적기업의 임금격차를 살펴보았을 때 저임금 집단에서 임금격차가 훨씬 더 적게 나타난다는 점이다. 이는 사회적기업이 일반 기업보다 더 평등한 임금 분포를 갖고 있을 가능성을 시사해준다.

두 번째로 고용 형태별 조사 원자료를 이용해 사회적기업과 동일한 근로자 구성을 갖도록 생성한 비교 표본을 이용해 사회적기업 근로자와 일반 기업 근로자 사이의 임금 분포를 비교했다. 그 결과 사회적기업의 임금수준이 일반 기업보다 평균적으로는 낮지만 훨씬 더 평등한 분포를 갖고 있다는 점을 확인했다. 또한 지니계수와 분위배율 등 다양한 지표를 이용해서 측정한 불평등도도 사회적기업이 비교 표본보다 낮다. 고용 형태별 조사의 원래 자료는 비교 표본보다 불평등도가 더 크다.

특히 주목되는 것은 저임금 근로자에게 사회적기업이 오히려 더 높은 임금을 지급하는 것으로 나타났다는 점이다. 장애인과 일자리사업 참여자를 제외한 표본에서 근로자 구성의 차이를 제거하면 하위 22%(장애인과 일자리사업 참여자를 포함하면 하위 19%)까지의 저임금 근로자 임금은 사회적기업에서 일반 기업 근로자보다 더 높다.

세 번째로 회귀분석을 이용한 임금 결정 요인 분석을 통해 사회적기업이 이와 같이 평등한 임금 분포를 갖는 원인을 추론해보았다. 그 결과 사회적기업이 남성과 고임금 직업인 관리직, 전문직, 사무직에 대해 일반 기업보다 낮은 임금을 지급하는 반면 여성과 저임금 직업군의 근로자들에게 상대적으로 더 높은 임금을 지급하고 있다는 점을 확인했다. 이 장의 분석 결과에는 포함되어 있지 않지만 황덕순 외(2015)는 영업 이익률이나 재무지표 측면에서 좋지 않은 사회적기업이 그렇지 않은 사회적기업보다 더 높은 임금을 지불하고 있다는 점을 보여준다. 이는 일부 사회적기업들이 재무적 성과를 희생하면서도 저임금 근로자들에게 일정 수준 이상의 임금을 지불하려는 노력을 기울이고 있음을 의미하는 것이다.

저임금 근로자들에게 상대적으로 높은 보상을 제공하고 있다는 점은 사회적기업이 취약 계층을 대상으로 한 일자리 창출 정책으로서 긍정적인 성과를 거두고 있음을 보여주는 것이다. 이러한 현상의 이면에는 다른 기업에서 일한다면, 더 높은 임금을 받을 수 있는 경영진이나 관리직·전문직·사무직 근로자들의 임금이 상대적으로 낮다는 점이 자리 잡고 있다. 이를 긍정적으로 해석하면 근로자 내부의 평등이라는 윤리적 동기가 사회적기업의 경영에서 중요한 역할을 하고 있음을 의미한다. 그렇지만 이러한 현상이 과도할 경우 우수한 인력이 사회적기업에 취업하는 것을 꺼리게 만들어서 사회적기업의 장기적인 성과에 부정적인 영향을 미칠 수도 있다. 재정적인 안정성을 확보하고 있는 사회적기업의 비중이 높지 않기 때문에 사회적기업의 선택이 쉽지 않다. 경영 성과와 재정 상태를 개선함으로써 윤리적 동기와 경제적 보상을 적절히 조화시킬 수 있는 길을 찾아나가는 것은 여전히 대다수 사회적기업에 중요한 과제로 남아 있다.[8]

---

8) 이 장에서는 사회적기업의 경영 성과를 개선하기 위한 정책 방향에 대해서는 다루지 않았다. 이에 대해서는 황덕순 외(2015)의 결론을 참고

참고문헌

강혜규·박수지·정홍원·유태균·민동세·이한나·이선희·이정은. 2012. 「사회 서비스 부문 바우처 사업의 운영실태와 개선방안」. 경제인문사회연구회·보건사회연구원.

고용노동부. 2012. 『제2차 사회적기업 육성 기본계획(2012~2017)』. 고용노동부.

길현종. 2014. 「협동조합 고용실태 II: 임금근로자의 주관적 고용의 질」. 길현종·안주엽. 『협동조합의 고용실태와 과제』. 한국노동연구원. 116~170쪽.

길현종·김성근·류성민·이경희·안승재. 2014. 「2013 사회적기업 성과 분석」. 한국노동연구원.

길현종·류성민·임창규·배정희. 2013. 「2012 사회적기업 성과 분석」. 한국노동연구원.

김보람·문은하·이승윤. 2012. 「퍼지셋 이상형분석을 활용한 사회적기업 일자리의 질 분석」. ≪한국지역사회복지학≫, 43, 31~59쪽.

김혜원. 2009. 「영리부문과 제3섹터의 임금격차」. 김혜원·박찬임·황덕순·김영용·박종현·전승훈. 『제3섹터 부문의 고용창출 실증 연구』. 한국노동연구원. 117~167쪽.

문순영·방대욱. 2010. 「인증사회적기업의 고용의 질에 대한 탐색적 연구」. ≪한국지역사회복지학≫, 33, 121~154쪽.

안주엽. 2014. 「협동조합 고용실태 I: 협동조합 인력구성, 고용조건 및 고용효과」. 길현종·안주엽. 『협동조합의 고용실태와 과제』. 한국노동연구원. 44~115쪽.

전병유·김성기·반정호·신현구·오창호·이병희·이혜정·이인재·장종익·장혼근·황덕순·허동한·김민호. 2012. 「사회적기업 실태 조사 연구보고서」. 고용노동부·한국 사회적기업진흥원.

한국 사회적기업진흥원. 2016. 「2016년 12월 사회적기업 인증 현황」. 한국 사회적기업진흥원.

황덕순. 2012. 「여성 돌봄노동의 공급 및 수요와 근로조건」. 황덕순 외. 『사회 서비스 산업 노동시장 분석: 돌봄 서비스를 중심으로』. 한국노동연구원. 40~63쪽.

황덕순. 2014. 「사회적기업 유형론과 한국의 사회적기업 유형」. 황덕순·박준식·장원봉·김신양. 『사회적기업의 유형별 심층사례 연구』. 한국노동연구원. 4~17쪽.

황덕순·반정호·신현구·이병희·이혜정·장홍근. 2012. 「사회적기업 성과분석」. 고용노동부·한국 사회적기업진흥원.

황덕순·이병희. 2012. 「사회적기업 사업군」. 강혜규 외. 『사회 서비스 활성화 사업군 심층 평가』. 한국보건사회연구원. 369~437쪽.

황덕순·장원봉·길현종·김신양. 2015. 「사회적기업의 임금실태와 저임금 개선방안 에 관한 연구」. 한국노동연구원.

Amin, A. 2009. "Extraordinarily ordinary: working in the social economy." *Social Enterprise Journal*, 5(1), pp.30~49.

Borzaga, C., A. Olabe and X. Greffe. 1999. *The Third System Employment and Local Development*, Volume 2, Key Sectors, www.europa.eu.int/comm/employment_social/emp&esf/3syst/ vol1_en.pdf.

Borzaga, C., M. Maiello. 1998. "The Development of Social Enterprise." in C. Borzaga and A. Santuari(eds.) *Social Enterprise and New Employment in Europe*. Autonomous Region of Trentino-South Tyrol.

Nicaise, I. et al. 1995. *Labour Market Programmes for the Poor in Europe: Pitfalls, Dilemmas and How to Avoid Them*. Avebury.

OECD. 2013. Job Creation Through the Social Economy and Social Entrepreneurship. OECD.

Pestoff, A. V. 1998. *Beyond the Market and the State, Social Enterprise and Civil Democracy in a Welfare Society*. Ashgate. Borzaga et al.(1999)에서 재인용.

지은이(수록순)

이시균

인하대학교 경제학과 졸업, 인하대학교 경제학 박사

현재 한국고용정보원 연구위원

주요 연구:「중장기 인력수급 전망」(2013~2023),「광역지역별 인력수급전망」(2013~2023),
「최저임금이 근로빈곤 탈출에 미치는 효과」(2013),「한국의 저임금 고용의 결정요인과 이
동성」(2009, 공저),「노동조합이 비정규노동의 고용에 미치는 효과」(2008),「비정규직은
정규직으로 전환할 수 있는가」(2007)

김정우

인하대학교 경제학과 졸업, 인하대학교 경제학 박사

현재 한국노동연구원 전문위원

주요 연구:「파업발생 결정요인 패널분석」(2015),「노동조합이 직접 및 간접고용 비정규직의
고용에 미친 영향에 관한 패널분석」(2014),「팀 내 임금격차가 심화되면 팀 성적이 향상되
는가?」(2011)

강신욱

서울대학교 경제학과 졸업, 서울대학교 경제학 박사

현재 한국보건사회연구원 연구위원

주요 연구:「한국 주요 소득보장제도군의 효과성평가」(2017),「한국의 소득불평등과 빈곤율
변화의 요인별 기여도 분석」(2016, 공저),『저소득층의 소득-자산분포를 통해 본 사회보장
제도 재산기준의 개선방향』(2016, 공저)

김혜원

서울대학교 경제학과 졸업, 서울대학교 경제학 박사

현재 한국교원대학교 교육정책전문대학원 교수

주요 연구:「고용서비스 민간위탁기관간 경쟁도와 위탁 규모가 취업성과에 미치는 영향」
(2015),「취약계층에 대한 고용서비스는 어떻게 제공해야 효과가 있는가?」(2013),「근로
빈곤층 직업훈련의 취업 성과 연구」(2012)

조성재
서울대학교 경제학과 졸업, 서울대학교 경제학 박사
현재 한국노동연구원 선임연구위원
주요 연구: 『글로벌 생산네트워크와 동아시아의 일자리 변동』(2016), "Cross-border hybridization: The internationalization of a Korea-based manufacturer in China"(2015, 공저), 「추격의 완성과 탈추격 과제 - 현대자동차그룹 사례 분석」(2014)

박태주
서울대학교 경제학과 졸업, 영국 워릭대학교(University of Warwick) 산업경제학 박사
현재 고려대학교 노동문제연구소 연구교수
주요 연구: 「공공서비스 노조주의 관점에서 살펴본 철도노조의 민영화 저지투쟁」(2016), 「한국에서 '근로자이사제'의 도입은 어떻게 가능한가」(2016), 『현대자동차에는 한국 노사관계가 있다』(2014), 『공공부문 단체교섭 구조에 관한 연구』(2013)

이정희
영국 워릭대학교(University of Warwick) 경영학 박사(노사관계 및 조직행동)
현재 한국노동연구원 부연구위원
주요 연구: 「비정규직의 이해대변구조와 노사관계」(공저, 2016), 「조선산업의 구조조정과 고용대책」(공저, 2016), 「서비스산업의 원·하청 관계와 노사관계」(공저, 2015), 「영시간 계약」(2015), 「한국 자동차업체의 글로벌 생산과 노동조합의 대응정책」(공저, 2012), 「87년 이후 노동조합과 노동운동」(공저, 2008)

김유선
서울대학교 경제학과 졸업, 고려대학교 경제학 박사
현재 한국노동사회연구소 선임연구위원
주요 연구: 『한국의 노동 2016』(2015), 『한국의 노동 2007』(2007), 『노동시장 유연화와 비정규직 고용』(2004)

권혜자

성균관대학교 철학과 졸업, 숭실대학교 경제학 박사

현재 한국고용정보원 연구위원

주요 연구: 「중고령자의 일자리 상실과 재취업」(2015) 「,공공부문 비정규직의 이행과 임금패널티 분석」(2012), 「중고령자의 취업구조와 고용서비스 정책과제」(2012)

지민웅

인하대학교 경제학과 졸업, 보스턴 대학교 경제학 박사

현재 산업연구원 연구위원 경제학과 교수

주요 연구: 「중소기업의 혁신성과 하도급 거래」(공저, 2016), 「한국의 청년 고용」(공저, 2016), 「중소기업의 재정지원 범위규정이 중소기업의 고용증대에 부정적인 영향을 미쳤는가?」(2015), 「맞벌이 임금근로자 부부의 가사노동시간은 상호 대체재인가? 법정근로시간단축제도 시행에 따른 시장노동시간의 변화를 이용하여」(2014), "The Impact of Franchising on Labor Standards Compliance"(2015), "The Effects of Mandatory Overtime Provisions: Evidence from Korean 40 Hour Reform"(2010)

황덕순

서울대학교 경제학과 졸업, 서울대학교 경제학 박사

현재 한국노동연구원 선임연구위원

주요 연구: 「기술혁신이 생산성, 고용, 숙련에 미치는 효과에 관한 연구」(1996), 『한국의 노동조합과 조합원 참여』(공저, 1997), 「저소득 장기실업자 보호방안 연구」(공저, 1999), 『한국 사회적 경제의 역사』(공저, 2016)

한울아카데미 2019

서울사회경제연구소 연구총서 XXXV
노동 현실과 희망 찾기

ⓒ 서울사회경제연구소, 2017

엮은이 ∣ 서울사회경제연구소
지은이 ∣ 이시균·김정우·강신욱·김혜원·조성재·박태주·이정희·김유선·권혜자·지민웅·황덕순
펴낸이 ∣ 김종수
펴낸곳 ∣ 한울엠플러스(주)

편집책임 ∣ 김경희
편 집 ∣ 최은미

초판 1쇄 인쇄 ∣ 2017년 7월 14일
초판 1쇄 발행 ∣ 2017년 7월 31일

주소 ∣ 10881 경기도 파주시 광인사길 153 한울시소빌딩 3층
전화 ∣ 031-955-0655
팩스 ∣ 031-955-0656
홈페이지 ∣ www.hanulmplus.kr
등록번호 ∣ 제406-2015-000143호

Printed in Korea.
ISBN 978-89-460-7019-6 93320

* 책값은 겉표지에 표시되어 있습니다.